講座

日商簿記

網《もう》羅《ら》型 完全予想問題集

1級

はじめに

日商簿記検定試験の最難関、１級試験では、本番で70点以上が必要なだけでなく、４科目それぞれで10点以上取れなければ合格できません。つまり、本試験に通用する力＝アウトプット力が身についているかどうかで、合否は分かれるのです。

「予想問題集」という書名を目にし、本書を手に取っていただいた方もその点を理解され、試験に向けた演習に入られようとしていることでしょう。

もちろん、予想問題は闇雲にこなせばいいというものではありません。また、たまたま点数がよかっただけでは、合格の保証とはなりません。

その意味で本書は「網羅型完全予想問題集」という名のとおり、日商簿記１級試験の主要な出題形式を盛り込んでおり、８回分の予想問題によって試験での実践力が確実に身につくよう構成されています。本試験（試験時間３時間：商業簿記・会計学、工業簿記・原価計算それぞれ１時間30分ずつ）と同じ形式で８回分収載しているので、わずか24時間の学習で本試験レベルの問題に対応できるようになるのです。

また、次のような点も本書の特長となっていますので、徹底的に活用してください。

・すべての問題が、長年の簿記指導ノウハウを反映させたＴＡＣオリジナル

・年２回の試験に向けて、いつからでも使用可能

まずはひととおり、問題に挑戦してみましょう。

はじめは解けない問題もあるかもしれませんが、解説をしっかりと理解し、解き直しを繰り返せば苦手論点もきっと克服できるはずです。誰もが感じるであろう「本番で実力を発揮できるだろうか？」という不安は、本書１冊をマスターすれば必ず解消されることでしょう。

本書を利用した学習により、本試験を突破されることをスタッフ一同、心よりお祈り申し上げます。

ＴＡＣ簿記検定講座

※　本書は、『2023年度版　日商簿記１級　網羅型完全予想問題集』につき、最新の出題傾向をふまえ、３割程度問題の差し替えを行ったものです。

CONTENTS

日商簿記検定１級　試験概要

主催団体	日本商工会議所、各地商工会議所
受験資格	特に制限なし
試験日	６月（第２日曜）、11月（第３日曜）
１級試験	商業簿記・会計学　　１時間30分（各25点） 工業簿記・原価計算　１時間30分（各25点） ※　100点満点中70点以上で合格。ただし、科目ごとの得点で10点未満の科目がある場合には不合格。
申込手続き	申込書に受験料（一部の商工会議所では要事務手数料）を添えて各地商工会議所にて手続き
申込期間	商工会議所ごとに異なるため要確認（おおむね試験日の２か月前に開始）
受験料	１級￥8,800（消費税込・2024年度より）
問い合せ先	最寄りの各地商工会議所　検定試験ホームページ：https://www.kentei.ne.jp/

本書の使い方

1 問題用紙・答案用紙を抜き出し、解答の準備をする！

下の図のとおりに、別冊の問題用紙･答案用紙を抜き出します。抜き出す際のケガには十分にご注意ください。本試験対策として、時計を用意し時間も計りましょう。１級試験は商業簿記・会計学、工業簿記・原価計算各１時間30分です。

問題・答案用紙の抜き出し方

Step 1

青色の色紙を残したまま、ていねいに抜き取ってください。青色の色紙は、本体からとれませんので、ご注意ください。商業簿記・会計学は別冊①に、工業簿記・原価計算は別冊②に収載しています。

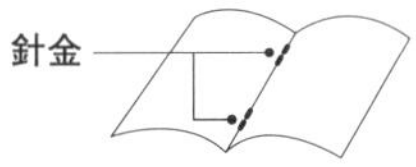

Step 2

抜き取った用紙を針金のついているページでしっかりと開き、工具を使用して、針金を外してください。針金でケガをしないよう、お気をつけください。

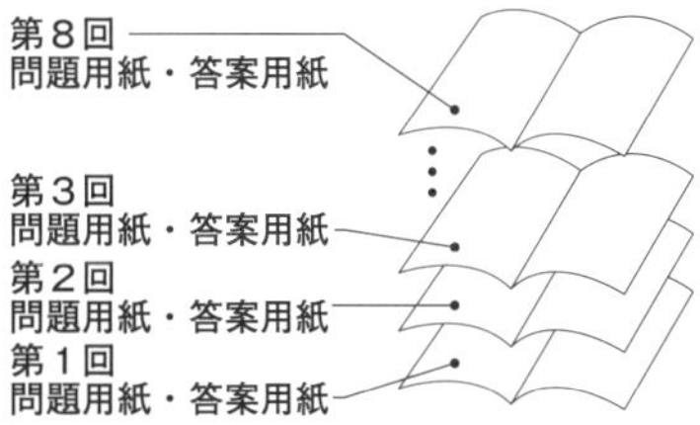

Step 3

アイテムごとに分けて、お使いください。

2 解答したらすぐ採点！　結果をメモしておく

各回の解答・解説ページの冒頭に、解答が並んでいます。解答後すぐに採点しましょう！　答案用紙の右上に各科目の得点を記入できますので、科目ごとの得手・不得手の把握が可能です。また、苦手論点克服や繰り返し演習のためにも、できなかった科目をチェックするなどして、自己流の目印をつけるようにするとよいでしょう。

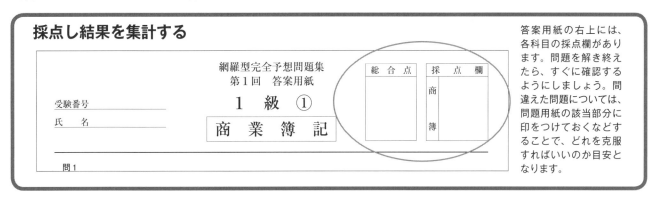

採点し結果を集計する

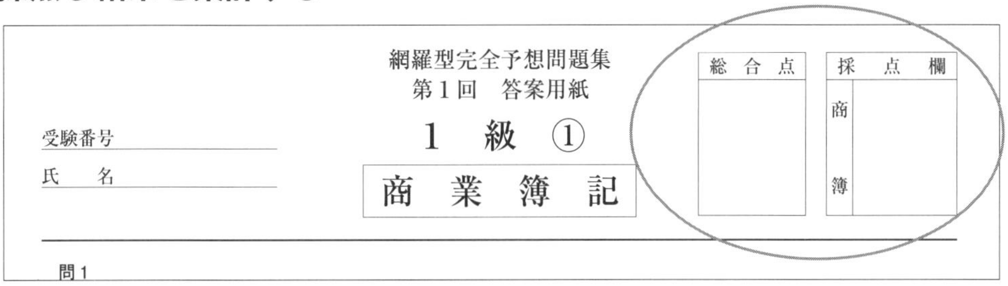

答案用紙の右上には、各科目の採点欄があります。問題を解き終えたら、すぐに確認するようにしましょう。間違えた問題については、問題用紙の該当部分に印をつけておくなどすることで、どれを克服すればいいのか目安となります。

3 出題論点一覧表を制覇する！
解答用紙DLサービスを利用しよう！

採点を終えたら、次ページからの「出題論点一覧表」を確認します。正答し自信のある論点は消していくなどしていきましょう。また、「サイバーブックストア（https://bookstore.tac-school.co.jp/）」より解答用紙ダウンロードサービスもご利用いただけます。何度もダウンロードして、繰り返し問題を解いて、出題パターンの完全制覇を目指しましょう。

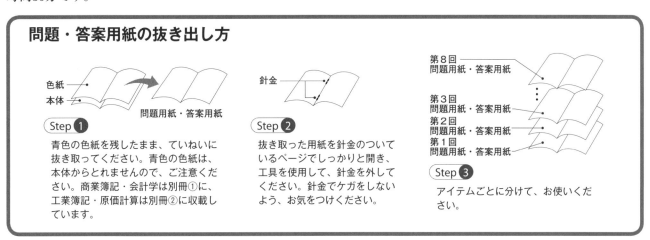

本書は日商簿記検定の全出題パターンを網羅！

出題論点一覧表

❶ 商業簿記

「商業簿記」においては、総合問題形式の問題が出題されます。とりわけ、貸借対照表、損益計算書、残高試算表の作成が問われることが多いです。また、連結会計も定期的に出題されているのでしっかりと対策をする必要があるでしょう。本支店会計については、出題可能性は高くはありませんが、出題された場合には、計算構造をある程度理解しておかないと、致命傷になりかねないので、最低限の確認は必要です。

総合問題の中には難易度の高い処理が含まれる場合が多いですが、この処理がわからなくても、合格点を取ることは十分に可能です。したがって、わかるところから解いていき、わかるところは確実に正解するというスタンスが必要です。

回数	出題論点	難易度	重要項目
第1回	決算整理後残高試算表	A	・商品売買（返品権付販売） ・有価証券（総記法・振当処理） ・資産除去債務
第2回	貸借対照表の作成	A	・商品売買（取引価格の配分） ・金利スワップ ・転換社債型新株予約権付社債
第3回	損益計算書の作成	A	・商品売買（売価還元法） ・減損会計 ・社債（抽選償還）
第4回	決算整理後残高試算表	A	・会計方針の変更 ・リース取引 ・ストック・オプション
第5回	損益計算書の作成 貸借対照表の作成	A	・商品売買（代理人の取引） ・貸倒引当金 ・社債（買入償還）
第6回	連結財務諸表の作成	B	・子会社株式の追加取得 ・未実現損益の調整 ・税効果会計
第7回	決算整理後残高試算表	A	・商品売買 ・有価証券 ・新株予約権
第8回	連結財務諸表の作成	B	・評価差額の実現 ・在外子会社 ・連結包括利益計算書

※　難易度は、A＝(易)、B＝(難)となっています。

❷会計学

「会計学」では、個別問題形式の問題が出題されます。第１問では、会計学の用語を問う問題が、空欄補充や○×形式などで出題されます。正確な用語を覚える必要がありますが、覚えてしまえば必ず正解できるので、十分な対策が求められます。第２問では、個別形式の計算問題が出題されます。総合問題形式の問題ではあまり出題されない論点が問われることがあるので、網羅的に勉強することが必要です。第３問は計算問題が出題されることもあれば、論述問題が出題されることもあります。

「会計学」においては、理論と計算を関連付けて勉強することが必要です。知識が重視される部分でもありますので、いくら考えてもわからないということも考えられるため、そのような箇所は「後で解く」ということも必要になるでしょう。また、その論点自体に馴染みがなくても、部分的に解答可能な場合が多いので、そのような箇所を確実に正解していきましょう。

回数	出題論点	難易度	重要項目
第1回	第１問：語句選択問題 第２問：減損会計 第３問：純資産	A A A	・ヘッジ会計 ・減損損失の認識 ・共用資産のある減損会計の処理 ・ストック・オプション
第2回	第１問：正誤問題 第２問：リース会計 第３問：連結会計	A A A	・ファイナンス・リース取引 ・リース取引（借手・貸手の取引） ・資本連結
第3回	第１問：空欄補充問題 第２問：連結会計 第３問：キャッシュ・フロー計算書	A A A	・支配獲得までの段階取得 ・支配獲得後の追加取得 ・キャッシュ・フロー計算書（直接法と間接法）
第4回	第１問：正誤問題（語句訂正問題） 第２問：事業分離 第３問：収益認識基準	A B A	・連結貸借対照表 ・変動対価 ・カスタマー・ロイヤルティ・プログラム
第5回	第１問：空欄補充問題 第２問：分配可能額 第３問：企業結合	A B A	・減損会計 ・条件ごとの分配可能額の算定 ・吸収合併、株式交換、株式移転の処理
第6回	第１問：空欄補充問題 第２問：退職給付会計 第３問：有形固定資産	A A A	・退職給付債務の算定 ・数理計算上の差異の処理 ・総合償却
第7回	第１問：正誤問題 第２問：工事契約 第３問：本支店会計	A B B	・原価比例法 ・原価回収基準 ・在外支店財務諸表の換算
第8回	第１問：空欄補充問題 第２問：税効果会計 第３問：外貨換算会計	A A B	・収益認識基準 ・税効果会計 ・在外子会社の換算

※　難易度は、A＝易、B＝難となっています。

❸ 工業簿記

「工業簿記」においては、伝統的な原価計算に関する総合問題が出題されることが多いです。このような伝統的な原価計算では、問われている部分が計算の第１段階（費目別計算）、第２段階（部門別計算）、第３段階（製品別計算）のなかでどこの部分なのかという全体像をしっかりと把握するようにしましょう。また、伝統的な原価計算においては、出題パターンがそれほど多くないので、パターンごとの練習を心がけることで、高得点を狙うことができます。あまり見慣れない指示が付される場合もありますが、そのような場合においても焦らずに問題文の指示に忠実に従うようにしましょう。なお、「原価計算基準」の内容を問われることもありますので、「原価計算基準」に目を通すとともに、計算と関連付けて理解する学習をしていくことが望ましいです。

回数	出題論点	難易度	重要項目
第1回	第１問：標準原価計算 第２問：原価計算基準	A A	・パーシャル・プラン ・原価差異分析
第2回	第１問：予算編成 第２問：原価計算基準	A A	・予定損益計算書の作成 ・予定貸借対照表の作成
第3回	第１問：実際個別原価計算 第２問：標準原価計算	A A	・ロット別個別原価計算 ・歩留・配合差異
第4回	標準原価計算	A	・パーシャル・プラン ・差異分析 ・正常減損・異常仕損
第5回	全部標準原価計算	B	・固定費調整 ・全部標準原価計算の損益計算書 ・直接標準原価計算の損益計算書
第6回	第１問：部門別個別原価計算 第２問：原価計算基準	A A	・直接配賦法 ・連立方程式法の処理 ・複数基準配賦法
第7回	本社工場会計	A	・標準原価カード ・内部利益控除
第8回	工程別総合原価計算	B	・工程別仕掛品 ・累加法 ・非累加法

※　難易度は、A＝易、B＝難となっています。

❹ 原価計算

「原価計算」においては、原価計算によって得られる情報を用いて、経営に役立てていこうとする「管理会計」に関する出題が多いです。出題パターンは比較的多いので、さまざまな問題を学習していく必要があります。見慣れない問題でも問題文に重要なヒントが隠されていることが多いので、問題文を綿密に読んでいくようにしましょう。

なお、「工業簿記」と「原価計算」いずれにも共通していえることですが、計算量が多くなる傾向にありますので、ケアレスミスには十分気を付けてください。また、「工業簿記」と「原価計算」のどちらかで非常に難易度の高い問題が出題されることがありますが、そのような場合は、平易な箇所の得点が高く設定される可能性がありますので、そのような部分は確実に正解するようにしましょう。さらに、第１問がわからなくても、第２問は解答できるといったこともあるので、問題はすべて目を通すようにしてください。

回数	出題論点	難易度	重要項目
第1回	第１問：事業部の業績測定 第２問：理論問題	A A	・内部振替価格 ・差額収益分析 ・部門別原価計算
第2回	最適セールス・ミックス	B	・単位当たり貢献利益の算定 ・特別注文引受可否 ・製造間接費の固変分解
第3回	活動基準原価計算	A	・伝統的全部原価計算 ・活動基準原価計算 ・内部相互補助の計算
第4回	業務的意思決定	A	・自製か購入かの意思決定
第5回	予算実績差異分析	A	・差異分析
第6回	設備投資の意思決定	A	・正味現在価値法 ・回収期間法 ・内部利益率法
第7回	第１問：品質原価計算 第２問：ライフサイクル・コスティング	A B	・予防原価と評価原価の変動 ・内部失敗原価と外部失敗原価の変動 ・時間価値を考慮した場合と考慮しない場合のライフサイクル・コスト
第8回	CVP分析	A	・加重平均資本コスト ・代替案のCVP分析 ・残余利益

※　難易度は、A＝易、B＝難となっています。

日商簿記検定試験対策
網羅型完全予想問題集

第1回

解答・解説

	出題論点	難易度	重要項目
商業簿記	決算整理後残高試算表	A	・商品売買（返品権付販売） ・有価証券（総記法・振当処理） ・資産除去債務
会計学	第1問：語句選択問題	A	・ヘッジ会計 ・減損損失の認識 ・共用資産のある減損会計の処理 ・ストック・オプション
	第2問：減損会計	A	
	第3問：純資産	A	
工業簿記	第1問：標準原価計算	A	・パーシャル・プラン ・原価差異分析
	第2問：原価計算基準	A	
原価計算	第1問：事業部の業績測定	A	・内部振替価格 ・差額収益分析 ・部門別原価計算
	第2問：理論問題	A	

※　難易度は、A＝㊙易、B＝難となっています。

第1回　商業簿記　解答

決算整理後残高試算表
20×6年3月31日

（単位：千円）

現金預金	（　34,409　）	支払手形	（　18,430　）
受取手形	（　19,400　）	買掛金	（　47,470　）
売掛金	（　26,100　）	未払法人税等	（　36,000　）
売買目的有価証券	（　13,320　）	未払費用	（　520　）
繰越商品	（②　61,300　）	資産除去債務	（②　754　）
前払費用	（　820　）	リース債務	（　119,991　）
建物	（　240,000　）	退職給付引当金	（②　35,980　）
備品	（　102,400　）	社債	（②　59,152　）
機械装置	（　30,700　）	長期前受収益	（②　2,970　）
リース資産	（②　165,723　）	貸倒引当金	（　5,410　）
土地	（　725,000　）	建物減価償却累計額	（　120,000　）
破産更生債権等	（　8,500　）	備品減価償却累計額	（　86,216　）
自己株式	（　28,000　）	機械装置減価償却累計額	（　15,444　）
繰延税金資産	（　19,500　）	リース資産減価償却累計額	（　48,574　）
満期保有目的債券	（　40,800　）	資本金	（　590,000　）
仕入	（②　745,200　）	資本準備金	（　26,800　）
棚卸減耗損	（①　600　）	その他資本剰余金	（①　7,500　）
商品評価損	（　500　）	利益準備金	（　21,050　）
販売費	（　52,600　）	任意積立金	（　7,600　）
一般管理費	（①　45,980　）	繰越利益剰余金	（　120,173　）
貸倒引当金繰入	（②　5,150　）	売上	（①　1,116,000　）
減価償却費	（　45,551　）	受取利息	（　250　）
資産除去債務調整額	（②　18　）	有価証券運用損益	（①　900　）
退職給付費用	（　5,180　）	為替差損益	（　330　）
支払利息	（　4,596　）	法人税等調整額	（②　3,600　）
社債利息	（　1,767　）		
法人税等	（　68,000　）		
	（　2,491,114　）		（　2,491,114　）

○数字は採点基準　合計25点

第1回　会計学　解答

第1問

(1)	(2)	(3)	(4)	(5)
イ	エ	キ	ケ	サ

各①

第2問

問1	機械A	①	千円
	機械B	②	12,727　千円
	機械C	②	2,050　千円
問2	備品甲	②	10,000　千円
	備品乙	①	千円
	共用資産	②	10,100　千円

（注）解答する金額がない場合には、何も記入しないこと。

第3問

	当期首残高	当期変動額	当期末残高
資本金	120,000　千円	94,500　千円	214,500　千円
資本準備金	9,000　千円	94,650　千円	②　103,650　千円
その他資本剰余金	3,000　千円	△ 1,590　千円	②　1,410　千円
利益準備金	4,500　千円	300　千円	4,800　千円
別途積立金	1,500　千円	0　千円	1,500　千円
繰越利益剰余金	27,000　千円	8,700　千円	②　35,700　千円
自己株式	△ 6,000　千円	△ 1,800　千円	△ 7,800　千円
その他有価証券評価差額金	84　千円	252　千円	②　336　千円
新株予約権	21,000　千円	△ 10,500　千円	②　10,500　千円

（注）当期変動額の欄は採点の対象としないので自由に記入してよい。

○数字は採点基準　合計25点

第１回　商業簿記　解説

1．商品売買（以下、単位：千円）

(1)　売上高の修正

Y商品のうち当期末に返品期限の到来していない分について、売上処理を取り消す。

(売　　　上)	23,000	(売　　掛　　金)	23,000

∴　**後T/B売上**：1,139,000〈前T/B〉－23,000＝**1,116,000**

(2)　Y商品の原価率の算定

Y商品のうち当期末に返品期限の到来していない分については、手許に商品はないが、当社の期末商品となる。そのため原価を次期に繰り越す処理を行う必要があり、Y商品の原価率を算定する。

原価ボックス

期首	X商品　60,000 Y商品　0	売上原価	X商品　A Y商品　B
当期	747,600	期末	Y商品　C X商品　48,600

(A＋B＋Cの原価)　(＊1) 759,000

(A＋B＋Cに対応する売価)　(＊5) 1,265,000 ｛(＊2) 966,000　(＊3) 276,000　(＊4) 23,000｝

(＊6) 0.6〈原価率〉

(＊1) 60,000＋747,600－48,600＝759,000〈A＋B＋Cの原価〉

(＊2) 840,000×1.15＝966,000〈Y商品の売価に換算したX商品の売上〉

(＊3) 1,139,000〈前T/B売上〉－840,000－23,000＝276,000〈Y商品の売上〉

(＊4) 期末Y商品売価

(＊5) 966,000＋276,000＋23,000＝1,265,000〈A＋B＋Cに対応する売価〉

(＊6) 759,000÷1,265,000＝0.6〈Y商品の原価率〉

(3)　売上原価の算定と期末商品の評価

(仕　　　　入)	60,000	(繰　越　商　品)	60,000
(繰　越　商　品)(＊1)	62,400	(仕　　　　入)	62,400
(棚　卸　減　耗　損)(＊2)	600	(繰　越　商　品)	1,100
(商　品　評　価　損)(＊3)	500		

(＊1) 23,000〈期末Y商品売価〉×0.6＝13,800〈期末Y商品原価＝上記(2)のC〉
48,600〈期末X商品原価〉＋13,800＝62,400

(＊2) 48,600〈期末帳簿棚卸高〉－48,000〈実地棚卸高〉＝600

(＊3) 48,000－47,500〈正味売却価額〉＝500

∴　**後T/B仕入**：747,600〈前T/B〉＋60,000－62,400＝**745,200〈売上原価〉**
後T/B繰越商品：62,400－1,100＝**61,300**

2．貸倒引当金

(1)　破産更生債権等

①　科目の振替え

(破産更生債権等)	8,500	(売　　掛　　金)	8,500

∴　**後T/B売掛金**：57,600〈前T/B〉－23,000－8,500＝**26,100**

②　貸倒引当金の設定（財務内容評価法）

(貸倒引当金繰入)(＊)	4,500	(貸　倒　引　当　金)	4,500

(＊) 8,500－4,000〈債務保証額〉＝4,500〈設定額〉

(2)　一般債権

(貸倒引当金繰入)(＊)	650	(貸　倒　引　当　金)	650

(＊) (19,400〈受取手形〉＋26,100〈売掛金〉)×２％＝910〈設定額〉
910－260〈前T/B貸倒引当金〉＝650

∴　**後T/B貸倒引当金**：4,500〈破産更生債権等〉＋910〈一般債権〉＝**5,410**
後T/B貸倒引当金繰入：4,500〈破産更生債権等〉＋650〈一般債権〉＝**5,150**

3．売買目的有価証券（総記法）

売買目的有価証券の処理を総記法で行っているため、購入時に原価で売買目的有価証券を増額し、売却時に売却額で売買目的有価証券を減額し、期末において、売買目的有価証券の帳簿価額と期末時価の差額を有価証券運用損益として処理する。

(1)　B社株式

①　購入と売却の修正

(売買目的有価証券)	2,700	(仮　　払　　金)	2,700
(仮　　受　　金)	4,680	(売買目的有価証券)	4,680

②　運用損益の計上

(売買目的有価証券)(＊)	540	(有価証券運用損益)	540

(＊) 9,000＋2,700－4,680＝7,020〈帳簿価額〉
(150株＋45株－75株)×@63＝7,560〈時価〉
120株〈期末株数〉
7,560－7,020＝540〈運用益〉

(2)　C社株式～運用損益の計上

(売買目的有価証券)(＊)	360	(有価証券運用損益)	360

(＊) 120株×@48＝5,760〈時価〉
5,760－5,400〈帳簿価額〉＝360〈運用益〉

∴　**後T/B売買目的有価証券**：7,560〈B社株式〉＋5,760〈C社株式〉＝**13,320**
後T/B有価証券運用損益：540〈B社株式〉＋360〈C社株式〉＝**900(貸方)**

4．満期保有目的債券～為替予約（振当処理）

外貨建満期保有目的債券に対して為替予約が付され、振当処理を採用している場合には、外貨建ての満期償還金額（額面金額）を為替予約相場により円換算する。この場合において、外貨建ての取得価額が額面金額と異なるときは、外貨建ての取得価額を為替予約時の直物為替相場により円換算した額と額面金額を為替予約相場により円換算した額との差額を、満期日の属する期までの期間にわたって合理的な方法により配分し、各期の損益として処理する。

(1) 為替予約時（未処理）

(満期保有目的債券)(＊)	3,300	(長期前受収益)	3,300

(＊) 400千ドル〈外貨建ての額面金額〉×@102円〈ＦＲ〉＝**40,800〈後Ｔ/Ｂ満期保有目的債券〉**
40,800－37,500〈前Ｔ/Ｂ〉＝3,300〈為替差益＝長期前受収益〉

(2) 為替予約差額の配分

(長期前受収益)(＊)	330	(為替差損益)	330

(＊) $3,300 \times \frac{6か月}{60か月} = 330$

∴ **後Ｔ/Ｂ長期前受収益**：3,300－330＝**2,970**

5．建物（減価償却）

(減価償却費)(＊)	8,000	(建物減価償却累計額)	8,000

(＊) 240,000÷30年＝8,000

∴ **後Ｔ/Ｂ建物減価償却累計額**：112,000〈前Ｔ/Ｂ〉＋8,000＝**120,000**

6．備品（減価償却）

(減価償却費)(＊)	8,116	(備品減価償却累計額)	8,116

(＊) (102,400－78,100)×0.25＝6,075〈調整前償却額〉
102,400×0.07909〈保証率〉≒8,099〈償却保証額〉
6,075 ＜ 8,099 ∴ 本年度より均等償却に切り替える。
(102,400－78,100)×0.334≒8,116

∴ **後Ｔ/Ｂ備品減価償却累計額**：78,100〈前Ｔ/Ｂ〉＋8,116＝**86,216**

7．機械装置（資産除去債務）

(1) 減価償却

(減価償却費)(＊)	5,148	(機械装置減価償却累計額)	5,148

(＊) 30,888÷6年＝5,148

∴ **後Ｔ/Ｂ機械装置減価償却累計額**：10,296〈前Ｔ/Ｂ〉＋5,148＝**15,444**

(2) 利息費用の計上

(資産除去債務調整額)(＊)	18	(資産除去債務)	18

(＊) 924×2％≒18

(3) 見積りの変更（減少した場合）

割引前将来キャッシュ・フローに重要な見積りの変更が生じた場合の当該見積りの変更による調整額は、資産除去債務の帳簿価額および関連する有形固定資産の帳簿価額に加減して処理する。なお、その変更により、当該キャッシュ・フローが減少する場合には、負債計上時の割引率を適用する。

(資産除去債務)(＊)	188	(機械装置)	188

(＊) $(800-1,000) \div 1.02^3 ≒ △188$
または、$800 \div 1.02^3 - (924+18) ≒ △188$

∴ **後Ｔ/Ｂ機械装置**：30,888〈前Ｔ/Ｂ〉－188＝**30,700**
後Ｔ/Ｂ資産除去債務：924〈前Ｔ/Ｂ〉＋18－188＝**754**

8．リース資産

(1) 前期の処理

① 契約時

リース物件の処分価額を保証する条項（残価保証）が付されている場合は、残価保証額をリース料総額に含めて計算した現在価値と見積現金購入価額を比較し、いずれか低い額を取得価額相当額とする。なお、残価保証額は、リース期間終了時のリース料として計算する。

(リース資産)(＊)	165,723	(リース債務)	165,723

(＊) 27,500×5.4172〈年金現価係数〉＋20,000×0.8375〈現価係数〉
＝165,723〈リース料総額の割引現在価値〉

165,723 ＜ 170,000 ∴ **165,723**〈前Ｔ/Ｂリース資産＝**後Ｔ/Ｂリース資産**〉

② リース料支払時

(支払利息)(＊1)	4,972	(現金預金)	27,500
(リース債務)(＊2)	22,528		

(＊1) 165,723×３％≒4,972

(＊2) 27,500－4,972＝22,528

∴ 前Ｔ/Ｂリース債務：165,723－22,528＝143,195

③ 決算時（減価償却）

所有権移転外ファイナンス・リース取引であるが、残価保証額を残存価額として減価償却を行う。

(減価償却費)(＊)	24,287	(リース資産減価償却累計額)	24,287

(＊) (165,723－20,000)÷６年〈リース期間〉≒24,287〈前Ｔ/Ｂリース資産減価償却累計額〉

(2) 当期の処理

① リース料支払時の修正

(支払利息)(＊1)	4,296	(仮払金)	27,500
(リース債務)(＊2)	23,204		

(＊1) 143,195〈前Ｔ/Ｂリース債務〉×３％≒4,296

(＊2) 27,500－4,296＝23,204

∴ **後Ｔ/Ｂ支払利息**：300〈前Ｔ/Ｂ〉＋4,296＝**4,596**
後Ｔ/Ｂリース債務：143,195〈前Ｔ/Ｂ〉－23,204＝**119,991**

② 決算時（減価償却）

(減価償却費)(＊)	24,287	(リース資産減価償却累計額)	24,287

(＊) (165,723－20,000)÷６年≒24,287

∴ **後Ｔ/Ｂ減価償却費**：8,000〈建物〉＋8,116〈備品〉＋5,148〈機械装置〉＋24,287〈リース資産〉
＝**45,551**
後Ｔ/Ｂリース資産減価償却累計額：24,287〈前Ｔ/Ｂ〉＋24,287＝**48,574**

9．退職給付

(1) 年金掛金拠出額の修正

(退職給付引当金)	2,800	(仮払金)	2,800

(2) 退職給付費用の計上

(退職給付費用)(＊)	5,180	(退職給付引当金)	5,180

(＊) 60,000×３％＝1,800〈利息費用〉
26,400×５％＝1,320〈期待運用収益〉
4,000÷10年＝400〈差異の費用処理額〉
4,300〈勤務費用〉＋1,800－1,320＋400＝5,180

∴ **後T/B退職給付引当金**：33,600〈前T/B〉－2,800＋5,180＝**35,980**

10．社債

(社債利息)(＊)	267	(社債)	267

(＊) 58,885〈前T/B社債〉×３％〈実効利子率〉≒1,767
1,767－1,500〈前T/B社債利息＝クーポン利息〉＝267〈償却額〉

∴ **後T/B社債利息**：1,500〈前T/B〉＋267＝**1,767**
後T/B社債：58,885〈前T/B〉＋267＝**59,152**

11．費用・収益の未払い・前払い

(販売費)	520	(未払費用)	520
(前払費用)	820	(一般管理費)	820

∴ **後T/B販売費**：52,080〈前T/B〉＋520＝**52,600**
後T/B一般管理費：46,800〈前T/B〉－820＝**45,980**

12．自己株式の消却

(その他資本剰余金)	5,500	(自己株式)	5,500

∴ **後T/B自己株式**：33,500〈前T/B〉－5,500＝**28,000**
後T/Bその他資本剰余金：13,000〈前T/B〉－5,500＝**7,500**

13．法人税等の計上

(法人税等)	68,000	(仮払法人税等)	32,000
		(未払法人税等)(＊)	36,000

(＊) 68,000－32,000＝36,000

14．税効果会計

(繰延税金資産)(＊)	3,600	(法人税等調整額)	3,600

(＊) 65,000×30％＝**19,500〈後T/B繰延税金資産〉**
19,500－15,900〈前T/B〉＝3,600

第１回　会計学　解説

第１問　記号選択問題

1．**ヘッジ会計**「金融商品に関する会計基準　32」参照

ヘッジ会計は、原則として、時価評価されているヘッジ手段に係る損益または評価差額を、ヘッジ対象に係る損益が認識されるまで（**純資産**）の部において繰り延べる方法による。ただし、ヘッジ手段である資産または負債に係る相場変動等を損益に反映させることにより、その損益とヘッジ手段に係る損益とを同一の会計期間に認識することもできる。

2．**収益認識**「収益認識に関する会計基準の適用指針　34・35」参照

約束した財又はサービスに対する保証が、当該財又はサービスが合意された仕様に従っているという保証のみである場合、当該保証について（**引当金**）として処理する。

一方、約束した財又はサービスに対する保証又はその一部が、当該財又はサービスが合意された仕様に従っているという保証に加えて、顧客にサービスを提供する保証を含む場合には、保証サービスは履行義務であり、（**取引価格**）を財又はサービス及び当該保証サービスに配分する。

3．**キャッシュ・フロー計算書における表示方法**「連結キャッシュ・フロー計算書等の作成基準　第二・二・３」参照

利息および配当金に係るキャッシュ・フローをキャッシュ・フロー計算書に表示する場合、受取利息、受取配当金および支払利息は（**営業活動によるキャッシュ・フロー**）の区分に記載し、支払配当金は財務活動によるキャッシュ・フローの区分に記載する方法と、受取利息および受取配当金は（**投資活動によるキャッシュ・フロー**）の区分に記載し、支払利息および支払配当金は財務活動によるキャッシュ・フローの区分に記載する方法の２つがある。

第２問　固定資産（減損会計）（以下、単位：千円）

問１　減損損失の認識、測定

1．機械A

(1) 減損損失の認識

8,000＋7,000＝15,000〈割引前将来ＣＦの総額〉
13,800〈帳簿価額〉＜ 15,000
∴　減損損失を認識しない。

2．機械B

(1) 減損損失の認識

11,000＋11,500＋12,000＝34,500〈割引前将来ＣＦの総額〉
44,000〈帳簿価額〉＞ 34,500
∴　減損損失を認識する。

(2) 減損損失の測定

① 使用価値の算定

1 年 目	10,476	≒ 11,000 ÷ 1.05
2 年 目	10,431	≒ 11,500 ÷ 1.05^2
3 年 目	10,366	≒ 12,000 ÷ 1.05^3
使用価値	31,273	

② 減損損失の計算

30,500〈正味売却価額〉 < 31,273〈使用価値〉

∴ 31,273〈使用価値〉を回収可能価額とする。

44,000〈帳簿価額〉 − 31,273〈回収可能価額〉 = **12,727〈減損損失〉**

3．機械C

(1) 減損損失の認識

4,700 + 5,700 = 10,400〈割引前将来CFの総額〉

16,250〈帳簿価額〉 > 10,400

∴ 減損損失を認識する。

(2) 減損損失の測定

① 使用価値の算定

1 年 目	4,476	≒ 4,700 ÷ 1.05
2 年 目	5,170	≒ 5,700 ÷ 1.05^2
使用価値	9,646	

② 減損損失の計算

14,200〈正味売却価額〉 > 9,646〈使用価値〉

∴ 14,200〈正味売却価額〉を回収可能価額とする。

16,250〈帳簿価額〉 − 14,200〈回収可能価額〉 = **2,050〈減損損失〉**

問2 減損損失の認識、測定 ～ 共用資産を含む

1．備品甲

(1) 減損損失の認識

120,000〈取得原価〉 − 54,000〈減価償却累計額〉 = 66,000〈帳簿価額〉

66,000〈帳簿価額〉 > 58,000〈割引前将来CF〉

∴ 減損損失を認識する。

(2) 減損損失の測定

55,000〈正味売却価額〉 < 56,000〈使用価値〉

∴ 56,000〈使用価値〉を回収可能価額とする。

66,000〈帳簿価額〉 − 56,000〈回収可能価額〉 = **10,000〈減損損失〉**

2．備品乙

(1) 減損損失の認識

60,000〈取得原価〉 − 32,400〈減価償却累計額〉 = 27,600〈帳簿価額〉

27,600〈帳簿価額〉 < 35,000〈割引前将来CF〉

∴ 減損損失を認識しない。

3．共用資産

(1) 減損損失の認識

120,000〈備品甲〉 + 60,000〈備品乙〉 + 300,000〈共用資産〉 = 480,000〈取得原価合計〉

54,000〈備品甲〉 + 32,400〈備品乙〉 + 202,500〈共用資産〉 = 288,900〈減価償却累計額合計〉

480,000〈取得原価合計〉 − 288,900〈減価償却累計額合計〉 = 191,100〈帳簿価額合計〉

191,100〈帳簿価額合計〉 > 183,000〈割引前将来CF合計〉

∴ 減損損失を認識する。

(2) 減損損失の測定

55,000〈備品甲〉 + 30,000〈備品乙〉 + 86,000〈共用資産〉 = 171,000〈正味売却価額合計〉

171,000〈正味売却価額合計〉 > 169,000〈使用価値合計〉

∴ 171,000〈正味売却価額合計〉を回収可能価額（合計）とする。

191,100〈帳簿価額合計〉 − 171,000〈回収可能価額（合計）〉 = 20,100〈減損損失合計〉

20,100〈減損損失合計〉 − 10,000〈備品甲〉 = **10,100〈共用資産の減損損失〉**

第3問 純資産会計（以下、単位：千円）（解説上、金銭の受け払いは現金預金で示してある）

1．剰余金の処分

(1) その他資本剰余金の処分

(その他資本剰余金) 剰余金の配当	1,650	(資 本 準 備 金) 剰余金の配当	150
		(未 払 配 当 金)	1,500

(2) 繰越利益剰余金の処分

(繰越利益剰余金) 剰余金の配当	3,300	(利 益 準 備 金) 剰余金の配当	300
		(未 払 配 当 金)	3,000

∴ **利益準備金・当期変動額：300**

∴ **利益準備金・当期末残高**：4,500〈当期首残高〉 + 300 = **4,800**

2．自己株式

（1）取　得

（自　己　株　式）（＊） 自己株式の取得	3,360	（現　金　預　金）	3,360

（＊）@84×40株＝3,360

（2）処　分

（現　金　預　金）（＊1）	1,620	（自　己　株　式）（＊2） 自己株式の処分	1,560
		（その他資本剰余金）（＊3） 自己株式の処分	60

（＊1）@81×20株＝1,620

（＊2）$\frac{6,000〈当期首残高〉+3,360〈当期取得〉}{80株+40株}$（＝@78〈平均単価〉）×20株＝1,560

（＊3）貸借差額

∴　**その他資本剰余金・当期変動額**：△1,650＋60＝**△1,590**

∴　**その他資本剰余金・当期末残高**：3,000〈当期首残高〉−1,590＝**1,410**

∴　**自己株式・当期変動額**：△3,360＋1,560＝**△1,800**

∴　**自己株式・当期末残高**：△6,000〈当期首残高〉−1,800＝**△7,800**

3．その他有価証券

（1）前期末における評価替え

（その他有価証券）（＊1）	120	（繰 延 税 金 負 債）（＊2）	36
		（その他有価証券評価差額金）（＊3） 当期首残高	84

（＊1）（@123×40株）−（@120×40株）＝120
　　4,920〈前期末時価〉　4,800〈取得原価〉

（＊2）120×30％〈実効税率〉＝36

（＊3）貸借差額

（2）当期首における再振替仕訳

（繰 延 税 金 負 債）	36	（その他有価証券）	120
（その他有価証券評価差額金） 株主資本以外の項目の当期変動額	84		

（3）当期末における評価替え

（その他有価証券）（＊1）	480	（繰 延 税 金 負 債）（＊2）	144
		（その他有価証券評価差額金）（＊3） 株主資本以外の項目の当期変動額	336

（＊1）（@132×40株）−（@120×40株）＝480
　　5,280〈当期末時価〉　4,800〈取得原価〉

（＊2）480×30％〈実効税率〉＝144

（＊3）貸借差額

∴　**その他有価証券評価差額金・当期変動額**：△84＋336＝252

∴　**その他有価証券評価差額金・当期末残高**：84〈当期首残高〉＋252＝336

4．新株予約権（権利行使による新株の発行）

（新 株 予 約 権） 株主資本以外の項目の当期変動額	6,000	（資　本　金）（＊） 新株の発行	63,000
（現　金　預　金）	120,000	（資 本 準 備 金）（＊） 新株の発行	63,000

（＊）（6,000＋120,000）×$\frac{1}{2}$＝63,000

5．ストック・オプション

（1）権利行使による新株の発行

（新 株 予 約 権） 株主資本以外の項目の当期変動額	3,000	（資　本　金）（＊） 新株の発行	31,500
（現　金　預　金）	60,000	（資 本 準 備 金）（＊） 新株の発行	31,500

（＊）（3,000＋60,000）×$\frac{1}{2}$＝31,500

∴　**資本金・当期変動額**：63,000＋31,500＝**94,500**

∴　**資本金・当期末残高**：120,000〈当期首残高〉＋94,500＝**214,500**

∴　**資本準備金・当期変動額**：150＋63,000＋31,500＝**94,650**

∴　**資本準備金・当期末残高**：9,000〈当期首残高〉＋94,650＝**103,650**

（2）権利不行使による失効

（新 株 予 約 権） 株主資本以外の項目の当期変動額	1,500	（新株予約権戻入益）	1,500

∴　**新株予約権・当期変動額**：△6,000−3,000−1,500＝**△10,500**

∴　**新株予約権・当期末残高**：21,000〈当期首残高〉−10,500＝**10,500**

6．当期純利益の計上

（損　　益）	12,000	（繰越利益剰余金） 当期純利益	12,000

∴　**繰越利益剰余金・当期変動額**：△3,300＋12,000＝**8,700**

∴　**繰越利益剰余金・当期末残高**：27,000〈当期首残高〉＋8,700＝**35,700**

なお、株主資本等変動計算書を作成すると下記のようになる。

<u>株主資本等変動計算書</u>

（単位：千円）

	株主資本							評価・換算差額等	新株予約権
	資本金	資本剰余金		利益剰余金			自己株式	その他有価証券評価差額金	
		資本準備金	その他資本剰余金	利益準備金	その他利益剰余金				
					別途積立金	繰越利益剰余金			
当期首残高	120,000	9,000	3,000	4,500	1,500	27,000	△ 6,000	84	21,000
当期変動額									
新株の発行	94,500	94,500							
剰余金の配当		150	△ 1,650	300		△ 3,300			
自己株式の取得							△ 3,360		
自己株式の処分			60				1,560		
当期純利益						12,000			
株主資本以外の項目の当期変動額								252	△ 10,500
当期変動額合計	94,500	94,650	△ 1,590	300	0	8,700	△ 1,800	252	△ 10,500
当期末残高	214,500	103,650	1,410	4,800	1,500	35,700	△ 7,800	336	10,500

第1回　工業簿記　解答

第1問

問1

製品乙の原価標準	②　36,800 円

問2

(1)	原料受入価格差異	②　260,000 円	（借　方）
(2)	原料消費量差異	1,180,000 円	（借　方）
(3)	加工費配賦差異	②　778,680 円	（借　方）

（　　）内に借方、または貸方を記入すること。

問3

実際営業利益	②　1,185,820 円

問4（単位：円）

仕　掛　品

原　料	（① 22,680,000）	製　品	（① 25,760,000）
追加配賦		半製品	（① 5,680,000）
原料受入価格差異	（① 38,750）	次期繰越	（① 5,534,380）
原料消費量差異	（207,150）	原料消費量差異	（① 1,180,000）
加工費	（15,919,680）	加工費配賦差異	（778,680）
追加配賦			
加工費配賦差異	（① 87,480）		
	（38,933,060）		（38,933,060）

製　品

仕掛品	（25,760,000）	売上原価	（① 23,920,000）
追加配賦		次期繰越	（① 1,948,178）
原料受入価格差異	（10,000）		
原料消費量差異	（① 54,978）		
加工費配賦差異	（43,200）		
	（25,868,178）		（25,868,178）

売上原価

製　品	（23,920,000）	損　益	（① 25,326,311）
追加配賦			
原料受入価格差異	（① 130,000）		
原料消費量差異	（714,711）		
加工費配賦差異	（561,600）		
	（25,326,311）		（25,326,311）

第2問

① 材料受入価格差異　② 予定価格　③ 科目　④ 能率差異

⑤ 非原価項目　各①

○数字は採点基準　合計25点

第1回　原価計算　解答

第1問

問1

A事業部	③ 225,000 円	
B事業部	② 385,000 円	

問2

①	② 264,000	円
②	② 306,000	円
③	③ 343,000	円
④	市価差引　③ 変動製造原価（○）　単純市価　品質原価	

問3

③ 3,880	円/個

第2問

問1

①	補助経営部門	①
②	○	①
③	○	①

問2

④	直接労務費	①
⑤	○	①
⑥	始点	①
⑦	○	①

問3

⑧	○	①
⑨	コスト　ドライバー	①

○数字は採点基準　合計25点

第１回　工業簿記　解説

第1問　原価差異の会計処理

問1　製品乙の原価標準の算定

（第1工程）

原　料　A	400円/kg	× 5kg/個	=	2,000円/個
原　料　B	800円/kg	× 10kg/個	=	8,000
加　工　費	2,100円/時間(＊)	× 2時間/個	=	4,200
合　　計				14,200円/個

（第2工程）

前工程費	14,200円/個	× 2個/単位	=	28,400円/単位
加　工　費	2,100円/時間(＊)	× 4時間/単位	=	8,400
合　　計				36,800円/単位

（＊）加工費予算総額21,000,000円（＝15,000,000円＋6,000,000円）÷基準操業度10,000機械加工時間＝2,100円/時間

問２　原料受入価格差異、原料消費量差異および加工費配賦差異

１．原料データ・生産データ・販売データの把握

原　料　A

当期購入	実際消費
14,000kg	12,500kg
	期末原料
	（差引）1,500kg

原　料　B

当期購入	実際消費
24,000kg	22,100kg
	期末原料
	（差引）1,900kg

第１工程仕掛品

当期投入	当期完成 2,000個
2,250個	第２工程へ 1,600個（＊1）
（2,125個）	半製品 400個（＊2）
	期末仕掛品
	250個
	（125個）

第２工程仕掛品

当期投入	当期完成
800単位	700単位
（740単位）	
	期末仕掛品
	100単位
	（40単位）

製　　品

当期完成	当期販売
700単位	650単位
	期末製品
	50単位

→標準消費量

機械加工時間：４時間/単位×740単位＝2,960時間

→標準消費量

原　料　A：５kg/個　×2,250個＝11,250kg

原　料　B：10kg/個　×2,125個＝21,250kg

機械加工時間：２時間/個×2,125個＝　4,250時間

（＊1）2,000個×80%＝1,600個

（＊2）2,000個×20%＝400個

なお、（　　）内の数値は、加工進捗度を考慮した完成品換算量を表す。

２．原料受入価格差異・原料消費量差異の算定

(1)　原料A

実際価格@410円（＊）

標準価格@400円

	原料受入価格差異　△140,000円	
	原料消費量差異 △500,000円	
標準消費量 11,250kg	実際消費量 12,500kg	実際購入量 14,000kg

（＊）原料A実際購入額5,740,000円÷実際購入量14,000kg＝@410円

原料受入価格差異：（標準価格400円/kg－実際価格410円/kg）×実際購入量14,000kg
＝（－）140,000円（借方）

原料消費量差異：標準価格400円/kg×（標準消費量11,250kg－実際消費量12,500kg）
＝（－）500,000円（借方）

(2)　原料B

実際価格@805円（＊）

標準価格@800円

	原料受入価格差異　△120,000円	
	原料消費量差異 △680,000円	
標準消費量 21,250kg	実際消費量 22,100kg	実際購入量 24,000kg

（＊）原料B実際購入額19,320,000円÷実際購入量24,000kg＝@805円

原料受入価格差異：（標準価格800円/kg－実際価格805円/kg）×実際購入量24,000kg
＝（－）120,000円（借方）

原料消費量差異：標準価格800円/kg×（標準消費量21,250kg－実際消費量22,100kg）
＝（－）680,000円（借方）

以上より、原料受入価格差異：原料A（－）140,000円＋原料B（－）120,000円＝**（－）260,000円（借方）**

原料消費量差異：原料A（－）500,000円＋原料B（－）680,000円＝**（－）1,180,000円（借方）**

３．加工費配賦差異の算定

加工費については予算額、実際発生額とも工程別に把握していないため、加工費配賦差異はまとめて計算する。

加工費予定配賦額（2,100円/時間×7,210時間（＊））－加工費実際発生額15,919,680円＝**（－）778,680円（借方）**

（＊）第１工程標準機械加工時間4,250時間＋第２工程標準機械加工時間2,960時間＝7,210時間

問３　原価差異が正常かつ少額な場合の営業利益の算定

原価差異が正常かつ少額な場合には、原料受入価格差異の期末原料に対する配賦額以外をすべて売上原価に賦課する。

期末原料に対する原料受入価格差異の配賦額：（－）15,000円（＊1）［原料A］＋（－）9,500円（＊2）［原料B］＝（－）24,500円

（＊1）原料A：$\frac{(-)140{,}000円}{14{,}000\text{kg}}$×1,500kg＝（－）15,000円

（＊2）原料B：$\frac{(-)120{,}000円}{24{,}000\text{kg}}$×1,900kg＝（－）9,500円

売上原価に賦課する原価差異：｛（－）260,000円－（－）24,500円｝＋（－）1,180,000円＋（－）778,680円
＝（－）2,194,180円

売上高	62,000円/単位×650単位	＝	40,300,000円
売上原価	36,800円/単位×650単位＋2,194,180円［原価差異］	＝	26,114,180円
売上総利益			14,185,820円
販売費および一般管理費			13,000,000円
営業利益			**1,185,820円**

問４　仕掛品勘定、製品勘定および売上原価勘定の記入

１．正常かつ比較的多額な差異の追加配賦

正常ではあるが予定価格等が不適当なため比較的多額の原価差異が生じた場合、当該原価差異を売上原価と期末棚卸資産に科目別に配賦する。ここで、「標準原価差異を追加配賦するさいには、追加配賦して得られた各関係勘定の期末残高が可能な限り実際原価に一致するように追加配賦すること」とあるので、追加配賦の方法はころがし計算法による。なお、原料消費量差異・加工費配賦差異は、売上原価、期末製品、半製品、期末仕掛品に配賦するが、原料受入価格差異は、それに加え、期末原料と原料消費量差異にも配賦しなければならないので注意すること。

本問における原価差異はすべて借方差異であるため、追加配賦額は標準原価に加算する。

また、第２工程では、製品１単位につき第１工程完成品を２個投入していることに注意する。

(1)　原料受入価格差異の追加配賦

	原料A		原料B		
	配賦基準（＊）	追加配賦額	配賦基準（＊）	追加配賦額	合　計
売上原価	6,500kg	65,000円	13,000kg	65,000円	130,000円
期末製品	500kg	5,000円	1,000kg	5,000円	10,000円
半製品	2,000kg	20,000円	4,000kg	20,000円	40,000円
期末仕掛品					
第２工程	1,000kg	10,000円	2,000kg	10,000円	20,000円
第１工程	1,250kg	12,500円	1,250kg	6,250円	18,750円
原料消費量差異	1,250kg	12,500円	850kg	4,250円	16,750円
期末原料	1,500kg	15,000円	1,900kg	9,500円	24,500円
合　計	14,000kg	140,000円	24,000kg	120,000円	260,000円

（追加配賦率）　140,000円÷14,000kg＝10円/kg　　120,000円÷24,000kg＝５円/kg

（＊）配賦基準

（原料A）
- 売上原価：650単位×２個/単位×５kg/個＝6,500kg
- 期末製品：50単位×２個/単位×５kg/個＝500kg
- 半製品：400個×５kg/個＝2,000kg
- 第２工程期末仕掛品：100単位×２個/単位×５kg/個＝1,000kg
- 第１工程期末仕掛品：250個×５kg/個＝1,250kg
- 原料消費量差異：13,750kg－12,500kg＝1,250kg

（原料B）
- 売上原価：650単位×２個/単位×10kg/個＝13,000kg
- 期末製品：50単位×２個/単位×10kg/個＝1,000kg
- 半製品：400個×10kg/個＝4,000kg
- 第２工程期末仕掛品：100単位×２個/単位×10kg/個＝2,000kg
- 第１工程期末仕掛品：125個×10kg/個＝1,250kg
- 原料消費量差異：21,250kg－22,100kg＝850kg

(2)　原料消費量差異の追加配賦

原料消費量差異は、上記の解説(1)で計算した原料受入価格差異からの配賦額を含めた金額を、売上原価と期末棚卸資産に配賦されることになる。なお、以下の原料Aの計算では、円未満を四捨五入している。

原料A：(－)500,000円＋(－)12,500円＝(－)512,500円

原料B：(－)680,000円＋(－)4,250円＝(－)684,250円

	原料A		原料B		
	配賦基準	追加配賦額	配賦基準	追加配賦額	合　計
売上原価	6,500kg	296,111円	13,000kg	418,600円	714,711円
期末製品	500kg	22,778円	1,000kg	32,200円	54,978円
半製品	2,000kg	91,111円	4,000kg	128,800円	219,911円
期末仕掛品					
第２工程	1,000kg	45,556円	2,000kg	64,400円	109,956円
第１工程	1,250kg	56,944円	1,250kg	40,250円	97,194円
合　計	11,250kg	512,500円	21,250kg	684,250円	1,196,750円

（追加配賦率）　512,500円÷11,250kg＝45.55…円/kg　684,250円÷21,250kg＝32.2円/kg

(3)　加工費配賦差異の追加配賦

加工費配賦差異は、問題文の「標準機械加工時間に対する実際機械加工時間の割合は、第１工程・第２工程ともに同程度であった」との指示より、第１工程と第２工程の機械加工時間を合計して配賦計算を行う。

	配賦基準			追加配賦額
売上原価	第２工程加工費：650単位×４時間/単位	＝2,600時間		
	第１工程加工費：650単位×２個/単位×２時間/個	＝2,600時間	5,200時間	561,600円
期末製品	第２工程加工費：50単位×４時間/単位	＝200時間		
	第１工程加工費：50単位×２個/単位×２時間/個	＝200時間	400時間	43,200円
半製品	第１工程加工費：400個×２時間/個	＝	800時間	86,400円
期末仕掛品				
第２工程	第２工程加工費：40単位×４時間/単位	＝160時間		
	第１工程加工費：100単位×２個/単位×２時間/個	＝400時間	560時間	60,480円
第１工程	第１工程加工費：125個×２時間/個	＝	250時間	27,000円
合　計			7,210時間	778,680円

（追加配賦率）　778,680円÷7,210時間＝108円/時間

2．仕掛品勘定、製品勘定、売上原価勘定の記入

(1) 仕掛品勘定の記入

本問では、仕掛品勘定が工程別に設定されていないため、第１工程の金額と第２工程の金額を合算して、仕掛品勘定を作成する。

仕掛品 (単位：円)

借方	金額	貸方	金額
原料	((＊1) 22,680,000)	製品	((＊6) 25,760,000)
追加配賦		半製品	((＊7) 5,680,000)
原料受入価格差異	((＊2) 38,750)	次期繰越	((＊8) 5,534,380)
原料消費量差異	((＊3) 207,150)	原料消費量差異	((＊9) 1,180,000)
加工費	((＊4) 15,919,680)	加工費配賦差異	((＊9) 778,680)
追加配賦			
加工費配賦差異	((＊5) 87,480)		
	(38,933,060)		(38,933,060)

(＊1) 原料Ａ標準価格400円/kg×原料Ａ実際消費量12,500kg＋原料Ｂ標準価格800円/kg×原料Ｂ実際消費量22,100kg
＝22,680,000円

(＊2) 上記解説１(1)原料受入価格差異の追加配賦額より、
第２工程仕掛品20,000円＋第１工程仕掛品18,750円＝38,750円

(＊3) 上記解説１(2)原料消費量差異の追加配賦額より、
第２工程仕掛品109,956円＋第１工程仕掛品97,194円＝207,150円

(＊4) 問題〔資料〕４．(2)加工費実際発生額より、15,919,680円

(＊5) 上記解説１(3)加工費配賦差異の追加配賦額より、
第２工程仕掛品60,480円＋第１工程仕掛品27,000円＝87,480円

(＊6) 36,800円/単位×第２工程完成品数量700単位＝25,760,000円

(＊7) 14,200円/個×400個＝5,680,000円

(＊8)

標準原価：第１工程；原料Ａ	2,000円/個×250個	＝	500,000円	
原料Ｂ	8,000円/個×125個	＝	1,000,000円	
加工費	4,200円/個×125個	＝	525,000円	2,025,000円
第２工程；前工程費	28,400円/単位×100単位	＝	2,840,000円	
加工費	8,400円/単位×40単位	＝	336,000円	3,176,000円
追加配賦額：原料受入価格差異			38,750円	
原料消費量差異			207,150円	
加工費配賦差異			87,480円	333,380円
			合計	5,534,380円

(＊9) 上記解説問２の２および３より、
原料消費量差異当期発生額：1,180,000円、加工費配賦差異当期発生額：778,680円

(2) 製品勘定の記入

製品 (単位：円)

借方	金額	貸方	金額
仕掛品	(25,760,000)	売上原価	((＊4) 23,920,000)
追加配賦		次期繰越	((＊5) 1,948,178)
原料受入価格差異	((＊1) 10,000)		
原料消費量差異	((＊2) 54,978)		
加工費配賦差異	((＊3) 43,200)		
	(25,868,178)		(25,868,178)

(＊1) 上記解説１(1)原料受入価格差異の追加配賦額より、10,000円

(＊2) 上記解説１(2)原料消費量差異の追加配賦額より、54,978円

(＊3) 上記解説１(3)加工費配賦差異の追加配賦額より、43,200円

(＊4) 36,800円/単位×当期販売量650単位＝23,920,000円

(＊5)

標準原価：36,800円/単位×50単位＝		1,840,000円
追加配賦額：原料受入価格差異	10,000円	
原料消費量差異	54,978円	
加工費配賦差異	43,200円	108,178円
合計		1,948,178円

(3) 売上原価勘定の記入

売上原価 (単位：円)

借方	金額	貸方	金額
製品	(23,920,000)	損益	(25,326,311)
追加配賦			
原料受入価格差異	((＊1) 130,000)		
原料消費量差異	((＊2) 714,711)		
加工費配賦差異	((＊3) 561,600)		
	(25,326,311)		(25,326,311)

(＊1) 上記解説１(1)原料受入価格差異の追加配賦額より、130,000円

(＊2) 上記解説１(2)原料消費量差異の追加配賦額より、714,711円

(＊3) 上記解説１(3)加工費配賦差異の追加配賦額より、561,600円

第２問　原価計算基準47の理論問題

本問は、原価計算基準47（原価差異の会計処理）を抜粋している。語句を記入した全文を示せば以下のようになる。

（一）実際原価計算制度における原価差異の処理は、次の方法による。

1　原価差異は、（材料受入価格差異）を除き、原則として当年度の（売上原価）に賦課する。

2　（材料受入価格差異）は、当年度の材料の払出高と期末在高に配賦する。この場合、材料の期末在高については、材料の適当な種類群別に配賦する。

3　（予定価格）等が不適当なため、比較的多額の原価差異が生ずる場合、直接材料費、直接労務費、直接経費および製造間接費に関する原価差異の処理は、次の方法による。

⑴　個別原価計算の場合

次の方法のいずれかによる。

イ　当年度の（売上原価）と期末におけるたな卸資産に指図書別に配賦する。

ロ　当年度の（売上原価）と期末におけるたな卸資産に（科目）別に配賦する。

⑵　総合原価計算の場合

当年度の（売上原価）と期末におけるたな卸資産に（科目）別に配賦する。

（二）標準原価計算制度における原価差異の処理は、次の方法による。

1　数量差異、作業時間差異、（能率差異）等であって異常な状態に基づくと認められるものは、これを（非原価項目）として処理する。

2　前記１の場合を除き、原価差異はすべて実際原価計算制度における処理の方法に準じて処理する。

第１回　原価計算　解説

第１問

問１　各事業部の現状における営業利益

1．製品Ｘのみを製造・販売しているＡ事業部の現状における営業利益の計算

	Ａ事業部	（単位：円）
売上高	6,000円/個×850個　＝	5,100,000
変動売上原価	3,000円/個(＊)×850個＝	2,550,000
変動販売費	400円/個×850個　＝	340,000
貢献利益		2,210,000
固定加工費	1,800円/個×1,000個　＝	1,800,000
固定販管費		185,000
営業利益		225,000

（＊）1,900円/個（直接材料費）＋1,100円/個（変動加工費）＝3,000円/個

2．製品Ｙのみを製造・販売しているＢ事業部の現状における営業利益の計算

	Ｂ事業部	（単位：円）
売上高	8,000円/個×450個　＝	3,600,000
変動売上原価	3,600円/個(＊)×450個＝	1,620,000
変動販売費	200円/個×450個　＝	90,000
貢献利益		1,890,000
固定加工費	2,000円/個×600個　＝	1,200,000
固定販管費		305,000
営業利益		385,000

（＊）2,200円/個（直接材料費）＋1,400円/個（変動加工費）＝3,600円/個

問２　製品Ｚの製造・販売を行った場合

1．製品Ｚを製造・販売することによる全社的な営業利益増加額の計算

製品Ｚの製造に必要な製品Ｘを、遊休生産能力の範囲内で製造するため、追加的に固定製造加工費は発生しない。そのため、製品Ｘの固定製造加工費は埋没原価となる。

差額原価：

製品Ｚの売上高　　7,000円/個×150個＝　1,050,000円

差額収益：

製品Ｘの変動製造原価　　3,000円/個×150個＝　450,000円

製品Ｚの変動加工費	1,540円/個×150個＝	231,000円
製品Ｚの変動販売費	700円/個×150個　＝	105,000円
差額利益：		**264,000円**

2．全部製造原価加算基準によった場合のＡ事業部の営業利益増加額の計算

(1)　内部振替価格（全部製造原価加算基準）

全部製造原価：3,000円/個（変動製造原価）＋1,800円/個（固定加工費）＝4,800円/個

内部振替価格：4,800円/個×(100%＋５%)＝5,040円/個

内部販売する際には、供給事業部であるＡ事業部では変動販売費が発生しないため、差額原価を構成しない。

(2)　差額原価収益分析

差額収益：		
製品Ｘの内部売上高	5,040円/個×150個＝	756,000円
差額原価：		
製品Ｘの変動製造原価	3,000円/個×150個＝	450,000円
差額利益：		**306,000円**

3．全部製造原価加算基準によった場合のＢ事業部の営業利益の計算

Ｂ事業部　（単位：円）

売上高			
製品Ｙ	8,000円/個×450個＝	3,600,000	
製品Ｚ	7,000円/個×150個＝	1,050,000	4,650,000
変動売上原価			
製品Ｙ	3,600円/個×450個＝	1,620,000	
製品Ｚ	5,040円/個×150個＝	756,000	
製品Ｚ変動加工費	1,540円/個×150個＝	231,000	2,607,000
変動販売費			
製品Ｙ	200円/個×450個　＝	90,000	
製品Ｚ	700円/個×150個　＝	105,000	195,000
貢献利益			1,848,000
固定加工費			1,200,000
固定販管費			305,000
営業利益			**343,000**

4．全社的な意思決定と整合する内部振替価格

Ｂ事業部は、Ａ事業部から内部振替価格を全部製造原価加算基準によって設定された製品Ｘを購入し、これを加工して製品Ｚを販売すると、営業利益の減少が予想されるため、製品Ｚの製造・販売を拒否する可能性がある。しかし、問２①の計算から明らかなように、全社的観点からすると、製品Ｘを加工して製品Ｚを販売すべきである。

すなわち、全部製造原価加算基準で内部振替価格を設定すると、Ｂ事業部と全社的な意思決定との整合性（目的整合性）が損なわれるおそれがある。

そこで、変動製造原価を内部振替価格とすれば、Ｂ事業部の差額利益が全社的な差額利益と一致するため、目的整合性は保たれる。一方で、Ａ事業部では利益が生じないため、業績測定の観点からは望ましくない。

以上から、④は**変動製造原価**が正しい。

問３　製品Ｘの内部振替により増加する営業利益を折半できる内部振替価格の計算

製品Ｘ１個に加算すべき内部利益：132,000円(＊)÷内部振替量150個＝880円/個

増加営業利益を折半できる内部振替価格：製品Ｘ変動製造原価3,000円/個＋880円/個＝**3,880円/個**

（＊）事業部間で営業利益増加額を折半するので、各事業部が内部振替によって得られる営業利益の増加額は、全社的な営業利益増加額の２分の１の132,000円（解説：問２　１．264,000円÷２）となる。

第２問

問１

『原価計算基準』16(2)では、「補助経営部門とは、その事業の目的とする製品の生産に直接関与しないで、自己の製品又は用役を製造部門に提供する諸部門をいい、たとえば動力部、修繕部、運搬部、工具製作部、検査部等がそれである」とし、さらに「工具製作、修繕、動力等の補助経営部門が相当の規模となった場合には、これを独立の経営単位とし、計算上製造部門として取り扱う」としている。また、「工場管理部門とは、管理的機能を行なう諸部門をいい、たとえば材料部、労務部、企画部、試験研究部、工場事務部等がそれである」と規定している。したがって、本問の「(①工場管理部門）とは動力部、修繕部、運搬部などのように、」という記述は誤っており、①は**補助経営部門**が正しい。②と③の記述は正しい。

問２

『原価計算基準』18(1)では、「部門に集計する原価要素の範囲は、製品原価の正確な計算および原価管理の必要によってこれを定める。たとえば、個別原価計算においては、製造間接費のほか、直接労務費をも製造部門に集計することがあり」と規定している。よって、本問の「(④直接材料費）をも集計することがある」という記述は誤っており、④は**直接労務費**が正しい。また、基準ではさらに、「総合原価計算においては、すべての製造原価要素又は加工費を製造部門に集計することがある」と規定しており、加工費のみを部門別に計算する方法を加工費法という。加工費法は、『原価計算基準』26で、「原料がすべて最初の工程の始点で投入され、その後の工程では、単にこれを加工するにすぎない場合」と規定している。よって、本問の「原料は最初の工程の（⑥終点）ですべて投入する場合には」という記述は誤っており、⑥は**始点**が正しい。⑤と⑦の記述は正しい。

問3

伝統的な製造間接費の配賦方法によった場合、製造支援活動の利用の差が製造間接費配賦額に反映されない。このような現象が生じるとき、これを内部相互補助が行われているという。よって、⑧は正しい。また、原価の発生額を変化させる要因を示す尺度を**コスト・ドライバー**という。よって「(⑨コスト・データ) とは、原価の発生額を変化させる要因を示す尺度である。」という記述は誤っており、⑨は**コスト・ドライバー**が正しい。

日商簿記検定試験対策
網羅型完全予想問題集

第２回

解答・解説

	出題論点	難易度	重要項目
商業簿記	貸借対照表の作成	A	・商品売買（取引価格の配分） ・金利スワップ ・転換社債型新株予約権付社債
会計学	第１問：正誤問題	A	・ファイナンス・リース取引 ・リース取引（借手・貸手の取引） ・資本連結
	第２問：リース会計	A	
	第３問：連結会計	A	
工業簿記	第１問：予算編成	A	・予定損益計算書の作成 ・予定貸借対照表の作成
	第２問：原価計算基準	A	
原価計算	最適セールス・ミックス	B	・単位当たり貢献利益の算定 ・特別注文引受可否 ・製造間接費の固変分解

※　難易度は、A＝易、B＝難となっています。

第2回　商業簿記　解答

貸借対照表

沖縄商事株式会社		20×5年3月31日			(単位：千円)
資産の部			負債の部		
Ⅰ 流動資産			Ⅰ 流動負債		
現金預金	(②	4,056,000)	買掛金		679,800)
受取手形	(	2,436,000)	契約負債	②	281,600)
売掛金	(	1,254,000)	短期借入金		151,080)
貸倒引当金	(△ ②	73,800)	未払金		33,000)
有価証券	(	39,600)	未払法人税等		450,000)
商品	(②	713,280)	Ⅱ 固定負債		
為替予約	(②	720)	社債	②	1,152,000)
(未収収益)	(	10,500)	退職給付引当金		279,000)
Ⅱ 固定資産			負債合計		3,026,480)
1．有形固定資産			純資産の部		
建物	(	1,680,000)	Ⅰ 株主資本		
減価償却累計額	(△	870,000)	1．資本金	②	9,450,750)
減損損失累計額	(△ ②	240,000)	2．資本剰余金		
備品	(	720,000)	(1) 資本準備金		780,750)
減価償却累計額	(△	416,250)	3．利益剰余金		
土地		5,400,000	(1) 利益準備金		270,000)
2．投資その他の資産			(2) その他利益剰余金		
金利スワップ資産	(	600)	別途積立金		240,000)
投資有価証券	(②	48,150)	繰越利益剰余金	①	2,492,770)
関係会社株式	(	18,300)	Ⅱ 評価・換算差額等		
(長期定期預金)	(	1,050,000)	1．その他有価証券評価差額金	②	945)
長期貸付金		255,000	2．(繰延ヘッジ損益)	②	420)
貸倒引当金	(△	5,100)	Ⅲ (新株予約権)		60,000)
繰延税金資産	(②	245,115)	純資産合計		13,295,635)
資産合計	(	16,322,115)	負債・純資産合計		16,322,115)

○数字は採点基準　合計25点

第2回　会計学　解答

第1問

(1)	(2)	(3)	(4)	(5)
×	○	×	○	×

各①

第2問

問1

(単位：円)

	(1)	(2)	(3)
売上高	5,760,000	② 960,000	0
売上原価	5,032,416	758,688	0
繰延リース利益繰入	② 526,272	0	0
売上総利益	201,312	201,312	0
受取利息	0	0	② 201,312
リース債権	4,273,728	4,273,728	4,273,728

(注) 該当する金額がない場合には、0（ゼロ）と記入すること。

問2

(単位：円)

減価償却費	②	629,052
支払利息	②	201,312

第3問
問1

(1)	の　れ　ん	②	4,680 千円
(2)	非 支 配 株 主 持 分	②	41,400 千円
(3)	S社株式の一部売却に係る資本剰余金の変動額	②	910 千円

(注) 資本剰余金の変動額がマイナスとなる場合には、金額の前に△印を付すこと。

問2

(1)	A 社 株 式	②	10,935 千円
(2)	A社株式売却損益	②	65 千円

(注) A社株式売却損益が損失となる場合には、金額の前に△印を付すこと。

○数字は採点基準　合計25点

第2回　商業簿記　解説

1．**商品売買**（以下、単位：千円）

(1) 商品A

① 売上原価および帳簿棚卸数量

原価ボックス

期首商品 240,000 (@16×15,000個)	売上原価 (＊3) 1,746,600 (123,000個)
当期仕入 1,890,000 (@14×135,000個)	期末商品 (＊2) 383,400 ((＊1) 27,000個)

商品A売上

T／B 3,444,000

÷@28

(＊1) 15,000個〈期首数量〉＋135,000個〈仕入数量〉－123,000個〈販売数量〉＝27,000個〈帳簿数量〉

(＊2) (@16×15,000個＋@14×135,000個)÷(15,000個＋135,000個)＝@14.2〈平均単価〉
2,130,000　150,000個

@14.2×27,000個＝383,400

(＊3) @14.2×123,000個＝1,746,600

② 期末商品の評価

原価 @14.2

正味売却価額 @14

商品評価損 (＊2) 5,220	棚卸減耗費 (＊1) 12,780
B/S商品 (＊3) 365,400	

26,100個〈実地数量〉　27,000個〈帳簿数量〉

(＊1) @14.2×(27,000個〈帳簿数量〉－26,100個〈実地数量〉)＝12,780

(＊2) (@14.2－@14)×26,100個〈実地数量〉＝5,220

(＊3) @14×26,100個〈実地数量〉＝365,400

(2) 商品B

① 売上原価および帳簿棚卸数量

原価ボックス

期首商品 234,000 (@13×18,000個)	売上原価 (＊4) 2,308,050 (207,000個)
当期仕入 2,442,000 (@11×222,000個)	期末商品 (＊3) 367,950 ((＊2) 33,000個)

÷@32

商品B売上

T／B	(＊1) 6,624,000

(＊1) 10,068,000〈T／B売上〉－3,444,000〈商品A売上〉＝6,624,000〈商品B売上〉

(＊2) 18,000個〈期首数量〉＋222,000個〈仕入数量〉－207,000個〈販売数量〉＝33,000個〈帳簿数量〉

(＊3) (@13×18,000個＋@11×222,000個)÷(18,000個＋222,000個)＝@11.15〈平均単価〉
　　2,676,000　　　　240,000個

@11.15×33,000個＝367,950

(＊4) @11.15×207,000個＝2,308,050

② 期末商品の評価

原価 @11.15

B/S商品 (＊2) 347,880	棚卸減耗費 (＊1) 20,070

31,200個〈実地数量〉　33,000個〈帳簿数量〉

(＊1) @11.15×(33,000個〈帳簿数量〉－31,200個〈実地数量〉)＝20,070

(＊2) @11.15×31,200個〈実地数量〉＝347,880

(注) 商品Bについては原価@11.15より正味売却価額@12の方が高いため商品評価損は計上されない。

∴ **B/S商品**：365,400〈商品A〉＋347,880〈商品B〉＝**713,280**

T／B繰越商品：240,000〈商品A〉＋234,000〈商品B〉＝474,000

T／B仕入：1,890,000〈商品A〉＋2,442,000〈商品B〉＋1,064,000〈商品C〉＝5,396,000

(3) 仕 訳

① 売上原価の計算

(仕　　入)	474,000	(繰越商品)	474,000
(繰越商品)(＊)	751,350	(仕　　入)	751,350

(＊) 383,400〈商品A〉＋367,950〈商品B〉＝751,350

② 期末商品の評価

(棚卸減耗費)(＊)	32,850	(繰越商品)	38,070
(商品評価損)	5,220		

(＊) 12,780〈商品A〉＋20,070〈商品B〉＝32,850

(4) 商品C (収益の認識・取引価格の配分)

① 当期首 (販売時)

商品Cの引渡しと保守サービスの提供が別個の履行義務として識別された場合には、取引価格を独立販売価格の比率にもとづき各履行義務に配分する。なお、顧客から受け取った対価のうち、商品Cの引渡しに対応する額については、引渡し時点で収益を認識し、保守サービスの提供に対応する額については、まだ履行義務を充足していないため収益を認識せず、契約負債として処理する。

(仮受金)	1,760,000	(売　　上)(＊1)	1,337,600
		(契約負債)(＊2)	422,400

(＊1) $1,760,000\langle取引価格\rangle \times \dfrac{1,520,000\langle商品Cの独立販売価格\rangle}{1,520,000\langle商品Cの独立販売価格\rangle + 480,000\langle保守サービスの独立販売価格\rangle} = 1,337,600$

(＊2) $1,760,000\langle取引価格\rangle \times \dfrac{480,000\langle保守サービスの独立販売価格\rangle}{1,520,000\langle商品Cの独立販売価格\rangle + 480,000\langle保守サービスの独立販売価格\rangle} = 422,400$

② 当期末

時間の経過にともない、履行義務を充足した保守サービスについて、契約負債を取り崩し、収益を認識する。

(契約負債)(＊)	140,800	(売　　上)	140,800

(＊) $422,400 \times \dfrac{12か月}{36か月} = 140,800$

∴ **B/S契約負債**：422,400－140,800＝**281,600**

2. 現金預金

(1) 現 金

現金(帳簿)

出納帳残高 1,440,000	先日付小切手 21,000
配当金領収証 16,500	

修正後 1,435,500

現金(実際)

通貨 1,417,500
配当金領収証 16,500

B/S価額 1,434,000

1,434,000－1,435,500＝△1,500〈雑損失〉

(受取手形)	21,000	(現金預金)	21,000
(現金預金)	16,500	(受取利息配当金)	16,500
(雑損失)	1,500	(現金預金)	1,500

∴ **B/S受取手形**：2,415,000〈T／B〉＋21,000〈先日付小切手〉＝**2,436,000**

(2) 当座預金

銀行勘定調整表

出納帳残高	2,556,000	証明書残高	2,583,000
未渡小切手	+ 24,000	時間外預入	+ 39,000
振込未達	+ 42,000		
B/S価額	2,622,000	B/S価額	2,622,000

(注) 当座預金出納帳残高は、銀行勘定調整表の貸借差額で求める。

(現金預金)	24,000	(未払金)	24,000
(現金預金)	42,000	(売掛金)	42,000

∴ **B/S未払金**：9,000〈T/B〉+24,000=**33,000**

B/S売掛金：1,296,000〈T/B〉−42,000=**1,254,000**

(3) 定期預金

(長期定期預金)(＊1)	1,050,000	(現金預金)	1,050,000
(未収収益)(＊2)	10,500	(受取利息配当金)	10,500

(＊1) 5,046,000〈T/B現金預金〉−1,440,000〈現金出納帳〉−2,556,000〈当座預金出納帳〉
=**1,050,000〈B/S長期定期預金〉**

(注) 定期預金の満期日は20×6年5月31日であり、貸借対照表日（20×5年3月31日）の翌日から起算して1年を超えるため長期定期預金とする。

(＊2) 1,050,000×3％×$\frac{4か月}{12か月}$=**10,500〈B/S未収収益〉**

∴ **B/S現金預金**：1,434,000〈現金〉+2,622,000〈当座預金〉=**4,056,000**

3．貸倒引当金（貸倒実績率法、仕訳は差額補充法とする）

(貸倒引当金繰入)(＊)	39,900	(貸倒引当金)	39,900

(＊) (2,436,000〈受取手形〉+1,254,000〈売掛金〉)×2％=**73,800〈B/S貸倒引当金(流動資産)〉**
255,000〈長期貸付金〉×2％=**5,100〈B/S貸倒引当金(固定資産)〉**
73,800+5,100−39,000〈T/B貸倒引当金〉=39,900

4．有価証券

(1) A社株式 → 売買目的有価証券=有価証券

(有価証券評価損益)(＊1)	3,000	(有価証券)	3,000
(有価証券)(＊2)	3,600	(有価証券評価損益)	3,600

(＊1) 36,000〈取得原価〉−39,000〈前期末時価=簿価〉=△3,000

(＊2) 39,600〈当期末時価〉−36,000〈取得原価〉=3,600

(2) B社株式 → その他有価証券=投資有価証券（全部純資産直入法）

(投資有価証券)(＊1)	19,200	(有価証券)	19,200
(繰延税金負債)(＊3)	360	(投資有価証券)(＊2)	1,200
(その他有価証券評価差額金)(＊4)	840		
(投資有価証券)(＊5)	2,100	(繰延税金負債)(＊6)	630
		(その他有価証券評価差額金)(＊7)	1,470

(＊1) 前期末時価=簿価

(＊2) 18,000〈取得原価〉−19,200〈簿価〉=△1,200

(＊3) 1,200×30％=360〈繰延税金負債〉

(＊4) 1,200−360=840〈その他有価証券評価差額金〉

(＊5) 20,100〈当期末時価〉−18,000〈取得原価〉=2,100〈評価差額〉

(＊6) 2,100×30％=630〈繰延税金負債〉

(＊7) 2,100−630=1,470〈その他有価証券評価差額金〉

(3) C社社債 → その他有価証券=投資有価証券（全部純資産直入法）

(投資有価証券)(＊1)	28,500	(有価証券)	28,500
(投資有価証券)(＊2)	300	(有価証券利息)	300
(繰延税金資産)(＊4)	225	(投資有価証券)(＊3)	750
(その他有価証券評価差額金)(＊5)	525		

(＊1) 取得原価=簿価

(＊2) (30,000−28,500)×$\frac{12か月}{60か月}$=300〈償却額〉

(＊3) 28,500+300=28,800〈償却原価〉
28,050〈当期末時価〉−28,800〈償却原価〉=△750〈評価差額〉

(＊4) 750×30％=225〈繰延税金資産〉

(＊5) 750−225=525〈その他有価証券評価差額金〉

(4) D社株式 → 子会社株式=関係会社株式（子会社株式の減損）

時価が原価のおおむね50％を下回っているため、著しい時価の下落と考え、減損処理を行う。

(関係会社株式)(＊1)	45,000	(有価証券)	45,000
(関係会社株式評価損)(＊2)	26,700	(関係会社株式)	26,700

(＊1) 取得原価=簿価

(＊2) 18,300〈当期末時価〉−45,000〈取得原価〉=△26,700

∴ **B/S有価証券：39,600〈A社株式時価〉**

B/S投資有価証券：20,100〈B社株式時価〉+28,050〈C社社債時価〉=**48,150**

B/Sその他有価証券評価差額金：1,470〈B社株式分〉−525〈C社社債分〉=**945**

B/S関係会社株式：18,300〈D社株式時価〉

5．金利スワップ〜繰延ヘッジ会計

(金利スワップ資産)(＊1)	600	(繰延税金負債)(＊2)	180
		(繰延ヘッジ損益)(＊3)	420

(＊1) 金利スワップの時価

(＊2) 600×30％=180〈繰延税金負債〉

(＊3) **600−180=420〈B/S繰延ヘッジ損益〉**

6．固定資産

(1) 建　物（定額法）

① 前期末における減損処理（前期の仕訳）

(減　損　損　失)(＊)	240,000	(建物減損損失累計額)	240,000

(＊) 600,000〈使用価値〉＞ 590,000〈正味売却価額〉　∴　回収可能価額：600,000
1,680,000〈取得原価〉－840,000〈T/B建物減価償却累計額〉－600,000〈回収可能価額〉
840,000〈帳簿価額〉
＝240,000〈T/B建物減損損失累計額〉

② 減価償却

(減 価 償 却 費)(＊)	30,000	(建物減価償却累計額)	30,000

(＊) (1,680,000〈取得原価〉－840,000〈T/B建物減価償却累計額〉－240,000〈T/B建物減損損失累計額〉)÷20年〈残存耐用年数〉＝30,000

∴　**B/S減価償却累計額**：840,000〈T/B〉＋30,000＝**870,000**

(2) 備　品 (200%定率法)

(減 価 償 却 費)(＊)	101,250	(備品減価償却累計額)	101,250

(＊) (720,000－315,000)×0.25〈償却率〉＝101,250〈調整前償却額〉
720,000×0.07909〈保証率〉＝56,944.8〈償却保証額〉
101,250 ＞ 56,944.8　∴　101,250

∴　**B/S減価償却累計額**：315,000〈T/B〉＋101,250＝**416,250**

7．為替予約 (独立処理)

(為 替 差 損 益)(＊1)	1,080	(短 期 借 入 金)	1,080
(為　替　予　約)(＊2)	720	(為 替 差 損 益)	720

(＊1) 18,000÷180千ドル＝@100円〈借入日のSR〉
(@100円〈借入日のSR〉－@106円〈決算日のSR〉)×180千ドル＝△1,080〈為替差損〉

(＊2) (@102円〈決算日のFR〉－@98円〈予約日のFR〉)×180千ドル＝**720〈為替差益＝B/S為替予約〉**

∴　**B/S短期借入金**：150,000〈T/B〉＋1,080＝**151,080**

8．転換社債型新株予約権付社債

(1) 転換請求を受けた社債の償却 (定額法)……20×4年4月1日から20×4年9月30日まで

(社　債　利　息)(＊)	1,500	(社　　　債)	1,500

(＊) $1{,}425{,}000 \times \frac{300{,}000}{1{,}500{,}000} = 285{,}000$〈転換請求を受けた社債の払込金額〉

$(300{,}000 - 285{,}000) \times \frac{6か月}{60か月} = 1{,}500$

(2) 転換請求による新株の発行

(社　　　債)(＊1)	286,500	(資　本　金)(＊3)	150,750
(新 株 予 約 権)(＊2)	15,000	(資 本 準 備 金)(＊3)	150,750

(＊1) 285,000＋1,500＝286,500〈転換請求を受けた社債の償却原価〉

(＊2) $75{,}000 \times \frac{300{,}000}{1{,}500{,}000} = 15{,}000$〈転換請求を受けた新株予約権〉

(＊3) $(286{,}500 + 15{,}000) \times \frac{1}{2} = 150{,}750$〈資本金・資本準備金〉

(3) 転換請求を受けていない社債の償却 (定額法)……20×4年4月1日から20×5年3月31日まで

(社　債　利　息)(＊)	12,000	(社　　　債)	12,000

(＊) $1{,}425{,}000 \times \frac{1{,}500{,}000 - 300{,}000}{1{,}500{,}000} = 1{,}140{,}000$〈転換請求を受けていない社債の払込金額〉

$(\underbrace{1{,}500{,}000 - 300{,}000}_{1{,}200{,}000} - 1{,}140{,}000) \times \frac{12か月}{60か月} = 12{,}000$

20×4年 4/1 ←── 6か月 ──→ 20×4年 9/30 ←── 6か月 ──→ 20×5年 3/31
期首　　　　　　　　　　転換請求　　　　　　　　　期末
285,000 ──(+1,500)──→ 286,500
1,140,000 / 1,425,000〈T/B〉 ──(+12,000)──→ 1,152,000

∴　**B/S社債**：**1,152,000〈転換請求を受けていない社債の償却原価〉**
B/S資本金：9,300,000〈T/B〉＋150,750＝**9,450,750**
B/S資本準備金：630,000〈T/B〉＋150,750＝**780,750**
B/S新株予約権：75,000〈T/B〉－15,000＝**60,000**

9．退職給付会計

(1) 年金掛金と退職一時金の支払いの修正・将来減算一時差異の解消

(退職給付引当金)(＊1)	22,500	(一 般 管 理 費)	22,500
(法人税等調整額)(＊2)	6,750	(繰 延 税 金 資 産)	6,750

(＊1) 9,000〈年金掛金〉＋13,500〈退職一時金〉＝22,500〈退職給付引当金の取崩額〉

(＊2) 22,500×30%＝6,750

(2) 退職給付費用の計上・将来減算一時差異の発生

(退 職 給 付 費 用)(＊1)	31,500	(退職給付引当金)	31,500
(繰 延 税 金 資 産)(＊2)	9,450	(法人税等調整額)	9,450

(＊1) 414,000〈当期末退職給付債務〉－135,000〈当期末年金資産〉＝279,000〈当期末の退職給付引当金〉
270,000〈T/B退職給付引当金〉－22,500〈当期取崩額〉＝247,500
279,000－247,500＝31,500〈退職給付費用〉

退職給付引当金

年　金　掛　金	9,000	T/B (当期首)	270,000
退 職 一 時 金	13,500		
B/S退職給付引当金	279,000	退職給付費用	31,500 ←貸借差額

(279,000 ← 414,000－135,000)

(＊2) 31,500×30%＝9,450

10. 法人税等の計上と税効果会計

(1) 法人税等の計上

(法人税等)	1,050,000	(仮払法人税等)	600,000
		(未払法人税等)(＊)	450,000

(＊) 1,050,000－600,000＝**450,000**〈B/S未払法人税等〉

(2) 税効果会計（資料から判明するものを除く将来減算一時差異の解消と発生）

(法人税等調整額)(＊1)	54,000	(繰延税金資産)	54,000
(繰延税金資産)(＊2)	58,500	(法人税等調整額)	58,500

(＊1) 180,000×30％＝54,000

(＊2) 195,000×30％＝58,500

∴ 勘定記入は、次のようになる。

繰延税金資産

T/B	238,500	退職給付引当金	6,750
C社社債	225	解消	54,000
退職給付引当金	9,450	整理後	245,925
発生	58,500		

繰延税金負債

B社株式	360	T/B	360
整理後	810	B社株式	630
		金利スワップ	180

∴ **B/S繰延税金資産**：245,925〈繰延税金資産〉－810〈繰延税金負債〉＝**245,115**

11. **繰越利益剰余金（貸借対照表の貸借差額で求める）**

B/S繰越利益剰余金：16,322,115〈借方合計〉－13,829,345〈繰越利益剰余金を除く貸方合計〉＝**2,492,770**

第2回　会計学　解説

第1問　正誤問題

(1) リース資産の減価償却「リース取引に関する会計基準　12」参照

所有権移転ファイナンス・リース取引に係るリース資産の減価償却費は、自己所有の固定資産に適用する減価償却方法と同一の方法により算定する。また、所有権移転外ファイナンス・リース取引に係るリース資産の減価償却費は、原則としてリース期間を耐用年数とし、残存価額をゼロとして算定する。

(2) 時価の定義「時価の算定に関する会計基準　5」参照

時価とは、算定日において市場参加者間で秩序ある取引が行われると想定した場合の、当該取引における資産の売却によって受け取る価格または負債の移転のために支払う価格とする。

(3) 会計上の変更「会計方針の開示、会計上の変更及び誤謬の訂正に関する会計基準　19（一部）20」参照

19. 会計方針の変更を会計上の見積りの変更と区別することが困難な場合については、会計上の見積りの変更と同様に取り扱い、遡及適用は行わない。

20. 有形固定資産等の減価償却方法及び無形固定資産の償却方法は、会計方針に該当するが、その変更については前項により取り扱う。

(4) ヘッジ会計「金融商品に関する会計基準　34」参照

ヘッジ会計は、ヘッジ対象が消滅したときに終了し、繰り延べられているヘッジ手段に係る損益又は評価差額は当期の損益として処理しなければならない。また、ヘッジ対象である予定取引が実行されないことが明らかになったときにおいても同様に処理する。

(5) 有価証券の認識基準「金融商品会計に関する実務指針　22」参照

買手は保有目的区分ごとに約定日から受渡日までは時価の変動のみを認識し、売手は売却損益のみを約定日に認識する基準は、修正受渡日基準である。約定日基準とは、売買約定日に買手は有価証券の発生を認識し、売手は有価証券の消滅の認識をする基準である。

第2問　リース取引（以下、単位：円）

問1　貸手の処理

リース料総額	当期のリース料	次期以降のリース料
（＊1）5,760,000	960,000	（＊4）4,800,000

利息相当額	当期の利息相当額	次期以降の利息相当額
（＊3）727,584	（＊7）201,312	（＊8）526,272
債権相当額	当期の債権回収額	次期以降の債権回収額（当期末のリース債権）
（＊2）5,032,416	（＊6）758,688	（＊5）4,273,728

（＊1）960,000〈リース料〉× 6 年 = 5,760,000〈リース料総額〉

（＊2）購入価額　または　960,000〈リース料〉× 5.2421 = 5,032,416〈当期首のリース債権〉

（＊3）5,760,000〈リース料総額〉− 5,032,416〈債権相当額〉= 727,584〈利息相当額〉

（＊4）5,760,000〈リース料総額〉− 960,000〈当期のリース料〉= 4,800,000〈次期以降のリース料〉

（＊5）960,000〈リース料〉× 4.4518 = 4,273,728〈次期以降の債権回収額 = 当期末のリース債権〉

（＊6）5,032,416〈当期首のリース債権〉− 4,273,728〈当期末のリース債権〉= 758,688〈当期の債権回収額〉

（＊7）960,000〈当期のリース料〉− 758,688〈当期の債権回収額〉= 201,312〈当期の利息相当額〉

（＊8）727,584〈利息相当額〉− 201,312〈当期の利息相当額〉= 526,272〈次期以降の利息相当額〉　または
4,800,000〈次期以降のリース料〉− 4,273,728〈次期以降の債権回収額〉= 526,272〈次期以降の利息相当額〉

(1)　リース取引開始時に売上高と売上原価を計上する方法（第1法）

①　リース取引開始時

リース料総額を「売上高」として計上し、同額の「リース債権」を計上するとともに、リース物件の現金購入価額を「売上原価」として計上する。

（リース債権）（＊1）	5,760,000	（売上高）	5,760,000
（売上原価）（＊2）	5,032,416	（買掛金）	5,032,416

②　リース料受取時

受取リース料を「リース債権」から減額する。

（現金預金）	960,000	（リース債権）	960,000

③　決算時

修正前の売上総利益をリース期間にわたる利息相当額とし、このうち次期以降の未経過分の利息相当額を「繰延リース利益繰入」として売上総利益から減額し、「繰延リース利益」として繰り延べ、貸借対照表上「リース債権」から控除する。また、次期以降には経過分の利息相当額を戻し入れる。

（繰延リース利益繰入）（＊8）	526,272	（繰延リース利益）リース債権から控除	526,272

∴　**リース債権**：5,760,000 − 960,000 − 526,272 = **4,273,728**

(2)　リース料受取時に売上高と売上原価を計上する方法（第2法）

①　リース取引開始時

リース物件の現金購入価額を「リース債権」として計上する。

（リース債権）（＊2）	5,032,416	（買掛金）	5,032,416

②　リース料受取時

受取リース料を「売上高」として計上するとともに、受取リース料から当期の利息相当額を控除した額を「リース債権」から減額し、「売上原価」として計上する。

（現金預金）	960,000	（売上高）	960,000
（売上原価）（＊6）	758,688	（リース債権）	758,688

∴　**リース債権**：5,032,416 − 758,688 = **4,273,728**

(3)　売上高を計上せずに利息相当額を各期へ配分する方法（第3法）

①　リース取引開始時

リース物件の現金購入価額を「リース債権」として計上する。

（リース債権）（＊2）	5,032,416	（買掛金）	5,032,416

②　リース料受取時

受取リース料をリース債権の元本回収部分と当期の利息相当額とに区別し、リース債権の元本回収部分を「リース債権」から減額し、当期の利息相当額を「受取利息」として計上する。

（現金預金）	960,000	（リース債権）（＊6）	758,688
		（受取利息）（＊7）	201,312

∴　**リース債権**：5,032,416 − 758,688 = **4,273,728**

問2　借手の処理

①　リース取引開始時

リース物件の取得原価相当額を「リース資産」および「リース債務」として計上する。

（リース資産）（＊2）	5,032,416	（リース債務）	5,032,416

②　リース料支払時

支払リース料をリース債務の元本返済部分と当期の利息相当額とに区別し、リース債務の元本返済部分を「リース債務」から減額し、当期の利息相当額を「支払利息」として計上する。

（リース債務）（＊6）	758,688	（現金預金）	960,000
（支払利息）（＊7）	201,312		

③　決算時

所有権移転ファイナンス・リース取引の場合、経済的耐用年数で減価償却を行う。

（減価償却費）（＊9）	629,052	（減価償却累計額）	629,052

（＊9）5,032,416 ÷ 8 年〈経済的耐用年数〉= 629,052

第3問　連結会計（以下、単位：千円）

本問では、連結株主資本等変動計算書を作成しないため、連結株主資本等変動計算書の科目は連結貸借対照表の科目で仕訳を行う。

問1　S社（子会社株式の一部売却）

	前期末		当期末
P 社 持 分	80%		△20%（売却）
			60%
(非支配株主持分)	(20%)		(40%)
資 本 金	60,000		60,000
利益剰余金	15,000	配 当 金 △ 5,000 当期純利益 ＋30,000 ＋25,000	40,000
資本合計	75,000		100,000

(1)　前期末（支配獲得日）の仕訳（開始仕訳）

①　諸資産・諸負債の評価替え

（諸　資　産）（＊1）	10,000	（諸　負　債）（＊2）	5,000
		（繰延税金負債）（＊3）	1,500
		（評　価　差　額）（＊4）	3,500

（＊1）160,000〈前期末時価〉－150,000〈前期末簿価〉＝10,000

（＊2）80,000〈前期末時価〉－75,000〈前期末簿価〉＝5,000

（＊3）(10,000－5,000)×30%〈法定実効税率〉＝1,500

（＊4）貸借差額

②　投資と資本の相殺消去

（資　本　金）	60,000	（S　社　株　式）	68,000
（利 益 剰 余 金）	15,000	（非支配株主持分）（＊5）	15,700
（評　価　差　額）	3,500		
（の　れ　ん）（＊6）	5,200		

（＊5）(60,000＋15,000＋3,500)×20%〈売却前非支配株主持分割合〉＝15,700

（＊6）68,000－(60,000＋15,000＋3,500)×80%〈原始取得割合〉＝5,200

(2)　当期の仕訳（期中仕訳）

①　のれんの償却

（のれん償却額）（＊7）	520	（の　れ　ん）	520

（＊7）5,200÷10年＝520

②　当期純利益の非支配株主持分への振替え

（非支配株主に帰属する当期純利益）（＊8）	6,000	（非支配株主持分）	6,000

（＊8）30,000〈当期純利益〉×20%〈売却前非支配株主持分割合〉＝6,000

③　配当金の修正

（受 取 配 当 金）（＊9）	4,000	（利 益 剰 余 金）	5,000
（非支配株主持分）（＊10）	1,000		

（＊9）5,000×80%〈原始取得割合〉＝4,000

（＊10）5,000×20%〈売却前非支配株主持分割合〉＝1,000

④　S社株式売却益の修正

(a)　個別上の仕訳

（現　金　預　金）	22,000	（S　社　株　式）（＊11）	17,000
		（S社株式売却益）（＊12）	5,000

（＊11）$68{,}000\times\dfrac{20\%\langle 売却割合\rangle}{80\%\langle 原始取得割合\rangle}$＝17,000〈個別上の売却簿価〉

（＊12）貸借差額

(b)　連結上あるべき仕訳

（現　金　預　金）	22,000	（非支配株主持分）（＊13）	20,700
		（資 本 剰 余 金）（＊14）	1,300

（＊13）(100,000〈当期末S社資本合計〉＋3,500〈評価差額〉)×20%〈売却割合〉＝20,700〈売却持分〉

（＊14）貸借差額

(c)　S社株式売却益の修正

（S　社　株　式）	17,000	（非支配株主持分）	20,700
（S社株式売却益）	5,000	（資 本 剰 余 金）	1,300

⑤　子会社株式の一部売却に関連する法人税等相当額の調整

親会社の売却持分と売却価額との差額は資本剰余金として計上し、関連する法人税等相当額は「法人税、住民税及び事業税」を相手勘定として資本剰余金から控除する。

（資 本 剰 余 金）	390	（法人税、住民税及び事業税）（＊15）	390

（＊15）1,300〈一部売却に係る資本剰余金の変動額〉×30%〈法定実効税率〉＝390

∴　**当期末の連結貸借対照表に記載されるのれん**：5,200－520＝**4,680**

当期末の連結貸借対照表に記載される非支配株主持分：15,700＋6,000－1,000＋20,700＝**41,400**

S社株式の一部売却に係る資本剰余金の変動額：

1,300〈一部売却に係る資本剰余金の増加額〉

－390〈一部売却に関連する法人税等相当額の調整〉＝**910**

【参　考】当期末の連結貸借対照表に記載される非支配株主持分

成果連結による非支配株主持分当期変動額がない場合、当期末の連結貸借対照表に記載される非支配株主持分は、Ｓ社の当期末資本合計（評価差額を含む）に売却後の非支配株主持分割合を乗じることにより算定することができる。

当期末の連結貸借対照表に記載される非支配株主持分：

（100,000〈Ｓ社の当期末資本合計〉＋3,500〈評価差額〉）×40％〈売却後非支配株主持分割合〉

＝**41,400**

問２　Ａ社（関連会社株式の一部売却）

	前期末		当期末
Ｐ社持分	40％		△20％（売却）
			30％
（外部株主持分）	（60％）		（70％）
資本金	30,000	配当金　△2,500	30,000
利益剰余金	7,500	当期純利益　＋15,000	20,000
資本合計	37,500	＋12,500	50,000

(1)　前期末の処理（のれんの算定）

80,000〈前期末時価〉－75,000〈前期末簿価〉＝5,000〈諸資産の評価差額〉

40,000〈前期末時価〉－37,500〈前期末簿価〉＝2,500〈諸負債の評価差額〉

（5,000－2,500）×（100％－30％〈法定実効税率〉）＝1,750〈税効果会計適用後の評価差額〉

17,000〈取得原価〉－（30,000〈資本金〉＋7,500〈利益剰余金〉＋1,750）×40％〈原始取得割合〉

＝1,300〈のれん〉

(2)　当期の仕訳（期中仕訳）

①　のれんの償却

（持分法による投資損益）（＊1）	130	（Ａ　社　株　式）	130

（＊1）1,300÷10年＝130

②　当期純利益の計上

（Ａ　社　株　式）（＊2）	6,000	（持分法による投資損益）	6,000

（＊2）15,000〈当期純利益〉×40％〈原始取得割合〉＝6,000

③　配当金の修正

（受取配当金）（＊3）	1,000	（Ａ　社　株　式）	1,000

（＊3）2,500×40％〈原始取得割合〉＝1,000

④　Ａ社株式売却益の修正

(a)　個別上の仕訳

（現　金　預　金）	11,000	（Ａ　社　株　式）（＊4）	8,500
		（Ａ社株式売却益）（＊5）	2,500

（＊4）$17{,}000 \times \frac{20\%〈売却割合〉}{40\%〈原始取得割合〉}$＝8,500〈個別上の売却簿価〉

（＊5）貸借差額

(b)　持分法適用上あるべき仕訳

（現　金　預　金）	11,000	（Ａ　社　株　式）（＊6）	10,935
		（Ａ社株式売却益）（＊7）	65

（＊6）17,000－130＋6,000－1,000＝21,870〈持分法適用上の当期末簿価（売却前）〉

$21{,}870 \times \frac{20\%〈売却割合〉}{40\%〈原始取得割合〉}$＝10,935〈持分法適用上の売却簿価〉

（＊7）貸借差額

(c)　Ａ社株式売却益の修正

（Ａ社株式売却益）（＊8）	2,435	（Ａ　社　株　式）	2,435

（＊8）10,935－8,500＝2,435〈売却益の修正額〉　または、
2,500〈個別上の売却益〉－65〈持分法適用上の売却益〉＝2,435〈売却益の修正額〉

∴　**当期末の連結貸借対照表に記載されるＡ社株式**：8,500〈Ｐ社個別Ｂ／Ｓ〉－130
＋6,000－1,000－2,435＝**10,935**

当期の連結損益計算書に記載されるＡ社株式売却損益：2,500〈Ｐ社個別上の売却益〉
－2,435＝**65**

【参　考】当期末の連結貸借対照表に記載されるＡ社株式の金額は以下のように求めることができる。

当期末の連結貸借対照表に記載されるＡ社株式：21,870〈持分法適用上の当期末簿価（売却前）〉
－10,935〈持分法適用上の売却簿価〉＝**10,935**

第2回　工業簿記　解答

第1問

1．20×5年　予定損益計算書（単位：万円）

	5月	6月
売上高	（① 82,500）	（① 90,000）
変動売上原価	（① 40,150）	（ 43,200）
変動製造マージン	（ 42,350）	（ 46,800）
変動販売費	（ 2,750）	（① 3,000）
貢献利益	（① 39,600）	（① 43,800）
固定費		
製造費	（ 27,450）	（ 27,450）
販売費・一般管理費	（ 11,560）	（ 11,610）
固定費計	（ 39,010）	（① 39,060）
営業利益	（ 590）	（ 4,740）
支払利息	（① 20）	（① 12）
経常利益	（① 570）	（ 4,728）

2．20×5年　予定貸借対照表（単位：万円）

	5月	6月
流動資産		
現金	（ 5,000）	（① 5,007）
売掛金	（① 41,250）	（ 45,000）
製品	（① 8,640）	（ 9,230）
原料	（ 3,856）	（① 4,108）
計	（ 58,746）	（ 63,345）
固定資産		
土地	（ 11,502）	（ 11,502）
建物・設備	（① 11,291）	（① 12,532）
計	（ 22,793）	（ 24,034）
資産合計	（ 81,539）	（ 87,379）
流動負債		
買掛金	（① 9,204）	（ 9,766）
借入金	（① 1,200）	（① 1,750）
計	（ 10,404）	（ 11,516）
固定負債	（ 0）	（ 0）
純資産		
資本金	（ 50,000）	（ 50,000）
資本剰余金	（ 15,000）	（ 15,000）
利益剰余金	（ 6,135）	（① 10,863）
計	（ 71,135）	（ 75,863）
負債・純資産合計	（ 81,539）	（ 87,379）

第2問

①	① 原価管理	②	原価の標準	③	① 真実の原価
④	売上原価	⑤	① 予算	⑥	見積財務諸表
⑦	① 簡略化	⑧	じん速化	⑨	① 現状

○数字は採点基準　合計25点

第２回　原価計算　解答

第１問

問１　製品α　② 520 個　　製品β　② 180 個

月間営業利益　② 536,000 円

問２　製品αの１個あたりの販売価格が　② 5,100 円以下になれば、最適セールス・ミックスが変化する。

問３　組立部の生産能力の拡大投資に際して　② 74,000 円までなら支払ってもよい。

第２問

問１　製品X　② 4,800 個　　製品Y　② 7,000 個　　製品Z　3,000 個

月間営業利益　② 780,000 円

問２

(1)　臨時の注文2,300個を引き受けたほうが、引き受けない場合に比べて、460,000 円だけ

{ 有利である。（○）
  ~~不利である。~~

すべて正解で②

(2)　臨時の注文3,300個を引き受けたほうが、引き受けない場合に比べて、540,000 円だけ

{ 有利である。（○）
  ~~不利である。~~

すべて正解で③

第３問

月間固定費　② 2,740,000 円　　変動費率　② 1,200 円/時間

○数字は採点基準　合計25点

第２回　工業簿記　解説

第１問　企業予算の編成

1．各製品の生産・販売状況の整理

(1)　製品P（単位：個）

	5　月	6　月	7　月	8　月
月初	8,800(＊2)	8,400(＊4)	7,800(＊7)	6,000(＊10)
販売	44,000(＊1)	42,000(＊3)	39,000(＊6)	30,000(＊9)
生産	43,600(＊5)	41,400(＊8)	37,200(＊11)	
月末	8,400(＊4)	7,800(＊7)	6,000(＊10)	

(＊1) 55,000個×80%＝44,000個（5月計画販売量）

(＊2) 44,000個（5月計画販売量）×20%＝8,800個

(＊3) 60,000個×70%＝42,000個（6月計画販売量）

(＊4) 42,000個（6月計画販売量）×20%＝8,400個

(＊5) 貸借差引

(＊6) 65,000個×60%＝39,000個（7月計画販売量）

(＊7) 39,000個（7月計画販売量）×20%＝7,800個

(＊8) 貸借差引

(＊9) 60,000個×50%＝30,000個（8月計画販売量）

(＊10) 30,000個（8月計画販売量）×20%＝6,000個

(＊11) 貸借差引

(2)　製品Q（単位：個）

資料３．(4)より、製品Qの４月末在庫（＝５月の月初在庫）はない。

	5　月	6　月	7　月	8　月
月初	0	3,600(＊3)	5,200(＊6)	6,000(＊9)
販売	11,000(＊1)	18,000(＊2)	26,000(＊5)	30,000(＊8)
生産	14,600(＊4)	19,600(＊7)	26,800(＊10)	
月末	3,600(＊3)	5,200(＊6)	6,000(＊9)	

(＊1) 55,000個×20%＝11,000個（5月計画販売量）

(＊2) 60,000個×30%＝18,000個（6月計画販売量）

(＊3) 18,000個（6月計画販売量）×20%＝3,600個

(＊4) 11,000個＋3,600個＝14,600個

(＊5) 65,000個×40%＝26,000個（7月計画販売量）

(＊6) 26,000個（7月計画販売量）×20%＝5,200個

(＊7) 貸借差引

(＊8) 60,000個×50%＝30,000個（8月計画販売量）

(＊9) 30,000個（8月計画販売量）×20%＝6,000個

(＊10) 貸借差引

2．各原料の購入・消費状況の整理

(1) 原料Ｐ（単位：kg）

5 月

月初 43,600(＊2)	消費 218,000(＊1)
購入 215,800(＊5)	月末 41,400(＊4)

6 月

月初 41,400(＊4)	消費 207,000(＊3)
購入 202,800(＊8)	月末 37,200(＊7)

7 月

月初 37,200(＊7)	消費 186,000(＊6)
購入	月末

(＊1) 43,600個(5月計画生産量)× 5 kg＝218,000kg

(＊2) 218,000kg(5月計画消費量)×20%＝43,600kg

(＊3) 41,400個(6月計画生産量)× 5 kg＝207,000kg

(＊4) 207,000kg(6月計画消費量)×20%＝41,400kg

(＊5) 貸借差引

(＊6) 37,200個(7月計画生産量)× 5 kg＝186,000kg

(＊7) 186,000kg(7月計画消費量)×20%＝37,200kg

(＊8) 貸借差引

(2) 原料Ｑ（単位：kg）

5 月

月初 14,600(＊2)	消費 73,000(＊1)
購入 78,000(＊5)	月末 19,600(＊4)

6 月

月初 19,600(＊4)	消費 98,000(＊3)
購入 105,200(＊8)	月末 26,800(＊7)

7 月

月初 26,800(＊7)	消費 134,000(＊6)
購入	月末

(＊1) 14,600個(5月計画生産量)× 5 kg＝73,000kg

(＊2) 73,000kg(5月計画消費量)×20%＝14,600kg

(＊3) 19,600個(6月計画生産量)× 5 kg＝98,000kg

(＊4) 98,000kg(6月計画消費量)×20%＝19,600kg

(＊5) 貸借差引

(＊6) 26,800個(7月計画生産量)× 5 kg＝134,000kg

(＊7) 134,000kg(7月計画消費量)×20%＝26,800kg

(＊8) 貸借差引

3．製品原価標準の推定

(1) 製品Ｐ

原価標準：6,600万円(4月末Ｂ/Ｓの製品Ｐ)÷8,800個(4月末製品Ｐ在庫量)＝7,500円/個

原 料 費：7,500円/個－4,500円/個(製品Ｐ変動加工費)＝3,000円/個

3,000円/個÷ 5 kg＝600円/kg

(2) 製品Ｑ

原 料 費：3,638万円(4月末Ｂ/Ｓの原料)－(600円/kg×43,600kg)(4月末原料Ｐ残高)

＝1,022万円

1,022万円÷14,600kg(4月末原料Ｑ在庫量)＝700円/kg

原価標準：700円/kg× 5 kg＋3,000円/個(製品Ｑ変動加工費)＝6,500円/個

4．予定損益計算書の作成

(1) 5月の予定損益計算書

	製品Ｐ		製品Ｑ		合 計
売 上 高	15,000円×44,000個＝	66,000万円	15,000円×11,000個＝	16,500万円	82,500万円
変動売上原価	7,500円×44,000個＝	33,000万円	6,500円×11,000個＝	7,150万円	40,150万円
変動製造マージン		33,000万円		9,350万円	42,350万円
変 動 販 売 費	500円×44,000個＝	2,200万円	500円×11,000個＝	550万円	2,750万円
貢 献 利 益		30,800万円		8,800万円	39,300万円
固 定 費					
製 造 費					27,450万円
販売費・一般管理費					11,560万円
固 定 費 計					39,010万円
営 業 利 益					590万円
支 払 利 息					20万円(＊)
経 常 利 益					570万円

(＊) 2,000万円(月初借入金残高)× 1 %＝20万円

(2) 6月の予定損益計算書

	製品Ｐ		製品Ｑ		合 計
売 上 高	15,000円×42,000個＝	63,000万円	15,000円×18,000個＝	27,000万円	90,000万円
変動売上原価	7,500円×42,000個＝	31,500万円	6,500円×18,000個＝	11,700万円	43,200万円
変動製造マージン		31,500万円		15,300万円	46,800万円
変 動 販 売 費	500円×42,000個＝	2,100万円	500円×18,000個＝	900万円	3,000万円
貢 献 利 益		29,400万円		14,400万円	43,800万円
固 定 費					
製 造 費					27,450万円
販売費・一般管理費					11,610万円(＊1)
固 定 費 計					39,060万円
営 業 利 益					4,740万円
支 払 利 息					12万円(＊2)
経 常 利 益					4,728万円

(＊1) 6月の固定販売費・一般管理費には、新規に取得する営業用設備の減価償却費（月割）が加わる。
営業用設備の減価償却費：(6,000万円÷10年)÷12か月＝50万円
6月の固定販売費・一般管理費：11,560万円＋50万円＝11,610万円

(＊2) 支払利息は、現金残高、借入金残高の計算を行うことで算定できる（後述の解説5.(6)(＊8)参照）。

5．予定貸借対照表の作成

(1) 売掛金（単位：万円）

4　月

月初	回収
増加 37,500(＊1)	月末 37,500(＊1)

5　月

月初 37,500(＊1)	回収 37,500(＊1)
増加 41,250(＊2)	月末 41,250(＊2)

6　月

月初 41,250(＊2)	回収 41,250(＊2)
増加 45,000(＊3)	月末 45,000(＊3)

(＊1) 4月末B/Sより（資料2．より）または、
@15,000円×50,000個（4月売上高）×50％＝37,500万円
(＊2) 82,500万円（5月売上高）×50％＝41,250万円
(＊3) 90,000万円（6月売上高）×50％＝45,000万円

(2) 製品
5月：製品P；7,500円/個×8 400個＝6,300万円
　　製品Q；6,500円/個×3 600個＝2,340万円 } 8,640万円
6月：製品P；7,500円/個×7 800個＝5,850万円
　　製品Q；6,500円/個×5 200個＝3,380万円 } 9,230万円

(3) 原料
5月：原料P；600円/kg×41,400kg＝2,484万円
　　原料Q；700円/kg×19,500kg＝1,372万円 } 3,856万円
6月：原料P；600円/kg×37,200kg＝2,232万円
　　原料Q；700円/kg×26,300kg＝1,876万円 } 4,108万円

(4) 建物・設備
建物・設備は資料2．の(注)の指示より、減価償却累計額を直接控除する。
5月：16,000万円〈4月末B/S建物・設備〉－(3,355万円＋1,354万円)〈減価償却費〉＝11,291万円
6月：11,291万円〈5月末B/S建物・設備〉＋6,000万円〈営業用設備〉
－(3,355万円＋1,354万円＋50万円)〈減価償却費〉＝12,532万円

(5) 買掛金（単位：万円）

4　月

支払	月初
月末 7,675(＊1)	増加 7,675(＊1)

5　月

支払 7,675(＊1)	月初 7,675(＊1)
月末 9,204(＊2)	増加 9,204(＊2)

6　月

支払 9,204(＊2)	月初 9,204(＊2)
月末 9,766(＊3)	増加 9,766(＊3)

(＊1) 4月末B/Sより（資料2．より）
(＊2) (600円/kg×215,800kg＋700円/kg× 78,000kg)〈5月原料購入額〉×50％＝9,204万円
(＊3) (600円/kg×202,800kg＋700円/kg×105,200kg)〈6月原料購入額〉×50％＝9,766万円

(6) 現金および支払利息（単位：万円）

	5月		6月	
月初残高		5,000(＊1)		5,000
(収入)				
製品現金売上(＊2)	(＋)	41,250	(＋)	45,000
売掛金回収(＊3)	(＋)	37,500	(＋)	41,250
(支出)				
原料現金仕入(＊4)	(－)	9,204	(－)	9,766
買掛金支払(＊5)	(－)	7,675	(－)	9,204
加工費支払(＊6)	(－)	48,095	(－)	48,605
販売費・一般管理費支払(＊7)	(－)	12,956	(－)	13,206
営業用設備購入		—	(－)	6,000
利息の支払(＊8)	(－)	20	(－)	12
仮残高		5,800		4,457
(借入れ・返済)				
資金の借入(＊9)		—	(＋)	550
資金の返済(＊9)	(－)	800		—
月末残高		5,000		5,007

(＊1) 4月末B/Sより（資料2．より）
(＊2) 5月：82,500万円(5月売上高)×50％＝41,250万円
　　6月：90,000万円(6月売上高)×50％＝45,000万円
(＊3) 解説5．(1)を参照
(＊4) 5月：(600円/kg×215,800kg＋700円/kg× 78,000kg)〈5月原料購入額〉×50％＝9,204万円
　　6月：(600円/kg×202,800kg＋700円/kg×105,200kg)〈6月原料購入額〉×50％＝9,766万円
(＊5) 解説5．(5)を参照
(＊6) 5月：資料3．(10)より
　　6月：① 現金支出をともなう変動加工費
　　　製品P；4,500円/個×41,400個〈計画生産量〉＝18,630万円
　　　製品Q；3,000円/個×19,600個〈計画生産量〉＝ 5,880万円 } 24,510万円
　　② 現金支出をともなう固定加工費
　　　27,450万円－3,355万円〈減価償却費〉＝24,095万円
　　③ 合計
　　　24,510万円＋24,095万円＝48,605万円
(＊7) 5月：資料3．(10)より
　　6月：① 現金支出をともなう変動販売費
　　　製品P；500円/個×42,000個〈計画販売量〉＝2,100万円
　　　製品Q；500円/個×18,000個〈計画販売量〉＝ 900万円 } 3,000万円

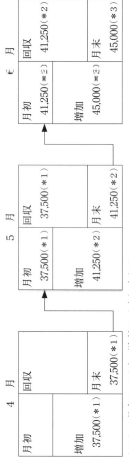

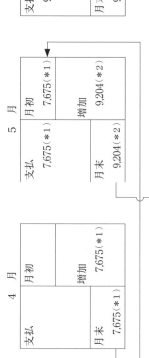

② 現金支出をともなう固定販売費・一般管理費
(11,560万円＋50万円)－(1,354万円＋50万円)〈減価償却費〉＝10,206万円
③ 合計
3,000万円＋10,206万円＝13,206万円

（*8）５月：2,000万円〈４月末B／S借入金〉×１％＝20万円
６月：1,200万円(後述の解説５.(7)参照)×１％＝12万円

（*9）月末における現金の（仮の）残高が最低所要残高5,000万円に満たない場合には、最低必要額の5,000万円に達するまでの最小の資金借入を行う。また、月末の（仮の）残高が最低所要残高5,000万円を超えている場合には、最低必要額の5,000万円を下回らないまでの最大の資金返済を行う。ただし、問題の指示より、10万円の倍数額で借入額および返済額を計算する。
５月：5,800万円〈５月末現金の仮残高〉－5,000万円〈最低所要残高〉＝(＋)800万円（超過）
よって、800万円（＝10万円×80）資金を返済する。
６月：4,457万円〈６月末現金の仮残高〉－5,000万円〈最低所要残高〉＝(－)543万円（不足）
よって、550万円（＝10万円×55）資金を借り入れる。

(7) 借入金（単位：万円）

５　月

返済 800	月初 2,000
	借入 0
月末 1,200	

６　月

返済 0	月初 1,200
	借入 550
月末 1,750	

５月：2,000万円〈４月末B／S借入金〉－800万円〈返済額〉＝**1,200万円**
６月：1,200万円〈５月末B／S借入金〉＋550万円〈借入額〉＝**1,750万円**

(8) 利益剰余金
５月：5,565万円〈４月末B／S利益剰余金〉＋　570万円〈５月P／L経常利益〉＝ **6,135万円**
６月：6,135万円〈５月末B／S利益剰余金〉＋4,728万円〈６月P／L経常利益〉＝**10,863万円**

(9) その他の項目
土地、固定負債、資本金および資本剰余金は、５月および６月に変動がなく、４月末貸借対照表価額がそのまま計上される。

第２問　理論問題（原価計算基準の語句補充）

本問は、原価計算基準40・標準原価算定の目的、42・標準原価の改訂からの抜粋である。適語を補充すると以下のようになる。

1．（ ① **原価管理** ）を効果的にするための（ ② **原価の標準** ）として標準原価を設定する。これは標準原価を設定する最も重要な目的である。

2．標準原価は、（ ③ **真実の原価** ）として仕掛品、製品等のたな卸資産価額および（ ④ **売上原価** ）の算定の基礎となる。

3．標準原価は、（ ⑤ **予算** ）とくに（ ⑥ **見積財務諸表** ）の作成に、信頼しうる基礎を提供する。

4．標準原価は、これを勘定組織の中に組み入れることによって、記帳を（ ⑦ **簡略化** ）し、（ ⑧ **じん速化** ）する。

5．標準原価は、（ ① **原価管理** ）のためにも、（ ⑤ **予算** ）編成のためにも、また、たな卸資産価額および（ ④ **売上原価** ）算定のためにも、（ ⑨ **現状** ）に即した標準でなければならないから、常にその適否を吟味し、機械設備、生産方式等生産の基本条件ならびに材料価格、賃率等に重大な変化が生じた場合には、（ ⑨ **現状** ）に即するようにこれを改訂する。

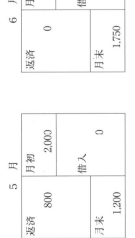

第２回　原価計算　解説

第１問　共通する制約条件が複数の場合の最適セールス・ミックスの決定（ＬＰ）

問１　最適セールス・ミックスの決定

製品αおよび製品βの単位あたりの貢献利益を計算すると以下のとおりである。

製品α：6,000円/個－4,400円/個＝1,600円/個

製品β：7,500円/個－5,200円/個＝2,300円/個

複数製品を生産販売するうえで各製品に共通する制約条件がある場合には、共通する制約条件単位あたりの貢献利益額の大きい製品から優先して生産販売量を決定していく。本問では、両製品に共通する制約条件は、機械加工部の月間生産能力1,920時間と組立部の月間生産能力1,060時間の２つである。そこで、それぞれの各製品の作業時間１時間あたりの貢献利益額を計算する。

〈機械加工部作業時間１時間あたりの貢献利益額〉

製品α：1,600円/個÷３時間/個＝533.33…円/時間
製品β：2,300円/個÷２時間/個＝1,150円/時間
｝製品βを優先

〈組立部作業時間１時間あたりの貢献利益額〉

製品α：1,600円/個÷１時間/個＝1,600円/時間
製品β：2,300円/個÷３時間/個＝766.66…円/時間
｝製品αを優先

以上より、制約条件によって優先すべき製品が異なるため、リニアー・プログラミング（ＬＰ）により最適セールス・ミックスを決定する。製品α、製品βの生産・販売量をそれぞれα、βと、また貢献利益をＺとおき、条件を定式化する。

(1)　目的関数

$$\text{Max Z} = \text{Max}\ (1{,}600\alpha + 2{,}300\beta)$$

(2)　制約条件

$3\alpha + 2\beta \leqq 1{,}920$　（機械加工部の生産能力）……………… ①

$\alpha + 3\beta \leqq 1{,}060$　（組立部の生産能力）……………………… ②

$\alpha \leqq 600$　（製品αの需要限度）……………………… ③

$\beta \leqq 300$　（製品βの需要限度）……………………… ④

(3)　非負条件

$\alpha \geqq 0$、$\beta \geqq 0$

制約条件および非負条件をもとにグラフを作成し可能領域を導き出すと、以下のとおりである。

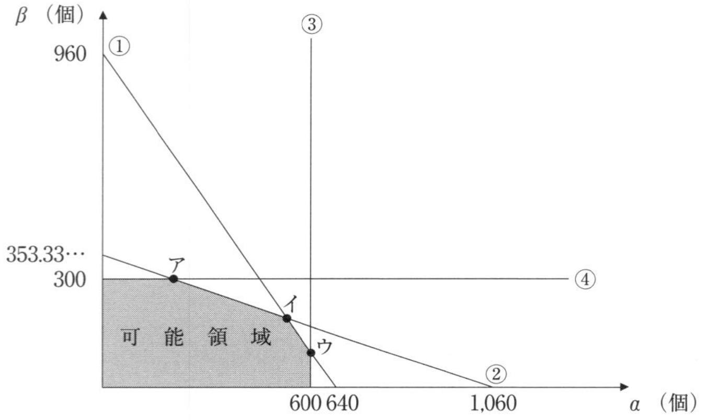

可能領域の端点ア、イ、ウの座標を求め、それぞれの貢献利益を計算する。

端点ア：（α, β）＝(160, 300) ⇒ 貢献利益Ｚ：1,600円/個×160個＋2,300円/個×300個＝　946,000円

端点イ：（α, β）＝(520, 180) ⇒ 貢献利益Ｚ：1,600円/個×520個＋2,300円/個×180個＝1,246,000円 ← 最大

端点ウ：（α, β）＝(600,　60) ⇒ 貢献利益Ｚ：1,600円/個×600個＋2,300円/個×　60個＝1,098,000円

よって、最適セールス・ミックスは、製品α **520個**、製品β **180個**となる。

また、月間営業利益は1,246,000円－710,000円＝**536,000円**となる。

問２　製品販売価格の値下げによる最適セールス・ミックスの変更

製品αの販売価格を値下げすることにより、製品αの収益性が相対的に悪くなり、最大の貢献利益を獲得する端点の位置は、製品αの販売量が減少し、製品βの販売量が増加する端点へと移動する。したがって、販売価格の値下げにより製品αの貢献利益がある一定より小さくなると、最適セールス・ミックスは問１の点イから点アへと変化することになる。

そこで、値下げ後の製品α１個あたりの貢献利益をｘ（円/個）とおき、点アと点イの貢献利益を計算する。

点アの貢献利益：ｘ円/個×160個＋2,300円/個×300個＝160ｘ＋690,000

点イの貢献利益：ｘ円/個×520個＋2,300円/個×180個＝520ｘ＋414,000

そこで、点イの貢献利益よりも点アの貢献利益のほうが大きくなるようなｘを求めると次のとおりになる。

$$\underbrace{160x + 690{,}000}_{\text{点アの貢献利益}} > \underbrace{520x + 414{,}000}_{\text{点イの貢献利益}} \qquad \therefore\ x < 766.66\cdots$$

この結果、製品α１個あたりの貢献利益が766.66…円より小さくなれば、最適セールス・ミックスが変化することになる。

したがって、販売価格は766.66…円＋4,400円＝5,166.66…円よりも小さくなればよい。値下げは100円単位で行うことにより、製品α１個あたりの販売価格が**5,100円**以下になれば、最適セールス・ミックスが変化する。

問3　生産設備の増強による最適セールス・ミックスの変更

拡大投資することで組立部の生産能力が140時間増加して1,200時間になり、製品αおよび製品βの生産・販売量の決定に影響を及ぼすことになる。そこで、制約条件を一部修正し、再度リニアー・プログラミングにて分析する。

(1)　目的関数

$$\text{Max } Z = \text{Max } (1{,}600\alpha + 2{,}300\beta)$$

(2)　制約条件

$3\alpha + 2\beta \leqq 1{,}920$　（機械加工部の生産能力）……………… ①

$\alpha + 3\beta \leqq 1{,}200$　（変更後の組立部の生産能力）………… ②'

$\alpha \leqq 600$　（製品αの需要限度）…………………… ③

$\beta \leqq 300$　（製品βの需要限度）…………………… ④

(3)　非負条件

$\alpha \geqq 0$、$\beta \geqq 0$

これをもとにグラフを作成すると、以下のとおりである。

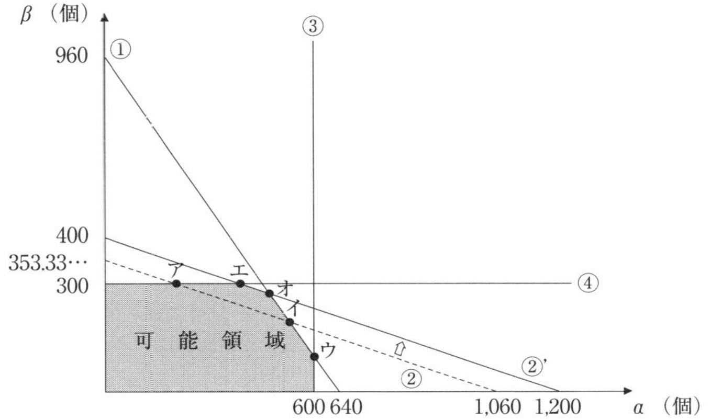

②の直線が右上に平行移動して②'の直線へとシフトすることで、可能領域が変化する。端点ウ、端点エ、端点オでそれぞれ貢献利益を計算する。

端点ウ：（α, β）＝（600, 60）⇒ 貢献利益Z：1,600円/個×600個＋2,300円/個× 60個＝1,098,000円

端点エ：（α, β）＝（300, 300）⇒ 貢献利益Z：1,600円/個×300個＋2,300円/個×300個＝1,170,000円

端点オ：（α, β）＝（480, 240）⇒ 貢献利益Z：1,600円/個×480個＋2,300円/個×240個＝1,320,000円（最大）

よって、組立部の生産能力を140時間増加させたときの最適セールス・ミックスは、製品α 480個、製品β 240個となる。

また、そのときの月間営業利益は1,320,000円－710,000円＝610,000円となる。

生産設備を増強し最適セールス・ミックスが点イから点オへと移行することで、最大月間営業利益が74,000円（＝610,000円－536,000円）だけ増加する余地があることがわかる。したがって、組立部の生産能力の拡大投資に際して74,000円までなら支払ってもよい。

第2問　共通する制約条件が1つの場合の最適セールス・ミックスの決定と受注可否の意思決定

問1　最適セールス・ミックスの決定

各製品の単位あたりの貢献利益を計算する。

	製　品　X	製　品　Y	製　品　Z
販　売　単　価	7,400円	6,000円	6,000円
変動費単価			
専用設備P			
原　料　費	2,600円/個　×1個　＝2,600円		
変動加工費	1,800円/時間×1.5時間＝2,700円		
専用設備Q			
原　料　費		2,300円/個　×1個　＝2,300円	
変動加工費		2,000円/時間×1.0時間＝2,000円	
専用設備R			
原　料　費			2,000円/個　×1個　＝2,000円
変動加工費			2,000円/時間×0.8時間＝1,600円
共通設備			
変動加工費	1,600円/時間×1.0時間＝1,600円	1,600円/時間×0.8時間＝1,280円	1,600円/時間×1.2時間＝1,920円
変動費合計	6,900円	5,580円	5,520円
貢　献　利　益	500円	420円	480円

複数製品を生産販売するうえで各製品に共通する制約条件がある場合には、共通する制約条件単位あたりの貢献利益額の大きい製品から優先して生産販売量を決定していく。本問における各製品の共通の制約条件は、共通設備の月間生産能力の1つだけである。そこで、制約条件である機械作業時間1時間あたりの各製品の貢献利益額を計算する。

〈機械作業時間（共通設備）1時間あたりの貢献利益額〉

製品X：500円/個÷1.0時間/個＝500円/時間 ⇒ 第2位
製品Y：420円/個÷0.8時間/個＝525円/時間 ⇒ 第1位
製品Z：480円/個÷1.2時間/個＝400円/時間 ⇒ 第3位
｝優先順位は、製品Y → 製品X → 製品Z

まず、製品Y（第1位）を優先的に生産販売する場合、予想最大販売量が7,000個、専用設備Qでの最大生産量が7,000個（＝7,000時間÷1.0時間/個）、共通設備での最大生産量が17,500個（＝14,000時間÷0.8時間/個）であることから、製品Yの月間最大生産販売量は7,000個になる。

次に、製品X（第2位）の生産販売量を決定するが、製品Z（第3位）の契約最低販売量3,000個を確保したうえで残りの生産能力を製品Xの生産にあてることに注意する。製品Zを3,000個生産した場合の共通設備の生産能力の残り時間は4,800時間（＝14,000時間－7,000個×0.8時間/個－3,000個×1.2時間/個）であるため、製品Xの共通設備での最大生産量は4,800個（＝4,800時間÷1.0時間/個）になる。また、製品Xの予想最大販売量が7,500個、専用設備Pでの最大生産量が8,000個（＝12,000時間÷1.5時間/個）であることから、製品Xの月間最大生産販売量は4,800個になる。

以上より、最適セールス・ミックスは、製品X **4,800個**、製品Y **7,000個**、製品Z **3,000個**となる。

また、そのときの月間営業利益は以下のとおりになる。

製品Xの貢献利益	500円/個×4,800個	＝ 2,400,000円	
製品Yの貢献利益	420円/個×7,000個	＝ 2,940,000円	
製品Zの貢献利益	480円/個×3,000個	＝ 1,440,000円	
貢献利益		6,780,000円	
固定費	900,000円＋900,000円＋900,000円	＝ 2,700,000円	← 各専用設備の固定加工費
		1,500,000円	← 共通設備の固定加工費
		1,800,000円	← 固定販売費・一般管理費
		6,000,000円	
月間営業利益		**780,000円**	

問2　部品PPの特別注文の引受可否の意思決定

「部品PPは、１個あたりの原料費が1,500円、専用設備Pの機械作業時間は2.0時間/個であるほかは、部品Pとまったく同じ条件で生産できるものとする。」より、専用設備Pを利用して部品PPを生産することが読み取れる。よって、部品PPの特別注文を引き受ければ、その分だけ部品Pの生産量、ひいては製品Xの生産量に影響を与えることを考慮する必要がある。なお、部品PPは専用設備Pにて生産されたのち顧客に納品されるため、共通設備による加工は必要ない。

(1)　注文量が2,300個の場合

問１での最適セールス・ミックスにおける専用設備Pの残り時間は4,800時間（＝12,000時間－4,800個×1.5時間/個）であるため、2,400個（＝4,800時間÷2.0時間/個）までであれば問１での最適セールス・ミックスを変化させることなく部品PPの注文に応じることができる。よって、部品PPの注文量が2,300個であれば、部品PPの受注による差額利益の分だけ有利になる。

差額収益（部品PPの売上）	5,300円/個×2,300個＝	12,190,000円
差額原価（原料費）	1,500円/個×2,300個＝	3,450,000円
（変動加工費）	1,800円/時間×2.0時間/個×2,300個＝	8,280,000円
差額利益		460,000円

したがって、注文量2,300個を引き受けると差額利益が460,000円生じることから、臨時の注文2,300個を引き受けたほうが、引き受けない場合に比べて、**460,000円だけ有利である**。

(2)　注文量が3,300個の場合

2,400個＜3,300個であるため、問１での最適セールス・ミックスのままでは、部品PP3,300個の注文に応じることはできない。そこで、この注文に応じると、6,600時間（＝3,300個×2.0時間/個）が費やされ、残りの5,400時間（＝12,000時間－6,600時間）で部品Pを生産することになる。よって、部品Pの生産量を3,600個（＝5,400時間÷1.5時間/個）に変更する必要がある。部品Pの生産量が1,200個（＝4,800個－3,600個）減少し、それに伴い製品Xの生産量も1,200個減少することにより、共通設備の生産能力に1,200時間（＝1,200個×1.0時間/個）の余裕が生じる。よって、その余裕分を使って製品Zを1,000個（＝1,200時間÷1.2時間/個）分だけ多く生産することができる（製品Yは既に専用設備Qの生産可能量であり予想最大販売量でもある7,000個まで生産しているので、これ以上の生産は不可能）。

したがって、部品PPを3,300個受注したときの最適セールス・ミックスは、製品X 3,600個、製品Y 7,000個、製品Z 4,000個（＝3,000個＋1,000個）、部品PP 3,300個となる。

〈注文を引き受けない場合の貢献利益〉		〈注文を引き受ける場合の貢献利益〉	
製品X	：2,400,000円	製品X	：500円/個　×3,600個＝ 1,800,000円
製品Y	：2,940,000円	製品Y	：420円/個　×7,000個＝ 2,940,000円
製品Z	：1,440,000円	製品Z	：480円/個　×4,000個＝ 1,920,000円
	6,780,000円	部品PP	：200円/個(＊)×3,300個＝ 660,000円
			7,320,000円

（＊）部品PPの単位あたりの貢献利益
5,300円/個－1,500円/個－1,800円/時間×2.0時間/個＝200円/個

注文を引き受ける場合の差額利益：7,320,000円－6,780,000円＝540,000円

したがって、臨時の注文3,300個を引き受けたほうが、引き受けない場合に比べて、**540,000円だけ有利である**。

第3問　原価の固変分解（高低点法）

高低点法とは、正常操業圏内における営業量が最大の実績値と最小の実績値の２つのデータのみにもとづいて原価関数を見積る方法である。過去12か月分の製造間接費データ（すべて正常値）のなかで、最低の営業量のデータは11月の1,600時間であり、最高の営業量のデータは５月の2,000時間である。この２つのデータのみを使って、固変分解をすればよい。

変動費率：$\dfrac{5{,}140{,}000円－4{,}660{,}000円}{2{,}000時間－1{,}600時間}$＝**1,200円/時間**

月間固定費：4,660,000円－1,200円/時間×1,600時間＝**2,740,000円**

または、

5,140,000円－1,200円/時間×2,000時間＝**2,740,000円**

日商簿記検定試験対策
網羅型完全予想問題集

第３回

解答・解説

	出題論点	難易度	重要項目
商業簿記	損益計算書の作成	A	・商品売買（売価還元法） ・減損会計 ・社債（抽選償還）
会計学	第１問：空欄補充問題	A	・支配獲得までの段階取得 ・支配獲得後の追加取得 ・キャッシュ・フロー計算書（直接法と間接法）
	第２問：連結会計	A	
	第３問：キャッシュ・フロー計算書	A	
工業簿記	第１問：実際個別原価計算	A	・ロット別個別原価計算 ・歩留・配合差異
	第２問：標準原価計算	A	
原価計算	活動基準原価計算	A	・伝統的全部原価計算 ・活動基準原価計算 ・内部相互補助の計算

※　難易度は、A＝易、B＝難となっています。

第3回　商業簿記　解答

(1) 損益計算書

損益計算書　(単位：千円)

借方科目	金額	貸方科目	金額
売上原価		売上高	(3,041,010)
期首商品棚卸高	(125,685)	受取利息配当金	(6,370)
当期商品仕入高	(2,202,060)	有価証券運用益	(② 60,000)
期末商品棚卸高	△ (② 199,038)	(仕入割引)	(1,890)
商品評価損	(2,100)	(雑収入)	(② 260)
棚卸減耗費	(② 588)	新株予約権戻入益	(4,000)
小計	(2,131,395)		
販売費	(178,050)		
一般管理費	(② 96,100)		
租税公課	(45,000)		
貸倒引当金繰入(売上債権分)	(② 6,000)		
減価償却費	(② 47,250)		
退職給付費用	(7,000)		
ソフトウェア償却	(② 2,500)		
支払利息	(1,800)		
社債利息	(② 12,000)		
投資有価証券評価損	(8,000)		
(為替差損)	(20,000)		
貸倒引当金繰入(短期貸付金分)	(12,000)		
(減損損失)	(132,150)		
税引前当期純利益	(414,285)		
	(3,113,530)		(3,113,530)
法人税等	(240,000)	税引前当期純利益	(414,285)
法人税等調整額	△ (② 42,000)		
当期純利益	(① 216,285)		
	(414,285)		(414,285)

(2) 貸借対照表の各科目

建物	② 178,500 千円	土地	570,350 千円
備品	26,250 千円	一年以内償還社債	② 99,000 千円

(注) 建物、備品および土地の各勘定は、減価償却累計額および減損損失累計額を控除後の金額を記入すること。

○数字は採点基準　合計25点

第3回　会計学　解答

第1問

①	経営資源	②	市場価格	③	株式
④	株主資本相当額	⑤	移転損益	各①	

第2問

	のれん	非支配株主持分	非支配株主との取引に係る親会社の持分変動	損益の額
問1	2,772 千円	② 2,307 千円	—	段階取得に係る差損益　600 千円
問2	2,772 千円	2,307 千円	—	段階取得に係る差損益　390 千円 持分法による投資損益　② 285 千円
問3	② 630 千円	2,300 千円	350千円（㊖・貸）	—
問4	630 千円	4,600 千円	②350千円（借・㊛）	—
問5	① 630 千円	3,800 千円	350千円（㊖・貸）	—
問6	630 千円	① 7,600 千円	350千円（借・㊛）	—

（注）損益の項目については、損失の場合には金額の前に△を付すこと。
　　非支配株主との取引に係る親会社の持分変動については、借・貸のいずれかを丸で囲むこと。

第3問

(1)　直接法

キャッシュ・フロー計算書　（単位：千円）

Ⅰ　営業活動によるキャッシュ・フロー

営業収入	（　630,750）	②
商品の仕入支出	（△　396,000）	
人件費支出	（△　25,200）	②
その他の営業支出	（△　23,400）	
小計	（　186,150）	

(2)　間接法

キャッシュ・フロー計算書　（単位：千円）

Ⅰ　営業活動によるキャッシュ・フロー

（**税引前当期純利益**）	（　195,000）	
減価償却費	（　13,500）	
貸倒引当金の（**増加**）額	（　2,250）	
（**支払利息**）	（　10,500）	②
売上債権の（**増加**）額	（△　45,000）	
棚卸資産の（**減少**）額	（　45,000）	
前払費用の（**増加**）額	（△　900）	②
仕入債務の（**減少**）額	（△　36,000）	
未払費用の（**増加**）額	（　1,800）	②
小計	（　186,150）	

（注）キャッシュ・フローの減少となる場合には、金額の前に△印を付すこと。

○数字は採点基準　合計25点

第３回　商業簿記　解説

１．現金過不足（以下、単位：千円）

実際有高が過剰なため、現金を増額修正し、仕訳の貸借差額を雑収入として営業外収益に計上する。

（現　金　預　金）	250	（受取利息配当金）	200
（販　　売　　費）	210	（雑　　収　　入）(＊)	260

（＊）貸借差額

∴　**P/L販　　売　　費**：177,840〈前T/B〉＋210＝**178,050**

∴　**P/L受取利息配当金**：6,170〈前T/B〉＋200＝**6,370**

２．外貨建定期預金の換算

（為　替　差　損）(＊)	20,000	（現　金　預　金）	20,000

（＊）1,000千ドル×@95円〈CR〉－115,000＝**△20,000〈為替差損〉**
　　　95,000

３．商品売買

(1)　売上高および仕入高の修正

（売　　　　上）	3,990	（売　上　戻　り）	3,990
（仕　入　値　引）	2,940	（仕　　　　入）	2,940

∴　**P/L売　　上　　高**：3,045,000〈前T/B〉－3,990＝**3,041,010**

∴　**P/L当期商品仕入高**：2,205,000〈前T/B〉－2,940＝**2,202,060**

(2)　原価率の算定

本問では、インプット側の売価が資料に与えられていないため、アウトプット側の売価を使用して原価率を算定する。

原価ボックス

期首商品	125,685	売上原価	売　　上	3,045,000
当期仕入	2,205,000		売上戻り	△　3,990
仕入値引	△　2,940			3,041,010
	2,202,060	期末商品	期末帳簿	284,340
原価合計	2,327,745	←（＊）0.7→	売価合計	3,325,350

（＊）$\frac{2{,}327{,}745〈原価合計〉}{3{,}325{,}350〈売価合計〉}$＝0.7〈原価率〉

(3)　期末商品の評価

原価率　0.7　→**期末商品棚卸高**（＊1）**199,038**

商品評価損（＊4）**2,100**	**棚卸減耗費**（＊2）588
B/S価額（＊3）196,350	

283,500（実地売価）　284,340（帳簿売価）

（＊1）284,340×0.7＝199,038

（＊2）（284,340－283,500）×0.7＝588

（＊3）199,038－588＝198,450〈実地原価〉
　　198,450＞196,350〈正味売却価額〉
　　∴　正味売却価額

（＊4）198,450－196,350＝2,100

(4)　決算整理仕訳

①　売上原価の計算

（仕　　　　入）	125,685	（繰　越　商　品）	125,685
（繰　越　商　品）	199,038	（仕　　　　入）	199,038

②　期末商品の評価

（棚　卸　減　耗　費）	588	（繰　越　商　品）	2,688
（商　品　評　価　損）	2,100		

４．貸倒引当金

(1)　売上債権（一般債権～貸倒実績率法・補充法）

（貸倒引当金繰入）（＊1）	6,000	（貸　倒　引　当　金）	6,000

（＊1）（290,000〈前T/B受取手形〉＋210,000〈前T/B売掛金〉）×２％＝10,000〈設定額〉
　　10,000－4,000〈前T/B貸倒引当金〉＝**6,000〈繰入額〉**

（注）短期貸付金は当期に計上しているため、前T/B貸倒引当金はすべて売上債権に対するものと考える。

(2)　短期貸付金（破産更生債権等～財務内容評価法）

（貸倒引当金繰入）（＊2）	12,000	（貸　倒　引　当　金）	12,000

（＊2）100,000〈前T/B短期貸付金〉－88,000〈担保土地の処分見込額〉＝**12,000〈設定額＝繰入額〉**

【参　考】

本問は、勘定式の損益計算書であるため表示区分が明確ではないが、売上債権（営業債権）に対する繰入額6,000千円は販売費及び一般管理費に計上し、短期貸付金（営業外債権）に対する繰入額12,000千円は営業外費用に計上する。ただし、破産更生債権等に対する繰入額は特別損失に計上することもある。問題の指示や答案用紙の記入に注意すること。

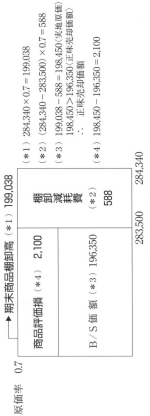

5．売買目的有価証券

本問では、切放法か洗替法かの指示がないが、評価損益と売却損益を区別せずに運用損益として解答するため、どちらの方法で処理をしても結果は同じになる。ここでは、洗替法で解答しておく。

(1) 前期中（取得）

（売買目的有価証券）（＊1）	250,000	（現　金　預　金）	250,000

（＊1）@250円×1,000千株＝250,000〈原価〉

(2) 前期末（評価替え）

（有価証券運用損益）（＊2）	20,000	（売買目的有価証券）	20,000

（＊2）@230円×1,000千株＝230,000〈前期末時価〉
230,000〈前期末時価〉－250,000〈原価〉＝△20,000〈評価損〉

(3) 当期首（再振替仕訳）

（売買目的有価証券）	20,000	（有価証券運用損益）	20,000

(4) 当期中（追加取得）

（売買目的有価証券）（＊3）	390,000	（現　金　預　金）	390,000

（＊3）@260円×1,500千株＝390,000〈原価〉

∴　平均単価：(250,000＋390,000)〈640,000〉÷(1,000千株＋1,500千株)〈2,500千株〉＝@256円

(5) 当期中（売却）

（現　金　預　金）（＊4）	560,000	（売買目的有価証券）（＊5）	512,000
		（有価証券運用損益）（＊6）	48,000

（＊4）@280円×2,000千株＝560,000〈売価〉

（＊5）@256円×2,000千株＝512,000〈売却原価〉

（＊6）560,000〈売価〉－512,000〈売却原価〉＝48,000〈売却益〉

∴　前T／B売買目的有価証券：250,000＋390,000－512,000＝128,000
または、@256円×(2,500千株－2,000千株)〈500千株〉＝128,000

前T／B有価証券運用損益：20,000〈期首振戻〉＋48,000〈売却益〉＝68,000

(6) 当期末（評価替え）

（有価証券運用損益）（＊7）	8,000	（売買目的有価証券）	8,000

（＊7）@240円×500千株＝120,000〈当期末時価〉
120,000〈当期末時価〉－128,000〈原価＝前T／B売買目的有価証券〉＝△8,000〈評価損〉

∴　**P／L有価証券運用益**：68,000〈前T／B〉－8,000＝**60,000〈運用益〉**

6．その他有価証券（税効果会計の処理は後述する）

(1) 前期中（取得）

（その他有価証券）	105,000	（現　金　預　金）	105,000

(2) 前期末（評価替え～部分純資産直入法）

（投資有価証券評価損益）（＊1）	5,000	（その他有価証券）	5,000

（＊1）100,000〈前期末時価〉－105,000〈原価〉＝△5,000〈評価損〉

(3) 当期首（再振替仕訳）＝未処理

（その他有価証券）	5,000	（投資有価証券評価損益）	5,000

(4) 当期末（評価替え～部分純資産直入法）

（投資有価証券評価損益）（＊2）	13,000	（その他有価証券）	13,000

（＊2）92,000〈当期末時価〉－105,000〈原価〉＝△13,000〈評価損〉

∴　**P／L投資有価証券評価損**：5,000〈期首振戻〉－13,000＝**△8,000〈評価損〉**

7．減価償却

(1) 建　物（定額法）

（減 価 償 却 費）（＊1）	21,000	（建物減価償却累計額）	21,000

（＊1）420,000÷20年＝210,000　または、420,000×5％＝21,000

(2) 備　品（定率法）

（減 価 償 却 費）（＊2）	26,250	（備品減価償却累計額）	26,250

（＊2）1÷4年＝0.25(＝25％)
0.25(＝25％)×2.0＝0.5(＝50％)〈定率法償却率〉
(210,000－157,500)×50％＝26,250

∴　**P／L減価償却費**：21,000〈建物分〉＋26,250〈備品分〉＝**47,250**

8．減損会計（建物と土地）

使用価値と正味売却価額のうちいずれか高い方の金額を回収可能価額とし、固定資産の帳簿価額と回収可能価額との差額を減損損失として特別損失に計上する。資産グループに対して減損損失を計上した場合には、帳簿価額等を基準として資産グループを構成する各資産に配分する。なお、減損損失を計上した場合には、原則として、固定資産の各勘定を直接減額するが、解説の便宜上、減損損失累計額で処理しておく。

（減　損　損　失）（＊1）	132,150	（建物減損損失累計額）（＊2）	31,500
		（土地減損損失累計額）（＊3）	100,650

（＊1）420,000－(189,000＋21,000)＝210,000〈建物帳簿価額〉
210,000〈建物帳簿価額〉＋671,000〈土地帳簿価額〉＝881,000〈帳簿価額合計〉
748,850〈使用価値合計〉　＞　712,300〈正味売却価額合計〉　∴　748,850〈回収可能価額〉
881,000〈帳簿価額合計〉－748,850〈回収可能価額〉＝**132,150〈減損損失〉**

（＊2）$132,150 \times \frac{210,000\langle 建物帳簿価額\rangle}{881,000\langle 帳簿価額合計\rangle}$＝31,500〈建物分〉

（＊3）$132,150 \times \frac{671,000\langle 土地帳簿価額\rangle}{881,000\langle 帳簿価額合計\rangle}$＝100,650〈土地分〉

∴　B/S建　　物　420,000
　　減価償却累計額　△210,000　←189,000＋21,000
　　減損損失累計額　△ 31,500
　　差　　引　178,500

　B/S備　　品　210,000
　　減価償却累計額　△183,750　←157,500＋26,250
　　差　　引　26,250

　B/S土　　地　671,000
　　減損損失累計額　△100,650
　　差　　引　570,350

9．ソフトウェア（自社利用目的～見込有効期間で均等償却）

(ソフトウェア償却)(＊)	2,500	(ソフトウェア)	2,500

（＊）10,000〈前T/B〉÷（5年－1年）＝2,500〈ソフトウェア償却〉

10．社債（抽選償還）

(1)　各年度の利用資金と各年度の償却額（社債資金の利用割合に応じて償却する方法）

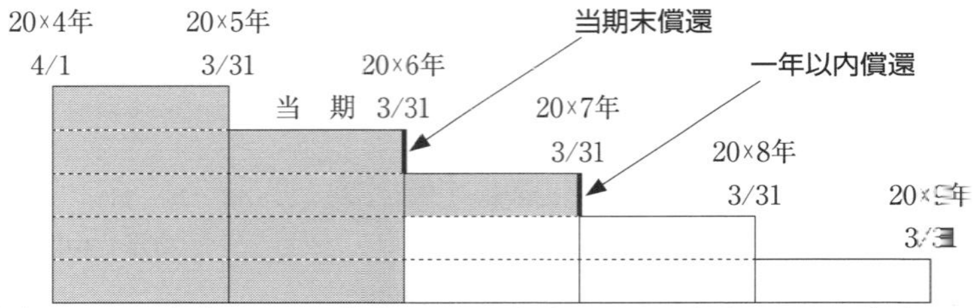

利用資金	500,000(5)	400,000(4)	300,000(3)	200,000(2)	100,000(1)	合計1,500,000(15)
償却額	5,000(＊2)	4,000(＊2)	3,000(＊2)	2,000(＊2)	1,000(＊2)	合計　15,000(＊1)

（＊1）$500,000 \times \frac{@97円}{@100円}$＝485,000〈払込金額〉
500,000－485,000＝15,000〈金利調整差額〉

（＊2）15,000〈金利調整差額〉×$\frac{各年度の利用資金}{1,500,000\ (15)}$＝各年度の償却額

(2)　前期末（償却と償還）（クーポン利息の支払いは省略する）

(社債利息)(＊3)	5,000	(社　　債)	5,000
(社　　債)	100,000	(現金預金)	100,000

（＊3）15,000〈金利調整差額〉×$\frac{500,000\ (5)}{1,500,000\ (15)}$＝5,000〈前期末償却額〉

∴　前T/B社債：485,000〈払込金額〉＋5,000〈前期末償却額〉－100,000〈前期末償還額〉
＝390,000

(3)　当期末（償却と償還）

(社債利息)(＊4)	4,000	(社　　債)	4,000
(社　　債)	100,000	(現金預金)	100,000

（＊4）15,000〈金利調整差額〉×$\frac{400,000\ (4)}{1,500,000\ (15)}$＝4,000〈当期末償却額〉

∴　当期末の社債残高：390,000〈前T/B〉＋4,000〈当期末償却額〉－100,000〈当期末償還額〉
＝294,000

(4)　当期末（クーポン利息の支払い）

(社債利息)(＊5)	8,000	(現金預金)	8,000

（＊5）400,000×2％＝8,000〈クーポン利息〉

∴　**P/L社債利息**：4,000〈当期末償却額〉＋8,000〈クーポン利息〉＝12,000

(5)　当期末（科目の振替え）

社債は、一年基準により流動・固定に分類して表示する。したがって、1年以内に償還する予定の社債の帳簿価額（償却原価）は、一年以内償還社債として流動負債に表示する。なお、貸借対照表の表示上の分類であるため、帳簿上は、仕訳を行う必要はないが、説明のために仕訳をしておく。

(社　　債)(＊6)	99,000	(一年以内償還社債)	99,000

（＊6）15,000〈金利調整差額〉×$\frac{300,000\ (3)}{1,500,000\ (15)}$＝3,000〈翌期末償却額〉

3,000〈翌期末償却額〉×$\frac{100,000\ (1)}{300,000\ (3)}$＝1,000〈翌期末償却額のうち一年以内償還社債の分〉

∴　**B/S一年以内償還社債**：100,000－1,000＝99,000〈帳簿価額（償却原価）〉

11．退職給付会計（税効果会計の処理は後述する）

(1)　年金掛金と退職一時金の支払いの修正

(退職給付引当金)(＊1)	5,000	(一般管理費)	5,000

（＊1）2,000〈年金掛金〉＋3,000〈退職一時金〉＝5,000〈退職給付引当金の取崩額〉

(2)　退職給付費用の計上

(退職給付費用)(＊2)	7,000	(退職給付引当金)	7,000

（＊2）92,000〈退職給付債務〉－30,000〈年金資産〉＝62,000〈当期末の退職給付引当金〉
60,000〈前T/B退職給付引当金〉－5,000〈当期取崩額〉＝55,000
62,000－55,000＝7,000〈退職給付費用〉

退職給付引当金

借方		貸方	
年金掛金	2,000	前T/B（当期首）	60,000
退職一時金	3,000		
B/S引当金	62,000	退職給付費用	7,000 ←貸借差額

B/S引当金 62,000 ← 92,000－30,000

12. 新株予約権（行使期限満了による取崩し）

新株予約権の行使期限が満了したときには、新株予約権を取り崩し、新株予約権戻入益を特別利益に計上する。

（新株予約権）	4,000	（新株予約権戻入益）	4,000

13. 経過勘定項目

（前払費用）	900	（一般管理費）	900
（支払利息）	300	（未払費用）	300

∴　P/L一般管理費：102,000〈前T/B〉－5,000〈退職給付〉－900＝96,100

P/L支払利息：1,500〈前T/B〉＋300＝1,800

14. 法人税等の計上と税効果会計

(1) 法人税等の計上

（法人税等）	240,000	（仮払法人税等）	100,000
		（未払法人税等）（＊1）	140,000

（＊1）貸借差額

(2) 税効果会計（将来減算一時差異の解消と発生）

（法人税等調整額）（＊2）	5,400	（繰延税金資産）	5,400
（繰延税金資産）（＊3）	47,400	（法人税等調整額）	47,400

（＊2）8,000＋5,000〈その他有価証券の期首振戻〉＋5,000〈年金掛金＋退職一時金〉
＝18,000〈当期解消高合計〉
18,000×30％＝5,400〈繰延税金資産の減少〉

（＊3）138,000＋13,000〈その他有価証券の評価損〉＋7,000〈退職給付費用〉＝158,000〈当期発生高合計〉
158,000×30％＝47,400〈繰延税金資産の増加〉

∴　P/L法人税等調整額：47,400－5,400
＝42,000（貸方残高＝法人税等から控除する形式で表示）

【参　考】退職給付引当金と将来減算一時差異

税務上、退職給付引当金の損金算入は原則として認められていない。したがって、退職給付引当金を計上したときに退職給付費用の損金不算入による将来減算一時差異が発生し、年金掛金の拠出や退職一時金を支払ったときに損金算入が認められ差異が解消する。

退職給付引当金

	借方		貸方	
一時差異の解消 →	年金掛金	2,000		
	退職一時金	3,000	期首残高　60,000	← 期首の一時差異
期末の一時差異 →	期末残高	62,000	退職給付費用　7,000	← 一時差異の発生

第3回　会計学　解説

第1問　空欄補充

1．企業結合「企業結合に関する会計基準　6」参照

事業とは、企業活動を行うために組織化され、有機的一体として機能する（**経営資源**）をいう。

2．企業結合「企業結合に関する会計基準　14」参照

時価とは、公正な評価額をいう。通常、それは観察可能な（**市場価格**）をいい、（**市場価格**）が観察できない場合には、合理的に算定された価額をいう。

3．事業分離「事業分離等に関する会計基準　17、20」参照

会社の分割にあたって、分離元企業の受け取る対価が分離先企業の（**株式**）のみであり、事業分離によって分離先企業が新たに分離元企業の子会社や関連会社となる場合、分離元企業は、個別財務諸表上、分離先企業から受け取った（**株式**）の取得原価を移転した事業に係る（**株主資本相当額**）にもとづいて算定して処理する。

4．事業分離「事業分離等に関する会計基準　16」参照

事業分離等の会計処理において、分離元企業が現金等の財産のみを対価として受け取り、その分離先企業が子会社や関連会社に該当しない場合、分離元企業は受取対価を原則として時価で計上するとともに、移転した事業の（**株主資本相当額**）との差額は、原則として（**移転損益**）として認識しなければならない。

第2問　連結会計（以下、単位：千円）

問1　支配獲得までの段階取得

1．S社株式の取得比率および取得原価の算定

前期末：150株÷1,000株＝15％〈取得比率〉　　@11×150株＝1,650〈取得原価〉

当期末：650株÷1,000株＝65％〈取得比率〉　　@15×650株＝9,750〈取得原価〉

2．タイムテーブル

	前期末	当期末
P社持分	15％	＋65％
		80％
（非支配株主持分）	－	（20％）
資本金		5,825
利益剰余金		5,500
評価差額		（＊）210
資本合計		11,535

（＊）（1,300〈土地当期末時価〉－1,000〈土地簿価〉）×（100％－30％〈税率〉）＝210〈税効果会計考慮後の評価差額〉

3．仕　訳

当期末は、支配獲得日であるため、S社の個別財務諸表のうち貸借対照表は合算するが損益計算書および株主資本等変動計算書は合算しない（ただし、当社はS社以外にも連結子会社があり、連結損益計算書や連結株主資本等変動計算書は作成している）。したがって、S社に関する連結修正消去仕訳は基本的には貸借対照表の科目を用いることになる。ただし、非支配株主持分は連結財務諸表固有の科目であるため、連結株主資本等変動計算書において「非支配株主持分当期変動額」の修正が必要となる。また、「段階取得に係る差損益」は、連結損益計算書に記載されるため、そのままの科目を用いている。

(1) 当期末（支配獲得日）の仕訳

① S社株式（原始取得分）の時価評価

原始取得分のS社株式は、個別会計上、当期末にその他有価証券から、子会社株式に保有目的が変更されている。その他有価証券から子会社株式への保有目的の変更に伴う振替は帳簿価額（取得原価）をもって行われているため、連結会計上、当期末時価で評価替えする。

（S　社　株　式）（＊）	600	（段階取得に係る差損益） P社利益剰余金	600

（＊）@15×150株＝2,250〈原始取得分の当期末時価〉
2,250－1,650〈原始取得分の取得原価〉＝600

② 土地の評価替え

（土　　　　地）（＊1）	300	（繰延税金負債）（＊2）	90
		（評　価　差　額）（＊3）	210

（＊1）1,300〈土地当期末時価〉－1,000〈土地簿価〉＝300
（＊2）300×30％〈税率〉＝90
（＊3）貸借差額

③ 投資と資本の相殺消去

（資　　本　　金）	5,825	（S　社　株　式）（＊1）	12,000
（利 益 剰 余 金）	5,500	（非支配株主持分当期変動額）（＊2）	2,307
（評　価　差　額）	210		
（の　　れ　　ん）（＊3）	2,772		

（＊1）2,250〈原始取得分の時価〉＋9,750〈当期末取得分の取得原価〉＝12,000
（＊2）（5,825＋5,500＋210）×20％〈非支配株主持分割合〉＝2,307
（＊3）12,000－｛(5,825＋5,500＋210)×80％〈取得割合〉｝＝2,772（借方）

∴　**当期末の連結B/Sに記載されるのれん：2,772**
当期末の連結B/Sに記載される非支配株主持分：2,307
当期の連結P/Lに記載される段階取得に係る差損益：600〈差益〉

問2　持分法から連結法への変更

1．S社株式の取得比率および取得原価の算定

前期末：150株÷1,000株＝15％〈取得比率〉　@11×150株＝1,650〈取得原価〉
当期末：650株÷1,000株＝65％〈取得比率〉　@15×650株＝9,750〈取得原価〉

2．タイムテーブル

	前期末		当期末
P 社 持 分	15％		＋65％
			80％
（非支配株主持分）	－		（20％）
資　本　金	5,825		5,825
利益剰余金	4,000	配　当　金　△ 500 当期純利益　＋2,000 ＋1,500	5,500
評 価 差 額	（＊1）175		（＊2）210
資本合計	10,000		11,535

（＊1）（1,250〈土地前期末時価〉－1,000〈土地簿価〉）×（100％－30％〈税率〉）
＝175〈持分法適用時の税効果会計考慮後の評価差額〉
（＊2）（1,300〈土地当期末時価〉－1,000〈土地簿価〉）×（100％－30％〈税率〉）
＝210〈連結法適用時の税効果会計考慮後の評価差額〉

3．仕　訳

当期末は、支配獲得日であるため、S社の個別財務諸表のうち貸借対照表は合算するが損益計算書および株主資本等変動計算書は合算しない（ただし、当社はS社以外にも連結子会社があり、連結損益計算書や連結株主資本等変動計算書は作成している）。したがって、持分法適用仕訳以外のS社に関する連結修正消去仕訳は基本的には貸借対照表の科目を用いることになる。ただし、非支配株主持分は連結財務諸表固有の科目であるため、連結株主資本等変動計算書において「非支配株主持分当期変動額」の修正が必要となる。また、「段階取得に係る差損益」は、連結損益計算書に記載されるため、そのままの科目を用いている。

(1) 前期末の処理（投資差額の算定）

1,250〈土地前期末時価〉－1,000〈土地簿価〉＝250〈土地の評価差額〉
250×（100％－30％〈税率〉）＝175〈税効果会計考慮後の評価差額〉
1,650〈取得原価〉－（5,825〈資本金〉＋4,000〈利益剰余金〉＋175）×15％〈原始取得割合〉＝150〈投資差額〉

(2) 当期の仕訳（期中仕訳）

① 持分法適用仕訳

追加取得を行ったのは、当期末であるため損益項目などは持分法適用仕訳として行う。

(a) 投資差額の償却

（持分法による投資損益）（＊）	15	（S　社　株　式）	15

（＊）150÷10年＝15

(b) 当期純利益の計上

（S　社　株　式）（＊）	300	（持分法による投資損益）	300

（＊）2,000〈当期純利益〉×15％〈原始取得割合〉＝300

(c) 配当金の修正

(受 取 配 当 金)(＊)	75	(S 社 株 式)	75

(＊) 500×15%〈原始取得割合〉＝75

∴ 持分法適用後のＳ社株式の評価額：1,650－15＋300－75＝1,860

② 連結法適用仕訳

(a) Ｓ社株式（原始取得分）の時価評価

(S 社 株 式)(＊)	390	(段階取得に係る差損益) P社利益剰余金	390

(＊) @15×150株＝2,250〈原始取得分の当期末時価〉
2,250－1,860〈原始取得分の持分法適用後の評価額〉＝390

(b) 土地の評価替え

持分法から連結法に変更することにより、支配獲得時（当期末）において時価評価をやり直す。

(土 地)(＊1)	300	(繰 延 税 金 負 債)(＊2)	90
		(評 価 差 額)(＊3)	210

(＊1) 1,300〈土地当期末時価〉－1,000〈土地簿価〉＝300

(＊2) 300×30%〈税率〉＝90

(＊3) 貸借差額

(c) 投資と資本の相殺消去

(資 本 金)	5,825	(S 社 株 式)(＊1)	12,000
(利 益 剰 余 金)	5,500	(非支配株主持分当期変動額)(＊2)	2,307
(評 価 差 額)	210		
(の れ ん)(＊3)	2,772		

(＊1) 2,250〈原始取得分の時価〉＋9,750〈当期末取得分の取得原価〉＝12,000

(＊2) (5,825＋5,500＋210)×20%〈非支配株主持分割合〉＝2,307

(＊3) 12,000－{(5,825＋5,500＋210)×80%〈取得割合〉}＝2,772(借方)

∴ **当期末の連結Ｂ/Ｓに記載されるのれん：2,772**
当期末の連結Ｂ/Ｓに記載される非支配株主持分：2,307
当期の連結Ｐ/Ｌに記載される段階取得に係る差損益：390〈差益〉
当期の連結Ｐ/Ｌに記載される持分法による投資損益：△15＋300＝285〈投資利益〉

(注) なお、持分法による投資利益285千円と段階取得に係る差益390千円から受取配当金の修正額75千円を控除した純額600千円は、問１における段階取得に係る差益600千円と一致する。

問３ 支配獲得後の追加取得

１．Ｓ社株式の取得比率および取得原価の算定

前期末：700株÷1,000株＝70%〈取得比率〉　@11×700株＝7,700〈取得原価〉
当期末：100株÷1,000株＝10%〈取得比率〉　@15×100株＝1,500〈取得原価〉

２．タイムテーブル

	前期末		当期末
Ｐ社持分	70%		＋10%
			80%
(非支配株主持分)	(30%)		(20%)
資本金	5,825		5,825
利益剰余金	4,000	配当金 △500 当期純利益 ＋2,000 ＋1,500	5,500
評価差額	(＊) 175		175
資本合計	10,000		11,500

(＊) (1,250〈土地前期末時価〉－1,000〈土地簿価〉)×(100%－30%〈税率〉)
＝175〈税効果会計考慮後の評価差額〉

３．仕　訳

(1) 前期末（支配獲得日）の仕訳（開始仕訳）

① 土地の評価替え

(土 地)(＊1)	250	(繰 延 税 金 負 債)(＊2)	75
		(評 価 差 額)(＊3)	175

(＊1) 1,250〈土地前期末時価〉－1,000〈土地簿価〉＝250

(＊2) 250×30%〈税率〉＝75

(＊3) 貸借差額

② 投資と資本の相殺消去

(資本金当期首残高)	5,825	(S 社 株 式)	7,700
(利益剰余金当期首残高)	4,000	(非支配株主持分当期首残高)(＊1)	3,000
(評 価 差 額)	175		
(の れ ん)(＊2)	700		

(＊1) (5,825＋4,000＋175)×30%〈非支配株主持分割合〉＝3,000

(＊2) 7,700－{(5,825＋4,000＋175)×70%〈取得割合〉}＝700(借方)

(2) 当期の仕訳（期中仕訳）

① のれんの償却

(の れ ん 償 却 額)(＊)	70	(の れ ん)	70

(＊) 700÷10年＝70

∴ **当期末の連結Ｂ/Ｓに記載されるのれん：700－70＝630**

② 当期純利益の非支配株主持分への振替え

(非支配株主に帰属する当期純損益)(＊)	600	(非支配株主持分当期変動額)	600

(＊) 2,000〈当期純利益〉×30%〈持分変動前非支配株主持分割合〉＝600

③　配当金の修正

(受　取　配　当　金)（＊1）	350	(利益剰余金剰余金の配当)	500
(非支配株主持分当期変動額)（＊2）	150		

（＊1）500×70%〈原始取得割合〉＝350

（＊2）500×30%〈持分変動前非支配株主持分割合〉＝150

④　S社株式の追加取得

(非支配株主持分当期変動額)（＊1）	1,150	(S　社　株　式)	1,500
(資本剰余金持分変動)（＊2）	350		

（＊1）$(3{,}000+600-150)\times\dfrac{10\%\langle\text{追加取得割合}\rangle}{30\%\langle\text{追加取得前非支配株主持分割合}\rangle}=1{,}150$

　　または、5,825＋5,500＋175＝11,500〈評価替え後の当期末資本合計〉
　　　11,500×10%〈追加取得割合〉＝1,150

（＊2）1,150－1,500＝△350〈資本剰余金持分変動〉

∴　**当期末の連結S/Sに記載される資本剰余金持分変動：△350**
　当期末の連結B/Sに記載される非支配株主持分：3,000＋600－150－1,150＝**2,300**
　　または
　　11,500〈評価替え後の当期末資本合計〉
　　×20%〈追加取得後非支配株主持分割合〉
　　＝**2,300**

（注）追加取得による持分の変動は、連結株主資本等変動計算書において、「非支配株主との取引に係る親会社の持分変動」として記載するが、本問では、便宜上「資本剰余金持分変動」としている。

問4　子会社株式の一部売却

1．S社株式の取得（売却）比率および取得原価の算定

前期末：700株÷1,000株＝70%〈取得比率〉　　@11×700株＝7,700〈取得原価〉

当期末：100株÷1,000株＝10%〈売却比率〉　　@11×100株＝1,100〈売却したS社株式の取得原価〉

2．タイムテーブル

	前期末		当期末
P 社 持 分	70%		△10%
			60%
(非支配株主持分)	(30%)		(40%)
資 本 金	5,825		5,825
利益剰余金	4,000	配当金 △500 当期純利益 ＋2,000 ＋1,500	5,500
評 価 差 額	(＊) 175		175
資本合計	10,000		11,500

（＊）(1,250〈土地前期末時価〉－1,000〈土地簿価〉)×(100%－30%〈税率〉)
　＝175〈税効果会計考慮後の評価差額〉

3．仕　訳

(1)　前期末（支配獲得日）の仕訳（開始仕訳）
　問3と同じであるため省略する。

(2)　当期の仕訳（期中仕訳）
　①～③　問3と同じであるため省略する。
　④　S社株式売却益の修正
　(a)　個別上の仕訳

(現　金　預　金)（＊1）	1,500	(S　社　株　式)（＊2）	1,100
		(S社株式売却損益)（＊3）	400

（＊1）@15×100株＝1,500〈売却したS社株式の売却価額〉

（＊2）@11×100株＝1,100〈売却したS社株式の取得原価(売却簿価)〉

（＊3）貸借差額

　(b)　連結上あるべき仕訳

(現　金　預　金)（＊1）	1,500	(非支配株主持分当期変動額)（＊2）	1,150
		(資本剰余金持分変動)（＊3）	350

（＊1）@15×100株＝1,500〈売却したS社株式の売却価額〉

（＊2）5,825＋5,500＋175＝11,500〈評価替え後の当期末資本合計〉
　　11,500×10%〈売却割合〉＝1,150〈売却持分〉

（＊3）1,500－1,150＝⊕350〈資本剰余金持分変動〉

　(c)　S社株式売却益の修正

(S　社　株　式)	1,100	(非支配株主持分当期変動額)	1,150
(S社株式売却損益)	400	(資本剰余金持分変動)	350

∴　**当期末の連結S/Sに記載される資本剰余金持分変動：350**
　当期末の連結B/Sに記載される非支配株主持分：3,000＋600－150＋1,150＝**4,600**
　　または
　　11,500〈評価替え後の当期末資本合計〉
　　×40%〈一部売却後非支配株主持分割合〉
　　＝**4,600**

（注）一部売却による持分の変動は、連結株主資本等変動計算書において、「非支配株主との取引に係る親会社の持分変動」として記載するが、本問では、便宜上「資本剰余金持分変動」としている。

問5　持分変動増資（持分比率が増加する場合）

1．S社株式の持分比率および取得原価の算定

前期末：700株÷1,000株＝70%〈取得比率〉　　@11×700株＝7,700〈取得原価〉

当期末：$\dfrac{700\text{株}+500\text{株}=1{,}200\text{株}\langle\text{増資後P社持株数}\rangle}{1{,}000\text{株}+500\text{株}=1{,}500\text{株}\langle\text{増資後S社発行済株式総数}\rangle}=80\%\langle\text{増資後P社持分比率}\rangle$

　@15×500株＝7,500〈取得原価〉

2．タイムテーブル

	前期末		当期末(増資前)		当期末(増資後)
P 社 持 分	70%		70%		+10% 80%
(非支配株主持分)	(30%)		(30%)		(20%)
資 本 金	5,825		5,825	(＊2) +7,500	13,325
利益剰余金	4,000	配 当 金 △ 500 当期純利益 +2,000 +1,500	5,500		5,500
評 価 差 額	(＊1) 175		175		175
資本合計	10,000		11,500		19,000

(＊1) (1,250〈土地前期末時価〉－1,000〈土地簿価〉)×(100%－30%〈税率〉)＝175〈税効果会計考慮後の評価差額〉

(＊2) @15〈増資時の時価〉×500株〈増資による増加株数〉＝7,500〈増加する資本金〉

なお、増資によりＳ社の個別株主資本等変動計算書は以下のようになる（勘定式で表示）。

資 本 金　（単位：千円）

当期末残高	13,325	当期首残高	5,825
		新株の発行	7,500

利益剰余金　（単位：千円）

剰余金の配当	500	当期首残高	4,000
当期末残高	5,500	当期純利益	2,000

3．仕　訳

(1) 前期末（支配獲得日）の仕訳（開始仕訳）

問３と同じであるため省略する。

(2) 当期の仕訳（期中仕訳）

①～③　問３と同じであるため省略する。

④　持分変動増資（持分が増加する場合）

子会社の時価発行増資などの際に、親会社および非支配株主が増資前に所有する株式の持分比率と異なる割合で新株式を取得することにより、親会社の持分と非支配株主の持分が変動した場合には、いったん、従来の持分比率で株式を引き受け、その後、変動した持分との差額は、追加取得（持分が増加する場合）したとみなして処理する。

(a)　当初の持分比率（70%）で取得したと仮定

(資本金・新株の発行)(＊1)	7,500	(Ｓ　社　株　式)(＊2)	5,250
		(非支配株主持分当期変動額)(＊3)	2,250

(＊1) @15〈増資時の時価〉×500株〈増資による増加株数〉＝7,500〈増加する資本金〉

(＊2) 7,500×70%＝5,250

(＊3) 7,500×30%＝2,250

(b)　増加した持分（10%）を追加取得したと仮定

(非支配株主持分当期変動額)(＊1)	1,900	(Ｓ　社　株　式)(＊2)	2,250
(資本剰余金持分変動)(＊3)	350		

(＊1) (3,000＋600－150＋2,250)× $\frac{10\%\langle追加取得割合\rangle}{30\%\langle追加取得前非支配株主持分割合\rangle}$ ＝1,900

または、5,825＋7,500＋5,500＋175＝19,000〈評価替えおよび増資後の当期末資本合計〉
19,000×10%〈追加取得割合〉＝1,900

(＊2) (1,000株＋500株)×10%〈追加取得割合〉＝150株〈追加取得株数〉
@15×150株＝2,250

(＊3) 貸借差額

(c)　まとめ

(資本金・新株の発行)	7,500	(Ｓ　社　株　式)	7,500
(資本剰余金持分変動)	350	(非支配株主持分当期変動額)(注)	350

(注) なお、非支配株主持分当期変動額は以下の算式により求めることもできる。

11,500〈評価替え後、増資前の当期末資本合計〉×30%〈増資前非支配株主持分割合〉
＝3,450〈増資前非支配株主持分〉

19,000〈評価替えおよび増資後の当期末資本合計〉×20%〈増資後非支配株主持分割合〉
＝3,800〈増資後非支配株主持分〉

3,800－3,450＝350〈増資による非支配株主持分当期変動額〉

∴　**当期末の連結Ｓ/Ｓに記載される資本剰余金持分変動：△350**

当期末の連結Ｂ/Ｓに記載される非支配株主持分：3,000＋600－150＋350＝3,800

または

19,000〈評価替えおよび増資後の当期末資本合計〉×20%〈増資後非支配株主持分割合〉

＝3,800

(注) みなし取得による持分の変動は、連結株主資本等変動計算書において、「非支配株主との取引に係る親会社の持分変動」として記載するが、本問では、便宜上「資本剰余金持分変動」としている。

問6　持分変動増資（持分比率が減少する場合）

1．S社株式の持分比率および取得原価の算定

前期末：700株÷1,000株＝70%〈取得比率〉　　@11×700株＝7,700〈取得原価〉

当期末：$\dfrac{700株+200株=900株〈増資後P社持株数〉}{1,000株+500株=1,500株〈増資後S社発行済株式総数〉}$＝60%〈増資後P社持分比率〉

@15×200株＝3,000〈取得原価〉

2．タイムテーブル

	前期末		当期末（増資前）		当期末（増資後）
P社持分	70%		70%		△10%
					60%
(非支配株主持分)	(30%)		(30%)		(40%)
資本金	5,825	配当金 △500	5,825	(＊2) ＋7,500	13,325
利益剰余金	4,000	当期純利益 ＋2,000	5,500		5,500
評価差額	(＊1) 175	＋1,500	175		175
資本合計	10,000		11,500		19,000

（＊1）（1,250〈土地前期末時価〉－1,000〈土地簿価〉）×（100%－30%〈税率〉）＝175〈税効果会計考慮後の評価差額〉

（＊2）@15〈増資時の時価〉×500株〈増資による増加株数〉＝7,500〈増加する資本金〉

なお、増資によりS社の個別株主資本等変動計算書は以下のようになる（勘定式で表示）。

資本金　（単位：千円）

当期末残高	13,325	当期首残高	5,825
		新株の発行	7,500

利益剰余金　（単位：千円）

剰余金の配当	500	当期首残高	4,000
当期末残高	5,500	当期純利益	2,000

3．仕　訳

(1)　前期末（支配獲得日）の仕訳（開始仕訳）

問3と同じであるため省略する。

(2)　当期の仕訳（期中仕訳）

①～③　問3と同じであるため省略する。

④　持分変動増資（持分が減少する場合）

子会社の時価発行増資などの際に、親会社および非支配株主が増資前に所有する株式の持分比率と異なる割合で新株式を取得することにより、親会社の持分と非支配株主の持分が変動した場合には、いったん、従来の持分比率で株式を引き受け、その後、変動した持分との差額は、一部売却（持分が減少する場合）したとみなして処理する。

(a)　当初の持分比率（70%）で取得したと仮定

(資本金・新株の発行)（＊1）	7,500	(S　社　株　式)（＊2）	5,250
		(非支配株主持分当期変動額)（＊3）	2,250

（＊1）@15〈増資時の時価〉×500株〈増資による増加株数〉＝7,500〈増加する資本金〉

（＊2）7,500×70%＝5,250

（＊3）7,500×30%＝2,250

(b)　減少した持分（10%）を売却したと仮定

(S　社　株　式)（＊1）	2,250	(非支配株主持分当期変動額)（＊2）	1,900
		(資本剰余金持分変動)（＊3）	350

（＊1）（1,000株＋500株）×10%〈売却割合〉＝150株〈売却株数〉
@15×150株＝2,250

（＊2）5,825＋7,500＋5,500＋175＝19,000〈評価替えおよび増資後の当期末資本合計〉
19,000×10%〈売却割合〉＝1,900〈売却持分〉

（＊3）2,250－1,900＝⊕350〈資本剰余金持分変動〉

(c)　まとめ

(資本金・新株の発行)	7,500	(S　社　株　式)	3,000
		(非支配株主持分当期変動額)（注）	4,150
		(資本剰余金持分変動)	350

（注）なお、非支配株主持分当期変動額は以下の算式により求めることもできる。

11,500〈評価替え後、増資前の当期末資本合計〉×30%〈増資前非支配株主持分割合〉
＝3,450〈増資前非支配株主持分〉

19,000〈評価替えおよび増資後の当期末資本合計〉×40%〈増資後非支配株主持分割合〉
＝7,600〈増資後非支配株主持分〉

7,600－3,450＝4,150〈増資による非支配株主持分当期変動額〉

∴　**当期末の連結S/Sに記載される資本剰余金持分変動：350**

当期末の連結B/Sに記載される非支配株主持分：3,000＋600－150＋4,150＝**7,600**

または

19,000〈評価替えおよび増資後の当期末資本合計〉×40%〈増資後非支配株主持分割合〉＝**7,600**

（注）みなし売却による持分の変動は、連結株主資本等変動計算書において、「非支配株主との取引に係る親会社の持分変動」として記載するが、本問では、便宜上「資本剰余金持分変動」としている。

第3問　キャッシュ・フロー計算書（以下、単位：千円）

1．直接法

(1)　営業収入

(売　上　債　権)	675,000	(売　　　　上)	675,000
(貸 倒 引 当 金)	2,250	(売　上　債　権)	2,250
(現　金　預　金) 営業収入	**627,750**	(売　上　債　権)	627,750
(貸倒引当金繰入)	4,500	(貸 倒 引 当 金)	4,500
(現　金　預　金) 営業収入	**3,000**	(償却債権取立益)	3,000

貸 倒 引 当 金

取　崩　額（*2）	2,250	当期首残高（*1）	11,700
当期末残高	13,950	繰　入　額	4,500

（*1）前期末残高より

（*2）貸借差額

売 上 債 権

当期首残高（*3）	234,000	**営業収入**（*5）	**627,750**
売　　上	675,000	貸　倒　れ（*4）	2,250
		当期末残高	279,000

（*3）前期末残高より

（*4）貸倒引当金勘定より

（*5）貸借差額

∴　**営業収入**：627,750＋3,000＝**630,750**

(2)　商品の仕入支出

(仕　　　　入)	360,000	(仕　入　債　務)	360,000
(仕　入　債　務)	396,000	(現　金　預　金) 商品の仕入支出	**396,000**
(仕　　　　入)	135,000	(繰　越　商　品)	135,000
(繰　越　商　品)	90,000	(仕　　　　入)	90,000

売上原価ボックス

期首商品（*1）	135,000	売上原価	405,000
当期仕入（*3）	360,000	期末商品（*2）	90,000

（*1）商品の前期末残高より

（*2）商品の当期末残高より

（*3）貸借差額

仕 入 債 務

商品の仕入支出（*6）	**396,000**	当期首残高（*4）	171,000
当期末残高	135,000	当期仕入（*5）	360,000

（*4）前期末残高より

（*5）売上原価ボックスより

（*6）貸借差額

(3)　人件費支出

(未　払　給　料)	3,600	(給　　　　料)	3,600
(給　　　　料)	25,200	(現　金　預　金) 人件費支出	**25,200**
(給　　　　料)	5,400	(未　払　給　料)	5,400

給　　料

人件費支出（*3）	**25,200**	未払給料（*1）	3,600
未払給料（*2）	5,400	P／L計上額	27,000

（*1）未払給料の前期末残高より

（*2）未払給料の当期末残高より

（*3）貸借差額

(4)　その他の営業支出

(その他営業費)	3,150	(前　払　営　業　費)	3,150
(その他営業費)	23,400	(現　金　預　金) その他の営業支出	**23,400**
(前　払　営　業　費)	4,050	(その他営業費)	4,050

その他営業費

前払営業費（*1）	3,150	前払営業費（*2）	4,050
その他の営業支出（*3）	**23,400**	P／L計上額	22,500

（*1）前払営業費の前期末残高より

（*2）前払営業費の当期末残高より

（*3）貸借差額

2．間接法

キャッシュ・フロー計算書　（単位：千円）

Ⅰ　営業活動によるキャッシュ・フロー		
（税引前当期純利益）	（　　195,000　）	（＊1）
減価償却費	（　　13,500　）	（＊1）
貸倒引当金の（増加）額	（　　2,250　）	（＊2）
（支払利息）	（　　10,500　）	（＊1）
売上債権の（増加）額	（△　45,000　）	（＊3）
棚卸資産の（減少）額	（　　45,000　）	（＊4）
前払費用の（増加）額	（△　900　）	（＊5）
仕入債務の（減少）額	（△　36,000　）	（＊6）
未払費用の（増加）額	（　　1,800　）	（＊7）
小計	（　　186,150　）	

（＊1）　損益計算書より

（＊2）　13,950〈当期末残高〉－11,700〈前期末残高〉＝2,250〈増加額＝加算〉

（＊3）　279,000〈当期末残高〉－234,000〈前期末残高〉＝45,000〈増加額＝減算〉

（＊4）　90,000〈商品の当期末残高〉－135,000〈商品の前期末残高〉＝△45,000〈減少額＝加算〉

（＊5）　4,050〈当期末残高〉－3,150〈前期末残高〉＝900〈増加額＝減算〉

（＊6）　135,000〈当期末残高〉－171,000〈前期末残高〉＝△36,000〈減少額＝減算〉

（＊7）　5,400〈未払給料の当期末残高〉－3,600〈未払給料の前期末残高〉＝1,800〈増加額＝加算〉

第3回　工業簿記　解答

第1問

問1

① 当月製造費用の直接材料費　② 4,110,000 円

② ロット番号#405-1の仕損費　② 242,700 円

③ 月末仕掛品原価　② 2,216,400 円

④ 完成品原価　② 17,033,600 円

問2

② 16,770,000 円

第2問

問1

仕　掛　品　(単位：円)

材料費	(① 4,859,800)	完成品総合原価	(② 5,040,000)
加工費	(1,513,600)	月末仕掛品原価	(972,000)
		原価差異	(② 361,400)
	(6,373,400)		(6,373,400)

問2

価格差異	① 79,300 円 (借方)	数量差異	① 76,500 円 (借方)

(注) (　　) 内に借方、または貸方を記入すること。以下同様。

問3

	材料A	材料B
配合差異	① 13,500 円 (貸方)	① 42,000 円 (借方)
歩留差異	① 27,000 円 (借方)	21,000 円 (借方)

問4

予算差異	① 14,400 円 (貸方)	能率差異	① 192,000 円 (借方)
操業度差異	① 28,000 円 (借方)		

問5

(純粋な) 能率差異	① 177,000 円 (借方)	歩留差異	① 15,000 円 (借方)

○数字は採点基準　合計25点

第3回　原価計算　解答

〔問1〕

伝統的全部原価計算による製品単位あたり総原価

A = ② 4,040 円

B = ② 5,400 円

C = ① 2,320 円

〔問2〕

目標販売単価

A = ② 5,050 円

B = ② 6,750 円

C = ① 2,900 円

〔問3〕

活動基準原価計算による製品単位あたり総原価

A = ② 3,869.875 円

B = ② 4,660.7 円

C = ② 5,617.45 円

〔問4〕

① = (② 3,297,450) 円

② = ① 小

③ = (② 340,250) 円

④ = (② 2,957,200) 円

⑤ = ① 大

⑥ = (① 0) 円

○数字は採点基準　合計25点

第3回　工業簿記　解説

第1問　ロット別個別原価計算

本問はロット数が非常に多く、原価計算表を作成して計算を行うと時間と手間がかかる。そのため、毎回、すべてのロットの原価を集計するのではなく、以下のように生産データを整理して計算を行う。

材料数量（第１工程＋第２工程）

月初		完成	
＃401	310個	＃401	310個
＃402	150個	⋮	
合計	460個	＃412	220個
当月投入		合計	2,580個
＃403	260個	月末	
⋮		＃413	230個
＃415	200個	＃414	190個
合計	2,740個	＃415	200個
		合計	620個

直接作業時間（第１工程＋第２工程）

月初	第１工程	第２工程	完成	第１工程	第２工程
＃401	—	—	＃401	—	43時間
＃402	—	—		⋮	⋮
合計	—	—	＃412	183時間	60時間
当月投入	第１工程	第２工程	合計	1,751時間	783時間
＃401	—	43時間	月末	第１工程	第２工程
	⋮	⋮	＃413	179時間	67時間
			＃414	120時間	—
＃415	70時間	—	＃415	70時間	—
合計	2,120時間	850時間	合計	369時間	67時間

１．当月製造費用の直接材料費

（1）材料予定価格の算定

前月から変更がないものとする指示があるため、次のように計算する。

#401：465,000円÷310個＝1,500円/個

（2）直接材料費

1,500円/個×2,740個＝**4,110,000円**
材料予定価格

２．ロット番号#405-1の仕損費

直接材料費は#405-1に要した数量を用いて計算する。また、各工程において、直接労務費の予定賃率と製造間接費の予定配賦率の配賦基準が同じなので、まとめて各工程の加工費として計算する（以下の問でも同様に各工程の加工費を使用する）。

（1）直接材料費

1,500円/個×50個＝75,000円
材料予定価格

（2）第１工程加工費

600円/時間＋1,700円/時間＝2,300円/時間
予定賃率　予定配賦率

2,300円/時間×50時間＝115,000円

（3）第２工程加工費

800円/時間＋2,300円/時間＝3,100円/時間
予定賃率　予定配賦率

3,100円/時間×17時間＝52,700円

（4）合計

75,000円＋115,000円＋52,700円＝**242,700円**
直接材料費　第１工程　第２工程

３．月末仕掛品原価

（1）直接材料費

1,500円/個×620個＝930,000円
材料予定価格

（2）第１工程加工費

2,300円/時間×369時間＝848,700円
第１工程加工費率

（3）第２工程加工費

3,100円/時間×67時間＝207,700円
第２工程加工費率

（4）直接経費（外注加工賃）

外注加工賃に、月末仕掛品のうち、当月に外注加工先から戻ってきた数量を乗じる。

1,000円/個×230個＝230,000円
外注加工賃

（5）合計

930,000円＋848,700円＋207,700円＋230,000円＝**2,216,400円**
直接材料費　第１工程　第２工程　外注加工賃

４．完成品原価

月末仕掛品原価と同様、費目ごとに集計しても算定することができるが、すでに月末仕掛品原価を算定しているため、差額を用いて完成品原価を計算する。

仕　掛　品

借方	貸方
月初仕掛品 5,179,000円（＊1）	完成品 17,033,600円 （貸借差額）
当月製造費用 ・直接材料費 4,110,000円（＊2） ・第１工程加工費 4,876,000円（＊3） ・第２工程加工費 2,635,000円（＊4） ・外注加工賃 2,450,000円（＊5）	月末仕掛品 2,216,400円（＊7）

（＊1）465,000円＋660,000円＋310,000円＋1,853,000円（#401月初仕掛品）＋225,000円＋440,000円＋1,226,000円（#402月初仕掛品）
＝5,179,000円

（＊2）問1　1(2)参照

（＊3）2,300円/時間×2,120時間＝4,876,000円

（＊4）3,100円/時間×850時間＝2,635,000円

（＊5）1,000円/個×2,450個（＊6）＝2,450,000円

（＊6）資料1の外注加工欄に○印のある材料数量合計

（＊7）問1　3(5)参照

問2　総合原価計算を採用した場合の完成品原価

材料費

借方	貸方
月初 460個 690,000円	完成＋仕損 2,580個 3,870,000円（＊3）
当月投入 2,740個 4,110,000円（＊1）	月末 620個 930,000円（＊2）

加工費

借方	貸方
月初 230個（460個×50%） 4,489,000円	完成＋仕損 2,580個 12,900,000円（＊6）
当月投入 2,660個 （貸借差額） 9,961,000円（＊4）	月末 310個（620個×50%） 1,550,000円（＊5）

（＊1）問1　1(2)参照

（＊2）（690,000円＋4,110,000円）÷（460個＋2,740個）×620個＝930,000円

（＊3）（690,000円＋4,110,000円）－930,000円＝**3,870,000円**

（＊4）2,300円/時間×2,120時間＝4,876,000円
3,100円/時間×850時間＝2,635,000円
1,000円/個×2,450個＝2,450,000円
4,876,000円＋2,635,000円+2,450,000円＝9,961,000円

（＊5）（4,489,000円＋9,961,000円）÷（230個＋2,660個）×310個＝1,550,000円

（＊6）（4,489,000円＋9,961,000円）－1,550,000円＝**12,900,000円**

完成品原価：3,870,000円＋12,900,000円＝**16,770,000円**

〈参考〉

各ロットの製造原価を集計すると次のとおりになる。

（単位：円）

ロット番号	前月繰越	直接材料費	直接労務費		直接経費	製造間接費		合　計
			第１工程	第２工程		第１工程	第２工程	
#401	3,288,000	—	—	34,400	—	—	98,900	3,421,300
#402	1,891,000	—	—	45,600	150,000	—	131,100	2,217,700
#403	—	390,000	127,200	64,000	260,000	360,400	184,000	1,385,600
#404	—	315,000	114,000	60,000	210,000	323,000	172,500	1,194,500
#405	—	525,000	166,800	84,800	350,000	472,600	243,800	1,843,000
#405-1	—	75,000	30,000	13,600	—	85,000	39,100	242,700
#406	—	180,000	57,600	27,200	120,000	163,200	78,200	626,200
#407	—	135,000	43,200	29,600	90,000	122,400	85,100	505,300
#408	—	405,000	138,600	67,200	270,000	392,700	193,200	1,466,700
#409	—	315,000	99,600	56,000	210,000	282,200	161,000	1,123,800
#410	—	270,000	86,400	49,600	180,000	244,800	142,600	973,400
#411	—	240,000	77,400	46,400	160,000	219,300	133,400	876,500
#412	—	330,000	109,800	48,000	220,000	311,100	138,000	1,156,900
#413	—	345,000	107,400	53,600	230,000	304,300	154,100	1,194,400
#414	—	285,000	72,000	—	—	204,000	—	561,000
#415	—	300,000	42,000	—	—	119,000	—	461,000
	5,179,000	4,110,000	1,272,000	680,000	2,450,000	3,604,000	1,955,000	19,250,000

第２問　標準原価計算の勘定記入と差異分析

問1　仕掛品勘定の記入

(1)　良品に対する正常減損率等の把握

材　料　A	8 kg	（標準配合割合80%（＊1））
材　料　B	2 kg	（標準配合割合20%（＊2））
投入量合計	10kg	
正　常　減　損	1 kg	（良品に対する正常減損率$\frac{1}{9}$（＊3））
産　出　量	9 kg	

(＊1) 8 kg÷10kg×100＝80％

(＊2) 2 kg÷10kg×100＝20％

(＊3) 1 kg÷ 9 kg＝$\frac{1}{9}$

(2) 製品甲の原価標準（いわゆる第2法）

材　料　A	675円/kg	×	0.8kg(＊2)	＝	540円
材　料　B	2,100円/kg	×	0.2kg(＊2)	＝	420円
加　工　費	3,000円/時間(＊1)	×	0.1時間(＊3)	＝	300円
製品甲1kgあたりの正味標準製造原価					1,260円
正常減損費	1,260円/kg	×	$\frac{1}{9}$	＝	140円
製品甲1kgあたりの総標準製造原価					1,400円

(＊1) 18,720,000円÷6,240時間＝3,000円/時間

(＊2) 製品甲1kgあたり正味標準消費量
材料A： 8 kg÷10kg＝0.8kg
材料B： 2 kg÷10kg＝0.2kg

(＊3) 製品甲1kgあたり正味標準加工時間
1時間÷10kg＝0.1時間

(3) 生産データの整理（カッコ内の数値は、加工費の完成品換算量を表している）

仕　掛　品（標準減損）

当月投入	完成品
4,900kg	3,600kg
(4,360kg)(＊4)	(3,600kg)
	正常減損 400kg (400kg)
	月末仕掛品 900kg (360kg)

異常を除外

仕　掛　品（実際減損）

当月投入	完成品
4,950kg(＊1)	3,600kg
(4,410kg)(＊4)	(3,600kg)
	正常減損 400kg (400kg)
	異常減損 50kg(＊3) (50kg)
	月末仕掛品 900kg (360kg)

×$\frac{1}{9}$
実際減損 450kg(＊2) (450kg)

►標準投入量にもとづく標準消費量の計算
材料A：4,900kg×80％＝3,920kg
材料B：4,900kg×20％＝ 980kg
機械加工時間：4,360kg×0.1時間/kg＝436時間

►実際投入量にもとづく標準消費量の計算
材料A：4,950kg×80％＝3,960kg
材料B：4,950kg×20％＝ 990kg
機械加工時間：4,410kg×0.1時間/kg＝441時間

(＊1) 当月投入量
3,940kg〈材料A〉＋1,010kg〈材料B〉＝4,950kg

(＊2) 実際減損量
4,950kg－(3,600kg＋900kg)＝450kg

(＊3) 異常減損量
450kg－400kg＝50kg

(＊4) 貸方合計

(4) 仕掛品勘定への記入（パーシャル・プラン）

異常仕損費は、標準（正常）仕損量を前提とするため、異常仕損費勘定として分離されず、原価差異に含めて記入する。

仕　掛　品　（単位：円）

材料費	((＊1) 4,859,800)	完成品総合原価	((＊3) 5,040,000)
加工費	((＊2) 1,513,600)	月末仕掛品原価	((＊4) 972,000)
		原価差異	((＊5) 361,400)
	(6,373,400)		(6,373,400)

(＊1) 材料A： 690円/kg×3,940kg＝ 2,718,600円
材料B：2,120円/kg×1,010kg＝ 2,141,200円
合　計 **4,859,800円**

(＊2) 問題文〔資料〕4(2)より

(＊3) 1,400円/kg×3,600kg＝**5,040,000円**

(＊4) (540円/kg＋420円/kg)×900kg＋300円/kg×360kg＝**972,000円**

(＊5) 貸借差額

問2　材料費の差異分析

(1) 材料A

実際単価　690円/kg
標準単価　675円/kg

価格差異 △59,100円	
	数量差異 △13,500円
標準消費量 3,920kg	実際消費量 3,940kg

価格差異：(675円/kg－690円/kg)×3,940kg
＝(－)59,100円（借方）
数量差異：675円/kg×(3,920kg－3,940kg)
＝(－)13,500円（借方）

(2) 材料B

実際単価　2,120円/kg
標準単価　2,100円/kg

価格差異 △20,200円	
	数量差異 △63,000円
標準消費量 980kg	実際消費量 1,010kg

価格差異：(2,100円/kg－2,120円/kg)×1,010kg
＝(－)20,200円（借方）
数量差異：2,100円/kg×(980kg－1,010kg)
＝(－)63,000円（借方）

(3) まとめ

価格差異：(－)59,100円〈材料A〉＋(－)20,200円〈材料B〉＝**(－)79,300円（借方）**

数量差異：(－)13,500円 + (－)63,000円 = (－)76,500円（借方）
材料A　材料B

問３　配合差異と歩留差異の分析（材料別の標準単価で計算する方法）

答案用紙に材料Ｂの歩留差異が21,000円と記入してあるため、問３の歩留差異・配合差異の分析は（以下の計算結果より）材料別の標準単価で計算していると判断する。

(1)　材料Ａ

標準単価　675円/kg

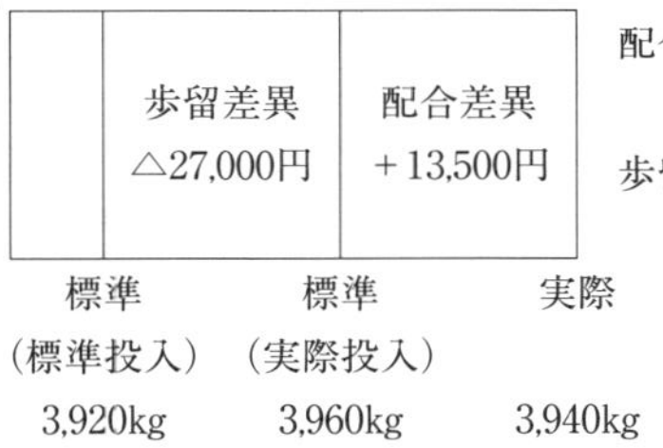

配合差異：675円/kg×(3,960kg－3,940kg)
= (＋)13,500円（貸方）

歩留差異：675円/kg×(3,920kg－3,960kg)
= (－)27,000円（借方）

(2)　材料Ｂ

標準単価　2,100円/kg

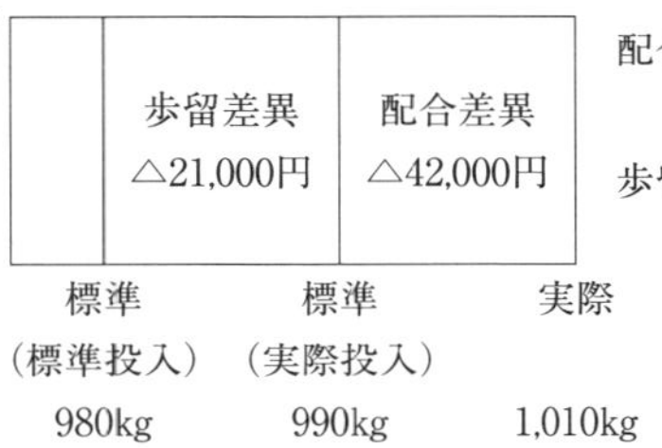

配合差異：2,100円/kg×(990kg－1,010kg)
= (－)42,000円（借方）

歩留差異：2,100円/kg×(980kg－990kg)
= (－)21,000円（借方）

問４、問５　加工費配賦差異の分析

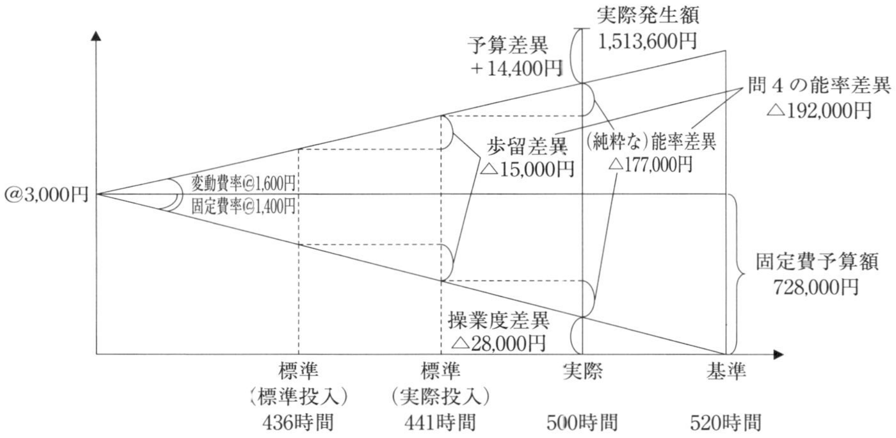

固定費月間予算額：固定費年間予算額8,736,000円÷12か月 = 728,000円

固定費率：728,000円　÷　月間基準操業度520時間　=　1,400円/時間
年間基準操業度6,240時間÷12か月

変動費率：3,000円/時間－1,400円/時間 = 1,600円/時間

予算差異：予算許容額1,528,000円　－　加工費実際発生額1,513,600円 = (＋)14,400円（貸方）
変動費率1,600円/時間×500時間＋固定費728,000円

能率差異：3,000円/時間×(436時間－500時間) = (－)192,000円（借方）

（純粋な）能率差異：3,000円/時間×(441時間－500時間) = (－)177,000円（借方）

歩留差異：3,000円/時間×(436時間－441時間) = (－)15,000円（借方）

操業度差異：1,400円/時間×(500時間－520時間) = (－)28,000円（借方）

第3回　原価計算　解説

〔問1〕伝統的全部原価計算による製品単位あたり総原価

1．製造間接費、販売費および一般管理費の配賦

予定配賦率：12,000,000円÷6,000時間（＊）＝2,000円/時間

（＊）製品品種別直接作業時間
製品A：0.8時間/個×2,000個＝1,600時間
製品B：1.0時間/個×4,000個＝4,000時間
製品C：0.4時間/個×1,000個＝　400時間
合　計　6,000時間

予定配賦額

製品A：2,000円/時間×1,600時間＝3,200,000円（単位あたり；3,200,000円÷2,000個＝1,600円/個）

製品B：2,000円/時間×4,000時間＝8,000,000円（単位あたり；8,000,000円÷4,000個＝2,000円/個）

製品C：2,000円/時間×　400時間＝　800,000円（単位あたり；　800,000円÷1,000個＝　800円/個）

2．単位あたり総原価

製品A：　840円/個＋1,600円/個（＝2,000円/時間×0.8時間）＋1,600円/個＝**4,040円/個**

製品B：1,400円/個＋2,000円/個（＝2,000円/時間×1.0時間）＋2,000円/個＝**5,400円/個**

製品C：　720円/個＋　800円/個（＝2,000円/時間×0.4時間）＋　800円/個＝**2,320円/個**

〔問2〕目標販売単価の設定

「目標販売単価×（1－0.2）＝単位あたり総原価」となるように目標販売単価を設定すればよい。

製品A：4,040円/個÷0.8＝**5,050円/個**

製品B：5,400円/個÷0.8＝**6,750円/個**

製品C：2,320円/個÷0.8＝**2,900円/個**

〔問3〕活動基準原価計算による製品単位あたり総原価

1．活動原価の集計

まず、製造間接費、販売費および一般管理費を活動別（＝コスト・プール）に集計する。

ただし、C専用検査機械減価償却費は製品Cに直課できるため活動別に集計しない。

	機械作業	段　取	生産技術	材料倉庫	品質保証	合　計
水道光熱費	1,500,000円（＊1）	480,000円	60,000円	120,000円	240,000円	2,400,000円
工場消耗品費	1,320,000円（＊2）	480,000円	264,000円	180,000円	156,000円	2,400,000円
間接工賃金	3,600,000円（＊3）	400,000円	－	－	－	4,000,000円
販売費および一般管理費	750,000円（＊4）	500,000円	500,000円	375,000円	375,000円	2,500,000円
合　計	7,170,000円	1,860,000円	824,000円	675,000円	771,000円	11,300,000円

（＊1）$\frac{2,400,000\text{円}}{4,000\text{キロリットル}}\times 2,500\text{キロリットル}=1,500,000\text{円}$

（＊2）$\frac{2,400,000\text{円}}{10,000\text{単位}}\times 5,500\text{単位}=1,320,000\text{円}$

（＊3）$\frac{4,000,000\text{円}}{5,000\text{時間}}\times 4,500\text{時間}=3,600,000\text{円}$

（＊4）2,500,000円×30％＝750,000円

2．活動原価の製品別配賦

次に活動別に集計した原価を次の基準（＝活動ドライバー）によって製品別に割り当てる。

コスト・プール		配賦基準
機械作業	…	機械運転時間
段取	…	段取時間
生産技術	…	製品仕様書作成時間
材料倉庫	…	直接材料出庫金額
品質保証	…	抜取検査回数

(1)　機械作業コスト・プール

予定配賦率：7,170,000円÷10,000時間（＊1）＝717円/時間

（＊1）製品品種別機械運転時間
製品A：1.5時間/個×2,000個＝　3,000時間
製品B：1.2時間/個×4,000個＝　4,800時間
製品C：2.2時間/個×1,000個＝　2,200時間
合　計　10,000時間

予定配賦額

製品A：717円/時間×3,000時間＝2,151,000円

製品B：717円/時間×4,800時間＝3,441,600円

製品C：717円/時間×2,200時間＝1,577,400円

(2)　段取コスト・プール

予定配賦率：1,860,000円÷（20時間＋40時間＋90時間）＝12,400円/時間

予定配賦額

製品A：12,400円/時間×20時間＝　248,000円

製品B：12,400円/時間×40時間＝　496,000円

製品C：12,400円/時間×90時間＝1,116,000円

(3)　生産技術コスト・プール

予定配賦率：824,000円÷（40時間＋60時間＋100時間）＝4,120円/時間

予定配賦額

製品A：4,120円/時間×　40時間＝164,800円

製品B：4,120円/時間×　60時間＝247,200円

製品C：4,120円/時間×100時間＝412,000円

(4)　材料倉庫コスト・プール

予定配賦率：675,000円÷8,000,000円（＊2）（×100）＝8.4375％

（＊2）製品品種別直接材料出庫金額
製品A：　840円/個×2,000個＝1,680,000円
製品B：1,400円/個×4,000個＝5,600,000円
製品C：　720円/個×1,000個＝　720,000円
合　計　8,000,000円

予定配賦額

製品A：1,680,000円×8.4375%＝141,750円

製品B：5,600,000円×8.4375%＝472,500円

製品C：　720,000円×8.4375%＝　60,750円

(5)　品質保証コスト・プール

予定配賦率：771,000円÷(20回＋50回＋30回)＝7,710円/回

予定配賦額

製品A：7,710円/回×20回＝154,200円

製品B：7,710円/回×50回＝385,500円

製品C：7,710円/回×30回＝231,300円

(6)　製品別の製造間接費、販売費および一般管理費合計

	製品A	製品B	製品C
機械作業	2,151,000円	3,441,600円	1,577,400円
段取	248,000	496,000	1,116,000
生産技術	164,800	247,200	412,000
材料倉庫	141,750	472,500	60,750
品質保証			
C専用検査機械減価償却費	−	−	700,000
その他	154,200	385,500	231,300
合計	2,859,750円	5,042,800円	4,097,450円
単位原価（＊3）	1,429.875円/個	1,260.7円/個	4,097.45円/個

（＊3）単位あたり製造間接費、販売費および一般管理費

製品A：2,859,750円÷2,000個＝1,429.875円/個

製品B：5,042,800円÷4,000個＝1,260.7円/個

製品C：4,097,450円÷1,000個＝4,097.45円/個

3．製品単位あたり総原価

製品A：　840円/個＋1,600円/個＋1,429.875円/個＝**3,869.875円/個**

製品B：1,400円/個＋2,000円/個＋1,260.7　円/個＝**4,660.7　円/個**

製品C：　720円/個＋　800円/個＋4,097.45 円/個＝**5,617.45 円/個**

〔問4〕製品品種間の原価の内部補助

	製品単位あたり総原価		差引	生産・販売量	原価の内部補助
	伝統的全部原価計算	活動基準原価計算			
製品A	4,040円/個	3,869.875円/個	170.125円/個	2,000個	**340,250円(過大)**
製品B	5,400円/個	4,660.7　円/個	739.3　円/個	4,000個	**2,957,200円(過大)**
製品C	2,320円/個	5,617.45 円/個	△3,297.45円/個	1,000個	**△3,297,450円(過小)**
	⇧	⇧			**0円**
	〔問1〕より	〔問3〕より			

日商簿記検定試験対策
網羅型完全予想問題集

第４回

解答・解説

	出題論点	難易度	重要項目
商業簿記	決算整理後残高試算表	A	・会計方針の変更 ・リース取引 ・ストック・オプション
会計学	第１問：正誤問題 （語句訂正問題）	A	・連結貸借対照表 ・変動対価 ・カスタマー・ロイヤルティ・プログラム
	第２問：事業分離	B	
	第３問：収益認識基準	A	
工業簿記	標準原価計算	A	・パーシャル・プラン ・差異分析 ・正常減損・異常仕損
原価計算	業務的意思決定	A	・自製か購入かの意思決定

※　難易度は、A＝易、B＝難となっています。

第4回　商業簿記　解答

決算整理後残高試算表
20×6年3月31日
（単位：千円）

借方科目	配点	金額	貸方科目	配点	金額
現金預金		（ 330,359 ）	支払手形		（ 198,000 ）
売掛金	②	（ 420,000 ）	買掛金		（ 275,000 ）
売買目的有価証券		（ 85,200 ）	未払法人税等		（ 245,000 ）
商品		（ 234,000 ）	未払費用		（ 480 ）
前払費用		（ 390 ）	繰延税金負債		（ 11,820 ）
建物		（ 1,500,000 ）	借入金		（ 150,000 ）
備品		（ 702,000 ）	リース債務	②	（ 94,305 ）
リース資産		（ 231,495 ）	退職給付引当金	②	（ 149,200 ）
土地		（ 2,500,000 ）	貸倒引当金		（ 9,246 ）
ソフトウェア		（ 160,000 ）	建物減価償却累計額		（ 487,500 ）
繰延税金資産		（ 67,500 ）	備品減価償却累計額	②	（ 70,200 ）
その他有価証券	②	（ 700,800 ）	リース資産減価償却累計額	①	（ 92,598 ）
子会社株式		（ 84,000 ）	資本金		（ 3,000,000 ）
貸付金		（ 22,000 ）	資本準備金		（ 250,000 ）
売上原価	②	（ 3,376,800 ）	利益準備金		（ 100,000 ）
販売費		（ 249,210 ）	任意積立金		（ 250,000 ）
一般管理費		（ 220,050 ）	繰越利益剰余金	①	（ 661,960 ）
貸倒引当金繰入	②	（ 360 ）	その他有価証券評価差額金	①	（ 27,580 ）
減価償却費		（ 153,999 ）	新株予約権		（ 5,400 ）
ソフトウェア償却	②	（ 48,000 ）	売上	①	（ 5,628,000 ）
退職給付費用		（ 68,800 ）	受取利息配当金	①	（ 1,514 ）
株式報酬費用	②	（ 3,510 ）	有価証券運用損益	①	（ 2,520 ）
支払利息		（ 8,550 ）	有価証券利息		（ 13,100 ）
子会社株式評価損		（ 96,000 ）	法人税等調整額	①	（ 24,600 ）
法人税、住民税及び事業税		（ 485,000 ）			
		（ 11,748,023 ）			（ 11,748,023 ）

○数字は採点基準　合計25点

第4回　会計学　解答

第1問

	Ⅰ欄	Ⅱ欄
1	b	段階取得に係る損益
2	c	株式引受権
3	b	回収可能価額
4	a	解消
5	c	取替法

両方正解で各①

第2問

設問1

問1　4,000 千円 ②　　問2　2,000 千円 ②

設問2

問1　5,000 千円 ①　　問2　5,000 千円 ①

問3

連結貸借対照表

P社　20×5年3月31日　（単位：千円）

資産	金額	負債・純資産	金額
諸資産	41,000	諸負債	17,500
甲事業資産	15,000	甲事業負債	10,000
（のれん）	① 300	資本金	18,000
		資本剰余金	① 4,600
		利益剰余金	① 2,000
		（非支配株主持分）	① 4,200
	56,300		56,300

第3問

問1

	商品の販売時	20×1年度末	20×2年度末	20×3年度末
売 上 高	① 80,000 円	① 4,000 円	① 8,000 円	① 8,000 円

問2

	20×1年4月1日	20×1年5月31日	20×1年9月30日	20×1年10月31日	20×1年11月15日
売 上 高	① 0 円	① 80,000 円	① 595,000 円	① 225,000 円	① 290,400 円
返品資産	0 円	0 円	0 円	0 円	① 6,400 円

(注) 計上されない場合は0と記入すること。

○数字は採点基準　合計25点

第4回　商業簿記　解説

(以下、単位：千円)

1．遡及修正

出荷基準とは商品の出荷時点で収益の認識を行う方法であり、検収基準とは得意先による商品の検収後に収益の認識を行う方法である。なお、出荷基準から検収基準への変更は会計方針の変更となり遡及適用する。

(1) 前期の売上、売上原価および貸倒引当金の修正

前期末に未検収であったNo111の商品は、検収基準では前期に収益の認識を行わないため、前期に計上した売上等を取り消す処理を行う。

① 前期末未検収分（No111）に対する仕訳（前期に行った仕訳）

(売　掛　金)	508,000	(売　　上)	508,000
(売 上 原 価)	304,800	(商　　品)	304,800
(貸倒引当金繰入)(＊)	10,160	(貸 倒 引 当 金)	10,160

(＊) 508,000×2％＝10,160

② 修正仕訳

(繰越利益剰余金) 売上	508,000	(売　掛　金)	508,000
(商　　品)	304,800	(繰越利益剰余金) 売上原価	304,800
(貸 倒 引 当 金)	10,160	(繰越利益剰余金) 貸倒引当金繰入	10,160

∴ **後T/B繰越利益剰余金**：855,000〈前T/B〉－508,000＋304,800＋10,160＝**661,960**

(2) 当期の売上および売上原価の修正

前期末に未検収であったNo111の商品は、検収基準では当期に収益の認識を行うため、当期に売上等を計上する処理を行う。

(売　掛　金)	508,000	(売　　上)	508,000
(売 上 原 価)	304,800	(商　　品)	304,800

∴ **後T/B売掛金**：420,000〈前T/B〉－508,000＋508,000＝**420,000**〈No211〉

後T/B商品：234,000〈前T/B〉＋304,800－304,800＝**234,000**〈No212〉

後T/B売上：5,120,000〈前T/B〉＋508,000＝**5,628,000**

後T/B売上原価：3,072,000〈前T/B〉＋304,800＝**3,376,800**

原価ボックス

期首商品棚卸高		売　上　原　価		売　上　高
No111	304,800	No111	304,800	508,000
前期末未出荷	576,000	No201	276,000	460,000
	880,800	No202	336,000	560,000
当 期 仕 入 高	2,730,000	No203～210	2,208,000	3,680,000
	（貸借差額）	No211	252,000	420,000
			3,376,800	5,628,000
		期末商品棚卸高		
		No212	234,000	

2．貸倒引当金

(1)　貸付金（貸倒懸念債権）

①　タイム・テーブル

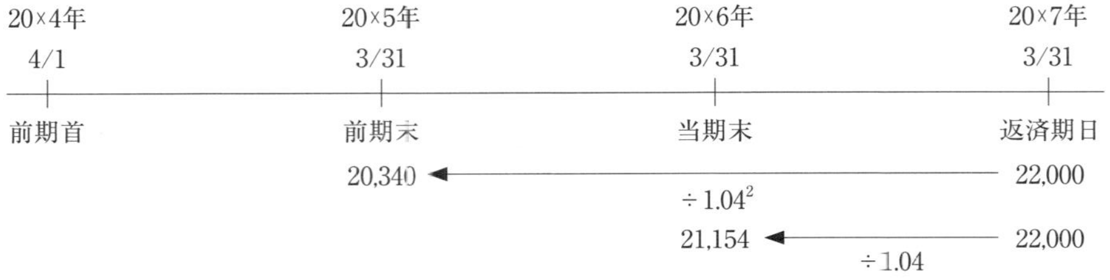

②　前期末

（貸倒引当金繰入）（＊）	1,660	（貸　倒　引　当　金）	1,660

（＊）22,000÷1.04²≒20,340
22,000－20,340＝1,660〈設定額＝繰入額〉

③　当期末 ～ 貸倒引当金の設定

（貸　倒　引　当　金）（＊）	814	（受取利息配当金）	814

（＊）22,000÷1.04≒21,154
22,000－21,154＝846〈設定額〉
846－1,660＝△814

∴　**後T/B受取利息配当金**：700〈前T/B〉＋814＝**1,514**

(2)　売掛金（一般債権）

（貸倒引当金繰入）（＊）	360	（貸　倒　引　当　金）	360

（＊）19,860〈前T/B貸倒引当金〉－10,160〈遡及修正分〉－1,660〈貸倒懸念債権分〉＝8,040
420,000〈No211＝当期末売掛金〉×２％＝8,400〈設定額〉
8,400－8,040＝360

∴　**後T/B貸倒引当金**：8,400＋846＝**9,246**

3．有価証券

(1)　A社株式 → 売買目的有価証券

（売買目的有価証券）	2,400	（有価証券運用損益）（＊）	2,400

（＊）720千ドル〈HC〉×115円〈HR（期首）〉＝**82,800〈取得原価＝前T/B売買目的有価証券〉**
710千ドル〈CC〉×120円〈CR〉＝**85,200〈時価＝後T/B売買目的有価証券〉**
85,200－82,800＝2,400〈評価益〉

∴　**後T/B有価証券運用損益**：120〈前T/B〉＋2,400＝**2,520〈貸方〉**

(2)　B社社債 → その他有価証券

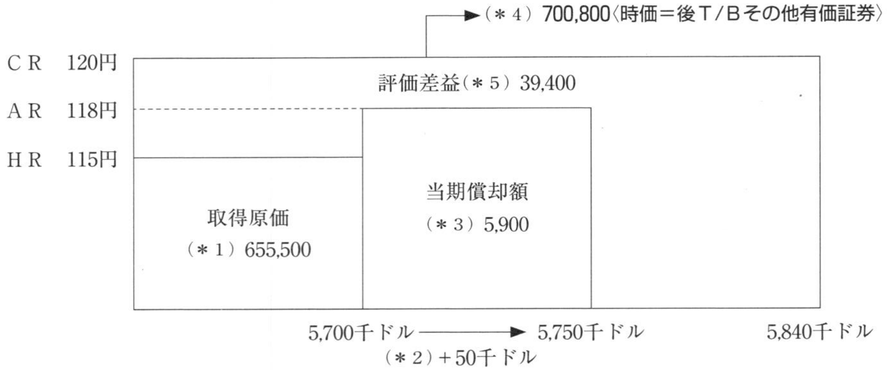

（＊1）5,700千ドル〈HC〉×115円〈HR（期首）〉＝655,500〈取得原価＝前T/Bその他有価証券〉

（＊2）(6,000千ドル〈額面金額〉－5,700千ドル〈HC〉)×$\frac{12か月}{72か月}$＝50千ドル〈当期償却額〉

（＊3）50千ドル×118円〈AR〉＝5,900

（＊4）5,840千ドル×120円〈CR〉＝700,800〈時価〉

（＊5）700,800－(655,500＋5,900)＝39,400〈評価差益〉

（その他有価証券）	5,900	（有 価 証 券 利 息）（＊3）	5,900
（その他有価証券）（＊5）	39,400	（繰 延 税 金 負 債）（＊6）	11,820
		（その他有価証券評価差額金）（＊7）	27,580

（＊6）39,400×30％＝11,820

（＊7）39,400－11,820＝27,580

∴　**後T/B有価証券利息**：7,200〈前T/B〉＋5,900＝**13,100**

(3)　C社株式 → 子会社株式

時価84,000千円が原価180,000千円の２分の１を下回っているため、時価の著しい下落に該当し、かつ、回復見込なしのため、強制評価減により時価評価を行う。

（子会社株式評価損）（＊）	96,000	（子　会　社　株　式）	96,000

（＊）84,000〈時価＝**後T/B子会社株式**〉－180,000＝△96,000〈評価損〉

4．有形固定資産

(1)　建物の減価償却

(減価償却費)(＊)	37,500	(建物減価償却累計額)	37,500

(＊) 1,500,000〈前T／B建物〉÷40年＝37,500

∴　**後T／B建物減価償却累計額**：450,000〈前T／B〉＋37,500＝**487,500**

(2)　備品の減価償却（総合償却）

(減価償却費)(＊)	70,200	(備品減価償却累計額)	70,200

(＊) 390,000＋180,000＋132,000＝702,000〈取得原価合計＝要償却額合計〉
390,000÷12年＋180,000÷9年＋132,000÷8年＝69,000〈個別償却費合計〉
$\frac{702,000}{69,000}$ ≒10年〈平均耐用年数〉
702,000÷10年＝**70,200〈後T／B備品減価償却累計額〉**

(3)　リース資産

①　前期の処理

(a)　契約時

(リース資産)(＊2)	231,495	(現金預金)	50,000
		(リース債務)(＊1)	181,495

(＊1) 50,000×3.6299〈4％、4年〉＝181,495

(＊2) 50,000＋181,495＝231,495〈リース料総額の現在価値〉
231,495 ＜ 238,000〈見積現金購入価額〉　∴　**231,495**〈前T／Bリース資産＝**後T／Bリース資産**〉

(b)　リース料支払時

(リース債務)(＊1)	42,740	(現金預金)	50,000
(支払利息)(＊2)	7,260		

(＊1) 50,000×2.7751〈4％、3年〉＝138,755〈前T／Bリース債務〉
181,495－138,755＝42,740

(＊2) 50,000－42,740＝7,260

(c)　決算時（減価償却）

(減価償却費)(＊)	46,299	(リース資産減価償却累計額)	46,299

(＊) 231,495÷5年＝46,299〈前T／Bリース資産減価償却累計額〉

②　当期の処理

(a)　リース料支払時の修正

(リース債務)(＊1)	44,450	(仮払金)	50,000
(支払利息)(＊2)	5,550		

(＊1) 50,000×1.8861〈4％、2年〉＝**94,305〈後T／Bリース債務〉**
138,755－94,305＝44,450

(＊2) 50,000－44,450＝5,550

∴　**後T／B支払利息**：3,000〈前T／B〉＋5,550＝**8,550**

(b)　決算時（減価償却）

(減価償却費)(＊)	46,299	(リース資産減価償却累計額)	46,299

(＊) 231,495÷5年＝46,299

∴　**後T／Bリース資産減価償却累計額**：46,299〈前T／B〉＋46,299＝**92,598**
後T／B減価償却費：37,500〈建物〉＋70,200〈備品〉＋46,299〈リース資産〉＝**153,999**

5．ソフトウェア

(ソフトウェア償却)(＊)	48,000	(ソフトウェア)	48,000

(＊) 208,000〈前T／B〉× $\frac{12か月}{60か月－8か月}$ ＝48,000

∴　**後T／Bソフトウェア**：208,000〈前T／B〉－48,000＝**160,000**

6．退職給付引当金

(1)　前T／B退職給付引当金

前T／Bに退職給付費用がなく、かつ、年金拠出額と退職一時金を仮払金で処理しているため、前T／B退職給付引当金は、期首残高のままであることが推定できる。

∴　前T／B退職給付引当金：480,000〈期首退職給付債務〉－272,000〈期首年金資産〉
－54,000〈期首未認識差異（不足）〉＝154,000

(注) 期首未認識数理計算上の差異は、「給付水準の引き上げによって生じたもの」とあるが、引き上げる前の水準による退職給付債務より、引き上げた後の水準による退職給付債務のほうが大きな数値となるため、不足額であることがわかる。

(2)　年金拠出額と退職一時金の修正

(退職給付引当金)(＊)	73,600	(仮払金)	73,600

(＊) 52,000＋21,600＝73,600

(3)　退職給付費用の計上

(退職給付費用)(＊)	68,800	(退職給付引当金)	68,800

(＊) 272,000×5％＝13,600〈期待運用収益〉
54,000÷(10年－1年〈経過年数〉)＝6,000〈差異の費用処理額〉
62,000〈勤務費用〉＋14,400〈利息費用〉－13,600＋6,000＝68,800

∴　**後T／B退職給付引当金**：154,000〈前T／B〉－73,600＋68,800＝**149,200**

7．ストック・オプション

(1)　前期の処理（決算時）

(株式報酬費用)(＊)	1,890	(新株予約権)	1,890

(＊) @90×(100個－16個〈変更前〉)× $\frac{6か月}{24か月}$ ＝1,890〈前T／B新株予約権〉

(2)　当期の処理（決算時）

(株式報酬費用)(＊)	3,510	(新株予約権)	3,510

(＊) @90×(100個－20個〈変更後〉)× $\frac{18か月}{24か月}$ ＝**5,400〈後T／B新株予約権〉**
5,400－1,890＝3,510

8．費用の未払い・前払い

（販　　売　　費）	480	（未　払　費　用）	480
（前　払　費　用）	390	（一　般　管　理　費）	390

∴　**後T/B販売費**：248,730〈前T/B〉＋480＝**249,210**
　　後T/B一般管理費：220,440〈前T/B〉－390＝**220,050**

9．法人税等の計上および税効果会計

(1)　法人税等の計上

（法人税、住民税及び事業税）	485,000	（仮払法人税等）	240,000
		（未払法人税等）（＊）	245,000

（＊）485,000－240,000＝245,000

(2)　税効果会計（将来減算一時差異）

（繰延税金資産）（＊）	24,600	（法人税等調整額）	24,600

（＊）143,000〈当期首の将来減算一時差異〉×30％＝42,900〈前T/B繰延税金資産〉
　　225,000〈当期末の将来減算一時差異〉×30％＝**67,500〈後T/B繰延税金資産〉**
　　67,500－42,900＝24,600〈増加額〉

第4回　会計学　解説

第1問　語句訂正問題

1．**段階取得に係る損益**「連結財務諸表に関する会計基準　62」

　段階取得における子会社に対する投資の金額は、連結財務諸表上、支配獲得日における時価で算定し、時価評価による差額は、当期の**段階取得に係る損益**として連結損益計算書の特別損益に計上する。

2．**株式引受権**「取締役の報酬等として株式を無償交付する取引に関する取扱い4(8)、15」

　取締役の報酬等として株式を無償交付する取引のうち、事後交付型による場合、企業はサービスの取得に応じて費用を計上し、対応する金額は、株式の発行等が行われるまでの間、貸借対照表の純資産の部の株主資本以外の項目に**株式引受権**として計上する。

3．**減損損失の測定**「固定資産の減損に係る会計基準　二・3」

　減損損失を認識すべきであると判定された資産又は資産グループについては、帳簿価額を**回収可能価額**まで減額し、当該減少額を減損損失として当期の損失とする。

4．**一時差異の種類**「税効果会計に係る会計基準　第二・一・3」

　一時差異には、当該一時差異が**解消**するときにその期の課税所得を減額する効果を持つもの（以下「将来減算一時差異」という。）と、当該一時差異が**解消**するときにその期の課税所得を増額する効果を持つもの（以下「将来加算一時差異」という。）とがある。

5．**取替法**「企業会計原則・注解【注20】」

　同種の物品が多数集まって一つの全体を構成し、老朽品の部分的取替を繰り返すことによって全体が維持されるような有形固定資産は取替資産といい、取替資産の原価配分には**取替法**を採用することができる。

第2問　**事業分離**（以下、単位：千円）

設問1

1．**P社（投資の清算）**

　分離元企業が受け取った現金等の財産は、原則として時価により計上し、移転事業に係る株主資本相当額との差額は、移転損益とする。

（甲事業負債）	10,000	（甲事業資産）	15,000
（現　　　金）	9,000	（利益剰余金）（＊） 移転損益	4,000

（＊）貸借差額

問1：P社の損益計算書における移転損益：**4,000**

２．S社（事業の取得）

取得した甲事業について、パーチェス法を適用して処理する。したがって、移転した資産・負債は時価によって計上する。

(甲事業資産)	17,000	(甲事業負債)	10,000
(のれん)(＊)	2,000	(現金)	9,000

（＊）貸借差額

問２：S社の貸借対照表におけるのれん：2,000

設問２

１．個別会計上の処理

(1) P社（投資の継続）

P社（分離元企業）が受け取ったS社株式の取得原価は、移転した事業に係る株主資本相当額にもとづいて算定する。したがって、移転損益は認識しない。

(甲事業負債)	10,000	(甲事業資産)	15,000
(S社株式)	5,000		

問１：P社の個別貸借対照表におけるS社株式：5,000

(2) S社（逆取得）

S社は事業分離によって甲事業を取得し、株式を交付しており、これによってS社に対するP社の持分割合が60%となる。したがって、株式を交付したS社ではなく、実質的にP社が甲事業を取得した結果となる（逆取得）。そのため、個別上、移転する資産及び負債は、原則として「移転前に付された適正な帳簿価額」により計上する。増加する株主資本の内訳は、問題文の指示に従うこと。

(甲事業資産)	15,000	(甲事業負債)	10,000
		(資本金)(＊1)	2,000
		(資本剰余金)(＊2)	3,000

（＊1）(15,000－10,000)＝5,000（株主資本相当額）
5,000×40％＝2,000

（＊2）5,000－2,000＝3,000

２．事業分離後の個別貸借対照表

貸借対照表

資産	P社	S社	負債・純資産	P社	S社
諸資産	30,000	10,000	諸負債	12,000	5,500
甲事業資産	－	15,000	甲事業負債	－	10,000
S社株式	5,000	－	資本金	18,000	5,000…問２
			資本剰余金	3,000	3,000
			利益剰余金	2,000	1,500
合計	35,000	25,000	合計	35,000	25,000

３．連結会計上の処理

(1) 持分割合の計算

移転後のP社持分割合：150株÷(100株＋150株)＝60％

移転後の非支配株主持分割合：100株÷(100株＋150株)＝40％

(2) S社資産・負債の時価評価

(諸資産)(＊)	1,000	(評価差額)	1,000

（＊）11,000－10,000(S社諸資産の簿価)＝1,000

(3) 通常の投資と資本の相殺消去

移転前の資本の金額にもとづいて、投資と資本の相殺消去を行う。

① 親会社株主分

S社（子会社）に対して投資したとみなされる額と、これに対応するS社（子会社）の移転前の資本との差額はのれんとする。

(資本金)(＊1)	1,800	(S社株式)(＊4)	3,600
(利益剰余金)(＊2)	900		
(評価差額)(＊3)	600		
(のれん)(＊5)	300		

（＊1）3,000(移転前・資本金)×60％＝1,800

（＊2）1,500(移転前・利益剰余金)×60％＝900

（＊3）1,000×60％＝600

（＊4）移転直前のS社時価：@60(移転直前の株価)×100株(移転前の発行済株式総数)＝6,000
S社に対して投資したとみなされる額：6,000×60％＝3,600

（＊5）3,600－(1,800＋900＋600)＝300

② 非支配株主分

S社（子会社）の移転前の資本を非支配株主持分へ振り替える。

(資本金)(＊1)	1,200	(非支配株主持分)	2,200
(利益剰余金)(＊2)	600		
(評価差額)(＊3)	400		

（＊1）3,000(移転前・資本金)×40％＝1,200

（＊2）1,500(移転前・利益剰余金)×40％＝600

（＊3）1,000×40％＝400

③ ①＋②

(資本金)	3,000	(S社株式)	3,600
(利益剰余金)	1,500	(非支配株主持分)	2,200
(評価差額)	1,000		
(のれん)	300		

(4) 移転事業に係る投資と資本の相殺消去

事業分離によって増加した資本と移転事業に係る投資を相殺消去する。なお、P社（親会社）の事業が移転されたとみなされる額と移転した事業に係るP社（親会社）の持分減少額との差額は資本剰余金とする。

(資　本　金)(＊1)	2,000	(S 社 株 式)(＊3)	1,400
(資 本 剰 余 金)(＊2)	3,000	(非支配株主持分)(＊4)	2,000
		(資 本 剰 余 金)(＊5)	1,600

(＊1) 事業分離によって増加したS社の資本金〈上記1.(2)〉

(＊2) 事業分離によって増加したS社の資本剰余金〈上記1.(2)〉

(＊3) 5,000〈上記1.(1)〉－3,600〈上記3 (3)〉＝1,400

(＊4) P社持分減少額：5,000(甲事業の株主資本相当額)×40％＝2,000

(＊5) P社の事業が移転されたとみなされる額：5,000－1,400＝3,600
3,600－2,000(P社持分減少額)＝1,600

4．連結精算表

科　目	個別貸借対照表（事業譲渡後）			連結修正仕訳		連　結
	P社	S社	合　計	借方	貸方	貸借対照表
諸　資　産	30,000	10,000	40,000	1,000		41,000
甲事業資産	－	15,000	15,000			15,000
の　れ　ん				300		300
S 社 株 式	5,000	－	5,000		5,000	0
合　計	35,000	25,000	60,000	1,300	5,000	56,300
諸　負　債	12,000	5,500	17,500			17,500
甲事業負債	－	10,000	10,000			10,000
資　本　金	18,000	5,000	23,000	5,000		18,000
資本剰余金	3,000	3,000	6,000	3,000	1,600	4,600
利益剰余金	2,000	1,500	3,500	1,500		2,000
評価差額				1,000	1,000	0
非支配株主持分					4,200	4,200
合　計	35,000	25,000	60,000	10,500	6,800	56,300

第3問　収益認識基準（以下、単位：円）

問1　カスタマー・ロイヤルティ・プログラム

(1) 商品の販売時

履行義務への取引価格の配分は、独立販売価格の比率で行うこととされており、追加の財またはサービスを取得するオプションの独立販売価格を直接観察できない場合には、オプションの行使時に顧客が得られるであろう値引きについて、オプションが行使される可能性を考慮して当該オプションの独立販売価格（ポイントの独立販売価格25,000円）を見積る。

(現　金　預　金)	100,000	(売　上)(＊1)	80,000
		(契　約　負　債)(＊2)	20,000

(＊1) $100{,}000 \times \frac{\text{商品の独立販売価格}100{,}000}{\text{独立販売価格合計}125{,}000(\text{商品}100{,}000+\text{ポイント}25{,}000)} = 80{,}000$

(＊2) $100{,}000 \times \frac{\text{ポイントの独立販売価格}25{,}000}{\text{独立販売価格合計}125{,}000(\text{商品}100{,}000+\text{ポイント}25{,}000)} = 20{,}000$

(2) 20×1年度末

将来の財またはサービスが移転する時、あるいは当該オプションが消滅する時に収益を認識する。

(契　約　負　債)(＊3)	4,000	(売　上)	4,000

(＊3) $20{,}000(＊2) \times \frac{20\times1\text{年度に使用されたポイント}5{,}000\text{P}}{\text{使用されると見込むポイント総数}25{,}000\text{P}} = 4{,}000$

(3) 20×2年度末

(契　約　負　債)(＊4)	8,000	(売　上)	8,000

(＊4) 12,000(＊5)－4,000(＊3)＝8,000

(＊5) $20{,}000(＊2) \times \frac{20\times2\text{年度末までに使用されたポイント累計}13{,}500\text{P}}{\text{変更後の使用されると見込むポイント総数}22{,}500\text{P}} = 12{,}000$

(4) 20×3年度末

(契　約　負　債)(＊6)	8,000	(売　上)	8,000

(＊6) 20,000(＊2)－12,000(＊5)＝8,000

問2　変動対価

(1) 数量値引きの見積り

① 20×1年4月1日

仕　訳　な　し

② 20×1年5月31日

(売　掛　金)	80,000	(売　上)(＊1)	80,000

(＊1) 変動対価の額に関する不確実性が事後的に解消される際に、解消される時点までに計上された収益の著しい減額が発生しない可能性が高い部分に限り、取引価格に含める。したがって、A社は、1個あたり800円にもとづき収益を認識する。
@800×100個＝80,000

③　20×1年９月30日

(売　　掛　　金)	(＊2)	640,000	(売　　　　上)	(＊3)	595,000
			(返　金　負　債)	(＊4)	45,000

(＊2) 受け取る対価に対する現在の権利を有している場合には、当該金額が将来において返金の対象となる可能性があるとしても、顧客との契約から生じた債権を認識する。
@800×800個＝640,000

(＊3) 取引価格の事後的な変動のうち、すでに充足した履行義務に配分された額については、取引価格が変動した期の収益の額を修正する。
@750×800個－(@800－@750)×100個＝595,000　または、
@750×(100個＋800個)－既計上額80,000(＊1)＝595,000
合計販売数量900個

(＊4) 顧客から受け取ったまたは受け取る対価の一部あるいは全部を顧客に返金すると見込む場合、受け取ったまたは受け取る対価の額のうち、企業が権利を得ると見込まない額について、返金負債を認識する。したがって、返金されると見込まれる45,000について返金負債を認識する。
(@800－@750)×(100個＋800個)＝45,000
合計販売数量900個

④　20×1年10月31日

(売　　掛　　金)	(＊7)	240,000	(売　　　　上)	(＊8)	225,000
			(返　金　負　債)	(＊9)	15,000

(＊7) @800×300個＝240,000

(＊8) @750×300個＝225,000

(＊9) (@800－@750)×300個＝15,000

(2)　返品権付販売

①　20×1年４月１日

仕　訳　な　し

②　20×1年11月15日

(ア)　収益の計上

(現　金　預　金)		300,000	(売　　　　上)	(＊10)	290,400
			(返　金　負　債)	(＊11)	9,600

(＊10) 返品されると見込む製品Ｙ８個(＊12)については収益を認識しない。
@1,200×返品されないと見込む製品Ｙ242個＝290,400

(＊11) 顧客から受け取ったまたは受け取る対価の一部あるいは全部を顧客に返金すると見込む場合、受け取ったまたは受け取る対価の額のうち、企業が権利を得ると見込まない額について、返金負債を認識する。したがって、返品されると見込む製品Ｙ８個(＊12)について、返金負債を認識する。
@1,200×８個(＊12)＝9,600

(＊12) 250個－242個＝８個

(イ)　原価の計上

(売　上　原　価)	(＊14)	193,600	(棚　卸　資　産)	(＊13)	200,000
(返　品　資　産)	(＊15)	6,400			

(＊13) @800×250個＝200,000

(＊14) @800×返品されないと見込む製品Ｙ242個＝193,600

(＊15) 返金負債の決済時に顧客から製品Ｙを回収する権利について、返品資産を認識する。
@800×返品されると見込む製品Ｙ８個(＊12)＝6,400

第４回　工業簿記　解答

問１

（単位：円）

完成品原価	月末仕掛品原価	総差異
②　16,800,000	2,110,000	1,857,960　（U）

差異分析表

（単位：円）

甲原料費総差異 ＝　1,148,000　（U）	価格差異 ＝　①　128,000　（U）	消費量差異 ＝　1,020,000　（U）
直接労務費（シニア工）総差異 ＝　97,240　（F）	賃率差異 ＝　177,240　（F）	時間差異 ＝　②　80,000　（U）
直接労務費（ジュニア工）総差異 ＝　②　323,200　（U）	賃率差異 ＝　68,200　（U）	時間差異 ＝　255,000　（U）
製造間接費総差異 ＝　484,000　（U）	予算差異 ＝　155,000　（F）	能率差異 ＝　①　504,000　（U）
	操業度差異 ＝　135,000　（U）	

問２

（単位：円）

直接労務費（シニア工）時間差異 ＝　80,000　（U）	労働ミックス差異 ＝　②　172,000　（F）	労働能率差異 ＝　252,000　（U）
直接労務費（ジュニア工）時間差異 ＝　255,000　（U）	労働ミックス差異 ＝　129,000　（U）	労働能率差異 ＝　②　126,000　（U）

問３

（単位：円）

	異常仕損関連の差異	仕損無関連の差異
原料消費量差異	②　34,000　（U）	986,000　（U）
労働能率差異（シニア工）	36,000　（U）	②　216,000　（U）
労働能率差異（ジュニア工）	18,000　（U）	108,000　（U）
製造間接費能率差異	72,000　（U）	432,000　（U）
合　計	160,000　（U）	②　1,742,000　（U）

問４

（単位：円）

完成品原価	月末仕掛品原価
17,514,000	②　2,280,000

（単位：円）

	異常仕損関連の差異	仕損・減損無関連の差異	その他減損費
原料消費量差異	②　40,800　（U）	①　95,200　（U）	②　384,000　（U）

○数字は採点基準　合計25点

第４回　原価計算　解答

〔設問１〕

〔問１〕部品Ｘの総需要量が ②　8,800 個を超えるならば、｛内製／~~購入~~／~~内製、購入どちらでもよい。~~｝が有利である。

（注）該当する文字を○で囲み、不要の文字を二重線で消しなさい。　②

〔問２〕部品Ｘの総需要量が13,500個～14,500個の範囲にある限り、｛内製／~~購入~~／~~内製、購入どちらでもよい。~~｝が有利である。

（注）該当する文字を○で囲み、不要の文字を二重線で消しなさい。　②

〔問３〕部品Ｘの総需要量が15,000個以上であって、

内製のコストと購入のコストが等しくなる総需要量　＝ ④　15,675 個

〔設問２〕

□には内製または購入の文字を、（　）には適当な数字を記入しなさい。

〔問１〕

(1)　部品Ｙについて 内製 案の方が 購入 案より原価が（2,500,000）円だけ低く有利である。

すべて正解で③

(2)　部品Ｙの年間必要量が（②　2,201）個以上であれば、②　内製 案の方が有利である。

〔問２〕

(1)　部品Ｚについて 内製 案の方が 購入 案より原価が（960,000）円だけ低く有利である。

すべて正解で④

(2)　部品Ｚについて 購入 案の方が 内製 案より原価が（1,290,000）円だけ低く有利である。

すべて正解で④

○数字は採点基準　合計25点

第４回　工業簿記　解説

問１　正常仕損費を含む原価標準による計算と差異分析

１．完成品原価、月末仕掛品原価、総差異の計算

(1)　正常仕損費の負担関係

本問では、正常仕損費を含まない正味標準製造原価に正常仕損費を特別費として加算する原価標準が設定されている（いわゆる第２法）。この形式の原価標準は正常仕損費が分離されていることから、仕損の発生状況に応じて正常仕損費を適切に関係品に負担させることができるという利点がある。

仕損は工程終点の検査点で発見されるため、正常仕損費は完成品のみに負担させる。また、問題文中に「仕損は想定どおりに発生している」と明示されており、正常仕損のみが発生していることを読み取る。

〈タイム・テーブル〉

(2)　生産データの整理と標準原価の計算

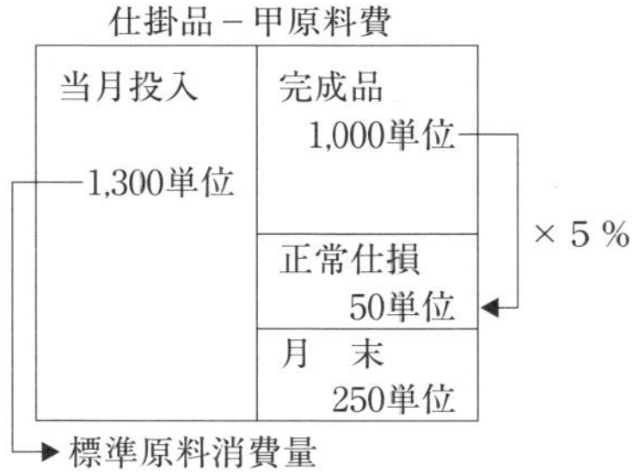

1,300単位×10kg/単位＝13,000kg

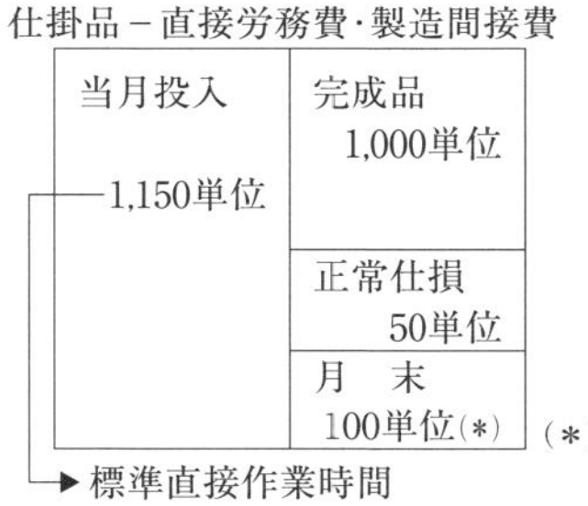

(*)250単位×40％＝100単位

シ ニ ア工：1,150単位×1.8時間/単位＝ 2,070時間
ジュニア工：1,150単位×1.2時間/単位＝ 1,380時間
合　計　3,450時間

完成品原価：16,800円/単位×1,000単位＝16,800,000円
または
16,000円/単位×(1,000単位＋50単位)＝16,800,000円

月末仕掛品原価：3,400円/単位×250単位＋(3,600円/単位＋1,800円/単位＋7,200円/単位)×100単位＝2,110,000円

総　差　異：(16,800,000円＋2,110,000円)－20,767,960円（実際製造費用合計）＝(－)1,857,960円〔不利〕

なお、パーシャル・プランによる仕掛品勘定の記入を示すと次のとおりである。

仕　掛　品　（単位：円）

甲原料費	5,568,000	完成品原価	16,800,000
直接労務費		月末仕掛品原価	2,110,000
シニア工	4,042,760	総差異	1,857,960
ジュニア工	2,393,200		
製造間接費	8,764,000		
	20,767,960		20,767,960

２．差異分析表の作成

(1)　甲原料費

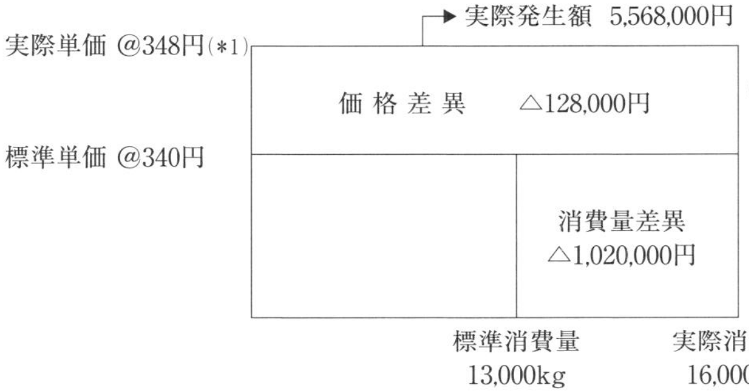

(*1)実際単価：5,568,000円÷16,000kg＝@348円

価格差異：(340円/kg－348円/kg)×16,000kg＝(－)　128,000円〔不利〕
消費量差異：340円/kg×(13,000kg－16,000kg)＝(－) 1,020,000円〔不利〕
総　差　異：(－) 1,148,000円〔不利〕

(2) 直接労務費

直接労務費はシニア工とジュニア工を区別して分析する。

① シニア工

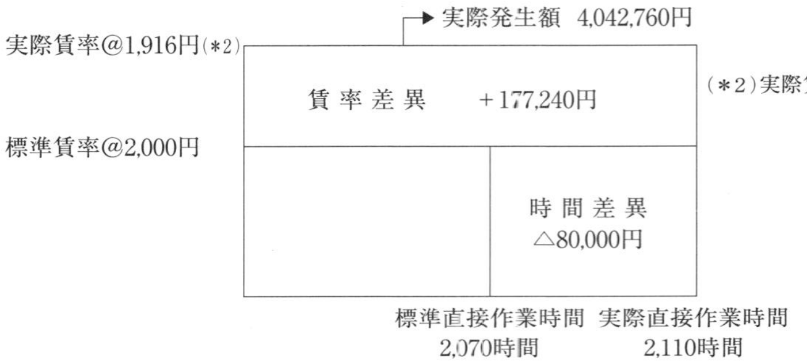

(*2)実際賃率：4,042,760円÷2,110時間 ＝@1,916円

賃率差異：(2,000円/時間－1,916円/時間)×2,110時間 ＝ (＋) 177,240円〔有利〕

時間差異：2,000円/時間×(2,070時間－2,110時間) ＝ (－) 80,000円〔不利〕

総 差 異： (＋) 97,240円〔有利〕

② ジュニア工

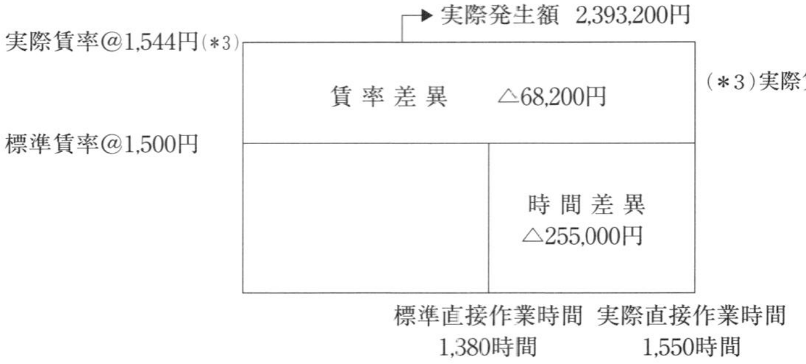

(*3)実際賃率：2,393,200円÷1,550時間 ＝@1,544円

賃率差異：(1,500円/時間－1,544円/時間)×1,550時間 ＝ (－) 68,200円〔不利〕

時間差異：1,500円/時間×(1,380時間－1,550時間) ＝ (－) 255,000円〔不利〕

総 差 異： (－) 323,200円〔不利〕

(3) 製造間接費

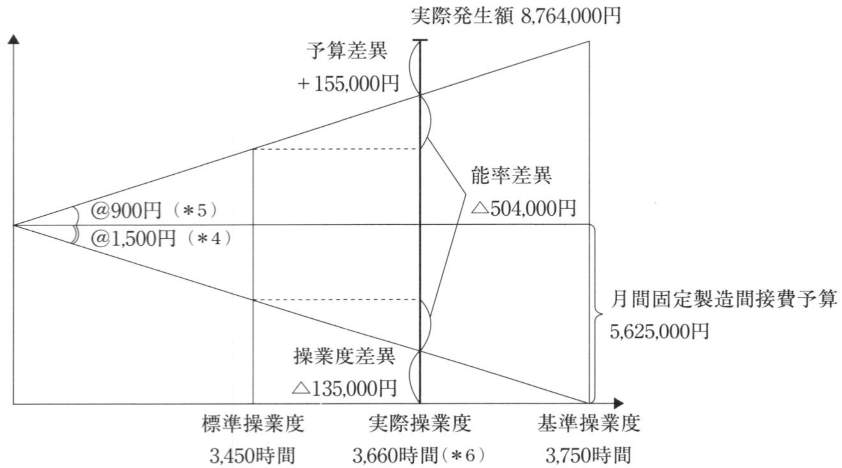

（*4）固定費率：5,625,000円÷3,750時間＝@1,500円

（*5）変動費率：@2,400円－@1,500円＝@900円

（*6）実際操業度（実際直接作業時間）：2,110時間＋1,550時間＝3,660時間

予 算 差 異：（900円/時間×3,660時間＋5,625,000円）－8,764,000円 ＝（＋） 155,000円〔有利〕

能 率 差 異：2,400円/時間×（3,450時間－3,660時間） ＝（－） 504,000円〔不利〕

操業度差異：1,500円/時間×（3,660時間－3,750時間） ＝（－） 135,000円〔不利〕

総 差 異： （－） 484,000円〔不利〕

問2 時間差異の詳細分析（労働ミックス差異と労働能率差異）

問1で算出した直接労務費時間差異を労働ミックス差異と労働能率差異に細分する。労働ミックス差異とは、下記に示すように人員構成割合のズレを原因とする時間差異をいい、予定した割合どおりに作業を行わなかったことによる差異である。時間差異全体から労働ミックス差異を分離することで、時間差異に含まれる当月の純粋な作業能率の良否に関する差異（労働能率差異）を抽出することができる。

	標準ミックス	実際ミックス
シニア工の直接作業時間	60%（1.8時間/3.0時間）	約58%（2,110時間/3,660時間）
ジュニア工の直接作業時間	40%（1.2時間/3.0時間）	約42%（1,550時間/3,660時間）

(1) シニア工

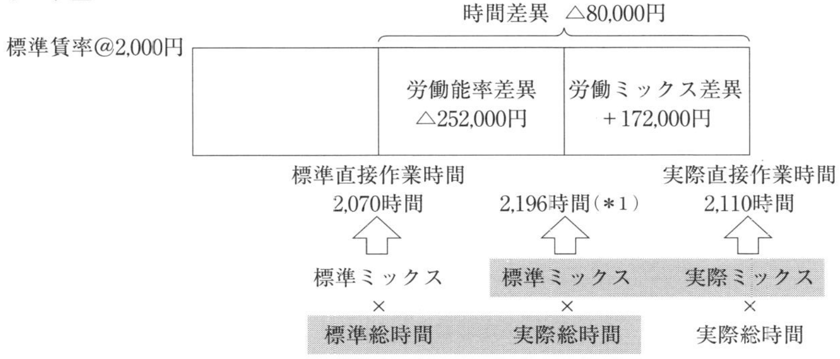

（＊1）実際総時間×標準ミックス：3,660時間×60％＝2,196時間

労働能率差異：2,000円/時間×(2,070時間－2,196時間)＝（－） 252,000円〔不利〕
労働ミックス差異：2,000円/時間×(2,196時間－2,110時間)＝（＋） 172,000円〔有利〕
時間差異：（－） 80,000円〔不利〕

(2) ジュニア工

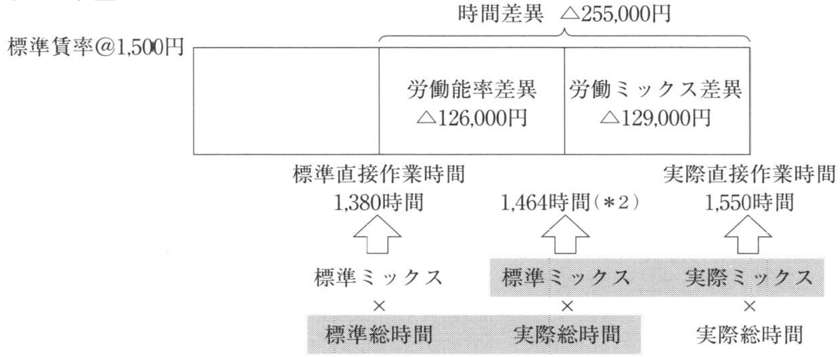

（＊2）実際総時間×標準ミックス：3,660時間×40％＝1,464時間

労働能率差異：1,500円/時間×(1,380時間－1,464時間)＝（－） 126,000円〔不利〕
労働ミックス差異：1,500円/時間×(1,464時間－1,550時間)＝（－） 129,000円〔不利〕
時間差異：（－） 255,000円〔不利〕

問3 異常仕損関連の差異

問1および問2では正常仕損の発生だけを前提としているが、実際には異常仕損（超過仕損）も発生している。したがって、異常仕損に伴う仕損費は区別されておらず、その金額は原価差異（原料消費量差異、労働能率差異、製造間接費能率差異）に含まれていることになる。そこで、当該異常仕損費相当額を「異常仕損関連の差異」として原価差異から分離する。

(1) 正常仕損費の負担関係

異常仕損も正常仕損と同様、工程終点の検査点において分離されるが、問題の指示により異常仕損には正常仕損費を負担させない。

〈タイム・テーブル〉

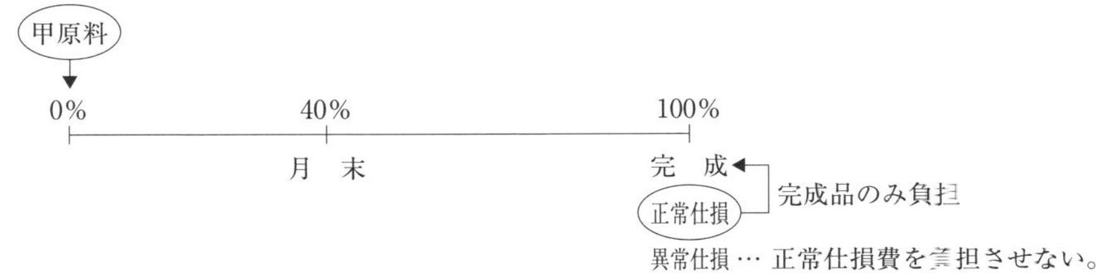

(2) 生産データの整理

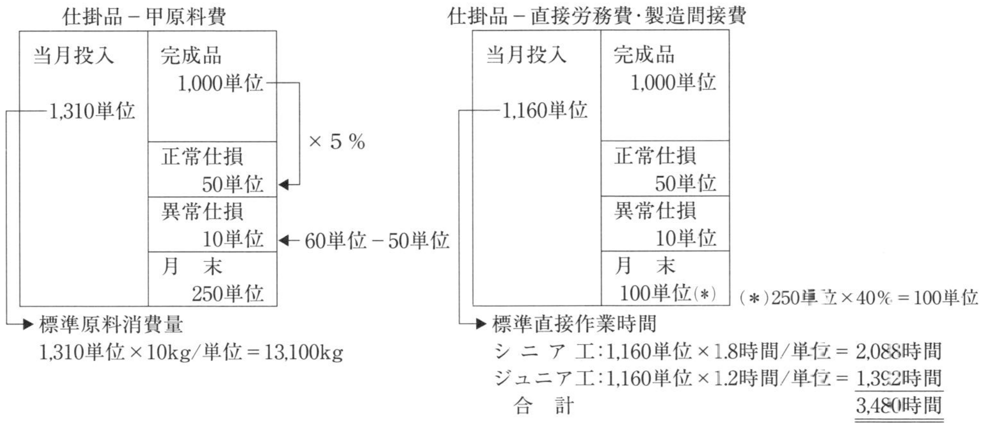

(3) 異常仕損関連の差異の計算

異常仕損関連の差異は、異常仕損を分離しない標準消費量（問1の解説参照）と異常仕損を分離した標準消費量（上図）の差に標準価格を乗じて計算する。

① 異常仕損関連の差異

原料消費量差異：340円/kg×(13,000kg－13,100kg)＝（－） 34,000円〔不利〕
労働能率差異
　シニア工：2,000円/時間×(2,070時間－2,088時間)＝（－） 36,000円〔不利〕
　ジュニア工：1,500円/時間×(1,380時間－1,392時間)＝（－） 18,000円〔不利〕
製造間接費能率差異：2,400円/時間×(3,450時間－3,480時間)＝（－） 72,000円〔不利〕
合 計 （－）160,000円〔不利〕

② 仕損無関連の差異

問１の原料消費量差異と製造間接費能率差異、さらに、問２の労働能率差異から、上記の異常仕損関連の差異を控除した残りが「仕損無関連の差異」となる。

原料消費量差異：(－)1,020,000円－(－)34,000円＝(－)　986,000円〔不利〕
労働能率差異
　シニア工：(－)252,000円－(－)36,000円　＝(－)　216,000円〔不利〕
　ジュニア工：(－)126,000円－(－)18,000円　＝(－)　108,000円〔不利〕
製造間接費能率差異：(－)504,000円－(－)72,000円　＝(－)　432,000円〔不利〕
　合　計　(－) 1,742,000円〔不利〕

あるいは、次の分析計算からも算出することができる。

原料消費量差異：340円/kg×(13,100kg－16,000kg)　＝(－)　986,000円〔不利〕
労働能率差異
　シニア工：2,000円/時間×(2,088時間－2,196時間)＝(－)　216,000円〔不利〕
　ジュニア工：1,500円/時間×(1,392時間－1,464時間)＝(－)　108,000円〔不利〕
製造間接費能率差異：2,400円/時間×(3,480時間－3,660時間)＝(－)　432,000円〔不利〕
　合　計　(－) 1,742,000円〔不利〕

参考までに、差異分析図は次のとおりである。

(イ) 原料消費量差異

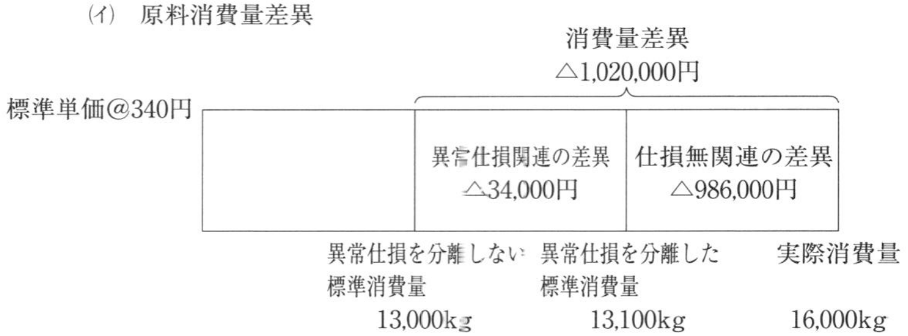

(ロ) 労働能率差異

〈シニア工〉

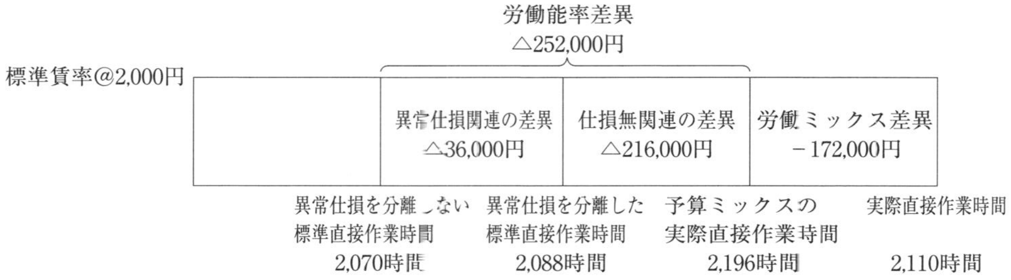

〈ジュニア工〉

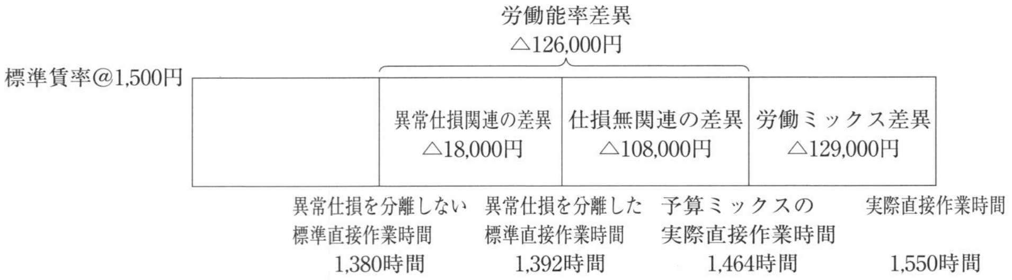

(ハ) 製造間接費能率差異

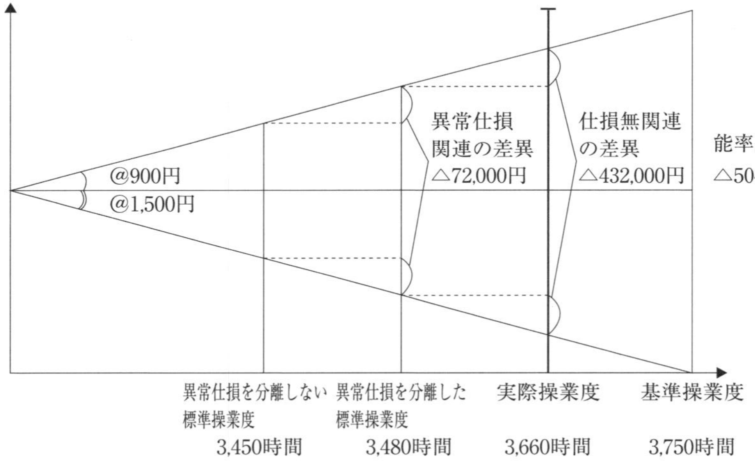

問４　正常減損費を考慮した計算

１．完成品原価、月末仕掛品原価の計算

(1) 正常減損費の負担関係

正常減損は工程の始点で発生することから、発生点を通過するすべての加工品に対して負担させる。

したがって、異常仕損にも正常減損費を負担させることに注意する。

〈タイム・テーブル〉

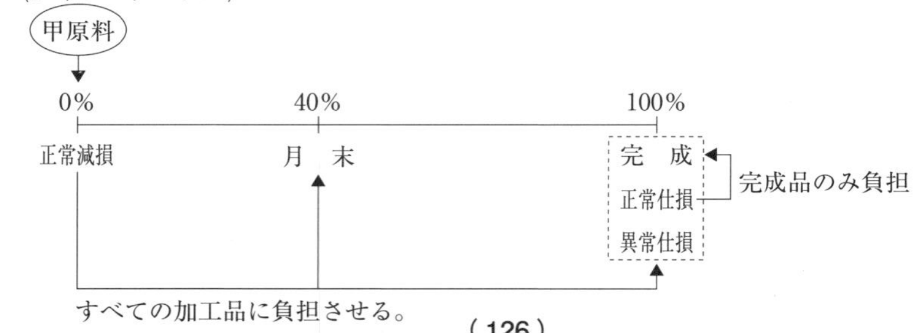

(2) 原価標準の整理

正常減損費を含めた原価標準を整理すると次のようになる。なお、減損は工程始点で発生することから、正常減損費は原料費だけで構成され、他のコストは必要としないことに注意する。

（製品Aの原価標準）

甲原料費	標準単価 340円/kg×標準消費量 10kg/単位	=	3,400円/単位
直接労務費			
シニア工	標準賃率　2,000円/時間×標準直接作業時間 1.8時間/単位	=	3,600円
ジュニア工	標準賃率　1,500円/時間×標準直接作業時間 1.2時間/単位	=	1,800円
製造間接費	標準配賦率 2,400円/時間×標準直接作業時間 3.0時間/単位	=	7,200円
正味標準製造原価			16,000円/単位
正常減損費	正味標準原料費 3,400円×正常減損率20%	=	680円
正常仕損費	標準製造原価（16,000円＋680円）×正常仕損率５％	=	834円
総標準製造原価			17,514円/単位

〈図解〉正常仕損品も（工程始点発生の）正常減損費を負担することに注意する。

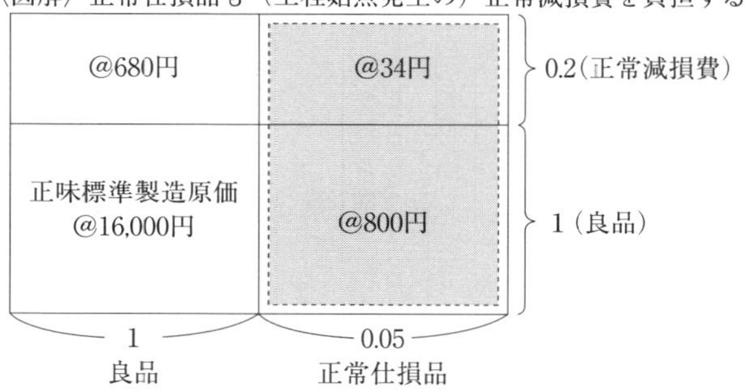

(3) 生産データの整理と標準原価の計算

正常減損費は工程始点を通過したすべての加工品に20％の割合で負担させなければならない。したがって、正常減損を負担先別に分解・整理してみると次のようになる。

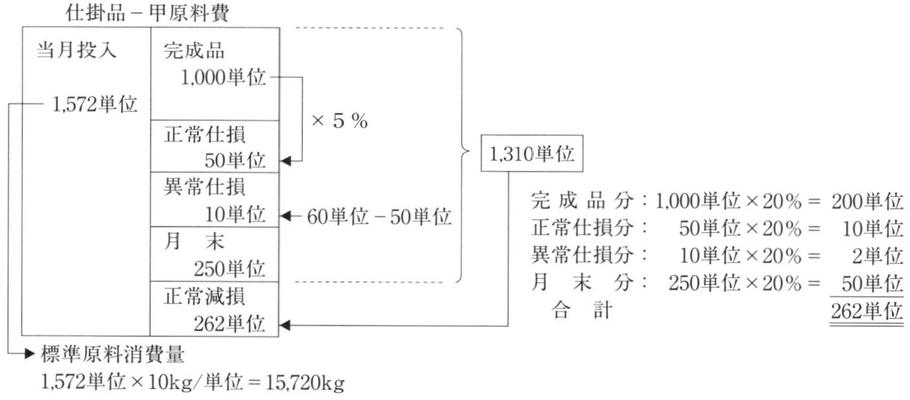

完成品原価：17,514円/単位×1,000単位＝17,514,000円

または

正味標準製造原価	：16,000円/単位×1,000単位	＝	16,000,000円
正常減損費	：3,400円/単位×200単位	＝	680,000円
正常仕損費	：16,000円/単位×50単位＋3,400円/単位×10単位	＝	834,000円
合計			17,514,000円

月末仕掛品原価：3,400円/単位×(250単位＋50単位)＋(3,600円/単位＋1,800円/単位＋7,200円/単位)×10単位
＝2,280,000円

2．原料消費量差異の分析

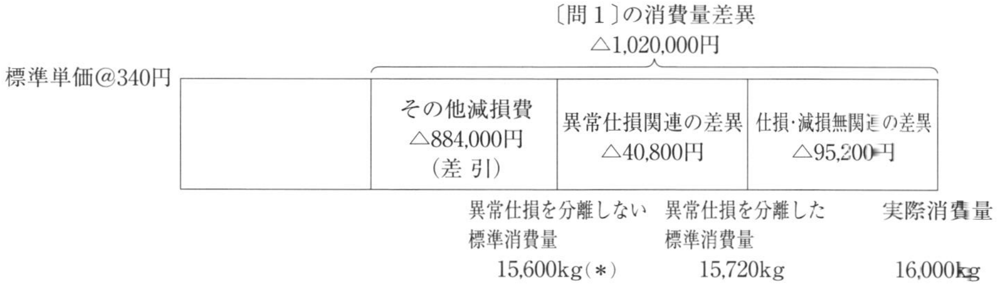

（＊）異常仕損を分離しない標準消費量

完成品分	：(1,000単位＋200単位)×10kg/単位	＝	12,000kg
正常仕損分	：(50単位＋10単位)×10kg/単位	＝	600kg
月末分	：(250単位＋50単位)×10kg/単位	＝	3,000kg
合計			15,600kg

異常仕損関連の差異：340円/kg×(15,600kg－15,720kg)　＝(－) 40,800円〔不利〕

仕損・減損無関連の差異：340円/kg×(15,720kg－16,000kg)　＝(－) 95,200円〔不利〕

その他減損費：(－)1,020,000円－((－)40,800円＋(－)95,200円)＝(－)884,000円〔不利〕

なお、参考までに「その他減損費」の内訳を示すと次のようになる。

正常仕損分に対応する正常減損	：50単位×20％×10kg/単位	＝	100kg
完成品に対応する正常減損	：1,000単位×20％×10kg/単位	＝	2,000kg
月末仕掛品に対応する正常減損	：250単位×20％×10kg/単位	＝	500kg
合計			2,600kg

したがって、その他減損費は884,000円（＝340円/kg×2,600kg）と算出される。

第４回　原価計算　解説

〔設問１〕

〔問１〕

１．優劣分岐点

本問に必要な分析にあたり、関連原価として計上すべき項目は、内製案においては、変動製造原価および固定製造原価のうち資料３.⑶のエ、オ、カの合計である1,584万円、購入案においては購入原価となる。なお、固定製造原価のうち、資料３.⑶のア、イ、ウの３項目は無関連原価である。

固定製造原価（関連原価）：

資料３.⑶エ、オ、カ：275万円＋759万円＋550万円＝1,584万円

固定製造原価（無関連原価）：

資料３.⑶ア、イ、ウ：916万円＋300万円＋200万円＝1,416万円

合計　3,000万円

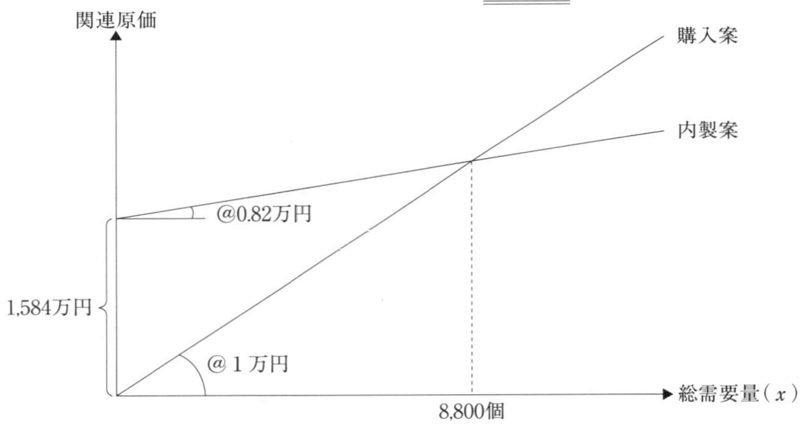

そこで、以下の算式により、内製の方が有利となる総需要量を求める（単位：万円）。

$1x > 0.82x + 1,584$

$\therefore \quad x > 8,800$

したがって、**部品Ｘの総需要量が8,800個を超えるならば、内製が有利**である。

〔問２〕総需要量が13,500個～14,500個の範囲にある場合

13,500個と14,500個のそれぞれにおける内製案の関連原価と購入案の関連原価を計算し、比較する。

⑴　13,500個の場合

内製案：@0.82万円×13,500個＋1,584万円＝12,654万円

購入案：@１万円×12,000個＋@0.8万円×1,000個＋@0.7万円×500個＝13,150万円

内製案＜購入案　…　内製の方が有利である。

⑵　14,500個の場合

内製案：@0.82万円×14,500個＋1,584万円＝13,474万円

購入案：@１万円×12,000個＋@0.8万円×1,000個＋@0.7万円×1,000個＋@0.6万円×500個
＝13,800万円

内製案＜購入案　…　内製の方が有利である。

したがって、**部品Ｘの総需要量が13,500個～14,500個の範囲にある限り、内製が有利**である。

〔問３〕総需要量が15,000個以上の場合

15,000個と16,000個のそれぞれにおける内製案の関連原価と購入案の関連原価を計算し、比較する。

⑴　15,000個の場合

内製案：@0.82万円×15,000個＋1,584万円＝13,884万円

購入案：@１万円×12,000個＋@0.8万円×1,000個＋@0.7万円×1,000個＋@0.6万円×1,000個
＝14,100万円

⑵　16,000個の場合

内製案：@0.82万円×16,000個＋1,584万円＝14,704万円

購入案：@１万円×12,000個＋@0.8万円×1,000個＋@0.7万円×1,000個＋@0.6万円×1,000個
＋@0.5万円×1,000個＝14,600万円

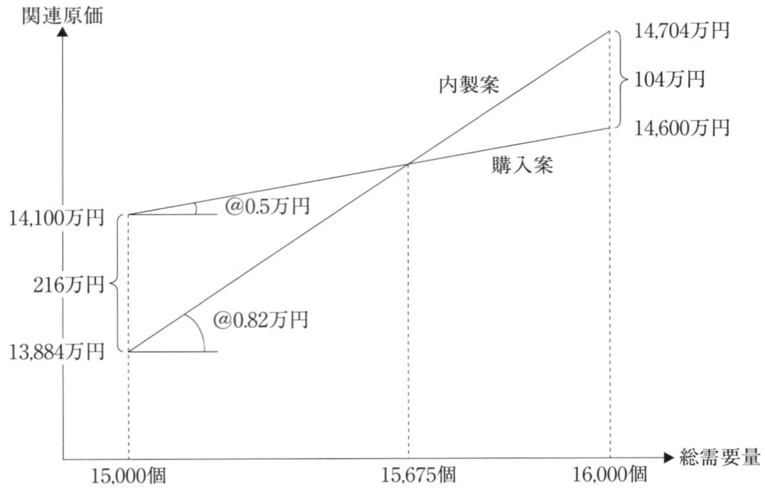

内製案と購入案の関連原価の傾きの差は、@0.32万円（＝@0.82万円－@0.5万円）であるため、両

案の関連原価の差を傾きの差で割ることによって、交点までの数量差を計算する。

216万円÷@0.32万円＝675個　∴　15,000個＋675個＝**15,675個**

または、

104万円÷@0.32万円＝325個　∴　16,000個－325個＝**15,675個**

〔設問２〕

〔問１〕部品Ｙに関連する意思決定

１．内製する場合の関連原価

部品Ｙは機械の遊休時間を利用して内製するため、追加的な固定費は発生せず、固定費は無関連原価となる。したがって、内製する場合の部品Ｙ１個あたり関連原価を次のように計算する。

直接材料費	2,000円/kg×３kg/個＝	6,000円/個
直接労務費	2,400円/時×2.5時間/個＝	6,000
変動製造間接費	1,200円/時×2.5時間/個＝	3,000
合　計		15,000円/個

（注）消費賃率：3,000円/時×80％＝2,400円/時

２．年間内製可能量

甲材料の消費可能量は8,000kg（＝32,000kg－12,000個×２kg/個）、遊休時間は8,000時間（＝20,000時間－12,000個×１時間/個）である。したがって、内製可能量は次のとおり計算され、いずれの条件でも部品Ｙの年間必要量2,500個をすべて内製することができる。

		内製可能量		年間必要量
甲材料	→	8,000kg÷３kg/個≒2,666.7個	＞	2,500個
遊休時間	→	8,000時間÷2.5時間/個＝3,200個	＞	2,500個

３．関連原価の比較

	内製案		購入案	
直接材料費	6,000円/個×2,500個＝	15,000,000円		――
直接労務費	6,000円/個×2,500個＝	15,000,000円		――
変動製造間接費	3,000円/個×2,500個＝	7,500,000円		――
購入原価		――	16,000円/個×2,500個＝	40,000,000円
合　計		37,500,000円		40,000,000円

両案の差額：40,000,000円〈購入案〉－37,500,000円〈内製案〉＝2,500,000円

したがって、**部品Ｙについて内製案の方が、購入案より原価が2,500,000円だけ低く有利**である。

４．特殊機械のリースが必要な場合

部品Ｙの年間必要量をx（個）とおくと、内製案、購入案の関連原価は次のようになる（単位：円）。

内製案：15,000x＋2,200,000

購入案：16,000x

ここで、15,000x＋2,200,000＜16,000xとすれば、x＞2,200個

したがって、部品Ｙの年間必要量が**2,201個以上であれば、内製案の方が有利**である。

〔問２〕

１．内製する場合の関連原価

部品Ｚの１個あたり関連原価を次のように計算する。

直接材料費	2,000円/kg×５kg/個＝	10,000円/個
直接労務費	2,400円/時×４時間/個＝	9,600
変動製造間接費	1,200円/時×４時間/個＝	4,800
合　計		24,400円/個

（注）消費賃率：3,000円/時×80％＝2,400円/時

２．年間内製可能量

甲材料の消費可能量は8,000kg（＝32,000kg－12,000個×２kg/個）、遊休時間は8,000時間（＝20,000時間－12,000個×１時間/個）である。したがって、内製可能量は次のとおり計算され、甲材料の条件から部品Ｚの年間必要量3,000個のすべてを内製することができず、1,600個は内製するが、1,400個は購入することになる。

		内製可能量		年間必要量
甲材料	→	8,000kg÷５kg/個＝1,600個	＜	3,000個
遊休時間	→	8,000時間÷４時間/個＝2,000個	＜	3,000個

３．関連原価の比較

	内製案		購入案	
直接材料費	10,000円/個×1,600個＝	16,000,000円		――
直接労務費	9,600円/個×1,600個＝	15,360,000円		――
変動製造間接費	4,800円/個×1,600個＝	7,680,000円		――
購入原価	25,000円/個×1,400個＝	35,000,000円	25,000円/個×3,000個＝	75,000,000円
合　計		74,040,000円		75,000,000円

両案の差額：75,000,000円〈購入案〉－74,040,000円〈内製案〉＝960,000円

したがって、**部品Ｚについて内製案の方が、購入案より原価が960,000円だけ低く有利**である。

4．購入原価が変化する場合

購入原価が変化する場合、購入案の関連原価を次のように求めることができる。

年間購入量1,500個まで	25,000円/個	×1,500個＝	37,500,000円
年間購入量1,500個超	23,500円/個（＊）	×1,500個＝	35,250,000円
合　　計			72,750,000円

（＊）25,000円/個×（1 －0.06）＝23,500円/個

両案の差額：74,040,000円〈内製案〉－72,750,000円〈購入案〉＝1,290,000円

したがって、**部品Ｚについて購入案の方が、内製案より原価が1,290,000円だけ低く有利**である。

日商簿記検定試験対策
網羅型完全予想問題集

第5回

解答・解説

	出題論点	難易度	重要項目
商業簿記	損益計算書の作成 貸借対照表の作成	A	・商品売買（代理人の取引） ・貸倒引当金 ・社債（買入償還）
会計学	第1問：空欄補充問題	A	・減損会計 ・条件ごとの分配可能額の算定 ・吸収合併、株式交換、株式移転の処理
	第2問：分配可能額	B	
	第3問：企業結合	A	
工業簿記	全部標準原価計算	B	・固定費調整 ・全部標準原価計算の損益計算書 ・直接標準原価計算の損益計算書
原価計算	予算実績差異分析	A	・差異分析

※　難易度は、A＝易、B＝難となっています。

第5回　商業簿記　解答

損益計算書
自20×6年4月1日　至20×7年3月31日　（単位：千円）

借方		金額	貸方		金額
売上原価	②	1,171,560	売上高	②	1,982,560
販売費		44,790	受取利息配当金		4,252
貸倒引当金繰入（一般債権分）		2,204	受取手数料		3,000
一般管理費		38,360	有価証券運用益	②	24,075
租税公課		46,350	為替差益		1,720
減価償却費	①	31,680	投資有価証券評価益	①	4,000
ソフトウェア償却		2,072	新株予約権戻入益		750
退職給付費用		2,880			
雑損失		100			
支払利息	①	7,010			
社債利息		1,200			
貸倒引当金繰入（長期貸付金分）		10,000			
社債償還損	②	300			
法人税等		217,500			
法人税等調整額	②	△5,250			
当期純利益	①	449,601			
		2,020,357			2,020,357

貸借対照表
20×7年3月31日　（単位：千円）

資産		金額	負債・純資産		金額
現金預金	①	125,658	支払手形		37,800
受取手形		80,150	買掛金		36,110
売掛金		138,250	契約負債	②	15,000
貸倒引当金		△7,644	短期借入金		21,060
有価証券		51,975	未払法人税等		139,500
商品		49,600	未払費用		240
前払費用		1,900	社債	②	29,400
未収収益		252	退職給付引当金		28,750
建物		360,000	営業外支払手形		20,100
建物減価償却累計額		△241,200	資本金		382,000
備品		160,000	資本準備金		55,000
備品減価償却累計額		△142,720	その他資本剰余金	①	500
土地		400,000	利益準備金		32,000
建設仮勘定		216,000	繰越利益剰余金	②	487,549
ソフトウェア	①	11,888	新株予約権		150
長期定期預金		16,800	その他有価証券評価差額金		700
投資有価証券		33,000			
破産更生債権等		16,000			
貸倒引当金		△10,000			
繰延税金資産	②	25,950			
		1,285,859			1,285,859

（注）金額がマイナスの場合、△を付すこと。

○数字は採点基準　合計25点

第5回　会計学　解答

第１問

(1)	(2)	(3)
① 割引前将来キャッシュ・フロー	① 回収の見込み	① 公正な評価単価
(4)	(5)	
① 為替差損益	① 使用価値	

（別解）(2)は回収可能性でもよい。

第２問

問１		②	690　百万円
問２	（ア）	②	660　百万円
	（イ）	②	605　百万円
	（ウ）	②	220　百万円
	（エ）	①	330　百万円
問３		①	600　百万円

第３問

問１	(1)	②	0.72
	(2)	②	4,500　株
	(3)	①	560　千円
問２	(1)	①	2,160　千円
	(2)	①	560　千円
問３	(1)	①	2,000　千円
	(2)	①	2,160　千円
	(3)	①	560　千円

○数字は採点基準　合計25点

第5回　商業簿記　解説

１．現金過不足（以下、単位：千円）

（現金預金）	100	（売掛金）	1,750
（租税公課）	1,550		
（雑損失）（＊）	100		

（＊）貸借差額

∴　**P/L租税公課**：44,800〈前T/B〉＋1,550＝**46,350**

　B/S売掛金：140,000〈前T/B〉－1,750＝**138,250**

　P/L雑損失：**100**

２．外貨建長期定期預金

(1)　現金預金から長期定期預金への振替え

（長期定期預金）（＊）	15,680	（現金預金）	15,680

（＊）満期日（20×8年６月30日）が、決算日（20×7年３月31日）の翌日から起算して１年を超えるため「長期定期預金」となる。

∴　**B/S現金預金**：141,238〈前T/B〉＋100－15,680＝**125,658**

(2)　外貨建長期定期預金の換算替え

（長期定期預金）	1,120	（為替差損益）（＊）	1,120

（＊）160千ドル×105円〈当期末〉（16,800）－15,680＝1,120〈為替差益〉

∴　**B/S長期定期預金**：15,680＋1,120＝**16,800**

　P/L為替差益：600〈前T/B〉＋1,120＝**1,720**

(3)　未収収益の計上

（未収収益）（＊）	252	（受取利息配当金）	252

（＊）160千ドル×２％×$\frac{9か月}{12か月}$×@105円〈当期末〉＝252

∴　**P/L受取利息配当金**：4,000〈前T/B〉＋252＝**4,252**

　B/S未収収益：**252**

３．商品売買

(1)　カスタマー・ロイヤルティ・プログラム

①　当期中（誤った仕訳）

（現金預金）	100,000	（売上）	100,000

②　正しい仕訳

ⅰ　商品を販売したとき

（現金預金）	100,000	（契約負債）（＊1）	20,000
		（売上）（＊2）	80,000

（＊1）100,000×20％＝20,000〈ポイントに配分すべき金額〉

（＊2） 100,000－20,000＝80,000

ii ポイントを使用したとき

（契約負債）（＊）	5,000	（売上）	5,000

（＊）20,000×25%〈使用分〉＝5,000

③ 修正仕訳（ポイント未使用分）

（売上）	15,000	（契約負債）（＊）	15,000

（＊）20,000－5,000 または 20,000×75%〈未使用分〉＝15,000

∴ **B/S契約負債：15,000**

(2) 代理人の取引

当社が代理人に該当するときは、「売上高」と「売上原価」を計上せずに、他の当事者に提供されるように手配することと引き換えに得ることができる報酬や手数料の金額で収益を計上する。

① 当期中（誤った仕訳）

i 商品を仕入れたとき

（商品）	7,000	（買掛金）	7,000

ii 商品を販売したとき

（現金預金）	10,000	（売上）	10,000
（売上原価）	7,000	（商品）	7,000

iii 代金を支払ったとき

（買掛金）	7,000	（現金預金）	7,000

② 正しい仕訳

i 商品を仕入れたとき

仕　訳　な　し

ii 商品を販売したとき

（現金預金）	10,000	（買掛金）	7,000
		（受取手数料）	3,000

iii 代金を支払ったとき

（買掛金）	7,000	（現金預金）	7,000

③ 修正仕訳

（売上）	10,000	（売上原価）	7,000
		（受取手数料）（＊）	3,000

（＊）貸借差額

∴ **P/L売上高**：2,007,560〈前T/B〉－15,000－10,000＝**1,982,560**

P/L売上原価：1,178,560〈前T/B〉－7,000＝**1,171,560**

P/L受取手数料：3,000

4．金銭債権

(1) 過去の誤謬の訂正

過去の財務諸表における誤謬が発見された場合には、修正再表示する。修正再表示とは、過去の財務諸表における誤謬の訂正を財務諸表に反映することをいう。帳簿上は、当期よりも前の期間に関する修正再表示による累積的影響額を、当期首の資産、負債および純資産の額に反映させる。よって、本問の誤謬の内容が、前期末における貸倒引当金の設定不足であるため、当期首の貸倒引当金および繰越利益剰余金（前期の貸倒引当金繰入）の額を訂正する仕訳を行うとともに、当期首の繰延税金資産および繰越利益剰余金（前期の法人税等調整額）の額を訂正する仕訳を行う。

なお、本問では、当期中に貸倒れが生じていないことから、貸倒引当金の決算整理前残高4,080千円は、訂正前の当期首残高を示していることがわかる。

（繰越利益剰余金）（＊1） 前期の貸倒引当金繰入	1,360	（貸倒引当金）	1,360
（繰延税金資産）（＊2）	408	（繰越利益剰余金） 前期の法人税等調整額	408

（＊1）4,080〈訂正前当期首残高〉÷3%×4%＝5,440〈訂正後当期首残高〉
5,440－4,080＝1,360〈訂正額〉

（＊2）1,360×30%＝408

(2) 一般債権に対する貸倒引当金の設定（貸倒実績率法）

（貸倒引当金繰入）（＊）	2,204	（貸倒引当金）	2,204

（＊）(80,150〈受取手形〉＋138,250〈売掛金〉)×3.5%＝7,644〈設定額〉
7,644－5,440＝**2,204〈繰入額〉**

∴ **B/S貸倒引当金（一般債権分）**：4,080〈前T/B〉＋1,360＋2,204＝**7,644**

P/L貸倒引当金繰入（一般債権分）：2,204

(3) 長期貸付金（破産更生債権等～財務内容評価法）

（破産更生債権等）	16,000	（長期貸付金）	16,000
（貸倒引当金繰入）（＊）	10,000	（貸倒引当金）	10,000

（＊）16,000〈破産更生債権等〉－6,000〈担保土地の処分見込額〉＝**10,000〈設定額＝繰入額〉**

∴ **B/S破産更生債権等：16,000**

B/S貸倒引当金（長期貸付金分）：10,000

P/L貸倒引当金繰入（長期貸付金分）：10,000

5．売買目的有価証券（総記法）

(1) 当期中（追加取得）

（売買目的有価証券）（＊）	127,260	（現金預金）	127,260

（＊）@4.2ドル×300千株×@101円〈取得時〉＝127,260〈原価〉

(2) 当期中（売却）

（現金預金）（＊）	160,160	（売買目的有価証券）	160,160

（＊）@4.4ドル×350千株×@104円〈売却時〉＝160,160〈売価〉

∴　前Ｔ／Ｂ売買目的有価証券：@3.8ドル×160千株×@100円〈前期末〉+127,260
60,800〈前期末時価〉
−160,160＝**27,900**

期末保有株数：160千株＋300千株−350千株＝110千株

(3)　当期末（評価替え）

（売買目的有価証券）	24,075	（有価証券運用損益）（＊）	24,075

（＊）@4.5ドル×110千株×@105円〈当期末〉＝**51,975〈当期末時価＝B／S有価証券〉**
51,975〈当期末時価〉−27,900〈前Ｔ／Ｂ売買目的有価証券〉＝24,075〈運用益〉

∴　**P／L有価証券運用益：24,075**

6．その他有価証券

(1)　当期首（振戻し）⇒未処理

（その他有価証券）（＊）	4,000	（その他有価証券評価損益）	4,000

（＊）28,000〈前期末時価〉−32,000〈原価〉＝△4,000〈前期の評価損〉

（注）投資有価証券評価損益に係る繰延税金資産は期首において、振戻処理を行わない。

∴　**P／L投資有価証券評価益**（その他有価証券評価益）：**4,000〈評価益〉**

(2)　当期末（評価替え〜部分純資産直入法）

（その他有価証券）（＊1）	1,000	（繰延税金負債）（＊2）	300
		（その他有価証券評価差額金）（＊3）	700

（＊1）33,000〈当期末時価〉−32,000〈原価〉＝1,000〈評価益〉

（＊2）1,000〈評価益〉×30%＝300

（＊3）貸借差額

∴　**B／S投資有価証券**：28,000〈前Ｔ／Ｂ〉＋4,000＋1,000＝**33,000**

7．有形固定資産

(1)　建　物

（減価償却費）（＊）	14,400	（建物減価償却累計額）	14,400

（＊）360,000÷25年＝14,400

(2)　備　品

（減価償却費）（＊）	17,280	（備品減価償却累計額）	17,280

（＊）1÷5年×200%＝0.4〈償却率〉
(160,000−125,440)×0.4＝13,824
160,000〈取得原価〉×0.10800〈保証率〉＝17,280〈償却保証額〉
13,824 ＜ 17,280　∴　改定償却率に切り替え
(160,000−125,440)×0.500＝17,280

∴　**P／L減価償却費**：14,400〈建物分〉＋17,280〈備品分〉＝**31,680**

(3)　土地の取得と営業外支払手形

①　取得時

（土　　地）	27,000	（土地購入手形）（＊1）	30,150
（前払費用）（＊2） 前払利息	3,150		

（＊1）@5,025×6枚＝30,150〈手形振出高〉

（＊2）貸借差額

②　手形の支払い

（土地購入手形）（＊）	10,050	（仮　払　金）	10,050

（＊）@5,025×2枚＝10,050

③　期末 〜 利息の配分（級数法）

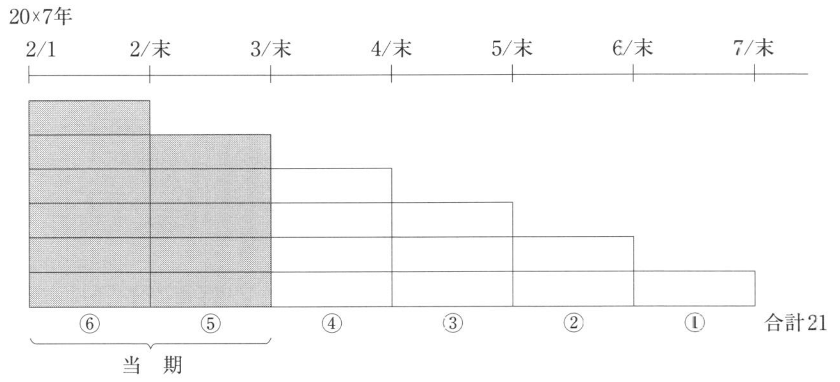

（支払利息）（＊）	1,650	（前払費用）	1,650

（＊）{6×(6＋1)}÷2＝21〈総項数〉

$$3{,}150〈利息総額〉\times\frac{6+5(=11〈当期項数〉)}{21〈総項数〉}=1{,}650$$

∴　**B／S営業外支払手形：20,100**

8．ソフトウェア（自社利用目的〜見込有効期間で均等償却）

（ソフトウェア償却）（＊）	2,072	（ソフトウェア）	2,072

$$（＊）12{,}000\times\frac{7か月}{60か月}=1{,}400$$

$$(13{,}960〈前T/B〉-12{,}000)\times\frac{12か月}{60か月-25か月}=672$$

∴　**P／Lソフトウェア償却**：1,400＋672＝**2,072**
B／Sソフトウェア：13,960〈前Ｔ／Ｂ〉−2,072＝**11,888**

9．社　債

(1)　タイムテーブル

20×4.4.1 ◀― 24か月 ―▶ 20×6.4.1 ◀― 6か月 ―▶ 9.30 ◀― 6か月 ―▶ 20×7.3.31

発行日　　当期首　　償還日　　当期末

（＊1）19,000 ―（＊3）+400―▶（＊4）19,400 ―（＊7）+100―▶（＊8）19,500

（＊2）28,500 ―（＊5）+600―▶（＊6）29,100 ―（＊9）+300―▶（＊10）29,400

（＊6）29,100 の下：48,500〈前Ｔ／Ｂ社債〉

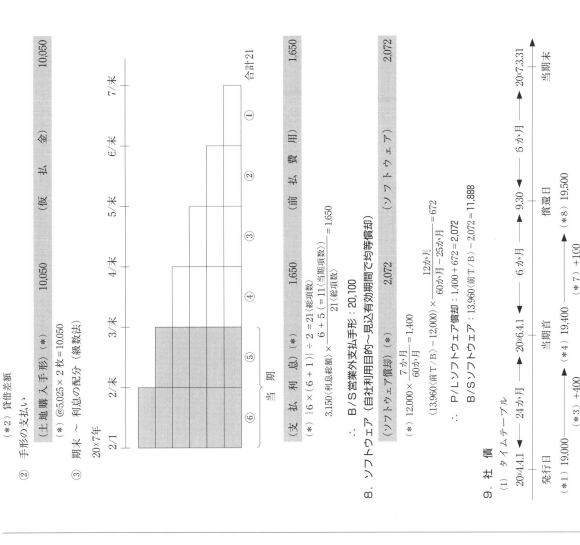

（＊1）$20{,}000\langle$償還社債の額面金額$\rangle \times \dfrac{@95円}{@100円} = 19{,}000\langle$償還社債の払込金額$\rangle$

（＊2）$50{,}000\langle$額面総額$\rangle - 20{,}000 = 30{,}000\langle$未償還社債の額面金額$\rangle$

$30{,}000 \times \dfrac{@95円}{@100円} = 28{,}500\langle$未償還社債の払込金額$\rangle$

（＊3）$20{,}000 - 19{,}000 = 1{,}000\langle$償還社債の金利調整差額$\rangle$

$1{,}000 \times \dfrac{24か月}{60か月} = 400\langle$償還社債の過年度償却額$\rangle$

（＊4）$19{,}000 + 400 = 19{,}400\langle$償還社債の当期首償却原価$\rangle$

（＊5）$30{,}000 - 28{,}500 = 1{,}500\langle$未償還社債の金利調整差額$\rangle$

$1{,}500 \times \dfrac{24か月}{60か月} = 600\langle$未償還社債の過年度償却額$\rangle$

（＊6）$28{,}500 + 600 = 29{,}100\langle$未償還社債の当期首償却原価$\rangle$

（＊7）$1{,}000 \times \dfrac{6か月}{60か月} = 100\langle$償還社債の当期償却額$\rangle$

（＊8）$19{,}400 + 100 = 19{,}500\langle$償還社債の買入償還時償却原価$\rangle$

（＊9）$1{,}500 \times \dfrac{12か月}{60か月} = 300\langle$未償還社債の当期償却額$\rangle$

（＊10）$29{,}100 + 300 = 29{,}400\langle$未償還社債の当期末償却原価$\rangle$

(2) 買入償還

① 償還社債の当期償却 ⇒ 未処理 ～ 償却原価法（定額法）

（社債利息）	100	（社債）	100

② 買入償還（修正仕訳）

（社債）	19,500	（仮払金）（＊1）	19,800
（社債償還損）（＊2）	300		

（＊1）$20{,}000 \times \dfrac{@99円\langle裸相場\rangle}{@100円} = 19{,}800\langle$前T／B仮払金のうち社債買入価額$\rangle$

（＊2）貸借差額

(3) 未償還社債の当期償却 ～ 償却原価法（定額法）

（社債利息）	300	（社債）	300

∴ **P／L社債利息**：800〈前T／B〉＋100＋300＝**1,200**

10. 退職給付会計

(1) 年金掛金と退職一時金の支払いの修正

（退職給付引当金）（＊）	3,250	（一般管理費）	3,250

（＊）1,100〈年金掛金〉＋2,150〈退職一時金〉＝3,250〈退職給付引当金の取崩額〉

(2) 退職給付費用の計上

（退職給付費用）（＊）	2,880	（退職給付引当金）	2,880

（＊）1,330〈勤務費用〉＋1,850〈利息費用〉－300〈期待運用収益〉＝2,880

∴ **B／S退職給付引当金**：29,120〈前T／B〉－3,250＋2,880＝**28,750**

11. 新株予約権（権利行使と行使期限満了による取崩し）

(1) 権利行使

（仮受金）（＊1）	16,000	（自己株式）（＊2）	3,000
（新株予約権）	1,500	（その他資本剰余金）（＊3）	500
		（資本金）（＊4）	7,000
		（資本準備金）（＊4）	7,000

（＊1）権利行使による払込金額

（＊2）前T／B自己株式

（＊3）$(16{,}000 + 1{,}500) \times \dfrac{1{,}000株 - 800株\langle新株\rangle}{1{,}000株} = 3{,}500\langle$自己株式に対応する払込金額$\rangle$

$3{,}500 - 3{,}000\langle$前T／B自己株式$\rangle = 500\langle$自己株式処分差益$\rangle$

（＊4）$(16{,}000 + 1{,}500) \times \dfrac{800株\langle新株\rangle}{1{,}000株} = 14{,}000\langle$新株に対応する払込金額$\rangle$

$14{,}000 \times \dfrac{1}{2} = 7{,}000$

∴ **B／Sその他資本剰余金**（自己株式処分差益）：**500**

(2) 行使期限満了による取崩し

（新株予約権）	750	（新株予約権戻入益）	750

12. 経過勘定項目

（前払費用）	400	（一般管理費）	400
（支払利息）	240	（未払費用）	240

∴ **P／L一般管理費**：42,010〈前T／B〉－3,250〈退職給付〉－400＝**38,360**

P／L支払利息：5,120〈前T／B〉＋1,650〈土地購入手形〉＋240＝**7,010**

B／S前払費用：3,150〈前T／B〉－1,650〈営業外支払手形〉＋400＝**1,900**

13. 法人税等の計上と税効果会計

(1) 法人税等の計上

（法人税等）	217,500	（仮払金）（＊1）	78,000
		（未払法人税等）（＊2）	139,500

（＊1）107,850〈前T／B仮払金〉－10,050〈土地購入手形〉－19,800〈社債買入価額〉＝78,000

（＊2）貸借差額

(2) 税効果会計（将来減算一時差異）

（繰延税金資産）（＊）	5,250	（法人税等調整額）	5,250

（＊）87,500×30％＝26,250〈繰延税金資産の期末残高〉
26,250－（20,592〈前T／B〉＋408〈誤謬訂正〉）＝5,250〈繰延税金資産の増加〉

∴ **P／L法人税等調整額**：**5,250**（貸方残高＝法人税等から控除する形式で表示）

B／S繰延税金資産：26,250－300〈繰延税金負債〉＝**25,950**
（その他有価証券分）

14. 繰越利益剰余金

B／S繰越利益剰余金：38,900〈前T／B〉－1,360〈誤謬〉＋408〈誤謬〉＋449,601〈P／L当期純利益〉
＝**487,549**

第５回　会計学　解説

第１問　空欄補充問題

１．**減損会計**「固定資産の減損に係る会計基準　二・２」参照

減損の兆候がある資産または資産グループについては、資産または資産グループから得られる（**割引前将来キャッシュ・フロー**）の総額が帳簿価額を下回る場合には、減損損失を認識する。

２．**税効果会計**「税効果会計に係る会計基準　第二・二・１」参照

繰延税金資産については、将来の（**回収の見込み**）について毎期見直しを行わなければならない。

３．**ストック・オプション**「ストック・オプション等に関する会計基準　５」参照

各会計期間における費用計上額は、ストック・オプションの公正な評価額のうち、対象勤務期間を基礎とする方法その他の合理的な方法に基づき当期に発生したと認められる額である。ストック・オプションの公正な評価額は、（**公正な評価単価**）にストック・オプション数を乗じて算定する。

４．**外貨建有価証券**「外貨建取引等会計処理基準　注10」参照

その他有価証券に属する債券については、外国通貨による時価を決算時の為替相場で換算した金額のうち、外国通貨による時価の変動に係る換算差額を評価差額とし、それ以外の換算差額については（**為替差損益**）として処理することができる。

５．**固定資産の減損会計**「固定資産の減損に係る会計基準（注１）」参照

回収可能価額とは、正味売却価額と（**使用価値**）のうち、いずれか高い方の金額をいう。

第２問　分配可能額の計算（以下、単位：百万円）

会社法では、債権者の保護など利害関係者の利害を調整するために、自己株式の取得および剰余金の配当を行える金額に制限を設けている。この限度額を「分配可能額」という。「分配可能額」は、会社法および会社計算規則の定めに従い算定された「剰余金」の額から、さらに必要な調整項目を加減して算定する。また、配当を行う場合には、資本金の４分の１に達するまで資本準備金および利益準備金を積み立てなければならないため、実際に配当できる額（剰余金配当の限度額）は、「分配可能額」から「準備金積立額」を控除した額となる。

> **分　配　可　能　額＝剰余金－調整項目**
> **剰余金配当の限度額＝分配可能額－準備金積立額**

<table>
<tr><td rowspan="3">剰　　余　　金</td><td colspan="2">調　整　項　目</td></tr>
<tr><td rowspan="2">分　配　可　能　額</td><td>準備金積立額</td></tr>
<tr><td>剰余金配当の限度額</td></tr>
</table>

問１　剰余金の額

会社法にもとづく「剰余金」の額は、資産の額と自己株式の帳簿価額の合計額から負債の額、資本金、準備金（資本準備金、利益準備金）および株主資本以外のその他の純資産の項目（評価・換算差額等、新株予約権）の合計額を控除した額と規定されている。したがって、「剰余金」の額は、実質的に「その他資本剰余金」と「その他利益剰余金（任意積立金、繰越利益剰余金）」の合計額となる。

> **剰　　余　　金＝その他資本剰余金＋その他利益剰余金（任意積立金＋繰越利益剰余金）**

∴ 剰　　余　　金：70〈その他資本剰余金〉＋100〈任意積立金〉＋520〈繰越利益剰余金〉＝690

<table>
<tr><td>諸　資　産</td><td>6,000</td><td colspan="2">諸　負　債</td><td>4,822</td></tr>
<tr><td>自　己　株　式</td><td>30</td><td colspan="2">資　本　金</td><td>460</td></tr>
<tr><td></td><td></td><td colspan="2">資　本　準　備　金</td><td>30</td></tr>
<tr><td></td><td></td><td colspan="2">利　益　準　備　金</td><td>10</td></tr>
<tr><td></td><td></td><td colspan="2">その他有価証券評価差額金</td><td>16</td></tr>
<tr><td></td><td></td><td colspan="2">新　株　予　約　権</td><td>2</td></tr>
<tr><td></td><td></td><td rowspan="3">剰余金</td><td>その他資本剰余金</td><td>70</td></tr>
<tr><td></td><td></td><td>任　意　積　立　金</td><td>100</td></tr>
<tr><td></td><td></td><td>繰越利益剰余金</td><td>520</td></tr>
</table>

（剰余金合計）690

問２　分配可能額

「分配可能額」は、「剰余金」の額から(1)のれん等調整額の超過額、(2)自己株式の帳簿価額、(3)その他有価証券評価差額金（借方残高の場合）、土地再評価差額金（借方残高の場合）、(4)純資産の不足額などの「調整項目」を控除した額とする。

> 分配可能額＝剰余金 －
> (1)　のれん等調整額の超過額
> (2)　自己株式の帳簿価額
> (3)　その他有価証券評価差額金(借方残高)と土地再評価差額金(借方残高)
> (4)　純資産の不足額

(1)　**のれん等調整額の超過額**

①　資本等金額＝資本金＋準備金（資本準備金＋利益準備金）＝460＋30＋10＝500

②　資本等金額＋その他資本剰余金＝500＋70＝570

③ のれん等調整額＝のれん×1/2＋繰延資産

	のれん×1/2		繰延資産		のれん等調整額
（ア）	960×1/2＝480	＋	5	＝	485
（イ）	1,100×1/2＝550	＋	5	＝	555
（ウ）	1,100×1/2＝550	＋	390	＝	940
（エ）	1,360×1/2＝680	＋	260	＝	940

④ のれん等調整額の超過額

のれん等調整額の超過額は条件に応じて以下のようになる。

(a) のれん等調整額≦資本等金額の場合
⇒のれん等調整額の超過額＝0
(b) のれん等調整額≦資本等金額＋その他資本剰余金の場合
⇒のれん等調整額の超過額＝のれん等調整額－資本等金額
(c) のれん等調整額＞資本等金額＋その他資本剰余金の場合
（ｉ）のれん×1/2≦資本等金額＋その他資本剰余金の場合
⇒のれん等調整額の超過額＝のれん等調整額－資本等金額
（ii）のれん×1/2＞資本等金額＋その他資本剰余金の場合
⇒のれん等調整額の超過額＝その他資本剰余金＋繰延資産

上記の算式をフローチャートにまとめると以下のようになる。

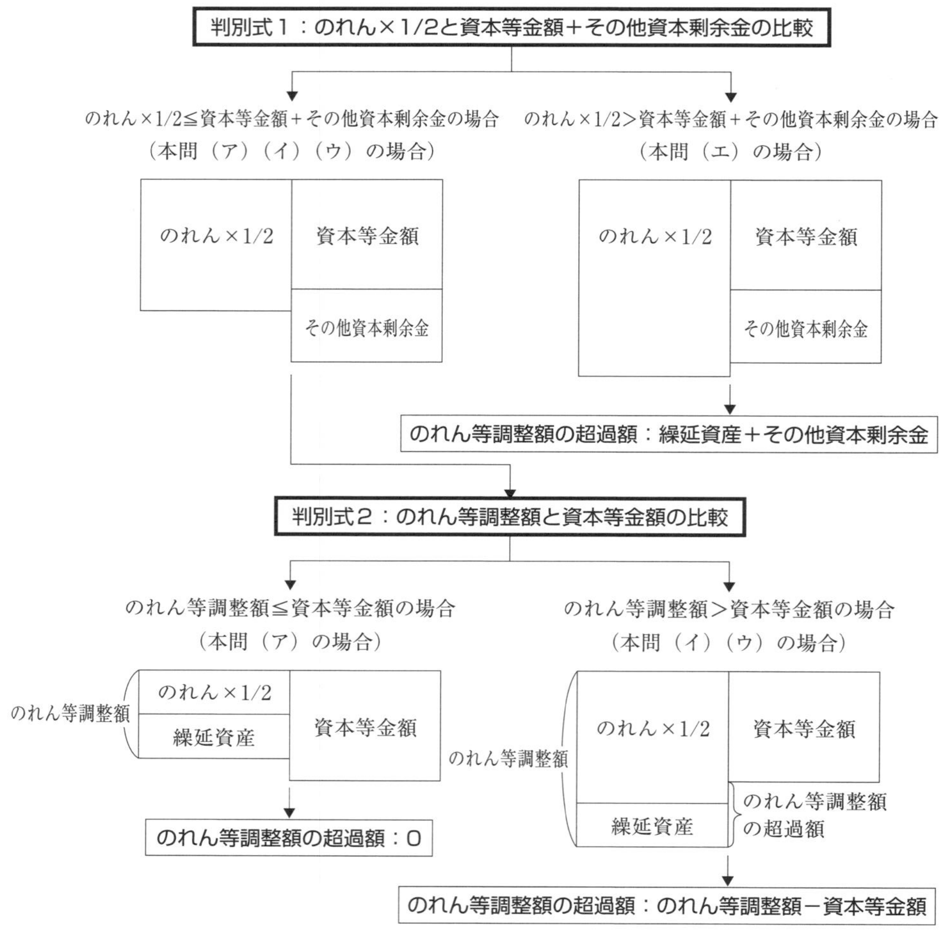

判別式1

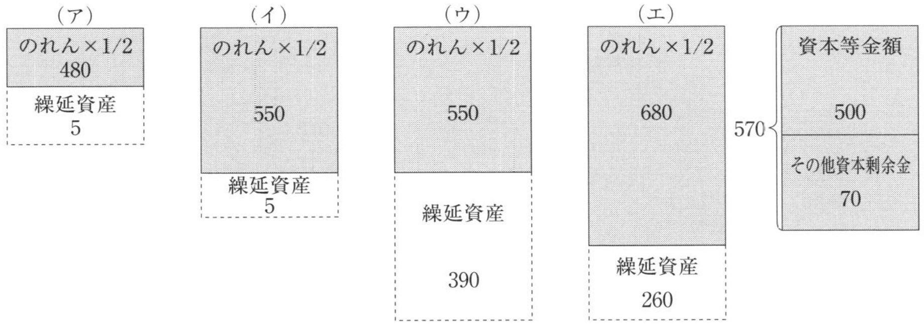

480≦570　550≦570　550≦570　680＞570

判別式2へ　∴ 260〈繰延資産〉＋70〈その他資本剰余金〉＝330

判別式2

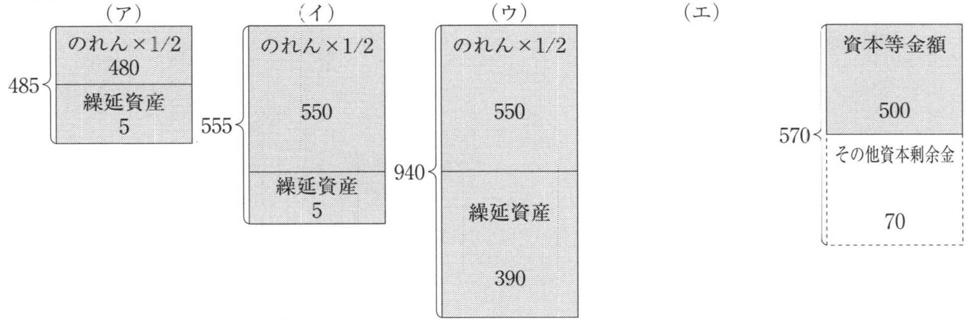

485≦500　555＞500　940＞500

∴ 0　∴ 555－500＝55　∴ 940－500＝440

	判別式1	判別式2	のれん等調整額の超過額
（ア）	480 ≦ 570	485 ≦ 500	0
（イ）	550 ≦ 570	555 ＞ 500	555－500＝ 55
（ウ）	550 ≦ 570	940 ＞ 500	940－500＝440
（エ）	680 ＞ 570	－	260〈繰延資産〉＋70〈その他資本剰余金〉＝330

（別法）のれん等調整額の超過額は以下のように計算してもよい。

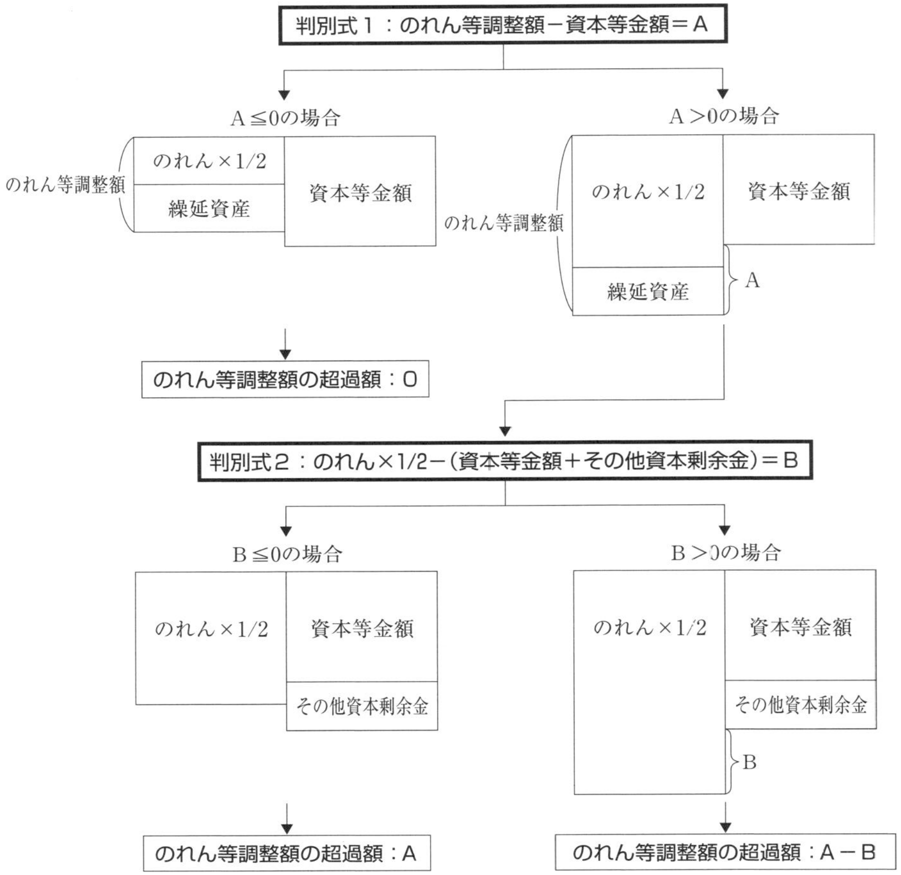

（ア）

判別式 1

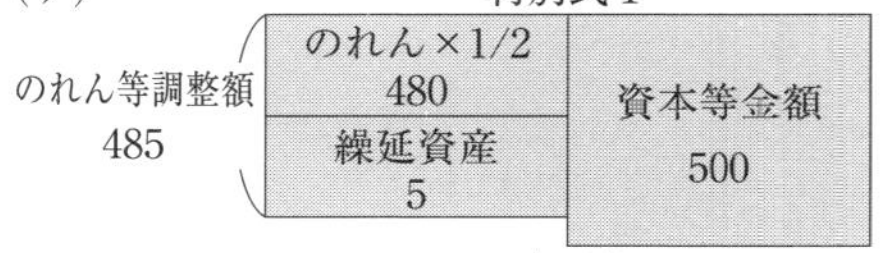

A≦0

∴ **のれん等調整額の超過額＝0**

（イ）

判別式 1　　　　判別式 2

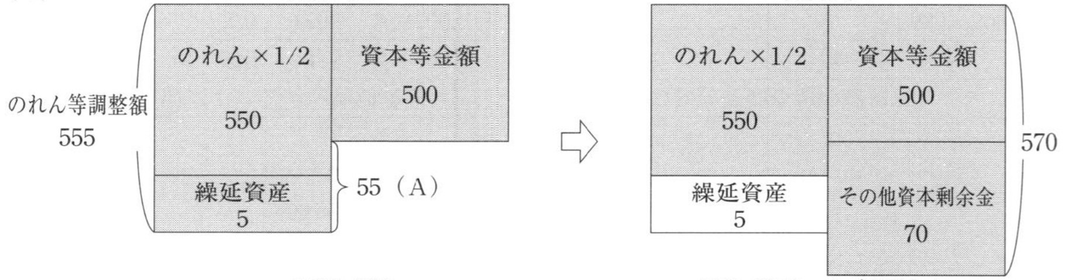

555＞500

∴ 555－500＝55（A）

550≦570　∴ 処理なし

∴ **のれん等調整額の超過額＝55（A）**

（ウ）

判別式 1　　　　判別式 2

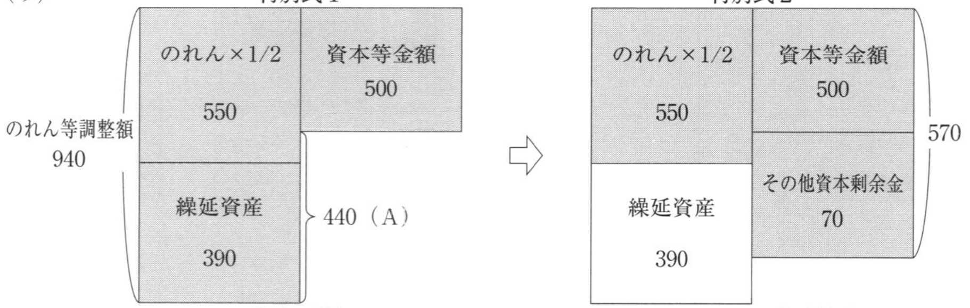

940＞500

∴ 940－500＝440（A）

550≦570　∴ 処理なし

∴ **のれん等調整額の超過額＝440（A）**

（エ）

判別式 1　　　　判別式 2

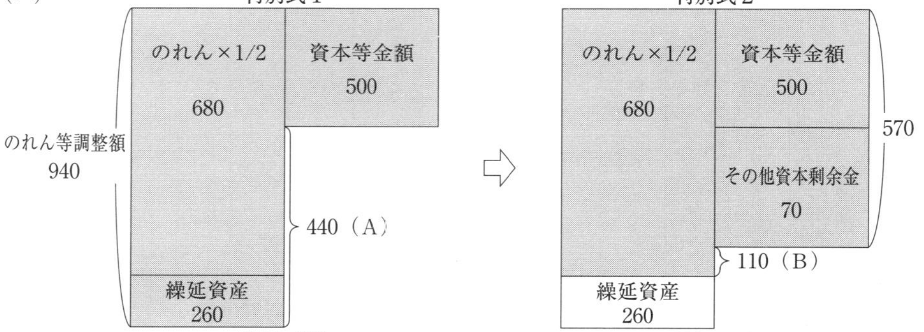

940＞500

∴ 940－500＝440（A）

680＞570

∴ 680－570＝110（B）

440（A）－110（B）＝330

∴ **のれん等調整額の超過額＝330**

なお、本問の場合、上記の計算は、まとめて行ってもよい。

判別式 1

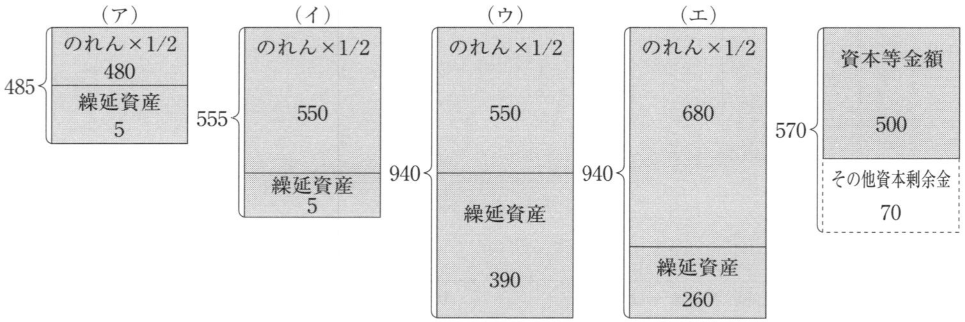

（ア）485≦500　∴ 0

（イ）555＞500　∴ 555－500＝55（A）

（ウ）940＞500　∴ 940－500＝440（A）

（エ）940＞500　∴ 940－500＝440（A）

判別式 2

（ア）

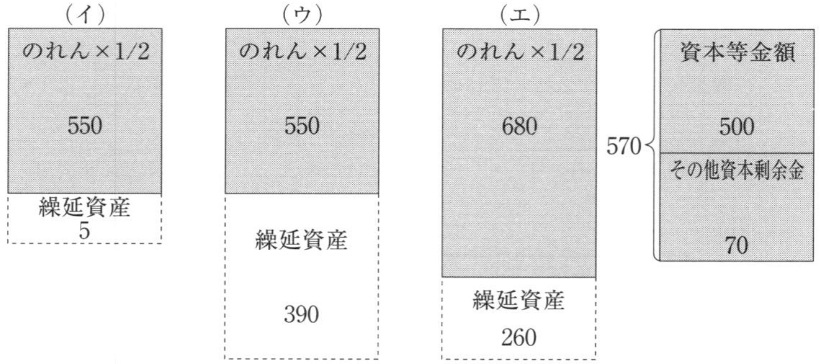

（イ）550≦570　→処理なし　∴ 55（A）

（ウ）550≦570　→処理なし　∴ 440（A）

（エ）680＞570　∴ 680－570＝110（B）　440（A）－110（B）＝330

	判別式 1		判別式 2		のれん等調整額の超過額
	判定	A	判定	B	
（ア）	485　≦　500	－	－	－	0
（イ）	555　＞　500	555－500＝ 55	550　≦　570	なし	55
（ウ）	940　＞　500	940－500＝440	550　≦　570	なし	440
（エ）	940　＞　500	940－500＝440	680　＞　570	680－570＝110	440－110＝330

（注）なお、（エ）の場合において、440百万円（A）から110百万円（B）を控除した金額である330百万円は、繰延資産260百万円とその他資本剰余金70百万円の合計金額に等しくなる。

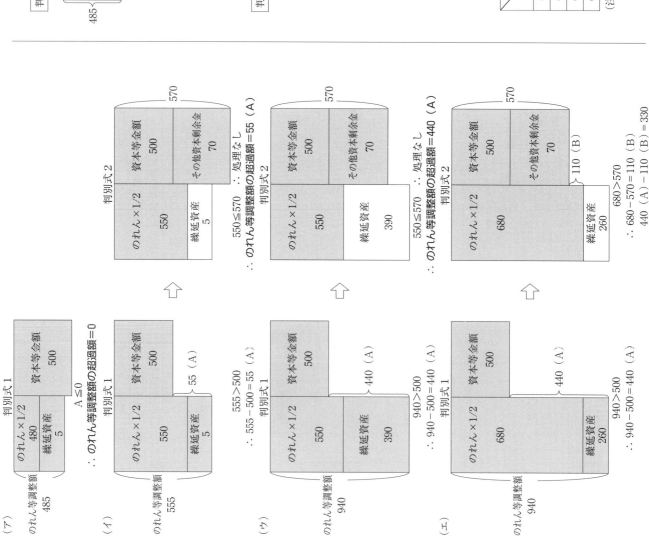

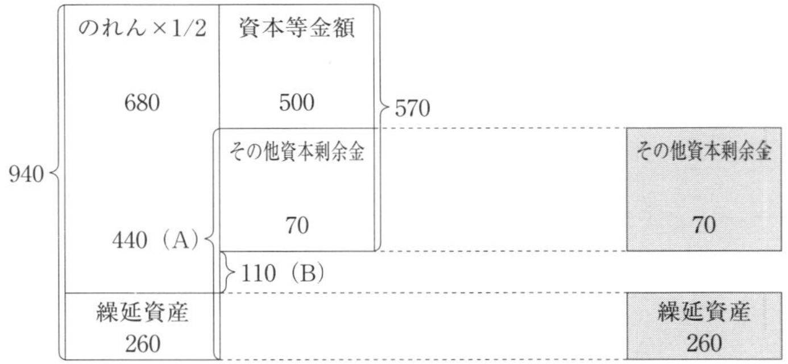

(2) 自己株式の帳簿価額：30

(3) その他有価証券評価差額金(借方残高)＋土地再評価差額金(借方残高)：0

その他有価証券評価差額金は貸方残高のためゼロとなる。

(4) 純資産の不足額

純資産額が300万円を下回る場合には、剰余金の配当を行えないため、300万円から剰余金以外の純資産額（資本金、準備金、評価・換算差額等（貸方の場合）、新株予約権）を控除した額がゼロ以上の場合には、その額（純資産の不足額）を控除する。

> 剰余金以外の純資産額合計＝資本金＋資本準備金＋利益準備金（資本等金額）＋評価・換算差額等(貸方の場合)
>
> ＋新株予約権
>
> 純資産の不足額＝300万円－剰余金以外の純資産額合計
>
> （純資産不足額≦０の場合には純資産の不足額はゼロとする。）
>
> （注）たとえば、資本金の額や(1)のれん等調整額の超過額において計算した資本等金額が300万円を超えている場合には純資産の不足額はゼロとなるため計算する必要はない。

剰余金以外の純資産額合計＝460〈資本金〉＋30〈資本準備金〉＋10〈利益準備金〉（500〈資本等金額〉）＋16〈その他有価証券評価差額金〉

＋2〈新株予約権〉＝518

純資産の不足額＝3〈300万円〉－518〈剰余金以外の純資産額合計〉＝△515　∴　純資産の不足額：ゼロ

(5) 分配可能額の計算

> 分配可能額＝剰余金 －
> (1) のれん等調整額の超過額
> (2) 自己株式の帳簿価額
> (3) その他有価証券評価差額金(借方残高)と土地再評価差額金(借方残高)
> (4) 純資産の不足額

剰余金	その他資本剰余金	70	(1) のれん等調整額の超過額	××	←（ア）0（イ）55（ウ）440（エ）330
	任意積立金	100	(2) 自己株式	30	
	繰越利益剰余金	520	(3) その他有価証券評価差額金	0	←貸方のためゼロ
			(4) 純資産の不足額	0	
	合計	690	分配可能額	××	←差額

（ア）690〈剰余金〉－　0〈のれん等調整額の超過額〉－30〈自己株式の帳簿価額〉＝660

（イ）690〈剰余金〉－　55〈のれん等調整額の超過額〉－30〈自己株式の帳簿価額〉＝605

（ウ）690〈剰余金〉－440〈のれん等調整額の超過額〉－30〈自己株式の帳簿価額〉＝220

（エ）690〈剰余金〉－330〈のれん等調整額の超過額〉－30〈自己株式の帳簿価額〉＝330

問３　剰余金配当の限度額

剰余金の配当を行った場合には、資本金の４分の１に達するまで、資本準備金および利益準備金を配当の10分の１ずつ積み立てなければならないため、分配可能額から準備金積立額を算定し控除した額が、剰余金配当の限度額となる。なお、分配可能額のうち配当する金額を「10」と仮定すると準備金積立額は「１」となるため、分配可能額の金額は「11」となる。したがって、準備金積立額は分配可能額の11分の１として計算した額と資本金の４分の１から準備金（資本準備金、利益準備金）を控除した残額とを比較して小さい方の額となる。

> (1) 準備金積立額
>
> ① 分配可能額×$\frac{1}{11}$＝準備金要積立額
>
> ② 資　本　金×$\frac{1}{4}$－準備金（資本準備金＋利益準備金）＝準備金積立可能額
>
> ③ 準備金の積立額＝①と②のうち小さい方の金額
>
> (2) 剰余金配当の限度額＝分配可能額－準備金積立額

(1) 準備金積立額

① $660\times\frac{1}{11}=60$

② $460\times\frac{1}{4}-(30+10)=75$

③ 60 ＜ 75　∴　準備金積立額：60

(2) 剰余金配当の限度額：660－60＝600

分配可能額	660	準備金積立額	60	
		剰余金配当の限度額	600	←差額

算式まとめ

1．剰余金の額

剰余金＝その他資本剰余金＋その他利益剰余金（任意積立金＋繰越利益剰余金）

2．分配可能額

(1) のれん等調整額の超過額（別法の場合）

① のれん等調整額－資本等金額＝A（ただしA≦0の場合、Aはゼロとする）

② のれん×1/2－（資本等金額＋その他資本剰余金）＝B（ただしB≦0の場合、Bはゼロとする）

③ のれん等調整額の超過額＝A－B

（注）資本等金額＝資本金＋準備金（資本準備金＋利益準備金）

のれん等調整額＝のれん×1/2＋繰延資産

(2) 自己株式の帳簿価額

(3) その他有価証券評価差額金（借方残高）＋土地再評価差額金（借方残高）

(4) 純資産の不足額

純資産の不足額

＝300万円－剰余金以外の純資産額（資本金、準備金、評価・換算差額等（貸方の場合）、新株予約権）

（純資産不足額≦0の場合、純資産不足額はゼロとする）

(5) 分配可能額

分配可能額＝剰余金－

(1) のれん等調整額の超過額
(2) 自己株式の帳簿価額
(3) その他有価証券評価差額金（借方残高）と土地再評価差額金（借方残高）
(4) 純資産の不足額

3．剰余金配当の限度額

(1) 準備金積立額

① 分配可能額×$\frac{1}{11}$＝準備金要積立額

② 資　本　金×$\frac{1}{4}$－準備金（資本準備金＋利益準備金）＝準備金積立可能額

③ 準備金積立額＝①と②のうち小さい方の金額

(2) 剰余金配当の限度額

剰余金配当の限度額＝分配可能額－準備金積立額

第3問　企業結合（以下、単位：千円）

問1　吸収合併

(1) 合併比率

① A社の企業評価額

（2,400〈時価による純資産額〉＋2,400×12%÷8%）÷2＝3,000〈A社の企業評価額〉
（2,400×12%÷8%：3,600〈収益還元価値〉）

② B社の企業評価額

（1,600〈時価による純資産額〉＋1,600×10%÷8%）÷2＝1,800〈B社の企業評価額〉
（1,600×10%÷8%：2,000〈収益還元価値〉）

③ 合併比率

$$\frac{1{,}800 \div 6{,}250\text{株}}{3{,}000 \div 7{,}500\text{株}} = \frac{@288\text{円〈B社の1株あたり企業評価額〉}}{@400\text{円〈A社の1株あたり企業評価額〉}} = \mathbf{0.72\text{〈合併比率〉}}$$

(2) 交付株式数

6,250株〈B社の発行済株式総数〉×0.72〈合併比率〉＝**4,500株〈A社株式の交付株式数〉**

(3) のれん

① B社の取得原価＝交付するA社株式の市場価格×A社株式の交付株式数

@480円〈A社株式の市場価格〉×4,500株〈A社株式の交付株式数〉＝2,160〈B社の取得原価〉

② のれん

2,160〈B社の取得原価〉－1,600〈B社の時価による純資産額〉＝**560〈のれん〉**

（参　考）A社の合併引継仕訳

（諸　資　産）	×××	（諸　負　債）	×××
時価による純資産額	1,600	（資本金など）	2,160
（の　れ　ん）	560		

問2　株式交換

(1) B社株式（子会社株式）の取得原価＝交付するA社株式の市場価格×A社株式の交付株式数

@480円〈A社株式の市場価格〉×4,500株〈A社株式の交付株式数〉＝**2,160〈B社株式の取得原価〉**

【参　考】 A社のB社株式取得時の仕訳

（B　社　株　式）	2,160	（資本金など）	2,160

(2) 連結貸借対照表の「のれん」

2,160〈B社株式の取得原価（投資）〉－1,600〈B社の時価による純資産額（B社の評価替後の資本）〉

＝**560〈のれん〉**

【参　考】 連結修正消去仕訳（投資と資本の相殺消去）

（資本金など）	1,600	（B　社　株　式）	2,160
（の　れ　ん）	560		

問３　株式移転

(1)　Ａ社株式(子会社株式)の取得原価＝Ａ社の適正な帳簿価額による純資産額

(注)　Ａ社は取得企業となるため、Ａ社株式の取得原価はＡ社の適正な帳簿価額による純資産額とする。

2,000〈Ａ社株式の取得原価(Ａ社の適正な帳簿価額による純資産額)〉

【参　考】Ｃ社のＡ社株式取得時の仕訳

(Ａ　社　株　式)	2,000	(資 本 金 な ど)	2,000

(2)　Ｂ社株式(子会社株式)の取得原価＝交付するＣ社株式の市場価格(＝Ａ社株式の市場価格)×交付株式数

(注)　Ｂ社は被取得企業となるため、Ｂ社株式の取得原価は取得の対価となる財の時価（Ｃ社株式の市場価格）にもとづいて算定されるが、株式移転時にはＣ社が新設されたばかりであり、Ｃ社株式の市場価格は存在しない。したがって、取得の対価となる財の時価はＢ社株主がＣ社に対する実際の議決権比率と同じ比率を保有するのに必要な数のＡ社株式をＡ社が交付したとみなして算定する。なお、本問のように取得企業となるＡ社の株式１株につきＣ社株式１株の割合で交付する場合には、実質的にＣ社株式の価値はＡ社株式の価値にもとづいて算定される。

@480円〈Ａ社株式の市場価格〉×4,500株〈交付株式数〉＝**2,160〈Ｂ社株式の取得原価〉**

【参　考】Ｃ社のＢ社株式取得時の仕訳

(Ｂ　社　株　式)	2,160	(資 本 金 な ど)	2,160

(3)　連結貸借対照表の「のれん」

①　Ｃ社とＡ社の連結

2,000〈Ａ社株式の取得原価（投資）〉－2,000〈Ａ社の適正な帳簿価額による純資産額〉
＝０〈のれんは生じない〉

【参　考】連結修正消去仕訳（投資と資本の相殺消去：Ａ社分）

(資 本 金 な ど)	2,000	(Ａ　社　株　式)	2,000

②　Ｃ社とＢ社の連結

2,160〈Ｂ社株式の取得原価(投資)〉－1,600〈Ｂ社の時価による純資産額(Ｂ社の評価替後の資本)〉
＝560〈のれん〉

【参　考】連結修正消去仕訳（投資と資本の相殺消去：Ｂ社分）

(資 本 金 な ど)	1,600	(Ｂ　社　株　式)	2,160
(の　れ　ん)	560		

第５回　工業簿記　解答

問１

全部原価計算の営業利益　②　1,568,000　円

直接原価計算の営業利益　②　1,113,000　円

問２

全部原価計算の営業利益　②　2,577,750　円

直接原価計算の営業利益　②　2,919,000　円

問３

全部原価計算の営業利益は、　22,750　円　（増　加・減　少）する。

（注）（　　）の中は適切な方を◯で囲みなさい。　両方正解で①

問４

７月の営業利益が最大となる生産量　②　1,200　個

直接原価計算の営業利益との差額　②　910,000　円

問５

８月の営業利益が最大となる生産量　1,250　個

そのときの営業利益　②　3,032,750　円

８月の営業利益が最小となる生産量　②　950　個

そのときの営業利益　②　2,350,250　円

問６

営業利益が最大となるように生産したとき　②　796,250　円　大きい。

営業利益が最小となるように生産したとき　②　227,500　円　小さい。

問７

直接原価計算の営業利益に比べて　523,250　円　（大きい・小さい）。

（注）（　　）の中は適切な方を◯で囲みなさい。　両方正解で②

○数字は採点基準　合計25点

第5回　原価計算　解答

〔問1〕20×7年度と比較して20×8年度の営業利益は　③　10,944　万円減少した。

〔問2〕20×7年度と比較して20×8年度の貢献利益は　③　11,232　万円減少した。

〔問3〕単価差異　②　［ 不利 ］ 20,736　万円　　数量差異　②　［ 有利 ］ 9,504　万円

〔問4〕下記の（　　）内には計算した金額を、［　　］内には20×7年度営業利益に加算する場合は＋の記号を、控除する場合は－の記号を記入しなさい。

営業利益差異分析表　（単位：万円）

1.	20×7年度営業利益				（ 39,168 ）
2.	製品販売価格差異	［ － ］	（② 7,680 ）		
3.	市場総需要量差異	［ ＋ ］	（ 43,200 ）		
4.	市場占拠率差異	［ － ］	（② 11,520 ）		
5.	製品販売数量差異	［ ＋ ］	（ 31,680 ）		
6.	売上高差異			［ ＋ ］	（ 24,000 ）
7.	変動売上原価価格差異	［ － ］	（ 13,824 ）		
8.	変動売上原価数量差異	［ － ］	（② 20,592 ）		
9.	変動売上原価差異			［ － ］	（ 34,416 ）
10.	変動販売費価格差異	［ ＋ ］	（ 768 ）		
11.	変動販売費数量差異	［ － ］	（② 1,584 ）		
12.	変動販売費差異			［ － ］	（ 816 ）
13.	貢献利益差異			［ － ］	（ 11,232 ）
14.	製造固定費差異	［ ＋ ］	（ 316 ）		
15.	販売・一般管理固定費差異	［ － ］	（ 28 ）		
16.	固定費差異			［ ＋ ］	（① 288 ）
17.	差異合計			［ － ］	（ 10,944 ）
18.	20×8年度営業利益				（ 28,224 ）

〔問5〕20×7年度と比較して20×8年度の経営資本営業利益率は　②　3.144　％減少した。

〔問6〕下記の（　　）内には計算した数値を、［　　］内には20×7年度経営資本営業利益率に加算する場合は＋の記号を、控除する場合は－の記号を記入しなさい。

経営資本営業利益率差異分析表　（単位：％）

1.	20×7年度経営資本営業利益率				（ 10.2 ）
2.	売上高営業利益率差異	［ － ］	（② 3.696 ）		
3.	経営資本回転率差異	［ ＋ ］	（② 0.552 ）		
4.	差異合計			［ － ］	（ 3.144 ）
5.	20×8年度経営資本営業利益率				（ 7.056 ）

○数字は採点基準　合計25点

第５回　工業簿記　解説

本問において、全部原価計算と直接原価計算の営業利益は、次のように計算することができる。

(1)　全部原価計算の営業利益

営業利益＝｛@6,300円－（@3,850円＋@210円）｝×製品販売量－224,000円±予想操業度差異

（｛ ｝の部分：@2,240円　224,000円：固定販管費）

（注）予想操業度差異が有利差異ならば営業利益にプラスし、不利差異ならば営業利益からマイナスする。

なお、予想操業度差異は次のように計算する。

予想操業度差異＝@2,275円×（計画生産量－1,000個）

（1,000個：予算操業度）

(2)　直接原価計算の営業利益

営業利益＝｛@6,300円－（@3,850円－@2,275円＋@210円）｝×製品販売量－（@2,275円×1,000個＋224,000円）

（｛ ｝の部分：貢献利益 @4,515円　（ ）の部分：固定費 2,499,000円）

問１　７月の全部原価計算の営業利益と直接原価計算の営業利益

(1)　全部原価計算の営業利益

予想操業度差異：@2,275円×（1,000個－1,000個）＝０円

営　業　利　益：@2,240円×800個－224,000円＝**1,568,000円**

(2)　直接原価計算の営業利益

営業利益：@4,515円×800個－2,499,000円＝**1,113,000円**

問２　８月の全部原価計算の営業利益と直接原価計算の営業利益

(1)　全部原価計算の営業利益

予想操業度差異：@2,275円×（1,050個－1,000個）＝（＋）113,750円

営　業　利　益：@2,240円×1,200個－224,000円＋113,750円＝**2,577,750円**

(2)　直接原価計算の営業利益

営業利益：@4,515円×1,200個－2,499,000円＝**2,919,000円**

問３　生産量の増加による営業利益の増減

販売量が一定であっても、生産量を増加させることにより、予想操業度差異が「@2,275円×生産増加量」だけ有利な方に計算されることになる。そこで、７月の生産量1,000個のとき（予想操業度差異は０円）から10個を増やして1,010個のときの予想操業度差異を計算すれば、次のとおりである。

予想操業度差異：@2,275円×（1,010個－1,000個）＝（＋）22,750円

よって、生産量を10個増加させると、全部原価計算の営業利益は**22,750円**増加する。

問４　７月の全部原価計算の営業利益が最大となるとき

全部原価計算を採用している場合、販売量が一定であっても、生産量を増やせば営業利益が増加するため、できる限り生産量を増やせば営業利益が最大となる。そこで、最大生産能力の1,250個を生産しようとすると、月末在庫量が650個となり、最大在庫量の600個を50個超過してしまうため、製品生産量は**1,200個**に留まる。

７月

月　初　200個	販　売　800個
生　産　∴ **1,200個**	月　末　600個

そのときの予想操業度差異は、次のように計算される。

予想操業度差異：@2,275円×（1,200個－1,000個）＝（＋）455,000円

よって、全部原価計算の営業利益は、次のように計算される。

営業利益：@2,240円×800個－224,000円＋455,000円
＝2,023,000円

また、直接原価計算の営業利益は、生産量が増加しても、販売量が一定である限り増減しない（1,113,000円）。

以上より、全部原価計算の営業利益と直接原価計算の営業利益の差額は、次のとおりである。

営業利益の差額：2,023,000円－1,113,000円＝**910,000円**

または、固定費調整の計算によって求めることもできる。

営業利益の差額（＝固定費調整額）：@2,275円×（600個－200個）＝**910,000円**

問５　８月の全部原価計算の営業利益が最大および最小となるとき

(1)　８月の営業利益が最大となるとき

８月の営業利益を最大にするための製品生産量は、最大生産能力の**1,250個**となる。

８月

月　初　400個	販　売　1,200個
生　産　**1,250個**	月　末　∴ 450個

そのときの予想操業度差異は、次のように計算される。

予想操業度差異：@2,275円×（1,250個－1,000個）＝（＋）568,750円

よって、全部原価計算の営業利益は、次のように計算される。

営業利益：@2,240円×1,200個－224,000円＋568,750円
＝**3,032,750円**

(2)　８月の営業利益が最小となるとき

８月の営業利益を最小にするためには、できる限り生産量を減らせばよい。そこで、最低生産量の800個を生産しようとすると、月末在庫量が０個となり、最低在庫量の150個を確保できないため、製品生産量は**950個**となる。

８月

月　初　400個	販　売　1,200個
生　産　∴ **950個**	月　末　150個

そのときの予想操業度差異は、次のように計算される。

予想操業度差異：@2,275円×（950個－1,000個）＝（－）113,750円

よって、全部原価計算の営業利益は、次のように計算される。

営業利益：@2,240円×1,200個－224,000円－113,750円
＝**2,350,250円**

問６　９月の全部原価計算の営業利益が最大および最小となるとき

(1)　９月の営業利益が最大となるとき

９月の営業利益を最大にするための製品生産量は、最大生産能力の**1,250個**となる。

９月

月　初	販　売
250個	900個
生　産	
1,250個	月　末
	∴ 600個

そのときの予想操業度差異は、次のように計算される。

予想操業度差異：@2,275円×(1,250個－1,000個)＝(＋)568,750円

よって、全部原価計算の営業利益は、次のように計算される。

営業利益：@2,240円×900個－224,000円＋568,750円
＝2,360,750円

また、直接原価計算の営業利益は、次のように計算される。

営業利益：@4,515円×900個－2,499,000円＝1,564,500円

以上より、全部原価計算の営業利益と直接原価計算の営業利益の差額は、次のとおりである。

営業利益の差額：2,360,750円－1,564,500円＝**796,250円**（全部原価計算の営業利益の方が大きい）

または、固定費調整の計算によって求めることもできる。

営業利益の差額（＝固定費調整額）：@2,275円×(600個－250個)＝**796,250円**

(2)　９月の営業利益が最小となるとき

９月の営業利益を最小にするための製品生産量は、最低生産量の**800個**となる。

９月

月　初	販　売
250個	900個
生　産	
800個	月　末
	∴ 150個

そのときの予想操業度差異は、次のように計算される。

予想操業度差異：@2,275円×(800個－1,000個)＝(－)455,000円

よって、全部原価計算の営業利益は、次のように計算される。

営業利益：@2,240円×900個－224,000円－455,000円
＝1,337,000円

また、直接原価計算の営業利益は、次のように計算される。

営業利益：@4,515円×900個－2,499,000円＝1,564,500円

以上より、全部原価計算の営業利益と直接原価計算の営業利益の差額は、次のとおりである。

営業利益の差額：1,337,000円－1,564,500円＝(－)**227,500円**（全部原価計算の営業利益の方が小さい）

または、固定費調整の計算によって求めることもできる。

営業利益の差額（＝固定費調整額）：@2,275円×(150個－250個)＝(－)**227,500円**

問７　９月の予想操業度差異を月次売上原価と月末製品に追加配賦した場合

上記問６(1)より、９月の予想操業度差異は(＋)568,750円である。これを月次売上原価（当月完成分）と月末製品に追加配賦するとき、その追加配賦額は、次のように計算される。

$$月末製品への追加配賦額：(＋)568,750円\times\frac{600個}{1,250個}＝(＋)273,000円$$

月次売上原価への追加配賦額：(＋)568,750円－(＋)273,000円＝(＋)295,750円

よって、全部原価計算の営業利益は、次のように計算される。

営業利益：@2,240円×900個－224,000円＋295,750円＝2,087,750円

なお、直接原価計算の営業利益は、次のように計算される。

営業利益：@4,515円×900個－2,499,000円＝1,564,500円

以上より、全部原価計算の営業利益と直接原価計算の営業利益の差額は、次のとおりである。

営業利益の差額：2,087,750円－1,564,500円＝**523,250円**（全部原価計算の営業利益の方が**大きい**）

または、問６の営業利益が最大になるときの、全部原価計算の営業利益と直接原価計算の営業利益の差額（796,250円）から、月末製品に追加配賦された予想操業度差異（273,000円）だけ、両者の営業利益の差額が小さくなると考えてもよい。

営業利益の差額：796,250円－273,000円＝**523,250円**（全部原価計算の営業利益の方が**大きい**）

第５回　原価計算　解説

〔問１〕〔問２〕

20×7年度と20×8年度の実績損益計算書および差異（単位：万円）

	20×7年度	20×8年度	差　異
売上高	244,800	268,800	[＋] 24,000
変動売上原価	159,120	193,536	[－] 34,416
変動販売費	12,240	13,056	[－] 816
貢献利益	73,440	62,208	[－] **11,232**
製造固定費	16,524	16,208	[＋] 316
販売・一般管理固定費	17,748	17,776	[－] 28
営業利益	39,168	28,224	[－] **10,944**

20×7年度の売上高の計算：7,200円×340,000個＝244,800万円
〔問４〕の解説参照（後述）

(1)　20×7年度の変動売上原価の計算（単位：万円）

仕掛品

借方	貸方
期首 15,760	完成 157,920
当期 155,160	期末 13,000

→

製品

借方	貸方
期首 19,200	販売 159,120
完成 157,920	期末 18,000

(2)　20×8年度の変動売上原価の計算（単位：万円）

仕掛品

借方	貸方
期首 13,000	完成 192,400
当期 194,920	期末 15,520

→

製品

借方	貸方
期首 18,000	販売 193,536
完成 192,400	期末 16,864

上記の損益計算書より営業利益は20×7年度と比較して10,944万円減少し、貢献利益は同じく11,232万円減少している。

〔問３〕貢献利益差異の分析（要因別分析）

20×7年度 @2,160円
20×8年度 @1,620円

単価差異	数量差異
(@1,620円－@2,160円)×384,000個 ＝(－)**20,736万円**	(384,000個－340,000個)×@2,160円 ＝(＋)**9,504万円**

384,000個 20×8年度　　340,000個 20×7年度

〔問４〕の解説参照

20×7年度の貢献利益単価：73,440万円÷340,000個＝@2,160円
20×8年度の貢献利益単価：62,208万円÷384,000個＝@1,620円

〔問４〕営業利益差異分析表（項目別分析）

(1)　売上高差異の分析

20×7年度 @7,200円
20×8年度 @7,000円

製品販売価格差異	製品販売数量差異
(@7,000円－@7,200円)×384,000個 ＝(－)**7,680万円**	(384,000個－340,000個)×@7,200円 ＝(＋)**31,680万円**

384,000個 20×8年度　　340,000個（注２）20×7年度

⇩

20×7年度 @7,200円

市場占拠率差異	市場総需要量差異
(－)**11,520万円**	(＋)**43,200万円** 答案用紙より

384,000個 20×8年度　　400,000個（注１）　　340,000個（注２）20×7年度
＝
X

（注１）384,000個÷12％×12.5％＝400,000個
（注２）（400,000個－X個）×@7,200円＝（＋）43,200万円
X＝340,000個

市場占拠率差異：（384,000個－400,000個）×@7,200円＝（－）11,520万円
市場総需要量差異：（400,000個－340,000個）×@7,200円＝（＋）43,200万円

(2) 変動売上原価差異の分析

20×7年度の変動売上原価単価：159,120万円÷340,000個＝@4,680円
20×8年度の変動売上原価単価：193,536万円÷384,000個＝@5,040円

(3) 変動販売費差異の分析

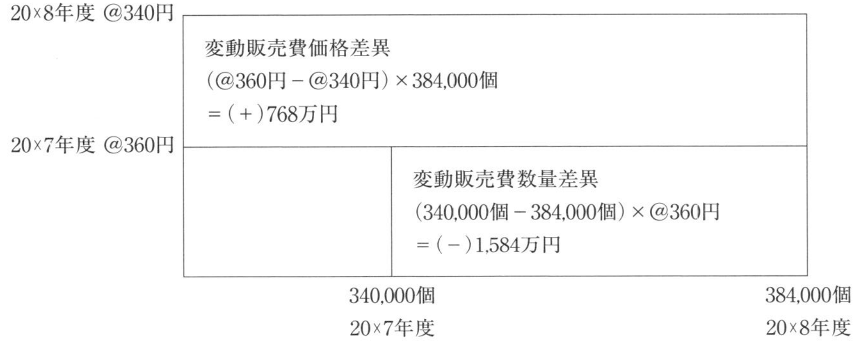

20×7年度の変動販売費単価：12,240万円÷340,000個＝@360円
20×8年度の変動販売費単価：13,056万円÷384,000個＝@340円

(4) 固定費差異の分析
製造固定費差異：16,524万円－16,208万円＝**(＋)316万円**
販売・一般管理固定費差異：17,748万円－17,776万円＝**(－)28万円**

〔問５〕
20×7年度の経営資本営業利益率：39,168万円÷384,000万円×100＝10.2％
20×8年度の経営資本営業利益率：28,224万円÷400,000万円×100＝7.056％
経営資本営業利益率は20×7年度と比較して**3.144%**減少している。

〔問６〕
経営資本営業利益率は売上高営業利益率と経営資本回転率に分解することができる（金額単位：万円）。

$$\text{経営資本営業利益率}=\frac{\text{営業利益}}{\text{経営資本}}=\frac{\text{営業利益}}{\text{売上高}}\times\frac{\text{売上高}}{\text{経営資本}}$$

（売上高営業利益率）（経営資本回転率）

$$\text{20×7年度の経営資本営業利益率：}\frac{39,168}{384,000}=\frac{39,168}{244,800}\times\frac{244,800}{384,000}$$

（売上高営業利益率）16％　（経営資本回転率）0.6375回

$$\text{20×8年度の経営資本営業利益率：}\frac{28,224}{400,000}=\frac{28,224}{268,800}\times\frac{268,800}{400,000}$$

（売上高営業利益率）10.5％　（経営資本回転率）0.672回

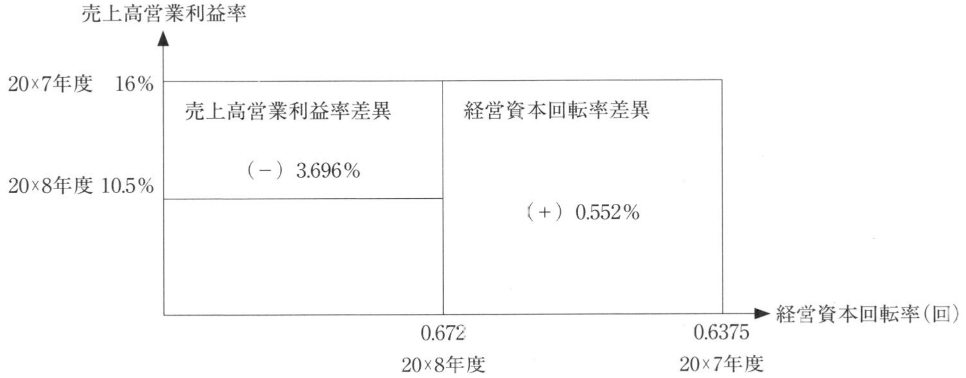

売上高営業利益率差異：（10.5％－16％）×0.672＝**(－)3.696%**
経営資本回転率差異：（0.672回－0.6375回）×16％＝**(＋)0.552%**

日商簿記検定試験対策
網羅型完全予想問題集

第6回

解答・解説

	出題論点	難易度	重要項目
商業簿記	連結財務諸表の作成	B	・子会社株式の追加取得 ・未実現損益の調整 ・税効果会計
会 計 学	第１問：空欄補充問題	A	・退職給付債務の算定 ・数理計算上の差異の処理 ・総合償却
	第２問：退職給付会計	A	
	第３問：有形固定資産	A	
工業簿記	第１問：部門別個別原価計算	A	・直接配賦法 ・連立方程式法の処理 ・複数基準配賦法
	第２問：原価計算基準	A	
原価計算	設備投資の意思決定	A	・正味現在価値法 ・回収期間法 ・内部利益率法

※　難易度は、A＝易、B＝難となっています。

第6回　商業簿記　解答

連結貸借対照表

20×6年3月31日現在　　(単位：千円)

資産の部		負債の部	
Ⅰ 流動資産		Ⅰ 流動負債	
現金預金	(1,093,500)	買掛金	(420,500)
売掛金	(② 740,000)	未払法人税等	(77,000)
貸倒引当金	(△ 14,800)	その他の流動負債	(30,000)
商品	(② 207,500)	流動負債合計	(527,500)
その他の流動資産	(54,920)	Ⅱ 固定負債	
流動資産合計	(2,081,120)	繰延税金負債	( )
Ⅱ 固定資産		その他の固定負債	(900,000)
建物	(750,000)	固定負債合計	(900,000)
備品	(② 58,750)	負債合計	(1,427,500)
減価償却累計額	(△ 161,750)	純資産の部	
土地	(② 656,000)	Ⅰ 株主資本	
のれん	(② 23,712)	資本金	(1,500,000)
繰延税金資産	(② 14,500)	資本剰余金	(164,620)
その他の固定資産	(300,000)	利益剰余金	(① 484,172)
固定資産合計	(1,641,212)	株主資本合計	(2,148,792)
		Ⅱ 非支配株主持分	(② 146,040)
		純資産合計	(2,294,832)
資産合計	(3,722,332)	負債・純資産合計	(3,722,332)

(注) 該当する金額がない場合は空欄のままにしておくこと。

連結損益計算書

自20×5年4月1日　至20×6年3月31日　　(単位：千円)

Ⅰ	売上高		(3,500,000)
Ⅱ	売上原価		(② 2,105,000)
	売上総利益		(1,395,000)
Ⅲ	販売費及び一般管理費		
	1. 販売費及び一般管理費	(② 977,625)	
	2. 貸倒引当金繰入額	(11,000)	
	3. 減価償却費	(59,225)	
	4. のれん償却額	(1,976)	(1,049,826)
	営業利益		(345,174)
Ⅳ	営業外収益		(153,150)
Ⅴ	営業外費用		(195,900)
	経常利益		(302,424)
Ⅵ	特別利益		( )
	税金等調整前当期純利益		(302,424)
	法人税等	(140,000)	
	法人税等調整額	(△ 8,900)	(② 131,100)
	当期純利益		(171,324)
	非支配株主に帰属する当期純利益		(② 6,720)
	親会社株主に帰属する当期純利益		(② 164,604)

(注) 該当する金額がない場合は空欄のままにしておくこと。

○数字は採点基準　合計25点

第6回　会計学　解答

第1問

1	2	3	4	5	
期待値	組替調整	売買	利息	賃貸借	各①

(別解) 2はリサイクリングでもよい。

第2問

問1	前期末の退職給付債務	①	12,354	千円
	当期末の退職給付債務	①	13,196	千円
	当期の勤務費用	①	471	千円
	当期の利息費用	①	371	千円
問2	当期末の退職給付引当金	②	38,912	千円
	当期の退職給付費用	①	6,072	千円
問3	当期末の退職給付引当金	②	40,160	千円
	当期の退職給付費用	①	7,320	千円

第3問

(ア)	8,500	①
(イ)	800,000	②
(ウ)	20,000	①
(エ)	77,035	②
(オ)	900	②
(カ)	10	①
(キ)	1,185,000	①

○数字は採点基準　合計25点

第６回　商業簿記　解説

１．S社資本勘定の推移（タイムテーブル）（以下、単位：千円）

	20×3年 3/31		20×4年 3/31		20×5年 3/31	（当期）×5年度	20×6年 3/31
	60%取得（支配獲得）		20%取得（追加取得）				
資本金	500,000		500,000		500,000		500,000
資本剰余金	40,000		40,000		40,000		40,000
利益剰余金	130,000	⊕20,000 →	150,000	⊕20,000 →	170,000	利益⊕42,000 配当△12,000 ⊕30,000 →	200,000
	670,000		690,000		710,000		740,000

２．開始仕訳

(1)　20×3年３月31日（支配獲得日）の修正消去仕訳

①　S社土地の評価替え（全面時価評価法）

（土　　地）（＊1）	6,000	（繰延税金負債）（＊2） —S社—	1,800
		（評　価　差　額）（＊3）	4,200

（＊1）256,000〈時価〉－250,000〈簿価〉＝6,000

（＊2）6,000×30％〈実効税率〉＝1,800

（＊3）貸借差額

②　投資と資本の相殺消去

（資本金当期首残高）	500,000	（S　社　株　式）	434,160
（資本剰余金当期首残高）	40,000	（非支配株主持分当期首残高）（＊1）	269,680
（利益剰余金当期首残高）	130,000		
（評　価　差　額）	4,200		
（の　れ　ん）（＊2）	29,640		

（＊1）（500,000＋40,000＋130,000＋4,200）×40％〈追加取得前非支配株主持分割合〉＝269,680
674,200〈S社資本（評価替後）〉

（＊2）674,200×60％〈追加取得前P社持分割合〉－434,160＝△29,640（借方）
404,520〈追加取得前P社持分〉

(2)　20×3年度の修正消去仕訳

①　のれんの償却

（利益剰余金当期首残高）（＊） のれん償却額	1,976	（の　れ　ん）	1,976

（＊）29,640÷15年＝1,976

②　S社利益剰余金増加額の非支配株主持分への振替え

（利益剰余金当期首残高）（＊） 非支配株主に帰属する当期純損益	8,000	（非支配株主持分当期首残高）	8,000

（＊）（150,000〈20×4年3/31〉－130,000〈20×3年3/31〉）×40％〈追加取得前非支配株主持分割合〉＝8,000

③　S社株式の追加取得の修正

（非支配株主持分当期首残高）（＊1）	138,840	（S　社　株　式）	149,220
（資本剰余金当期首残高）（＊2）	10,380		

（＊1）$(269{,}680+8{,}000)\times\dfrac{20\%\langle P社追加取得割合\rangle}{40\%\langle 追加取得前非支配株主持分割合\rangle}=138{,}840$

または　（690,000＋4,200）×20％〈P社追加取得割合〉＝138,840

（＊2）138,840－149,220＝△10,380（借方）

(3)　20×4年度の修正消去仕訳

①　のれんの償却

（利益剰余金当期首残高）（＊） のれん償却額	1,976	（の　れ　ん）	1,976

（＊）29,640÷15年＝1,976

②　S社利益剰余金増加額の非支配株主持分への振替え

（利益剰余金当期首残高）（＊） 非支配株主に帰属する当期純損益	4,000	（非支配株主持分当期首残高）	4,000

（＊）（170,000〈20×5年3/31〉－150,000〈20×4年3/31〉）×20％〈追加取得後非支配株主持分割合〉＝4,000

(4)　開始仕訳のまとめ（(1)＋(2)＋(3)）

（土　　地）	6,000	（繰延税金負債） —S社—	1,800
（資本金当期首残高）	500,000		
（資本剰余金当期首残高）	50,380	（S　社　株　式）	583,380
（利益剰余金当期首残高）	145,952	（非支配株主持分当期首残高）	142,840
（の　れ　ん）	25,688		

３．期中仕訳（20×5年度の修正消去仕訳）

(1)　のれんの償却

（のれん償却額）（＊）	1,976	（の　れ　ん）	1,976

（＊）29,640÷15年＝1,976

(2)　当期純利益の非支配株主持分への振替え

（非支配株主に帰属する当期純損益）（＊）	8,400	（非支配株主持分当期変動額）	8,400

（＊）42,000〈S社当期純利益〉×20％〈追加取得後非支配株主持分割合〉＝8,400

(3)　配当金の修正

（営業外収益）（＊1） 受取配当金	9,600	（剰余金の配当）	12,000
（非支配株主持分当期変動額）（＊2）	2,400		

（＊1）12,000×80％〈追加取得後P社持分割合〉＝9,600

（＊2）12,000×20％〈追加取得後非支配株主持分割合〉＝2,400

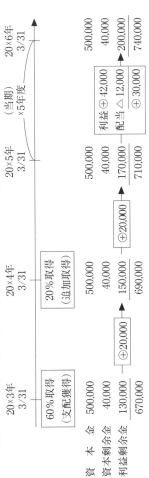

(4) 未達取引の整理

子会社が販売した商品が親会社に未達の場合、連結会社間における金額に不一致が生じるため、未達取引の整理仕訳を行い、連結会社間における金額を一致させてから、連結会社間の取引高の相殺消去を行う。

① 商品の仕入時

(売　上　原　価) 仕入	2,500	(買　　掛　　金)	2,500

② 期末商品への振替え

未達商品は期末に残っているため、売上原価（仕入）から商品に振り替える。

(商　　　　　品) 繰越商品	2,500	(売　上　原　価) 仕入	2,500

③ 未達取引のまとめ（①+②）

(商　　　　　品)	2,500	(買　　掛　　金)	2,500

(5) 売上高と売上原価の相殺消去

(売　　上　　高)	750,000	(売　上　原　価)	750,000

(6) 期首商品棚卸高および期末商品棚卸高に含まれる未実現利益の調整（アップ・ストリーム）

① 期首商品棚卸高に含まれる未実現利益

(a) 開始仕訳

(利益剰余金当期首残高) 売上原価	(＊1)	10,000	(商　　　　　品)	10,000
(繰 延 税 金 資 産) －Ｓ社－	(＊2)	3,000	(利益剰余金当期首残高) 法人税等調整額	3,000
(非支配株主持分当期首残高)	(＊3)	1,400	(利益剰余金当期首残高) 非支配株主に帰属する当期純損益	1,400

(＊1) $1-\frac{810{,}000}{1{,}350{,}000}=0.4$〈売上総利益率〉

25,000×0.4＝10,000〈未実現利益(一時差異)〉

(＊2) 10,000×30％〈実効税率〉＝3,000

(＊3) (10,000－3,000)×20％〈追加取得後非支配株主持分割合〉＝1,400

(b) 実現仕訳

(商　　　　　品)	10,000	(売　上　原　価)	10,000
(法人税等調整額)	3,000	(繰 延 税 金 資 産) －Ｓ社－	3,000
(非支配株主に帰属する当期純損益)	1,400	(非支配株主持分当期変動額)	1,400

② 期末商品棚卸高に含まれる未実現利益

(売　上　原　価)	(＊1)	25,000	(商　　　　　品)	25,000
(繰 延 税 金 資 産) ―Ｓ社―	(＊2)	7,500	(法人税等調整額)	7,500
(非支配株主持分当期変動額)	(＊3)	3,500	(非支配株主に帰属する当期純損益)	3,500

(＊1) (60,000＋2,500〈未達〉)×0.4〈売上総利益率〉＝25,000〈未実現利益(一時差異)〉

(＊2) 25,000×30％〈実効税率〉＝7,500

(＊3) (25,000－7,500)×20％〈追加取得後非支配株主持分割合〉＝3,500

③ まとめ（①＋②）

期首・期末商品の修正がある場合には、次の２つのまとめ方がある。後述の税効果会計の処理および精算表は、２の差額補充法的な処理で作成している。

<table>
<tr><th></th><th>1．洗替法的な処理</th><th>2．差額補充法的な処理</th></tr>
<tr><td>①(a)</td><td rowspan="2">(利益剰余金当期首残高) 5,600 (売　上　原　価) 10,000
(法人税等調整額) 3,000
(非支配株主に帰属する当期純損益) 1,400
(非支配株主持分当期首残高) 1,400 (非支配株主持分当期変動額) 1,400</td><td>(利益剰余金当期首残高) 10,000 (商　　　品) 10,000
(繰延税金資産) 3,000 (利益剰余金当期首残高) 3,000
(非支配株主持分当期首残高) 1,400 (利益剰余金当期首残高) 1,400</td></tr>
<tr><td>①(b)</td><td rowspan="2">(売　上　原　価) 15,000 (商　　　品) 15,000
(繰延税金資産) 4,500 (法人税等調整額) 4,500
(非支配株主持分当期変動額) 2,100 (非支配株主に帰属する当期純損益) 2,100</td></tr>
<tr><td>②</td><td>(売　上　原　価) 25,000 (商　　　品) 25,000
(繰延税金資産) 7,500 (法人税等調整額) 7,500
(非支配株主持分当期変動額) 3,500 (非支配株主に帰属する当期純損益) 3,500</td></tr>
</table>

(7) 売掛金と買掛金の相殺消去

(買　　掛　　金)	(＊)	250,000	(売　　掛　　金)	250,000

(＊) 247,500＋2,500〈未達〉＝250,000

(8) 期首貸倒引当金および期末貸倒引当金の調整

① 期首貸倒引当金の調整

(a) 開始仕訳

(貸 倒 引 当 金)	(＊1)	2,000	(利益剰余金当期首残高) 貸倒引当金繰入額	2,000
(利益剰余金当期首残高) 法人税等調整額	(＊2)	600	(繰 延 税 金 負 債) ―Ｓ社―	600
(利益剰余金当期首残高) 非支配株主に帰属する当期純損益	(＊3)	280	(非支配株主持分当期首残高)	280

(＊1) 100,000〈前期末残高〉×２％＝2,000〈一時差異〉

(＊2) 2,000×30％〈実効税率〉＝600

(＊3) (2,000－600)×20％〈追加取得後非支配株主持分割合〉＝280

(b) 実現仕訳

(貸倒引当金繰入額)	2,000	(貸 倒 引 当 金)	2,000
(繰 延 税 金 負 債) ―Ｓ社―	600	(法人税等調整額)	600
(非支配株主持分当期変動額)	280	(非支配株主に帰属する当期純損益)	280

② 期末貸倒引当金の調整

(貸 倒 引 当 金)(*1)	5,000	(貸倒引当金繰入額)	5,000
(法人税等調整額)(*2)	1,500	(繰延税金負債) —S社—	1,500
(非支配株主に帰属する当期純損益)(*3)	700	(非支配株主持分当期変動額)	700

(*1) 250,000×2%=5,000〈一時差異〉

(*2) 5,000×30%〈実効税率〉=1,500

(*3) (5,000−1,500)×20%〈追加取得後非支配株主持分割合〉=700

③ まとめ(①+②)

期首・期末貸倒引当金の修正がある場合には、次の2つのまとめ方がある。後述の税効果会計の処理および精算表は、2の差額補充法的な処理で作成している。

	1. 洗替法的な処理				2. 差額補充法的な処理			
①(a)					(貸 倒 引 当 金)	2,000	(利益剰余金当期首残高)	2,000
	(貸倒引当金繰入額)	2,000	(利益剰余金当期首残高)	1,120	(利益剰余金当期首残高)	600	(繰延税金負債)	600
			(法人税等調整額)	600	(利益剰余金当期首残高)	280	(非支配株主持分当期首残高)	280
①(b)			(非支配株主に帰属する当期純損益)	280				
	(非支配株主持分当期変動額)	280	(非支配株主持分当期首残高)	280	(貸 倒 引 当 金)	3,000	(貸倒引当金繰入額)	3,000
					(法人税等調整額)	900	(繰延税金負債)	900
②	(貸 倒 引 当 金)	5,000	(貸倒引当金繰入額)	5,000	(非支配株主に帰属する当期純損益)	420	(非支配株主持分当期変動額)	420
	(法人税等調整額)	1,500	(繰延税金負債)	1,500				
	(非支配株主に帰属する当期純損益)	700	(非支配株主持分当期変動額)	700				

(9) 備品に含まれる未実現利益の調整(ダウン・ストリーム)

(特 別 利 益)(*1) 備品売却益	1,250	(備 品)	1,250
(繰延税金資産)(*2) —P社—	375	(法人税等調整額)	375
(減価償却累計額)(*3)	250	(減 価 償 却 費)	250
(法人税等調整額)(*4)	75	(繰延税金資産) —P社—	75

(*1) 3,750−2,500=1,250〈未実現利益(一時差異)〉

(*2) 1,250×30%〈実効税率〉=375

(*3) 1,250÷5年=250

(*4) 250×30%〈実効税率〉=75

(10) 繰延税金資産と繰延税金負債の相殺

① P社分

(a) 勘定記入

繰延税金資産

個別B/S	7,000	3.(9)	75
3.(9)	375		

(借方合計 7,300)

繰延税金負債

(b) 相 殺

仕 訳 な し

② S社分

(a) 勘定記入

繰延税金資産

個別B/S	3,000		
3.(6)	3,000		
3.(6)	4,500		

(借方合計 10,500)

繰延税金負債

		3.(8)	600
		3.(8)	900
		2.(4)	1,800

(貸方合計 3,300)

(b) 相 殺

(繰延税金負債) —S社—	3,300	(繰延税金資産) —S社—	3,300

4．連結精算表

表示科目	個別財務諸表 P社	個別財務諸表 S社	個別財務諸表 合計	修正消去仕訳	修正消去仕訳	連結財務諸表
(損益計算書)						
売上高	(2,900,000)	(1,350,000)	(4,250,000)	750,000		(3,500,000)
売上原価	2,030,000	810,000	2,840,000	15,000	750,000	2,105,000
販売費及び一般管理費	559,700	417,925	977,625			977,625
貸倒引当金繰入額	8,600	5,400	14,000		3,000	11,000
減価償却費	37,200	22,275	59,475		250	59,225
のれん償却額	−	−	−	1,976		1,976
営業外収益	(122,250)	(40,500)	(162,750)	9,600		(153,150)
営業外費用	132,000	63,900	195,900			195,900
特別利益	(1,250)	−	(1,250)	1,250		−
法人税等	110,000	30,000	140,000			140,000
法人税等調整額	(4,000)	(1,000)	(5,000)	900 75	4,500 375	(8,900)
非支配株主に帰属する当期純損益	−	−	−	8,400 420	2,100	6,720
親会社株主に帰属する当期純利益	(150,000)	(42,000)	(192,000)	787,621	760,225	(164,604)
(株主資本等変動計算書)						
資本金当期首残高	(1,500,000)	(500,000)	(2,000,000)	500,000		(1,500,000)
資本金当期末残高	(1,500,000)	(500,000)	(2,000,000)	500,000		(1,500,000)
資本剰余金当期首残高	(175,000)	(40,000)	(215,000)	50,380		(164,620)
資本剰余金当期末残高	(175,000)	(40,000)	(215,000)	50,380		(164,620)
利益剰余金当期首残高	(330,000)	(170,000)	(500,000)	145,952 10,000 600 280	3,000 1,400 2,000	(349,568)
剰余金の配当	(＊) 30,000	12,000	42,000		12,000	30,000
親会社株主に帰属する当期純利益	(150,000)	(42,000)	(192,000)	787,621	760,225	(164,604)
利益剰余金当期末残高	(450,000)	(200,000)	(650,000)	944,453	778,625	(484,172)
非支配株主持分当期首残高	−	−	−	1,400	142,840 280	(141,720)
非支配株主持分当期変動額	−	−	−	2,400 2,100	8,400 420	(4,320)
非支配株主持分当期末残高	−	−	−	5,900	151,940	(146,040)
(貸借対照表)						
現金預金	682,500	411,000	1,093,500			1,093,500
売掛金	540,000	450,000	990,000		250,000	740,000
貸倒引当金	(10,800)	(9,000)	(19,800)	2,000 3,000		(14,800)
商品	150,000	80,000	230,000	2,500	10,000 15,000	207,500
その他の流動資産	35,920	19,000	54,920			54,920
建物	500,000	250,000	750,000			750,000
備品	40,000	20,000	60,000		1,250	58,750
減価償却累計額	(108,000)	(54,000)	(162,000)	250		(161,750)
土地	400,000	250,000	650,000	6,000		656,000
のれん	−	−	−	25,688	1,976	23,712
S社株式	583,380	−	583,380		583,380	−
繰延税金資産	7,000	3,000	10,000	3,000 4,500 375	3,300 75	14,500
その他の固定資産	300,000	−	300,000			300,000
合計	3,120,000	1,420,000	4,540,000	47,313	864,981	3,722,332
買掛金	(420,000)	(248,000)	(668,000)	250,000	2,500	(420,500)
未払法人税等	(60,000)	(17,000)	(77,000)			(77,000)
その他の流動負債	(15,000)	(15,000)	(30,000)			(30,000)
繰延税金負債	−	−	−	3,300	600 900 1,800	−
その他の固定負債	(500,000)	(400,000)	(900,000)			(900,000)
資本金	(1,500,000)	(500,000)	(2,000,000)	500,000		(1,500,000)
資本剰余金	(175,000)	(40,000)	(215,000)	50,380		(164,620)
利益剰余金	(450,000)	(200,000)	(650,000)	944,453	778,625	(484,172)
非支配株主持分	−	−	−	5,900	151,940	(146,040)
合計	(3,120,000)	(1,420,000)	(4,540,000)	1,754,033	936,365	(3,722,332)

(＊) 330,000 − (450,000 − 150,000) = 30,000

第6回　会計学　解説

第1問　空欄記入問題

1．変動対価の見積り（「収益認識に関する会計基準」51）

変動対価の額の見積りにあたっては、発生し得ると考えられる対価の額における最も可能性の高い単一の金額（**最頻値**）による方法又は発生し得ると考えられる対価の額を確率で加重平均した金額（**期待値**）による方法のいずれかのうち、企業が権利を得ることとなる対価の額をより適切に予測できる方法を用いる。

2．包括利益計算書（「包括利益の表示に関する会計基準」9）

包括利益計算書の作成において、当期純利益を構成する項目のうち当期または過去の期間にその他の包括利益に含まれていた部分については、その他の包括利益の計算区分から加減する。これをその他の包括利益から当期純利益への（**組替調整（リサイクリング）**）という。

3．リース取引の会計処理（「リース取引に関する会計基準」9・10・11・15）

リース取引の借手側の会計処理において、ファイナンス・リース取引となる場合は、通常の（**売買**）取引に係る方法に準じた会計処理を適用し、リース取引開始日に、リース資産及びリース債務を計上する。リース資産及びリース債務の計上額は、原則として、リース契約締結時に合意されたリース料総額からこれに含まれている（**利息**）相当額の合理的な見積額を控除する方法により算定する。当該（**利息**）相当額については、原則として、リース期間にわたり（**利息**）法により配分する。なお、オペレーティング・リース取引となる場合は、通常の（**賃貸借**）取引に係る方法に準じた会計処理を適用する。

第2問　退職給付会計（以下、単位：千円。解説上、金銭の受払いは現金預金で示している。）

問1　退職給付債務等の計算

退職給付債務は、退職給付見込額のうち、認識時までに発生していると認められる額を一定の割引率および残存勤務期間にもとづき割り引いて計算する。

1．前期末の退職給付債務（27年勤務、残存勤務期間3年）

$$15{,}000\langle 退職給付見込額\rangle \times \frac{27年}{30年} = 13{,}500\langle 前期末までの発生額\rangle$$

$13{,}500 \div 1.03^3 \fallingdotseq$ **12,354〈前期末の退職給付債務〉**

2．当期末の退職給付債務（28年勤務、残存勤務期間2年）

$$15{,}000\langle 退職給付見込額\rangle \times \frac{28年}{30年} = 14{,}000\langle 当期末までの発生額\rangle$$

$14{,}000 \div 1.03^2 \fallingdotseq$ **13,196〈当期末の退職給付債務〉**

3．当期の勤務費用

勤務費用は、退職給付見込額のうち当期に発生したと認められる額を一定の割引率および残存勤務期間にもとづき割り引いて計算する。

$15{,}000$〈退職給付見込額〉$\times \dfrac{1年}{30年} = 500$〈当期の発生額〉

$500 \div 1.03^2 \doteqdot$ **471〈当期の勤務費用〉**

4．当期の利息費用

利息費用は、期首の退職給付債務に割引率を乗じて計算する。

12,354〈前期末における退職給付債務〉× 3 % ≒ **371〈当期の利息費用〉**

なお、上記の４つの項目の関係をタイム・テーブルで表すと次のとおりである。

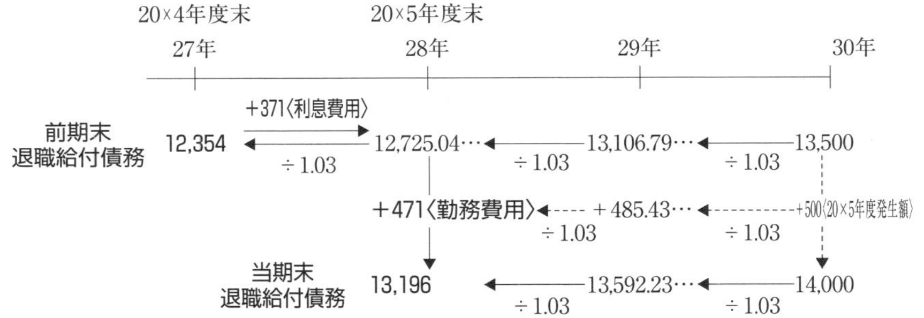

問２　退職給付費用・退職給付引当金

1．当期首の状況

当期首の退職給付債務84,000千円から年金資産36,000千円を控除したあるべき引当金残高48,000千円から当期首の未認識会計基準変更時差異1,800千円と未認識数理計算上の差異960千円を引いた差額が当期首の退職給付引当金と推定できる。

年　金　資　産	36,000	退　職　給　付　債　務	84,000
未認識変更時差異	1,800	あるべき引当金　48,000	
未　認　識　数　理　差　異	960		
退職給付引当金(期首)	45,240		

2．退職給付費用の計上

(退職給付費用)(＊)	5,580	(退職給付引当金)	5,580

(＊) 3,780〈勤務費用〉＋(84,000× 3 %)－(36,000× 2 %)＝5,580
　　2,520〈利息費用〉　720〈期待運用収益〉

3．年金掛金の拠出

(退職給付引当金)	5,800	(現　金　預　金)	5,800

4．退職一時金の支給

(退職給付引当金)	6,600	(現　金　預　金)	6,600

5．年金基金からの支給

仕　訳　な　し

6．会計基準変更時差異の費用処理

(退職給付費用)(＊)	300	(退職給付引当金)	300

(＊) 1,800÷ 6 年＝300

(注) 20×1年度より10年で費用処理しているため、残り６年で計算する。

7．数理計算上の差異（前期分）の費用処理

(退職給付費用)(＊)	192	(退職給付引当金)	192

(＊) 960×20%＝192

8．まとめ

退職給付会計用P/L

勤　務　費　用	3,780	期待運用収益	720
利　息　費　用	2,520		
変更時差異費用	300		
数理差異費用(前期分)	192		

P/L退職給付費用　6,072

退職給付引当金

年金掛金の拠出	5,800	期首残高	45,240
一　時　金　支　給	6,600		
		P/L退職給付費用	6,072

B/S退職給付引当金　38,912

問３　数理計算上の差異の把握

1．数理計算上の差異（当期分）の費用処理

見積りによる年金資産および退職給付債務の期末残高と実際残高との差額で数理計算上の差異を把握する。

(退職給付費用)(＊)	1,248	(退職給付引当金)	1,248

退職給付会計用B/S

年金資産	期首年金資産	36,000	期首退職給付債務	84,000	退職給付債務
当期末 35,680	期待運用収益	720	勤　務　費　用	3,780	当期末 83,100
	年金掛金の拠出	5,800	利　息　費　用	2,520	
	年金基金から支給	△ 3,000	一　時　金　支　給	△ 6,300	
数理計算上の差異 3,840（借方差異）	見積による期末残高	39,520	年金基金から支給	△ 3,300	
			見積による期末残高	80,700	数理計算上の差異 2,400（借方差異）

(＊) (2,400＋3,840)×20%＝1,248
　　6,240〈数理計算上の差異〉

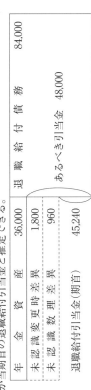

2．まとめ

退職給付会計用P/L

勤務費用	3,780	期待運用収益	720
利息費用	2,520	P/L退職給付費用	7,320
変更時差異費用	300		
数理差異費用（前期分）	192		
数理差異費用（当期分）	1,248		

退職給付引当金

年金掛金の拠出	5,800	期首残高	45,240
一時金支給	6,600		
B/S退職給付引当金	40,160	P/L退職給付費用	7,320

第3問　有形固定資産（以下、単位：千円）

1．取替法

取替法とは、取替資産の簿価を、取得した当初の取得原価のままで据え置き、減価を一切無視して償却は行わず、実際に老朽化・破損等の理由で資産の一部を新しく取り替えたときに、新資産の取得等取替に要した支出額をその期の費用（収益的支出）として処理する方法である。

(1)　レール購入時の仕訳

（固定資産）	800,000	（現金）	800,000

(2)　取替時の仕訳

（固定資産取替費）	8,500	（現金）	8,500
（現金）	500	（固定資産売却益）	500

以上より、取替資産に対して取替法を適用した場合の貸借対照表価額は当初の取得原価が維持されるため、800,000千円である。

∴　固定資産取替費：**8,500**、20×1年期末におけるレールの帳簿価額：**800,000**

2．セール・アンド・リースバック取引

(1)　20×1年度（前期）の仕訳

①　20×1年4月1日（セール・アンド・リースバック取引時）の仕訳

（車両減価償却累計額）	20,000	（車両）	120,000
（現金）	125,250	（長期前受収益）（＊）	25,250
（リース資産）	125,250	（リース債務）	125,250

（＊）125,250－(120,000－20,000)＝25,250

②　20×2年3月31日（リース料支払時）

（支払利息）（＊1）	3,196	（現金）	27,000
（リース債務）（＊2）	23,804		

（＊1）125,250×0.02552＝3,196.38⇒3,196

（＊2）27,000－3,196＝23,804

③　20×2年3月31日（決算整理）

（リース資産減価償却費）（＊1）	25,050	（リース資産減価償却累計額）	25,050
（長期前受収益）（＊2）	5,050	（リース資産減価償却費）	5,050

（＊1）125,250÷5年＝25,050

（＊2）25,250÷5年＝5,050

(2)　20×2年度（当期）の仕訳

①　20×3年3月31日（リース料支払時）

（支払利息）（＊1）	2,589	（現金）	27,000
（リース債務）（＊2）	24,411		

（＊1）(125,250－23,804)×0.02552＝2,588.90192⇒2,589

（＊2）27,000－2,589＝24,411

②　20×3年3月31日（決算整理）

（リース資産減価償却費）（＊1）	25,050	（リース資産減価償却累計額）	25,050
（長期前受収益）（＊2）	5,050	（リース資産減価償却費）	5,050

（＊1）125,250÷5年＝25,050

（＊2）25,250÷5年＝5,050

∴　20×2年度期末リース資産減価償却費：25,050－5,050＝**20,000**

20×2年度期末リース債務：125,250－23,804－24,411＝**77,035**

3．減損処理後の減価償却

（備品減価償却費）（＊）	900	（備品減価償却累計額）	900

（＊）正味売却価額4,000 ＜ 使用価値4,500　∴　回収可能価額4,500〈前期末帳簿価額〉
4,500×20%〈定率法償却率〉＝**900**

4．総合償却

(1)　平均耐用年数の算定　（単位：千円）

種類	取得原価	残存価額	要償却額	耐用年数	減価償却費
A機械	3,000,000	0	3,000,000	5年	600,000
B機械	2,250,000	0	2,250,000	10年	225,000
C機械	1,800,000	0	1,800,000	16年	112,500
D機械	4,800,000	0	4,800,000	20年	240,000
合計	11,850,000	0	11,850,000	－	1,177,500

∴　要償却額合計11,850,000÷減価償却費合計1,177,500＝10.063…⇒**10年**（切り捨て）

(2)　決算整理

（機械減価償却費）（＊）	1,185,000	（機械減価償却累計額）	1,185,000

（＊）11,850,000÷平均耐用年数10年＝**1,185,000**

第6回　工業簿記　解答

第1問

〔問1〕 直接配賦法と複数基準配賦法による実際部門費配賦表の各金額（変動費と固定費の合計額）

補助部門費配賦後の実際組立部費合計	実際動力部費	実際保全部費	実際事務部費
①　15,480　万円	①　4,460　万円	①　950　万円	①　420　万円

〔問2〕 連立方程式の相互配賦法と複数基準配賦法による補助部門費の配賦結果（変動費と固定費の合計額）

(1) 相互に配賦し終えた最終の補助部門費

保全部費 ＝ ②　1,920　万円

動力部費 ＝ ②　4,640　万円

(2) 実際部門費配賦表（単位：万円）

費目	合計	製造部門						補助部門							
		機械部			組立部			動力部			保全部			事務部	
		V	F	合計	V	F	合計	V	F	合計	V	F	合計	F	合計
部門費合計	28,930	4,900	5,800	10,700	6,400	6,000	12,400	2,060	2,400	4,460	380	570	950	420	420
事務部費		—	105	105	—	②189	189	—	84	84	—	42	42	(420)	(420)
保全部費		②440	560	1,000	320	504	824	40	②56	96	(800)	(1,120)	(1,920)	—	—
動力部費		840	②889	1,729	②840	1,143	1,983	(2,100)	(2,540)	(4,640)	420	508	928	—	—
製造部門費	28,930	6,180	7,354	13,534	7,560	7,836	15,396	0	0	0	0	0	0	0	0

（注1） Vは変動費を、Fは固定費を意味する。
（注2） 金額がマイナスの場合は、カッコ書きすること。

第2問

①	個　別	②	補　修
③	旧製造指図書	④	新製造指図書
⑤	軽　微	⑥	賦　課
⑦	間接費	各①	

○数字は採点基準　合計25点

第6回　原価計算　解答

〔問1〕 税引後加重平均資本コスト率　④　8　%

〔問2〕 期待販売量

第1年度	第2年度	第3年度	第4年度	第5年度
51,000 個	60,000 個	57,000 個	48,000 個	42,000 個

すべて正解で③

〔問3〕 第2年度における増分キャッシュ・フロー　③　2,900　万円

〔問4〕 第5年度の増分キャッシュ・フローに伴う現在価値　③　2,469.2168　万円

〔問5〕 正味現在価値　③　1,634　万円

〔問6〕 累積的現在価値による回収期間　③　4.34　年

〔問7〕 内部投資利益率　③　14.01　%

〔問8〕 最も妥当と思われる結論　③　a

○数字は採点基準　合計25点

第6回　工業簿記　解説

第1問

〔問1〕

1．直接配賦法と複数基準配賦法による実際部門費配賦表の作成と問題資料の推定

直接配賦法とは、補助部門間の用役の授受を配賦計算上は無視し、補助部門費を製造部門へのみ配賦する方法である。補助部門費が製造部門にしか配賦されていないことを利用し、？の金額を推定していく（？に付した○数字は推定順）。その際に、本問は複数基準配賦法により配賦を行っており、実際変動費は実際消費量の比率で、実際固定費は予算の計画比率で配賦していることに注意する。

実際部門費配賦表　（単位：万円）

費目	合計	製造部門				補助部門				
		機械部		組立部		動力部		保全部		事務部
		V	F	V	F	V	F	V	F	F
部門費合計	28,930	4,900	5,800	6,400	6,000	？⑥	2,400	？③	570	？①
事務部費		－	150	－	？②					
保全部費		220	300	？④	？⑤					
動力部費		1,030	1,050	？⑦	？⑧					
製造部門費	28,930	6,150	7,300	？⑨	？⑩					

（注）上記配賦表では解説のスペースの関係上、各部門の変動費と固定費の合計欄は省略してある。

(1)　事務部費

(イ)　固定費

機械部に対して：　？①　$\times \frac{\text{100人}}{\text{100人}+\text{180人}}$ ＝150万円より、？①＝420万円

組立部に対して：420万円 $\times \frac{\text{180人}}{\text{100人}+\text{180人}}$ ＝270万円←？②

または、420万円－150万円＝270万円←？②で求めてもよい。

(ロ)　事務部費合計：**420万円（固定費のみ）**

(2)　保全部費

(イ)　変動費

機械部に対して：　？③　$\times \frac{\text{88時間}}{\text{88時間}+\text{64時間}}$ ＝220万円より、？③＝380万円

組立部に対して：380万円 $\times \frac{\text{64時間}}{\text{88時間}+\text{64時間}}$ ＝160万円←？④

または、380万円－220万円＝160万円←？④で求めてもよい。

(ロ)　固定費

機械部に対して：570万円 $\times \frac{\text{100時間}}{\text{100時間}+\text{？時間}}$ ＝300万円より、？（組立部に対する計画保全時間）＝90時間

組立部に対して：570万円 $\times \frac{\text{90時間}}{\text{100時間}+\text{90時間}}$ ＝270万円←？⑤

または、570万円－300万円＝270万円←？⑤で求めてもよい。

(ハ)　保全部費合計：**380万円（変動費）＋570万円（固定費）＝950万円**

(3)　動力部費

(イ)　変動費

機械部に対して：　？⑥　$\times \frac{\text{1,600kW-h}}{\text{1,600kW-h}+\text{1,600kW-h}}$ ＝1,030万円より、？⑥＝2,060万円

組立部に対して：2,060万円 $\times \frac{\text{1,600kW-h}}{\text{1,600kW-h}+\text{1,600kW-h}}$ ＝1,030万円←？⑦

または、2,060万円－1,030万円＝1,030万円←？⑦で求めてもよい。

(ロ)　固定費

機械部に対して：2,400万円 $\times \frac{\text{？ kW-h}}{\text{5,000kW-h}-\text{1,000kW-h}}$ ＝1,050万円より、

？（機械部に対する動力消費能力）＝1,750kW-h、よって、

？（組立部に対する動力消費能力）＝5,000kW-h－（1,750kW-h＋1,000kW-h）＝2,250kW-h

組立部に対して：2,400万円 $\times \frac{\text{2,250kW-h}}{\text{1,750kW-h}+\text{2,250kW-h}}$ ＝1,350万円←？⑧

または、2,400万円－1,050万円＝1,350万円←？⑧で求めてもよい。

(ハ)　動力部費合計：**2,060万円（変動費）＋2,400万円（固定費）＝4,460万円**

(4)　補助部門費配賦後の実際組立部費合計

(イ)　変動費

？⑨＝6,400万円＋160万円（？④）＋1,030万円（？⑦）＝7,590万円

(ロ)　固定費

？⑩＝6,000万円＋270万円（？②）＋270万円（？⑤）＋1,350万円（？⑧）＝7,890万円

(ハ)　実際組立部費合計：**7,590万円（変動費）＋7,890万円（固定費）＝15,480万円**

〔問2〕連立方程式の相互配賦法による実際部門費配賦表の作成

連立方程式法とは、用役の授受に従って各補助部門費を相互に配賦しあった最終の補助部門費を連立方程式で算出する方法である。

事：最終的に計算された事務部費（事$_F$：固定費）
動：最終的に計算された動力部費（動$_V$：変動費、動$_F$：固定費）
保：最終的に計算された保全部費（保$_V$：変動費、保$_F$：固定費）

本問では、問題資料１．の月次予算データおよび問題資料２．の６月実績データに基づき、次のような実際部門費配賦表を作成することができる。

実際部門費配賦表　（単位：万円）

費目	合計	製造部門				補助部門				
		機械部		組立部		動力部		保全部		事務部
		V	F	V	F	V	F	V	F	F
部門費合計	28,930	4,900	5,800	6,400	6,000	2,060	2,400	380	570	420
事務部費		–	0.25事$_F$	–	0.45事$_F$	–	0.2事$_F$	–	0.1事$_F$	–
保全部費		0.55保$_V$	0.5保$_F$	0.4保$_V$	0.45保$_F$	0.05保$_V$	0.05保$_F$	–	–	–
動力部費		0.4動$_V$	0.35動$_F$	0.4動$_V$	0.45動$_F$	–	–	0.2動$_V$	0.2動$_F$	–
製造部門費	28,930					動$_V$	動$_F$	保$_V$	保$_F$	事$_F$

（注）上記配賦表では解説のスペースの関係上、各部門の変動費と固定費の合計欄は省略してある。

この実際部門費配賦表から、各補助部門費配賦額について連立方程式をたてる。

(1) 変動費

380 + 0.2動$_V$ = 保$_V$
2,060 + 0.05保$_V$ = 動$_V$　　∴　保$_V$ = 800、動$_V$ = 2,100

(2) 固定費

420 = 事$_F$
570 + 0.1事$_F$ + 0.2動$_F$ = 保$_F$
2,400 + 0.2事$_F$ + 0.05保$_F$ = 動$_F$　　∴　事$_F$ = 420、保$_F$ = 1,120、動$_F$ = 2,540

以上より、**最終的な保全部費＝保$_V$＋保$_F$＝1,920(万円)**、
最終的な動力部費＝動$_V$＋動$_F$＝4,640(万円)

また、この連立方程式を、変動費、固定費の別に解いた結果（最終の各補助部門費）により、実際部門費配賦表を完成させる。

実際部門費配賦表　（単位：万円）

費目	合計	製造部門				補助部門				
		機械部		組立部		動力部		保全部		事務部
		V	F	V	F	V	F	V	F	F
部門費合計	28,930	4,900	5,800	6,400	6,000	2,060	2,400	380	570	420
事務部費		–	105	–	189	–	84	–	42	(420)
保全部費		440	560	320	504	40	56	(800)	(1,120)	–
動力部費		840	889	840	1,143	(2,100)	(2,540)	420	508	–
製造部門費	28,930	6,180	7,354	7,560	7,836	0	0	0	0	0

第２問　空欄記入問題

『原価計算基準』35　仕損費の計算および処理から抜粋した問題である。
参考までに空欄を補充すると次のようになる。

（①**個別**）原価計算において、仕損が発生する場合には、原則として次の手続により仕損費を計算する。

(1) 仕損が（②**補修**）によって回復でき、（②**補修**）のために（②**補修**）指図書を発行する場合には、（②**補修**）指図書に集計された製造原価を仕損費とする。

(2) 仕損が（②**補修**）によって回復できず、代品を製作するために新たに製造指図書を発行する場合において

1　旧製造指図書の全部が仕損となったときは、（③**旧製造指図書**）に集計された製造原価を仕損費とする。

2　旧製造指図書の一部が仕損となったときは、（④**新製造指図書**）に集計された製造原価を仕損費とする。

（⑤**軽微**）な仕損については、仕損費を計上しないで、単に仕損品の見積売却価額又は見積利用価額を、当該製造指図書に集計された製造原価から控除するにとどめることができる。

仕損費の処理は、次の方法のいずれかによる。

(1) 仕損費の実際発生額又は見積額を、当該指図書に（⑥**賦課**）する。

(2) 仕損費を（⑦**間接費**）とし、これを仕損の発生部門に（⑥**賦課**）する。この場合、（⑦**間接費**）の予定配賦率の計算において、当該製造部門の予定（⑦**間接費**）額中に、仕損費の予定額を算入する。

第６回　原価計算　解説

〔問１〕税引後加重平均資本コスト率の計算

資金源泉	構成割合		資本コスト率	
社債	30%	×	５%×（１－40%）＝	0.9%
普通株	40%	×	10.25% ＝	4.1%
留保利益	30%	×	10% ＝	3.0%
			税引後加重平均資本コスト率	**8.0%**

〔問２〕期待販売量の計算

第１年度：　85,000個×30%＋51,000個×40%＋17,000個×30%＝51,000個

第２年度：100,000個×30%＋60,000個×40%＋20,000個×30%＝**60,000個**

第３年度：　95,000個×30%＋57,000個×40%＋19,000個×30%＝**57,000個**

第４年度：　80,000個×30%＋48,000個×40%＋16,000個×30%＝**48,000個**

第５年度：　70,000個×30%＋42,000個×40%＋14,000個×30%＝**42,000個**

〔問３〕各年度のキャッシュ・フローの計算

１．現在時点

設備の取得原価：　－8,400万円

正味運転資本：－10,200万円×10%（＊）＝　－1,020

（10,200万円：予想売上高）

－9,420万円

（＊）正味運転資本の割合：12%＋６%－８%＝10%

（正味運転資本：流動資産－流動負債）

２．第１年度

正味運転資本の増減以外：（10,200万円（＊1）－7,120万円（＊2））×（１－40%）＋1,400万円（＊3）×40%＝　2,408万円

正味運転資本の増減：（10,200万円－12,000万円）×10%　＝　－180

2,228万円

（＊1）売　上　収　入：@2,000円×51,000個＝10,200万円

（＊2）現金支出費用：現金支出変動費＋現金支出固定費＝10,200万円×60%＋1,000万円＝7,120万円

（＊3）設備減価償却費：8,400万円÷６年＝1,400万円
（注）減価償却費は法定耐用年数で計算する。

３．第２年度

正味運転資本の増減以外：（12,000万円（＊1）－8,200万円（＊2））×（１－40%）＋1,400万円×40%＝　2,840万円

正味運転資本の増減：（12,000万円－11,400万円）×10%　＝　60

2,900万円

（＊1）売　上　収　入：@2,000円×60,000個＝12,000万円

（＊2）現金支出費用：12,000万円×60%＋1,000万円＝8,200万円

４．第３年度

正味運転資本の増減以外：（11,400万円（＊1）－7,840万円（＊2））×（１－40%）＋1,400万円×40%＝　2,696万円

正味運転資本の増減：（11,400万円－9,600万円）×10%　＝　180

2,876万円

（＊1）売　上　収　入：@2,000円×57,000個＝11,400万円

（＊2）現金支出費用：11,400万円×60%＋1,000万円＝7,840万円

５．第４年度

正味運転資本の増減以外：（9,600万円（＊1）－6,760万円（＊2））×（１－40%）＋1,400万円×40%　＝　2,264万円

正味運転資本の増減：（9,600万円－8,400万円）×10%　＝　120

2,384万円

（＊1）売　上　収　入：@2,000円×48,000個＝9,600万円

（＊2）現金支出費用：9,600万円×60%＋1,000万円＝6,760万円

６．第５年度

回収額以外：（8,400万円（＊1）－6,040万円（＊2））×（１－40%）＋1,400万円×40%　＝　1,976万円

正味運転資本の回収額：1,020万円＋180万円－60万円－180万円－120万円　＝　840

設備売却に伴う回収額：420万円（＊3）＋392万円（＊4）　＝　812

3,628万円

（＊1）売　上　収　入：@2,000円×42,000個＝8,400万円

（＊2）現金支出費用：8,400万円×60%＋1,000万円＝6,040万円

（＊3）売却見積額：（8,400万円－1,400万円×５年）×30%＝420万円

（＊4）売却損のタックス・シールド：｛（8,400万円－1,400万円×５年）－420万円｝×40%＝392万円

〔問４〕〔問５〕正味現在価値の計算

現在時点：－9,420万円×1.0000＝－9,420.0000万円

第１年度：＋2,228万円×0.9259＝＋2,062.9052

第２年度：＋2,900万円×0.8573＝＋2,486.1700

第３年度：＋2,876万円×0.7938＝＋2,282.9688

第４年度：＋2,384万円×0.7350＝＋1,752.2400

第５年度：＋3,628万円×0.6806＝**＋2,469.2168**

＋1,633.5008万円 ―→ **＋1,634万円**（１万円未満四捨五入）

〈図　解〉（単位：万円）

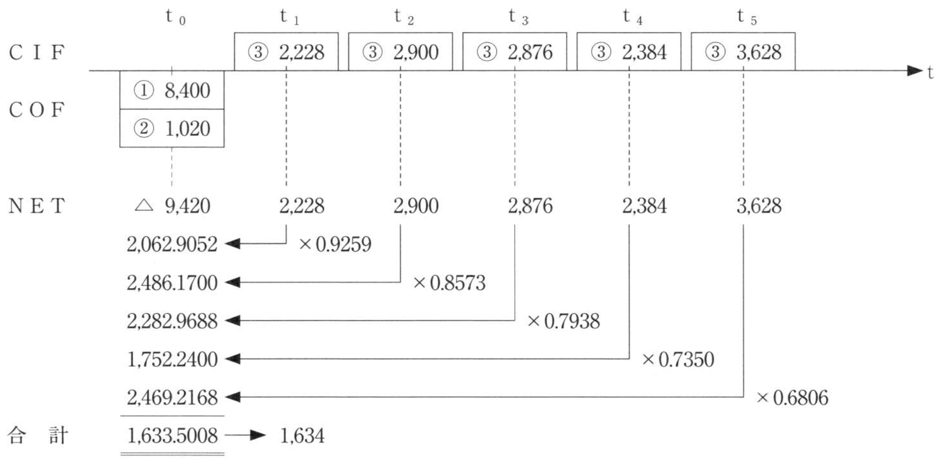

① 取得原価
② 初期正味運転資本
③ 各年度のネットキャッシュ・インフロー

〔問６〕累積的現在価値による回収期間の計算

	現在価値	累積的現在価値
現在時点：	−9,420.0000万円	−9,420.0000万円
第１年度：	＋2,062.9052	−7,357.0948
第２年度：	＋2,486.1700	−4,870.9248
第３年度：	＋2,282.9688	−2,587.9560
第４年度：	＋1,752.2400	−　835.7160
第５年度：	＋2,469.2168	＋1,633.5008

$$回収期間 = 4年 + \frac{835.7160万円}{2{,}469.2168万円} = 4.338\cdots年$$ → **4.34年**（小数点以下第三位四捨五入）

〔問７〕内部投資利益率の計算

投資額を各年度のキャッシュ・フローの平均額で割って、おおよその割引率を求める。

$$\frac{9{,}420万円}{(2{,}228万円 + 2{,}900万円 + 2{,}876万円 + 2{,}384万円 + 3{,}628万円) \div 5年} = 3.3604\cdots$$

〈５年間の年金現価係数〉

14％のとき：0.8772＋0.7695＋0.6750＋0.5921＋0.5194＝3.4332

15％のとき：0.8696＋0.7561＋0.6575＋0.5718＋0.4972＝3.3522

以上より14～15％の間（またはその付近）にあると予想される。

(1)　14％の場合

第１年度：＋2,228万円×0.8772＝　1,954.4016万円
第２年度：＋2,900万円×0.7695＝　2,231.5500
第３年度：＋2,876万円×0.6750＝　1,941.3000
第４年度：＋2,384万円×0.5921＝　1,411.5664
第５年度：＋3,628万円×0.5194＝　1,884.3832
　　　　　　　　　　　　　　　　9,423.2012万円

(2)　15％の場合

第１年度：＋2,228万円×0.8696＝　1,937.4688万円
第２年度：＋2,900万円×0.7561＝　2,192.6900
第３年度：＋2,876万円×0.6575＝　1,890.9700
第４年度：＋2,384万円×0.5718＝　1,363.1712
第５年度：＋3,628万円×0.4972＝　1,803.8416
　　　　　　　　　　　　　　　　9,188.1416万円

(3)　補間法による計算

以上の計算結果より14～15％の間にあると推定され、この後は補間法によって計算する。

$$14\% + (15\% - 14\%) \times \frac{9{,}423.2012万円 - 9{,}420万円}{9{,}423.2012万円 - 9{,}188.1416万円} = 14.013618\cdots\%$$

→ **14.01％**（小数点以下第三位四捨五入）

〔問８〕結　論

この投資プロジェクトは資本コスト率が８％であるのに対し、内部投資利益率が14.01％であり、正味現在価値の金額が(＋)1,634万円である。したがって収益性の点では有利な投資プロジェクトといえるが、５年間の投資期間に比べて累積的現在価値による回収期間が4.34年と長く、安全性の点で問題があるといえる。

日商簿記検定試験対策
網羅型完全予想問題集

第7回

解答・解説

	出題論点	難易度	重要項目
商業簿記	決算整理後残高試算表	A	・商品売買 ・有価証券 ・新株予約権
会 計 学	第1問：正誤問題	A	・原価比例法 ・原価回収基準 ・在外支店財務諸表の換算
	第2問：工事契約	B	
	第3問：本支店会計	B	
工業簿記	本社工場会計	A	・標準原価カード ・内部利益控除
原価計算	第1問：品質原価計算	A	・予防原価と評価原価の変動 ・内部失敗原価と外部失敗原価の変動 ・時間価値を考慮した場合と考慮しない場合のライフサイクル・コスト
	第2問：ライフサイクル・コスティング	B	

※　難易度は、A＝易、B＝難となっています。

第7回　商業簿記　解答

決算整理後残高試算表

20×8年3月31日

（単位：千円）

借方科目		金額	貸方科目		金額
現金預金	②	806,850	支払手形		261,750
受取手形		564,000	買掛金		407,250
売掛金		1,014,250	借入金		94,000
繰越商品		196,500	未払費用		2,425
前払費用		2,250	未払法人税等	①	106,250
未収収益		615	役員賞与引当金		33,000
貸付金		211,500	リース債務	①	70,716
建物		1,125,000	その他の負債		71,133
備品		450,000	貸倒引当金	②	38,564
リース資産		92,928	建物減価償却累計額		206,700
その他有価証券		33,000	建物減損損失累計額		197,250
子会社株式	②	126,000	備品減価償却累計額		196,875
繰延税金資産	②	111,000	リース資産減価償却累計額		18,586
その他の資産		197,000	資本金		2,075,000
自己株式		10,000	資本準備金		137,500
仕入	②	1,462,750	その他資本剰余金	①	11,000
商品評価損	②	13,500	利益準備金		184,000
販売費及び一般管理費	②	456,900	繰越利益剰余金		306,000
貸倒引当金繰入		3,045	新株予約権		5,000
減価償却費	②	140,911	売上	②	2,887,500
役員賞与引当金繰入		33,000	受取利息配当金	②	8,163
支払利息		5,413	その他有価証券評価損益	②	1,500
その他有価証券売却損益		9,000	法人税等調整額		5,250
法人税等		260,000			
		7,325,412			7,325,412

○数字は採点基準　合計25点

第7回　会計学　解答

第1問

(1)	(2)	(3)	(4)	(5)
×	○	○	○	×

各①

第2問

問1

（単位：千円）

	20×2年度			20×3年度		
	X工事	Y工事	合計	X工事	Y工事	合計
工事収益	1,305,000	525,000	①1,830,000	675,000	375,000	①1,050,000
工事原価	1,111,500	① 645,000	1,756,500	592,500	① 405,000	997,500
工事損益	① 193,500	△120,000	73,500	82,500	△ 30,000	52,500

（注）工事損益が損失の場合には、金額の前に△印を付すこと。

問2

（単位：千円）

	20×2年度			20×3年度		
	X工事	Y工事	合計	X工事	Y工事	合計
工事収益	①1,111,500	① 585,000	1,696,500	①1,012,500	375,000	1,387,500
工事原価	1,111,500	645,000	1,756,500	592,500	405,000	997,500
工事損益	0	△60,000	① △60,000	420,000	△30,000	① 390,000

（注）工事損益が損失の場合には、金額の前に△印を付すこと。

第3問

貸倒引当金	②	7,350 千円
商品	②	136,740 千円
当期純損益	②	136,725 千円
減価償却費	②	207,000 千円
為替差損益	②	32,430 千円

(注) 当期純損失および為替差損が生じた場合には、金額の前に△印を付すこと。

○数字は採点基準　合計25点

第７回　商業簿記　解説

(以下、単位：千円)

1. 商品売買等

(1) 期　中 ～ 売上関係

① 仕　訳

(受取手形)	1,237,500	(売上)	1,237,500
(現金預金)	1,053,500	(売掛金)	1,053,500
(受取手形)	271,500	(売掛金)	271,500
(貸倒引当金)	750	(売掛金)	750
(売掛金)(＊)	1,650,000	(売上)	1,650,000
(現金預金)	1,455,000	(受取手形)	1,455,000

(＊) 売掛金勘定の貸借差額

② 勘定分析

受　取　手　形

期首残高	510,000	現金預金	1,455,000
売上	1,237,500	期末残高	564,000
売掛金	271,500		

売　掛　金

期首残高	690,000	現金預金	1,053,500
売上(＊)	1,650,000	受取手形	271,500
		貸倒	750
		期末残高	1,014,250

(＊) 売掛金勘定の貸借差額＝売上

売　上

売上高	2,887,500	受取手形	1,237,500
		売掛金	1,650,000

(2) 期　中 ～ 仕入関係

① 仕　訳

(仕入)	429,000	(支払手形)	429,000
(買掛金)	736,500	(現金預金)	736,500
(買掛金)	371,250	(支払手形)	371,250
(仕入)	1,033,000	(買掛金)(＊)	1,033,000
(支払手形)	881,000	(現金預金)	881,000

(＊) 買掛金勘定の貸借差額

② 勘定分析

支払手形

現金預金	881,000	期首残高	342,500
		仕　　入	429,000
期末残高	261,750	買 掛 金	371,250

仕入

支払手形	429,000	仕 入 高	1,462,000
買 掛 金	1,033,000		

買掛金

現金預金	736,500	期首残高	482,000
支払手形	371,250	仕　　入	
期末残高	407,250	(*)	1,033,000

(*) 買掛金勘定の貸借差額＝仕入

(3) 期　末 ～ 売上原価の計算と期末商品の評価（切放法）

(仕　　　入)（*1）	210,750	(繰 越 商 品)	210,750
(繰 越 商 品)	210,000	(仕　　　入)	210,000
(商品評価損)（*2）	13,500	(繰 越 商 品)	13,500

（*1）236,250〈前期末商品の売価〉－25,500〈見積販売直接経費〉＝210,750〈前期末商品の正味売却価額〉
222,500〈前期末商品の原価〉 ＞ 210,750〈前期末商品の正味売却価額〉
∴ 210,750〈前期末B／S商品〉

（*2）220,500〈当期末商品の売価〉－24,000〈見積販売直接経費〉＝196,500〈当期末商品の正味売却価額〉
210,000〈当期末商品の原価〉 ＞ 196,500〈当期末商品の正味売却価額〉
∴ **196,500〈後T／B繰越商品〉**
210,000〈当期末商品の原価〉－196,500〈当期末商品の正味売却価額〉＝13,500〈商品評価損〉

原価ボックス

期 首 商 品	210,750	**売 上 原 価**（貸借差額）	**1,462,750**
仕 入 高	1,462,000	期 末 商 品	210,000

←後T／B仕　入

2. 金銭債権

(1) 貸付金

① 期　中

(a) 貸付け

(貸　付　金)	61,500	(現 金 預 金)	61,500

∴ **後T／B貸付金**：150,000〈前期末B／S〉＋61,500＝**211,500**

(b) 利息の受取り

(現 金 預 金)	1,250	(受取利息配当金)	1,250

② 期　末 ～ 未収利息の計上

(未 収 収 益)	615	(受取利息配当金)	615

(2) 貸倒懸念債権（A社に対する貸付金）～ キャッシュ・フロー見積法による貸倒引当金の設定

(貸 倒 引 当 金)（*）	5,548	(受取利息配当金)	5,548

（*）150,000÷1.04^2≒138,683〈前期末における将来キャッシュ・フローの割引現在価値〉
150,000－138,683＝11,317〈前期末における貸倒引当金の設定額〉
150,000÷1.04≒144,231〈当期末における将来キャッシュ・フローの割引現在価値〉
150,000－144,231＝5,769〈当期末における貸倒引当金の設定額〉
11,317－5,769＝5,548〈貸倒引当金の取崩額＝受取利息〉

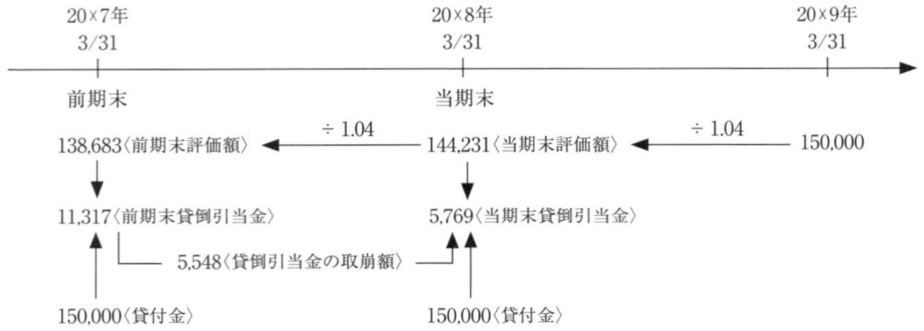

(3) 一般債権 ～ 貸倒実績率法による貸倒引当金の設定（補充法）

(貸倒引当金繰入)（*）	3,045	(貸 倒 引 当 金)	3,045

（*）41,817〈前期末B／S貸倒引当金〉－11,317〈前期末のA社貸付金に対する貸倒引当金〉
－750〈貸倒れ〉＝29,750〈一般債権に対する貸倒引当金残高〉
(564,000〈受取手形〉＋1,014,250〈売掛金〉＋61,500〈貸付金（一般債権）〉)×２％＝32,795
32,795－29,750＝3,045〈繰入額〉

∴ **後T／B貸倒引当金**：5,769〈A社貸付金〉＋32,795〈一般債権〉＝38,564

3. 有価証券

(1) その他有価証券（B社株式）～ 部分純資産直入法

① 期　首 ～ 再振替仕訳

(その他有価証券)（*）	6,000	(その他有価証券評価損益)	6,000

（*）144,000〈前期末B／S＝前期末時価〉－150,000〈取得原価〉
＝△6,000〈前期末の評価損＝当期首の評価益〉

② 期　中 ～ 売　却

(現 金 預 金)	103,500	(その他有価証券)（*1）	112,500
(その他有価証券売却損益)（*2）	9,000		

（*1）@75〈取得原価〉×1,500株＝112,500
（*2）貸借差額

③ 期　末 ～ 時価評価

(その他有価証券評価損益)（*1）	4,500	(その他有価証券)	4,500
(法人税等調整額)	450	(繰延税金資産)（*2）	450

（*1）2,000株－1,500株＝500株〈期末保有株式数〉

$@66 \times 500$ 株 － $@75 \times 500$ 株 ＝△4,500〈評価損〉
33,000〈当期末時価〉　37,500〈当期末原価〉

（＊2）4,500×30％〈実効税率〉＝1,350〈当期末繰延税金資産〉

6,000×30％〈実効税率〉＝1,800〈前期末繰延税金資産〉

1,350－1,800＝△450

∴ **後T/Bその他有価証券：33,000**〈当期末時価〉

後T/Bその他有価証券評価損益：6,000－4,500＝**＋1,500**〈貸方〉

(2) 子会社株式（C社株式）～ 株式交換（取得、自己株式の処分）

（子 会 社 株 式）（＊1）	126,000	（自 己 株 式）（＊2）	120,000
		（その他資本剰余金）（＊3）	6,000

（＊1）取得の対価（処分した自己株式）の時価

（注）当社を取得企業とする取得と判定されたため、取得した子会社株式（C社株式）の取得原価は、取得の対価となった財（本問の場合、処分した自己株式）の時価とする。

（＊2）自己株式の帳簿価額

（＊3）貸借差額

（注）取得原価（＝増加する資本）と自己株式の帳簿価額との差額は、払込資本（本問の場合、その他資本剰余金）とする。

(3) 配当金の受取り

（現 金 預 金）	750	（受取利息配当金）	750

∴ **後T/B受取利息配当金**：1,250＋615＋5,548＋750＝**8,163**

受取利息配当金

8,163	利息の受取	1,250
	貸倒引当金	5,548
	配当の受取	750
	期末未収	615

4. 有形固定資産

(1) 建　物 ～ 前期末の減損損失の推定

1,125,000〈前期末B/S建物＝取得原価〉－168,750〈前期末B/S建物減価償却累計額〉
＝956,250〈帳簿価額〉

712,500〈正味売却価額〉＜ 759,000〈使用価値〉　∴ 759,000〈回収可能価額〉

956,250〈帳簿価額〉－759,000〈回収可能価額〉
＝197,250〈減損損失＝前期末B/S建物減損損失累計額〉

∴ **後T/B建物減損損失累計額：197,250**

建　物　1,125,000	減価償却累計額　168,750		
	帳簿価額　956,250	減損損失	197,250
		回収可能価額	759,000

(2) 建　物 ～ 減価償却（定額法）

（減 価 償 却 費）（＊）	37,950	（建物減価償却累計額）	37,950

（＊）（1,125,000 － 168,750 － 197,250）÷20年〈減損処理後の残存耐用年数〉＝37,950
759,000〈減損処理後の帳簿価額＝回収可能価額〉

∴ **後T/B建物減価償却累計額**：168,750〈前期末B/S〉＋37,950＝**206,700**

(3) 備　品 ～ 減価償却（200％定率法）

（減 価 償 却 費）（＊）	84,375	（備品減価償却累計額）	84,375

（＊）1÷8年＝0.125〈定額法償却率〉

0.125×200％＝0.25〈定率法償却率〉

（450,000〈前期末B/S備品＝取得原価〉－112,500〈前期末B/S備品減価償却累計額〉）×0.25
＝84,375〈調整前償却額〉

450,000×0.07909〈保証率〉≒35,591〈償却保証額〉

84,375 ≧ 35,591　∴ 84,375

∴ **後T/B備品減価償却累計額**：112,500〈前期末B/S〉＋84,375＝**196,875**

(4) リース取引

① 取引開始時（当期首）

（リ ー ス 資 産）（＊）	92,928	（リ ー ス 債 務）	92,928

（＊）所有権移転ファイナンス・リースであり、貸手の購入価額を知り得るため、貸手の購入価額とする。

② リース料支払時

（支 払 利 息）（＊1）	2,788	（現 金 預 金）	25,000
（リ ー ス 債 務）（＊2）	22,212		

（＊1）92,928×3％≒2,788

（＊2）25,000－2,788＝22,212

∴ **後T/Bリース債務**：92,928－22,212＝**70,716**

③ 減価償却費の計上（所有権移転ファイナンス・リース取引のため経済的耐用年数で償却）

（減 価 償 却 費）（＊）	18,586	（リース資産減価償却累計額）	18,586

（＊）92,928÷5年〈経済的耐用年数〉≒18,586

∴ **後T/B減価償却費**：37,950〈建物〉＋84,375〈備品〉＋18,586〈リース資産〉＝**140,911**

5. 借入金

(1) 期　首 ～ 再振替仕訳

（未 払 費 用）（＊）	600	（支 払 利 息）	600

（＊）前期末B/S未払費用のうち支払利息に対するもの

(2) 期　中

① 借入れ

（現 金 預 金）	45,000	（借 入 金）	45,000

∴ **後T/B借入金**：49,000〈前期末B/S〉＋45,000＝**94,000**

② 利息の支払い

(支払利息)	2,400	(現金預金)	2,400

(3) 期　末 ～ 未払利息の計上

(支払利息)	825	(未払費用)	825

∴ **後T/B支払利息**：2,788〈リース取引〉－600＋2,400＋825＝**5,413**

支払利息

当期支払	2,400	期首未払	600
リース取引	2,788	5,413	
期末未払	825		

6. 販売費及び一般管理費

(1) 期　首 ～ 再振替仕訳

(販売費及び一般管理費)(＊1)	3,750	(前払費用)	3,750
(未払費用)(＊2)	1,200	(販売費及び一般管理費)	1,200

(＊1) 前期末B/S前払費用

(＊2) 前期末B/S未払費用のうち販売費及び一般管理費に対するもの

(2) 期　中 ～ 支払い

(販売費及び一般管理費)	455,000	(現金預金)	455,000

(3) 期　末 ～ 前払販売費及び一般管理費、未払販売費及び一般管理費の計上

(前払費用)	2,250	(販売費及び一般管理費)	2,250
(販売費及び一般管理費)	1,600	(未払費用)	1,600

∴ **後T/B未払費用**：825〈未払利息〉＋1,600＝**2,425**

後T/B販売費及び一般管理費：3,750－1,200＋455,000－2,250＋1,600＝**456,900**

販売費及び一般管理費

期首前払	3,750	期首未払	1,200
当期支払	455,000	期末前払	2,250
期末未払	1,600	456,900	

7. 剰余金の配当および処分と役員賞与

(1) 剰余金の配当および処分

① 株主総会の決議時

(繰越利益剰余金)	99,000	(利益準備金)(＊)	9,000
		(未払配当金)	90,000

(＊) 2,062,500〈資本金〉×$\frac{1}{4}$－(125,000〈資本準備金〉＋175,000〈利益準備金〉)＝215,625〈積立可能額〉

90,000〈配当金〉×$\frac{1}{10}$＝9,000〈要積立額〉

215,625 ＞ 9,000　∴ 9,000

∴ **後T/B利益準備金**：175,000〈前期末B/S〉＋9,000＝**184,000**

後T/B繰越利益剰余金：405,000〈前期末B/S〉－99,000＝**306,000**

② 配当金の支払い

(未払配当金)	90,000	(現金預金)	90,000

(2) 役員賞与

① 期　中 ～ 支払い

(役員賞与引当金)	28,500	(現金預金)	28,500

② 期　末 ～ 役員賞与引当金の設定

(役員賞与引当金繰入)	33,000	(役員賞与引当金)	33,000

8. 新株予約権 ～ 権利行使時（新株の発行と自己株式の処分）

(現金預金)(＊1)	47,500	(資本金)(＊3)	12,500
(新株予約権)(＊2)	2,500	(資本準備金)(＊3)	12,500
		(自己株式)(＊4)	20,000
		(その他資本剰余金)(＊5)	5,000

(＊1) 権利行使による払込金額

(＊2) 7,500〈前期末B/S新株予約権〉×$\frac{1}{3}$＝2,500〈権利行使分〉

(＊3) (47,500＋2,500)×$\frac{500株〈新株〉}{500株〈新株〉＋500株〈自己株式〉}$＝25,000〈新株に対応する払込金額〉

25,000×$\frac{1}{2}$＝12,500

(＊4) 自己株式の帳簿価額

(＊5) (47,500＋2,500)×$\frac{500株〈自己株式〉}{500株〈新株〉＋500株〈自己株式〉}$＝25,000〈自己株式に対応する払込金額〉

25,000－20,000〈自己株式の帳簿価額〉＝5,000〈自己株式処分差益〉

∴ **後T/B新株予約権**：7,500〈前期末B/S〉－2,500＝**5,000**

後T/B資本金：2,062,500〈前期末B/S〉＋12,500＝**2,075,000**

後T/B資本準備金：125,000〈前期末B/S〉＋12,500＝**137,500**

後T/B自己株式：150,000〈前期末B/S〉－120,000〈株式交換〉－20,000＝**10,000**

後T/Bその他資本剰余金：6,000〈株式交換〉＋5,000＝**11,000**

【参　考】 自己株式の帳簿価額が30,000千円の場合

(現金預金)(＊1)	47,500	(資本金)(＊4)	10,000
(新株予約権)(＊2)	2,500	(資本準備金)(＊4)	10,000
		(自己株式)(＊3)	30,000

(＊1) 権利行使による払込金額

(＊2) 7,500〈前期末B/S新株予約権〉×$\frac{1}{3}$＝2,500〈権利行使分〉

(＊3) 自己株式の帳簿価額

（＊4）$(47{,}500+2{,}500)\times\dfrac{500\text{株〈新株〉}}{500\text{株〈新株〉}+500\text{株〈自己株式〉}}=25{,}000$〈新株に対応する払込金額〉

$(47{,}500+2{,}500)\times\dfrac{500\text{株〈自己株式〉}}{500\text{株〈新株〉}+500\text{株〈自己株式〉}}=25{,}000$〈自己株式に対応する払込金額〉

25,000〈自己株式に対応する払込金額〉－30,000〈自己株式の帳簿価額〉
＝△5,000〈自己株式処分差損〉

(25,000〈新株に対応する払込金額〉－5,000〈自己株式処分差損〉) × $\dfrac{1}{2}$ ＝10,000

（注）自己株式処分差損は、その他資本剰余金（場合によっては繰越利益剰余金）を減少させてまで、資本金等を増加させることは適切でないと考え、資本金等の金額から控除する。

9. 法人税等

(1) 期　中 ～ 納付時（期首未払＋中間納付）

(未払法人税等)(＊1)	127,500	(現　金　預　金)	281,250
(仮払法人税等)(＊2)	153,750		

（＊1）前期末B／S未払法人税等

（＊2）貸借差額

(2) 期　末 ～ 法人税等の計上

(法　人　税　等)	260,000	(仮払法人税等)	153,750
		(未払法人税等)(＊)	106,250

（＊）貸借差額

10. 税効果会計 ～ 将来減算一時差異の増加高

(1) 前期末の繰延税金資産の推定

346,500〈前期末の将来減算一時差異〉×30％〈実効税率〉＝103,950〈その他有価証券以外〉

1,800〈その他有価証券〉＋103,950＝105,750〈前期末の繰延税金資産＝前期末B／S繰延税金資産〉

(2) 期　末 ～ 繰延税金資産の計上

(繰延税金資産)(＊)	5,700	(法人税等調整額)	5,700

（＊）(365,500〈当期末の将来減算一時差異〉－346,500〈前期末の将来減算一時差異〉)
×30％〈実効税率〉＝5,700

（注）将来減算一時差異の発生高・解消高が不明のため、増加高を当期の発生と考えて処理している。

∴　**後T／B繰延税金資産**：105,750〈前期末B／S〉－450〈その他有価証券〉＋5,700＝**111,000**

　後T／B法人税等調整額：450〈その他有価証券〉－5,700＝**△5,250〈貸方〉**

11. 現金預金勘定

現　金　預　金

借方	金額	貸方	金額
期首残高	661,500	買掛金の支払い	736,500
売掛金の回収	1,053,500	支払手形の決済	881,000
受取手形の取立て	1,455,000	貸付金の貸付け	61,500
利息の受け取り	1,250	リース料の支払い	25,000
有価証券の売却	103,500	利息の支払い	2,400
配当金の受け取り	750	販管費の支払い	455,000
借入金の借り入れ	45,000	配当金の支払い	90,000
新株予約権行使による払込み	47,500	役員賞与の支払い	28,500
		法人税等の納付	281,250
		期末残高（＊）	**806,850**

（＊）貸借差額

第７回　会計学　解説

第１問　正誤問題

(1)　収益認識基準

顧客から受け取った対価の一部を顧客に返金すると見込む場合、受け取った対価の額のうち、企業が権利を得ると見込まない額について、返金負債を認識する（「収益認識に関する会計基準」53参照）。

(2)　会計上の見積りの変更

会計上の見積りの変更は、当該変更が変更期間のみに影響する場合には、当該変更期間に会計処理を行い、当該変更が将来の期間にも影響する場合には、将来にわたり会計処理を行う（「会計方針の開示、会計上の変更及び誤謬の訂正に関する会計基準」17参照）。

(3)　再調達原価の定義

再調達原価とは、購買市場と売却市場とが区別される場合における購買市場の時価に、購入に付随する費用を加算したものをいう。なお、正味売却価額とは、売価（購買市場と売却市場とが区別される場合における売却市場の時価）から見積追加製造原価および見積販売直接経費を控除したものをいう。また、「購買市場」とは当該資産を購入する場合に企業が参加する市場をいい、「売却市場」とは当該資産を売却する場合に企業が参加する市場をいう（「棚卸資産の評価に関する会計基準」５、６参照）。

(4)　セグメント情報の開示

マネジメント・アプローチでは、セグメントの区分方法あるいは測定方法が特定の方法に限定されておらず、経営者の意思決定や業績評価に使用されている情報に基づく一組のセグメント情報を開示することを求めている（「セグメント情報等の開示に関する会計基準」51参照）。

(5)　１株当たり当期純損失

潜在株式に係る権利の行使を仮定することにより算定した場合の潜在株式調整後１株当たり当期純利益が、１株当たり当期純利益を下回る場合に、当該潜在株式は希薄化効果を有するものとしており、１株当たり当期純損失の場合には、潜在株式に係る権利の行使を仮定することにより算定した額が、当該１株当たり当期純損失を上回る場合でも、希薄化効果を有しないものとして取り扱う（「１株当たり当期純利益に関する会計基準」52参照）。

第２問　工事契約（以下、単位：千円）

問１

１．工事進捗度（原価比例法）

(1)　X工事

①　20×1年度の工事進捗度

576,000〈20×1年度工事原価〉＋1,344,000〈残りの工事原価見積額〉

＝1,920,000〈20×1年度見積工事原価総額〉

$\frac{576,000}{1,920,000}=0.3$（30%）

②　20×2年度の工事進捗度

576,000〈20×1年度工事原価〉＋1,111,500〈20×2年度工事原価〉＝1,687,500〈20×2年度工事原価累計額〉

1,687,500〈20×2年度工事原価累計額〉＋562,500〈残りの工事原価見積額〉

＝2,250,000〈20×2年度見積工事原価総額〉

$\frac{1,687,500}{2,250,000}=0.75$（75%）

③　20×3年度の工事進捗度

20×3年度は工事の完成年度（引渡年度）であり、工事収益は差額で求めるため、工事進捗度を求める必要はない。

(2)　Y工事

①　20×1年度の工事進捗度

240,000〈20×1年度工事原価〉＋960,000〈残りの工事原価見積額〉

＝1,200,000〈20×1年度見積工事原価総額〉

$\frac{240,000}{1,200,000}=0.2$（20%）

②　20×2年度の工事進捗度

240,000〈20×1年度工事原価〉＋618,000〈20×2年度工事原価〉＝858,000〈20×2年度工事原価累計額〉

858,000〈20×2年度工事原価累計額〉＋702,000〈残りの工事原価見積額〉

＝1,560,000〈20×2年度見積工事原価総額〉

$\frac{858,000}{1,560,000}=0.55$（55%）

③　20×3年度の工事進捗度

858,000〈20×2年度工事原価累計額〉＋414,000〈20×3年度工事原価〉

＝1,272,000〈20×3年度工事原価累計額〉

1,272,000〈20×3年度工事原価累計額〉＋318,000〈残りの工事原価見積額〉

＝1,590,000〈20×3年度見積工事原価総額〉

$\frac{1,272,000}{1,590,000}=0.8$（80%）

２．工事損失引当金設定前の工事収益、工事原価、工事損益（＝計上済損益）

(1)　X工事

	20×1年度	20×2年度	20×3年度
工　事　収　益	（＊1）　720,000	（＊2）　1,305,000	（＊3）　675,000
工　事　原　価	576,000	1,111,500	592,500
工　事　損　益	144,000	193,500	82,500

（＊1）2,400,000〈改定前〉×0.3〈20×1年度工事進捗度〉＝720,000

（＊2）2,700,000〈改定後〉×0.75〈20×2年度工事進捗度〉－720,000〈20×1年度工事収益〉＝1,305,000

（＊3）2,700,000〈改定後〉－720,000〈20×1年度工事収益〉－1,305,000〈20×2年度工事収益〉＝675,000

(2)　Y工事

	20×1年度	20×2年度	20×3年度
工　事　収　益	(＊1)　300,000	(＊2)　525,000	(＊3)　375,000
工　事　原　価	240,000	618,000	414,000
工　事　損　益	60,000	△　93,000	△　39,000

(＊1) 1,500,000×0.2〈20×1年度工事進捗度〉＝300,000

(＊2) 1,500,000×0.55〈20×2年度工事進捗度〉－300,000〈20×1年度工事収益〉＝525,000

(＊3) 1,500,000×0.8〈20×3年度工事進捗度〉－300,000〈20×1年度工事収益〉－525,000〈20×2年度工事収益〉
＝375,000

3．工事損失引当金の設定

工事契約について、工事原価総額等（工事原価総額のほか、販売直接経費がある場合にはその見積額を含めた額）が工事収益総額を超過する可能性が高く、かつ、その金額を合理的に見積ることができる場合には、その超過すると見込まれる額（以下「工事損失」という。）のうち、その工事契約に関してすでに計上された損益の額を控除した残額を、工事損失が見込まれた期の損失として処理し、「工事損失引当金」を計上する。具体的には以下のようになる。

計　上　条　件	工事原価総額等（販売直接経費含む）＞工事収益総額	
工事損失引当金の設定額	（工事原価総額等－工事収益総額）±計上済損益 見積工事損失 （注）計上済みの損失は控除し、利益は加算する。	
表　示　区　分	工事損失引当金	B/S流動負債（原則） B/S棚卸資産と相殺（容認）
	工事損失引当金繰入	P/L売上原価（工事原価）に加算
	工事損失引当金戻入	P/L売上原価（工事原価）から控除

(1)　X工事

各年度ともに工事原価総額が工事収益総額を超過しないため、工事損失引当金は設定しない。

(2)　Y工事

①　20×1年度の工事損失引当金

1,200,000〈20×1年度見積工事原価総額〉≦ 1,500,000〈工事収益総額〉

∴　工事損失引当金は設定しない。

工事収益　300,000
工事原価　240,000
工事損益　60,000

②　20×2年度の工事損失引当金

1,560,000〈20×2年度見積工事原価総額〉＞ 1,500,000〈工事収益総額〉

∴　工事損失引当金を設定する。

1,560,000〈20×2年度見積工事原価総額〉－1,500,000〈工事収益総額〉
＝60,000〈20×2年度見積工事損失〉

60,000〈20×1年度工事利益〉－93,000〈20×2年度引当金設定前工事損失〉
＝△33,000〈20×2年度計上済損失〉

60,000〈20×2年度見積工事損失〉－33,000〈20×2年度計上済損失〉＝27,000〈20×2年度工事損失引当金〉

（工　事　原　価） 工事損失引当金繰入	27,000	（工事損失引当金）	27,000

工事収益　525,000
工事原価　645,000 ＝618,000〈20×2年度工事原価〉＋27,000〈繰入〉
工事損益　△120,000

③　20×3年度の工事損失引当金

1,590,000〈20×3年度見積工事原価総額〉＞ 1,500,000〈工事収益総額〉

∴　工事損失引当金を設定する。

1,590,000〈20×3年度見積工事原価総額〉－1,500,000〈工事収益総額〉
＝90,000〈20×3年度見積工事損失〉

△33,000〈20×2年度計上済損失〉－39,000〈20×3年度引当金設定前工事損失〉
＝△72,000〈20×3年度計上済損失〉

90,000〈20×3年度見積工事損失〉－72,000〈20×3年度計上済損失〉＝18,000〈20×3年度工事損失引当金〉

18,000〈20×3年度工事損失引当金〉－27,000〈20×2年度工事損失引当金〉
＝△9,000〈20×3年度工事損失引当金戻入〉

（工事損失引当金）	9,000	（工　事　原　価） 工事損失引当金戻入	9,000

工事収益　375,000
工事原価　405,000 ＝414,000〈20×3年度工事原価〉－9,000〈戻入〉
工事損益　△ 30,000

問2

1．原価回収基準

原価回収基準とは、履行義務を充足する際に発生する費用のうち、回収することが見込まれる費用の金額で収益を認識する方法であり、進捗度を合理的に見積もることができない場合に適用する。なお、工事期間中に進捗度を合理的に見積もることができるようになった場合には、原価回収基準から、進捗度にもとづき収益を認識する方法に変更する。

(1)　X工事（原価回収基準）

①　20×1年度

576,000〈20×1年度工事原価〉＝576,000〈20×1年度工事収益〉

②　20×2年度

1,111,500〈20×2年度工事原価〉＝1,111,500〈20×2年度工事収益〉

③　20×3年度

592,500〈20×3年度工事原価〉

20×3年度は工事の完成年度（引渡年度）であるため、残りの工事収益を計上する。

2,700,000〈改定後工事収益総額〉－576,000〈20×1年度工事収益〉－1,111,500〈20×2年度工事収益〉

＝1,012,500〈20×3年度工事収益〉

(2)　Y工事

①　20×1年度（原価回収基準）

240,000〈20×1年度工事原価〉＝240,000〈20×1年度工事収益〉

②　20×2年度の工事進捗度（原価比例法）

240,000〈20×1年度工事原価〉＋618,000〈20×2年度工事原価〉＝858,000〈20×2年度工事原価累計額〉

858,000〈20×2年度工事原価累計額〉＋702,000〈残りの工事原価見積額〉

＝1,560,000〈20×2年度見積工事原価総額〉

$\frac{858,000}{1,560,000}$＝0.55（55％）

③　20×3年度の工事進捗度（原価比例法）

858,000〈20×2年度工事原価累計額〉＋414,000〈20×3年度工事原価〉

＝1,272,000〈20×3年度工事原価累計額〉

1,272,000〈20×3年度工事原価累計額〉＋318,000〈残りの工事原価見積額〉

＝1,590,000〈20×3年度見積工事原価総額〉

$\frac{1,272,000}{1,590,000}$＝0.8（80％）

2．工事損失引当金設定前の工事収益、工事原価、工事損益（＝計上済損益）

(1)　X工事

	20×1年度	20×2年度	20×3年度
工事収益	576,000	1,111,500	1,012,500
工事原価	576,000	1,111,500	592,500
工事損益	0	0	420,000

(2)　Y工事

	20×1年度	20×2年度	20×3年度
工事収益	240,000	（＊1）585,000	（＊2）375,000
工事原価	240,000	618,000	414,000
工事損益	0	△　33,000	△　39,000

（＊1）1,500,000×0.55〈20×2年度工事進捗度〉－240,000〈20×1年度工事収益〉＝585,000

（＊2）1,500,000×0.8〈20×3年度工事進捗度〉－240,000〈20×1年度工事収益〉－585,000〈20×2年度工事収益〉
＝375,000

3．工事損失引当金の設定

(1)　X工事

各年度ともに工事損失の見積額が不明であることから、引当金の設定要件を満たさない。よって工事損失引当金は設定しない。

(2)　Y工事

①　20×1年度の工事損失引当金

工事損失の見積額が不明であることから、引当金の設定要件を満たさない。よって工事損失引当金は設定しない。

②　20×2年度の工事損失引当金

1,560,000〈20×2年度見積工事原価総額〉＞1,500,000〈工事収益総額〉

∴　工事損失引当金を設定する。

1,560,000〈20×2年度見積工事原価総額〉－1,500,000〈工事収益総額〉

＝60,000〈20×2年度見積工事損失〉

0〈20×1年度工事利益〉－33,000〈20×2年度引当金設定前工事損失〉＝△33,000〈20×2年度計上済損失〉

60,000〈20×2年度見積工事損失〉－33,000〈20×2年度計上済損失〉＝27,000〈20×2年度工事損失引当金〉

（工　事　原　価） 工事損失引当金繰入	27,000	（工事損失引当金）	27,000

工事収益　585,000

工事原価　645,000　＝618,000〈20×2年度工事原価〉＋27,000〈繰入〉

工事損益　△ 60,000

③　20×3年度の工事損失引当金

1,590,000〈20×3年度見積工事原価総額〉＞1,500,000〈工事収益総額〉

∴　工事損失引当金を設定する。

1,590,000〈20×3年度見積工事原価総額〉－1,500,000〈工事収益総額〉

＝90,000〈20×3年度見積工事損失〉

△33,000〈20×2年度計上済損失〉－39,000〈20×3年度引当金設定前工事損失〉

＝△72,000〈20×3年度計上済損失〉

90,000〈20×3年度見積工事損失〉－72,000〈20×3年度計上済損失〉＝18,000〈20×3年度工事損失引当金〉

18,000〈20×3年度工事損失引当金〉－27,000〈20×2年度工事損失引当金〉

＝△9,000〈20×3年度工事損失引当金戻入〉

（工事損失引当金）	9,000	（工　事　原　価） 工事損失引当金戻入	9,000

工事収益　375,000

工事原価　405,000　＝414,000〈20×3年度工事原価〉－9,000〈戻入〉

工事損益　△ 30,000

第３問　在外支店の財務諸表項目の換算

１．売上原価の換算

(1)　円換算前

原価ボックス

期　　　首	1,200千ドル	売 上 原 価	7,800千ドル
当 期 仕 入（*）	7,890千ドル		
		期　　　末	1,290千ドル

（*）貸借差額

(2)　円換算後

原価ボックス

期　　　首（*1）	132,000千円	売 上 原 価（*4）	839,490千円
当 期 仕 入（*2）	844,230千円		
		期　　　末（*3）	136,740千円

（*1）@110円〈ＨＲ〉×1,200千ドル＝132,000千円

（*2）@107円〈ＡＲ〉×7,890千ドル＝844,230千円

（*3）@106円〈ＨＲ〉×1,290千ドル＝136,740千円

（*4）貸借差額

２．その他の項目の換算

科　　目	円換算前（単位：千ドル）		換算レート	円換算後（単位　千円）	
	借　方	貸　方		借　方	貸　方
（貸借対照表）					
現　　金	7,470		@105円〈ＣＲ〉	784,350	
売　掛　金	2,500		@105円〈ＣＲ〉	262,500	
貸倒引当金	△　70		@105円〈ＣＲ〉	△　**7,350**	
商　　品	1,290		@106円〈ＨＲ〉	**136,740**	
短期貸付金	2,760		@105円〈ＣＲ〉	289,800	
備　　品	14,400		@115円〈ＨＲ〉	1,656,000	
減価償却累計額	△　3,600		@115円〈ＨＲ〉	△　414,000	
買　掛　金		1,320	@105円〈ＣＲ〉		138,600
長期借入金		2,625	@105円〈ＣＲ〉		275,625
本　　店		19,650	支店勘定の残高より		2,157,090
当期純利益		1,155	貸借差額		**136,725**
計	24,750	24,750		2,708,040	2,708,040
（損益計算書）					
売　上　高		12,675	@107円〈ＡＲ〉		1,356,225
売上原価	7,800		解説１．より	839,490	
貸倒引当金繰入	50		@107円〈ＡＲ(*)〉	5,350	
減価償却費	1,800		@115円〈ＨＲ〉	**207,000**	
その他の費用	1,870		@107円〈ＡＲ〉	200,090	
為替差益			貸借差額		**32,430**
当期純利益	1,155		Ｂ／Ｓより	136,725	
計	12,675	12,675		1,388,655	1,388,655

（*）本問では指示によりＡＲで換算しているが、対象債権の換算レートに合わせてＣＲで換算することもある。

第7回　工業簿記　解答

問1

標準原価カード（製品甲1個あたり）

Ⅰ　直接材料費：	12,000　円/kg 標準価格	×	0.6　kg 標準消費量	＝	7,200 円/個
Ⅱ　直接労務費：	6,000　円/時間 標準賃率	×	0.9　時間 標準直接作業時間	＝	5,400 円/個
Ⅲ　製造間接費：	12,000　円/時間 標準配賦率	×	0.9　時間 標準直接作業時間	＝	10,800 円/個

製品甲1個あたりの標準原価（原価標準）：　② 23,400 円/個

問2

①	②	18,360,000
②	②	170,910
③	②	216,000
④	②	162,000
⑤	②	1,620,000
⑥	②	270,000
⑦	②	54,000
⑧	②	540,000

問3

月次損益

売上原価	（② 141,704,910）	売上高	189,000,000
営業費	（② 10,508,400）		
営業利益	（ 36,786,690）		
	189,000,000		189,000,000

問4

(1)	本社のみで測定した当月の営業利益	②	8,243,100 円
(2)	全社的な当月の営業利益	①	43,409,790 円

○数字は採点基準　合計25点

第７回　原価計算　解答

問題１
問１

採　用　前	②　7,580	円/個	採　用　後	③　7,506.4	円/個

問２

予 防 原 価	③　+5,110	千円	評 価 原 価	③　+3,200	千円

問３

内部失敗原価	③　△10,150	千円	外部失敗原価	②　△ 8,000	千円

問題２
問１

甲車：（　5　）回　乙車：（　4　）回　丙車：（　3　）回

すべて正解で③

問２

甲車：（　623　）万円　乙車：（　605　）万円　丙車：（　662　）万円

したがって、ライフサイクル・コストが最も低い｛~~甲車~~、乙車、~~丙車~~｝を購入すべきである。
（注）不要な文字を二重線で消去すること。

すべて正解で③

問３

甲車：（　592　）万円　乙車：（　589　）万円　丙車：（　657　）万円

したがって、ライフサイクル・コストが最も低い｛~~甲車~~、乙車、~~丙車~~｝を購入すべきである。
（注）不要な文字を二重線で消去すること。

すべて正解で③

○数字は採点基準　合計25点

第７回　工業簿記　解説

問１　製品甲１個当たりの標準原価（原価標準）の設定

直接材料費：消費価格12,000円/kg×消費量0.6kg/個＝　7,200円/個
直接労務費：消費賃率6,000円/時間×直接作業時間0.9時間/個＝　5,400円/個
製造間接費：標準配賦率12,000円/時間※×直接作業時間0.9時間/個＝10,800円/個
製品甲１個当たりの標準原価（原価標準）：23,400円/個

※　66,960,000円÷5,580時間＝12,000円/時間

問２　残高試算表における諸数値の推定

資料３の残高試算表の借方に記載されている差異が借方差異（不利差異）、貸方に記載されている差異が貸方差異（有利差異）である。

ここで、直接材料の標準消費量や標準直接作業時間を求めるため、生産データを整理する。

仕　掛　品

月初　600個 （＊1）（300個）	当月完成 5,700個 （5,700個）
当月着手 6,300個 （6,000個）	月末　1,200個 （＊2）（600個）

→直接材料標準消費量：6,300個×0.6kg/個＝3,780kg
標準直接作業時間：6,000個×0.9時間/個＝5,400時間

（＊1）600個×50％＝300個
（＊2）1,200個×50％＝600個

１．直接材料費差異の細分析

直接材料費差異を分析して、材料消費価格差異と材料消費量差異を算定する。

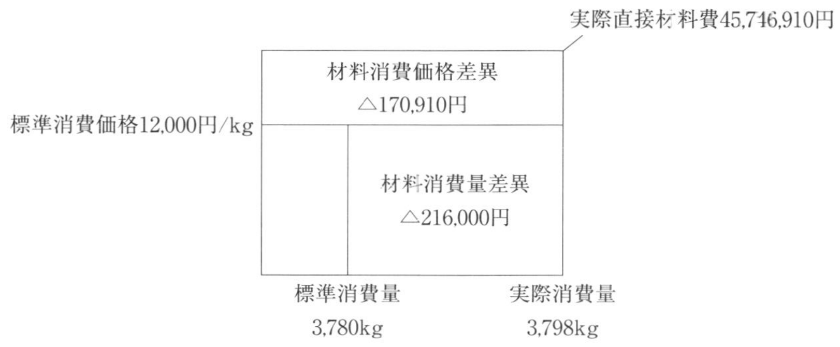

材料消費価格差異：12,000円/kg×3,798kg－実際直接材料費45,746,910円＝**△170,910円**（②）
材料消費量差異：12,000円/kg×（3,780kg－3,798kg）＝**△216,000円**（③）

２．直接労務費差異の細分析

直接労務費差異を分析して、賃率差異と直接作業時間差異を算定する。

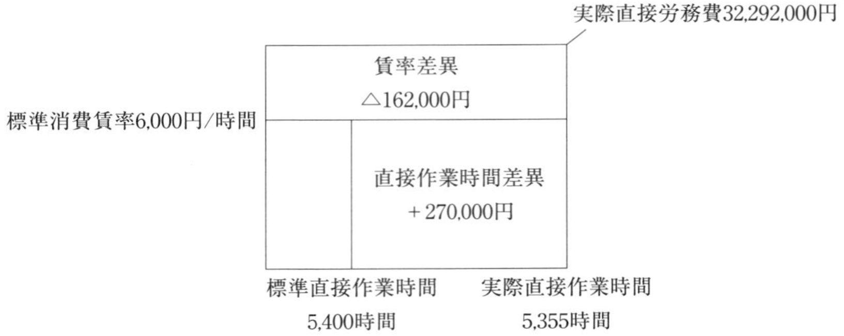

賃率差異：6,000円/時間×5,355時間－実際直接労務費32,292,000円＝**△162,000円**（④）
直接作業時間差異：6,000円/時間×（5,400時間－5,355時間）＝**270,000円**（⑥）

３．仕掛品の推定

工場の残高試算表上に売上原価と原価差異が計上されているため、残高試算表上の仕掛品勘定残高は、月末仕掛品残高を表す。

7,200円/個×1,200個＋（5,400円/個＋10,800円/個）×600個＝**18,360,000円**（①）

４．製造間接費差異の細分析

本問では、能率差異の計算方法について、変動費と固定費の両方からなるという指示があるため、標準配賦率により計算する。

なお、操業度差異は、実際操業度を基準に算出する。

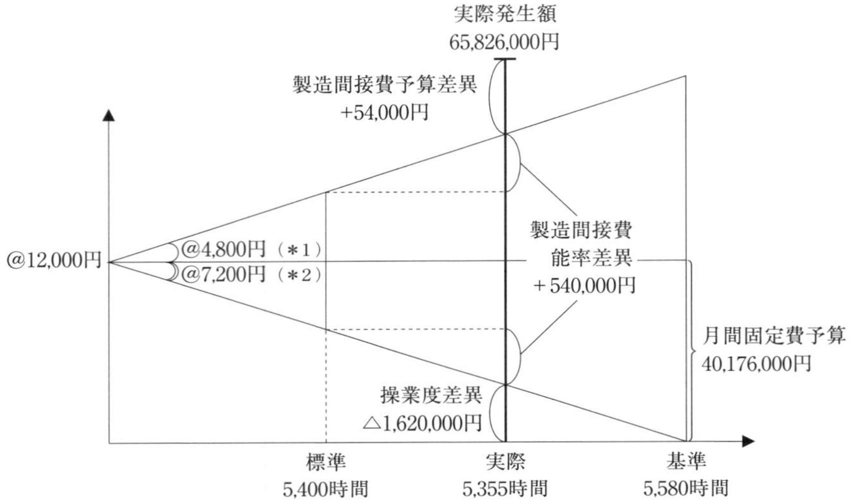

（＊1）変動費率：（66,960,000円－40,176,000円）÷5,580時間＝4,800円/時間
（＊2）固定費率：40,176,000円÷5,580時間＝7,200円/時間

製造間接費予算差異：4,800円/時間×5,355時間＋40,176,000円－実際発生額65,826,000円
＝**54,000円**（⑦）
製造間接費能率差異：12,000円/時間×（5,400時間－5,355時間）＝**540,000円**（⑧）
操業度差異：7,200円/時間×（5,355時間－5,580時間）＝**△1,620,000円**（⑤）

問３　工場の月次損益勘定の作成

１．（工場）売上原価

問題指示に従い、工場で発生する原価差異を売上原価に賦課する。

(1)　原価差異総額

・材料消費価格差異	（－）	170,910円
・材料消費量差異	（－）	216,000円
・賃率差異	（－）	162,000円
・操業度差異	（－）	1,620,000円
・直接作業時間差異	（＋）	270,000円
・製造間接費予算差異	（＋）	54,000円
・製造間接費能率差異	（＋）	540,000円
合計	（－）	1,304,910円

⇨不利差異につき、売上原価に加算する。

(2)　原価差異賦課後の売上原価

140,400,000円（前T/B）＋1,304,910円（原価差異）＝**141,704,910円**

2．（工場）営業費

営業費とは、販売費及び一般管理費のことである。なお、工場負担分の減価償却費は、製造原価となるため、営業費には含めない。

・前 T/B 販売費		5,670,000円
・前T/B一般管理費		4,050,000円
・棚卸減耗費		140,400円（＊1）
・貸倒引当金繰入		108,000円（＊2）
・前払販売費	（－）	810,000円
・未払一般管理費		1,350,000円
合計		**10,508,400円**

（＊1）棚卸減耗費
工場における製品甲の月末製品帳簿棚卸数量は600個であるが、資料８より、実地棚卸数量は594個である。
問１より、製品甲の製造原価は23,400円/個であることから、棚卸減耗費は下記のように計算できる。
23,400円/個×（600個－594個）＝140,400円
なお、棚卸減耗費は問題指示より、販売費に含める。

（＊2）貸倒引当金繰入（差額補充法）
43,200,000円（売掛金月末残高）×１％－324,000円（前T/B貸倒引当金）＝108,000円

3．（工場）営業利益

189,000,000円（売上高）－141,704,910円（売上原価）－10,508,400円（営業費）＝**36,786,690円**

問４　本社のみで測定した当月の営業利益と全社的な当月の営業利益

1．（本社）売上原価

資料７の「当月販売数量」により計算する。なお、本社における各製品および商品の仕入価格は、製品甲が28,800円/個（工場からの振替価格）であり、商品乙が54,000円/個である。また、商品乙の前月繰越分の仕入価格も54,000円/個（繰越商品64,800,000円÷月初商品乙棚卸数量1,200個＝54,000円/個）である。

28,800円/個×1,200個（製品甲）＋54,000円/個×3,600個（商品乙）＝228,960,000円

2．（本社）営業費

・前 T/B 販売費	32,724,000円
・前T/B一般管理費	24,300,000円
・棚卸減耗費	486,000円（＊1）
・減価償却費	5,400,000円
・貸倒引当金繰入	324,000円（＊2）
・未払販売費	1,962,900円
合計	65,196,900円

（＊1）棚卸減耗費
本社における商品乙の月末商品帳簿棚卸数量は600個であるが、資料８より、実地棚卸数量は591個である。
商品乙から生じた棚卸減耗費は、問題指示より、販売費に含めて処理する。
54,000円/個×（600個－591個）＝486,000円

（＊2）貸倒引当金繰入（差額補充法）
75,600,000円（売掛金月末残高）×１％－432,000円（前T/B貸倒引当金）＝324,000円

3．（本社）営業利益

302,400,000円（売上高）－228,960,000円（売上原価）－65,196,900円（営業費）＝**8,243,100円**

4．内部利益控除

本社が保有する製品甲は、工場から内部利益を含んだ振替価格により受け入れたものである。

したがって、本社における製品甲の月末在庫に含まれる内部利益は、企業全体の損益の計算上、未実現の利益として控除しなければならない。また、本社に製品甲の月初在庫があれば、内部利益の戻入れを行う必要がある（本問では本社に製品甲の月初在庫はない）。

（28,800円/個（振替価格）－23,400円/個（原価標準））×300個（製品甲月末）＝1,620,000円

5．全社的営業利益

8,243,100円（本社営業利益）＋36,786,690円（工場営業利益）－1,620,000円（内部利益控除）＝**43,409,790円**

第７回　原価計算　解説

問題１　品質原価計算

問１　改善案採用前後の完成品単位原価の計算

(1)　改善案採用前における完成品単位原価の計算

仕　掛　品

	仕掛品（借方）	仕掛品（貸方）	
直接材料費 72,000千円(2,400円/個) 加　工　費120,000千円(4,000円/個)	投入 30,000個 (30,000個)	完成 25,000個 (25,000個)	直接材料費 69,500千円 加　工　費120,000千円 } 189,500千円 (7,580円/個)
		仕損 5,000個（＊1） (5,000個)	評価額 500円/個×5,000個＝2,500千円

（　　）内は加工換算量

（＊1）仕損品数量：25,000個×20％＝5,000個

完成品総合原価：(72,000千円－2,500千円)＋120,000千円＝189,500千円

完成品単位原価：189,500千円÷25,000個＝**7,580円/個**

(2)　改善案採用後における完成品単位原価の計算

仕　掛　品

	仕掛品（借方）	仕掛品（貸方）	
直接材料費　72,000千円 △1,200千円(＊2) 70,800千円	投入 29,500個 (27,700個)	完成 25,000個 (25,000個)	直接材料費 68,550千円 加　工　費119,110千円 } 187,660千円 (7,506.4円/個)
		仕損(＊6) 1,500個 (1,500個)	評価額 500円/個×1,500個＝750千円
加　工　費 120,000千円 △2,000千円(＊3) △7,200千円(＊4) ＋8,310千円(＊5) 119,110千円		仕損(＊7) 3,000個 (1,200個)	評価額 500円/個×3,000個＝1,500千円

（　　）内は加工換算量

（＊2）仕損品が終点で500個減少することによる直接材料費削減額

(2,400円/個×500個＝1,200千円)

（＊3）仕損品が終点で500個減少することによる加工費削減額（4,000円/個×500個＝2,000千円）

（＊4）仕損品3,000個が加工進捗度0.4で発見できることに伴う加工費削減額

(4,000円/個×3,000個×0.6＝7,200千円)

（＊5）追加検査費3,200千円、工程改善費2,560千円および工員訓練費2,550千円の合計

（＊6）終点発生の正常仕損分（5,000個×40％－500個＝1,500個）

（＊7）加工進捗度0.4の地点で発生の正常仕損分（5,000個×60％＝3,000個）

完成品総合原価：(70,800千円－1,500千円－750千円)＋119,110千円＝187,660千円

完成品単位原価：187,660千円÷25,000個＝**7,506.4円/個**

問２　予防原価と評価原価の計算

予防原価：2,560千円〈工程改善費〉＋2,550千円〈工員訓練費〉＝**＋5,110千円**

評価原価：**＋3,200千円**〈検査費〉

問３　内部失敗原価と外部失敗原価の計算

内部失敗原価：仕損減少によるコスト削減額 **△10,150千円**（＊）

外部失敗原価：クレーム対応・保証修理コストの削減額 10,000千円－18,000千円＝**△8,000千円**

（＊）直接材料費：(2,400円/個－500円/個)×500個＝　950千円

加　工　費：2,000千円＋7,200千円　＝　9,200千円

計　10,150千円

問題２　ライフサイクル・コスティング

問１　耐用期間の整備回数

1．甲車

		1年後		2年後		3年後		4年後
走行距離の累積	0km	25,000km		50,000km		75,000km		100,000km
整備回数 (18,000kmごと)		1	2		3	4	5(回)	

2．乙車

		1年後		2年後		3年後		4年後
走行距離の累積	0km	25,000km		50,000km		75,000km		100,000km
整備回数 (20,000kmごと)		1	2		3		4(回)	不要(＊)

（＊）5回目の整備は耐用年数到来のため不要となる。

3．丙車

		1年後	2年後	3年後	4年後
走行距離の累積	0km	25,000km	50,000km	75,000km	100,000km
整備回数 (25,000kmごと)		1	2	3(回)	不要(＊)

（＊）4回目の整備は耐用年数到来のため不要となる。

問２　貨幣の時間価値を考慮しない場合

1．甲車のライフサイクル・コスト

現時点：		450万円
１年後：12万円〈保険料〉＋30万円〈ガソリン代〉＋10万円〈整備費用〉	＝	52万円
２年後：12万円〈　〃　〉＋30万円〈　　〃　　〉＋10万円〈　〃　〉	＝	52万円
３年後：12万円〈　〃　〉＋30万円〈　　〃　　〉＋20万円〈　〃　〉	＝	62万円
４年後：12万円〈　〃　〉＋30万円〈　　〃　　〉＋10万円〈　〃　〉－45万円〈残存価額〉	＝	7万円
合　　計		**623万円**

ガソリン代：120円/㍑×(25,000km/年÷10km/㍑)＝30万円

2．乙車のライフサイクル・コスト

現時点：		500万円
１年後：10万円〈保険料〉＋18.75万円〈ガソリン代〉＋10万円〈整備費用〉	＝	38.75万円
２年後：10万円〈　〃　〉＋18.75万円〈　　〃　　〉＋10万円〈　〃　〉	＝	38.75万円
３年後：10万円〈　〃　〉＋18.75万円〈　　〃　　〉＋10万円〈　〃　〉	＝	38.75万円
４年後：10万円〈　〃　〉＋18.75万円〈　　〃　　〉＋10万円〈　〃　〉－50万円〈残存価額〉	＝	△11.25万円
合　　計		**605万円**

ガソリン代：120円/㍑×(25,000km/年÷16km/㍑)＝18.75万円

3．丙車のライフサイクル・コスト

現時点：		600万円
１年後：８万円〈保険料〉＋15万円〈ガソリン代〉＋10万円〈整備費用〉	＝	33万円
２年後：８万円〈　〃　〉＋15万円〈　　〃　　〉＋10万円〈　〃　〉	＝	33万円
３年後：８万円〈　〃　〉＋15万円〈　　〃　　〉＋10万円〈　〃　〉	＝	33万円
４年後：８万円〈　〃　〉＋15万円〈　　〃　　〉－60万円〈残存価額〉	＝	△37万円
合　　計		**662万円**

ガソリン代：120円/㍑×(25,000km/年÷20km/㍑)＝15万円

以上より、ライフサイクル・コストが最も低い**乙車**を購入すべきである。

問３　貨幣の時間価値を考慮した場合

1．甲車のライフサイクル・コスト

450万円＋52万円×0.9091＋52万円×0.8264＋62万円×0.7513＋7万円×0.6830

≒**592万円**(万円未満四捨五入)

2．乙車のライフサイクル・コスト

500万円＋38.75万円×0.9091＋38.75万円×0.8264＋38.75万円×0.7513＋△11.25万円×0.6830

≒**589万円**(万円未満四捨五入)

3．丙車のライフサイクル・コスト

600万円＋33万円×0.9091＋33万円×0.8264＋33万円×0.7513＋△37万円×0.6830

≒**657万円**(万円未満四捨五入)

以上より、ライフサイクル・コストが最も低い**乙車**を購入すべきである。

日商簿記検定試験対策
網羅型完全予想問題集
第8回
解答・解説

	出題論点	難易度	重要項目
商業簿記	連結財務諸表の作成	B	・評価差額の実現 ・在外子会社 ・連結包括利益計算書
会計学	第1問：空欄補充問題	A	・収益認識基準 ・税効果会計 ・在外子会社の換算
	第2問：税効果会計	A	
	第3問：外貨換算会計	B	
工業簿記	工程別総合原価計算	B	・工程別仕掛品 ・累加法 ・非累加法
原価計算	CVP分析	A	・加重平均資本コスト ・代替案のCVP分析 ・残余利益

※　難易度は、A＝易、B＝難となっています。

第8回　商業簿記　解答

連結貸借対照表

20×3年3月31日現在　(単位：千円)

資産	金額	負債・純資産	金額
売掛金	1,117,500	買掛金	580,000
貸倒引当金	② △ 22,350	未払法人税等	171,600
商品	② 224,500	その他の負債	314,150
土地	② 1,125,000	資本金	1,250,000
のれん	② 59,160	資本剰余金	625,000
繰延税金資産	② 71,125	利益剰余金	1,121,705
その他の資産	1,841,100	為替換算調整勘定	56,055
		非支配株主持分	297,525
	4,416,035		4,416,035

連結損益計算書

自20×2年4月1日　至20×3年3月31日(単位：千円)

売上高	5,745,000
売上原価	② △ 3,592,500
貸倒引当金繰入額	△ 14,300
のれん償却額	△ 3,170
受取配当金	② 18,325
為替差損	② △ 1,500
土地売却益	② 15,000
その他の収益	82,300
その他の費用	△ 1,615,250
税金等調整前当期純利益	633,905
法人税等	△ 241,750
法人税等調整額	29,125
当期純利益	421,280
非支配株主に帰属する当期純利益	② △ 38,775
親会社株主に帰属する当期純利益	382,505

連結包括利益計算書

自20×2年4月1日　至20×3年3月31日(単位：千円)

当期純利益	421,280
その他の包括利益	
為替換算調整勘定	① 61,980
包括利益	483,260

(内訳)

親会社株主に係る包括利益　(　438,560　)千円

非支配株主に係る包括利益　(　44,700　)千円

連結株主資本等変動計算書

自20×2年4月1日　至20×3年3月31日　(単位：千円)

	株主資本			その他の包括利益累計額	非支配株主持分
	資本金	資本剰余金	利益剰余金	為替換算調整勘定	
当期首残高	1,250,000	625,000	801,700	0	261,900
剰余金の配当			△ 62,500		
親会社株主に帰属する当期純利益			382,505		
株主資本以外の項目の当期変動額(純額)				56,055	35,625
当期末残高	1,250,000	① 625,000	① 1,121,705	① 56,055	① 297,525

○数字は採点基準　合計25点

第8回　会計学　解答

第1問

(1)	①　金融要素
(2)	①　金利相当分
(3)	①　信頼性
(4)	①　営業外費用
(5)	①　繰延資産

第2問

(1)	繰延税金資産	③　94,500　千円
(2)	繰延税金負債	③　4,800　千円
(3)	当期純利益	④　680,700　千円

(注) 繰延税金資産および繰延税金負債は、相殺前の金額を記入すること。
　　なお、金額が記入されない場合には、0(ゼロ)を記入すること。

第3問

問1

(1)	当期純利益	①　9,280　千円
(2)	為替差損益	①　200　千円
(3)	資本金	①　50,400　千円
(4)	利益剰余金	①　16,940　千円
(5)	為替換算調整勘定	①　7,660　千円

(注) 為替差損益および為替換算調整勘定が借方に生じた場合には、金額の前に△印を付すこと。

問2

連結包括利益計算書　（単位：千円）

当期純利益	（① 10,000）
その他の包括利益	
その他有価証券評価差額金	（① 900）
その他の包括利益合計	（ 900）
包括利益	（① 10,900）
（内訳）	
親会社株主に係る包括利益	（① 10,320）
非支配株主に係る包括利益	（① 580）

○数字は採点基準　合計25点

第8回　商業簿記　解説

1．A社（連結子会社）に関する処理（以下、単位：千円）

(1)　タイム・テーブル（A社資本勘定の推移）

	20×1年3/31（80％取得）		20×2年3/31	当期	20×3年3/31
資本金	625,000		625,000		625,000
資本剰余金	250,000		250,000		250,000
利益剰余金	110,000	＋166,250	276,250	利益 ＋187,500 配当 △ 37,500	426,250
評価差額	17,500		17,500	実現 △ 17,500	0
	1,002,500		1,168,750		1,301,250

(2)　開始仕訳

①　支配獲得日（20×1年3月31日）の連結修正仕訳

(A)　土地の時価評価

（土　　地）（＊1）	25,000	（繰延税金負債）（＊2） －A社－	7,500
		（評価差額）（＊3）	17,500

（＊1）775,000〈時価〉－750,000〈簿価〉＝25,000

（＊2）25,000×30％〈実効税率〉＝7,500

（＊3）貸借差額

(B)　投資と資本の相殺消去

（資本金当期首残高）	625,000	（A社株式）	850,000
（資本剰余金当期首残高）	250,000	（非支配株主持分当期首残高）（＊2）	200,500
（利益剰余金当期首残高）	110,000		
（評価差額）	17,500		
（のれん）（＊1）	48,000		

（＊1）（625,000＋250,000＋110,000＋17,500）×80％〈P社持分割合〉＝802,000
　1,002,500〈20×1年3/31のA社資本（評価替後）〉
　850,000－802,000＝48,000

（＊2）1,002,500×20％〈非支配株主持分割合〉＝200,500

② 20×1年度の連結修正仕訳

(A) のれんの償却

(利益剰余金当期首残高) のれん償却額	(＊)	2,400	(の　れ　ん)	2,400

(＊) 48,000÷20年＝2,400

(B) 増加利益剰余金の振替え

(利益剰余金当期首残高)	(＊)	33,250	(非支配株主持分当期首残高)	33,250

(＊) (276,250〈20×2年3/31〉－110,000〈20×1年3/31〉)×20%〈非支配株主持分割合〉＝33,250

③ 開始仕訳のまとめ (①＋②)

(土　　地)	25,000	(繰延税金負債)	7,500
(資本金当期首残高)	625,000	(A　社　株　式)	850,000
(資本剰余金当期首残高)	250,000	(非支配株主持分当期首残高)	233,750
(利益剰余金当期首残高)	145,650		
(の　れ　ん)	45,600		

(3) 期中仕訳 (20×2年度の連結修正仕訳)

① のれんの償却

(のれん償却額)	(＊)	2,400	(の　れ　ん)	2,400

(＊) 48,000÷20年＝2,400

② 当期純利益の振替え

(非支配株主に帰属する当期純利益)	(＊)	37,500	(非支配株主持分当期変動額)	37,500

(＊) 187,500〈当期純利益〉×20%〈非支配株主持分割合〉＝37,500

③ 配当金の修正

(受取配当金)	(＊1)	30,000	(利益剰余金剰余金の配当)	37,500
(非支配株主持分当期変動額)	(＊2)	7,500		

(＊1) 37,500〈剰余金の配当〉×80%〈P社持分割合〉＝30,000

(＊2) 37,500×20%〈非支配株主持分割合〉＝7,500

④ 評価差額の実現

(土地売却益)	(＊1)	25,000	(土　　地)	25,000
(繰延税金負債) －A社－	(＊2)	7,500	(法人税等調整額)	7,500
(非支配株主持分当期変動額)	(＊3)	3,500	(非支配株主に帰属する当期純利益)	3,500

(＊1) 790,000〈売却価額〉－750,000〈個別上の帳簿価額〉＝40,000〈個別上の売却益〉
790,000－775,000〈連結上の帳簿価額〉＝15,000〈連結上の売却益〉
15,000－40,000＝△25,000〈売却益の修正額〉

(＊2) 25,000×30%〈実効税率〉＝7,500

(＊3) (25,000－7,500)×20%〈非支配株主持分割合〉＝3,500

⑤ 未達取引の整理

(商　　品)	2,500	(買　掛　金)	2,500

⑥ 売上高と売上原価の相殺消去

(売　上　高)	750,000	(売上原価)	750,000

⑦ 未実現利益の調整 (アップ・ストリーム)

(A) 期首商品棚卸高に含まれる未実現利益

(a) 開始仕訳

(利益剰余金当期首残高) 売上原価	(＊1)	3,500	(商　　品)	3,500
(繰延税金資産) －A社－	(＊2)	1,050	(利益剰余金当期首残高) 法人税等調整額	1,050
(非支配株主持分当期首残高) 非支配株主持分当期変動額	(＊3)	490	(利益剰余金当期首残高) 非支配株主に帰属する当期純利益	490

(＊1) $17,500\times\frac{0.25}{1.25}$＝3,500〈未実現利益〉

(＊2) 3,500×30%〈実効税率〉＝1,050

(＊3) (3,500－1,050)×20%〈非支配株主持分割合〉＝490

(b) 実現仕訳

(商　　品)	3,500	(売上原価)	3,500
(法人税等調整額)	1,050	(繰延税金資産) －A社－	1,050
(非支配株主に帰属する当期純利益)	490	(非支配株主持分当期変動額)	490

(B) 期末商品棚卸高に含まれる未実現利益

(売上原価)	(＊1)	5,000	(商　　品)	5,000
(繰延税金資産) －A社－	(＊2)	1,500	(法人税等調整額)	1,500
(非支配株主持分当期変動額)	(＊3)	700	(非支配株主に帰属する当期純利益)	700

(＊1) (22,500＋2,500〈未達〉)×$\frac{0.25}{1.25}$＝5,000〈未実現利益〉

(＊2) 5,000×30%〈実効税率〉＝1,500

(＊3) (5,000－1,500)×20%〈非支配株主持分割合〉＝700

(C) まとめ ((A)+(B))

期首・期末商品の修正がある場合には、次の２つのまとめ方がある。後述の勘定および精算表の記入は、２の差額補充法的な処理で作成している。

	1．洗替法的な処理	2．差額補充法的な処理
(A)(a)	(利益剰余金当期首残高) 1,960 (売　上　原　価) 3,500 (法人税等調整額) 1,050	(利益剰余金当期首残高) 3,500 (商　品) 3,500 (繰延税金資産) 1,050 (利益剰余金当期首残高) 1,050 (非支配株主持分当期首残高) 490 (利益剰余金当期首残高) 490
(A)(b)	(非支配株主持分当期首残高) 490 (非支配株主に帰属する当期純利益) 490 (非支配株主持分当期変動額) 490	(売　上　原　価) 1,500 (商　品) 1,500 (繰延税金資産) 450 (法人税等調整額) 450 (非支配株主持分当期変動額) 210 (非支配株主に帰属する当期純利益) 210
(B)	(売　上　原　価) 5,000 (商　品) 5,000 (繰延税金資産) 1,500 (法人税等調整額) 1,500 (非支配株主持分当期変動額) 700 (非支配株主に帰属する当期純利益) 700	

⑧ 売掛金と買掛金の相殺消去

(買　掛　金)	62,500	(売　掛　金)	62,500

⑨ 貸倒引当金の調整（アップ・ストリーム）

(A) 期首貸倒引当金の調整

(a) 開始仕訳

(貸　倒　引　当　金)(＊1)	1,000	(利益剰余金当期首残高) 貸倒引当金繰入額	1,000
(利益剰余金当期首残高)(＊2) 法人税等調整額	300	(繰　延　税　金　負　債) －A社－	300
(利益剰余金当期首残高)(＊3) 非支配株主に帰属する当期純利益	140	(非支配株主持分当期首残高) 非支配株主持分当期変動額	140

(＊1) 50,000×２％＝1,000

(＊2) 1,000×30%〈実効税率〉＝300

(＊3) (1,000－300)×20%〈非支配株主持分割合〉＝140

(b) 貸倒引当金繰入（戻入）の調整

(貸倒引当金繰入額)	1,000	(貸　倒　引　当　金)	1,000
(繰　延　税　金　負　債) －A社－	300	(法　人　税　等　調　整　額)	300
(非支配株主持分当期変動額)	140	(非支配株主に帰属する当期純利益)	140

(B) 期末貸倒引当金の調整

(貸　倒　引　当　金)(＊1)	1,250	(貸倒引当金繰入額)	1,250
(法　人　税　等　調　整　額)(＊2)	375	(繰　延　税　金　負　債) －A社－	375
(非支配株主に帰属する当期純利益)(＊3)	175	(非支配株主持分当期変動額)	175

(＊1) 62,500×２％＝1,250

(＊2) 1,250×30%〈実効税率〉＝375

(＊3) (1,250－375)×20%〈非支配株主持分割合〉＝175

(C) まとめ ((A)+(B))

期首・期末貸倒引当金の修正がある場合には、次の２つのまとめ方がある。後述の勘定および精算表の記入は、２の差額補充法的な処理で作成している。

	1．洗替法的な処理	2．差額補充法的な処理
(A)(a)	(貸倒引当金繰入額) 1,000 (利益剰余金当期首残高) 560 (法人税等調整額) 300	(貸　倒　引　当　金) 1,000 (利益剰余金当期首残高) 1,000 (利益剰余金当期首残高) 300 (繰延税金負債) 300 (利益剰余金当期首残高) 140 (非支配株主持分当期首残高) 140
(A)(b)	(非支配株主持分当期首残高) 140 (非支配株主持分当期変動額) 140 (非支配株主に帰属する当期純利益) 140	(貸　倒　引　当　金) 250 (貸倒引当金繰入額) 250 (法人税等調整額) 75 (繰延税金負債) 75 (非支配株主に帰属する当期純利益) 35 (非支配株主持分当期変動額) 35
(B)	(貸　倒　引　当　金) 1,250 (貸倒引当金繰入額) 1,250 (法人税等調整額) 375 (繰延税金負債) 375 (非支配株主に帰属する当期純利益) 175 (非支配株主持分当期変動額) 175	

⑩ 繰延税金資産と繰延税金負債の相殺

P社　繰延税金資産

P社個別B/S	45,000	45,000	

P社　繰延税金負債

A社　繰延税金資産

A社個別B/S	25,000	26,500	
A　社　商　品	1,050		
A　社　商　品	450		

A社　繰延税金負債

A　社　土　地	7,500	A　社　土　地	7,500
375		A　社　貸　引	300
		A　社　貸　引	75

(繰　延　税　金　負　債)	375	(繰　延　税　金　資　産)	375

2．B社（在外連結子会社）に関する処理

（1） B社財務諸表項目の換算

① 前期末（20×2年３/31）の貸借対照表

項　　目	外貨（千ドル）	為替相場	円貨（千円）
売掛金	750	ＣＲ@100円〈前期末〉	75,000
貸倒引当金	△ 15	ＣＲ@100円〈前期末〉	△ 1,500
商品	165	ＣＲ@100円〈前期末〉	16,500
その他の資産	2,850	ＣＲ@100円〈前期末〉	285,000
合計	3,750		375,000
買掛金	450	ＣＲ@100円〈前期末〉	45,000
未払法人税等	150	ＣＲ@100円〈前期末〉	15,000
その他の負債	300	ＣＲ@100円〈前期末〉	30,000
資本金	1,500	ＨＲ@100円〈前期末〉	150,000
資本剰余金	600	ＨＲ@100円〈前期末〉	60,000
利益剰余金	750	ＨＲ@100円〈前期末〉	75,000
合計	3,750		375,000

② 当期（20×2年度）の損益計算書

項　　目	外貨（千ドル）	為替相場など	円貨（千円）
売上高	5,250	（＊）	579,000
売上原価	△3,750	ＡＲ@110円	△412,500
貸倒引当金繰入額	△ 30	ＡＲ@110円	△ 3,300
為替差損		**換算後の差額**	**△ 1,500**
その他の収益	180	ＡＲ@110円	19,800
その他の費用	△ 900	ＡＲ@110円	△ 99,000
税引前当期純利益	750	ＡＲ@110円	82,500
法人税等	△ 300	ＡＲ@110円	△ 33,000
当期純利益	450	ＡＲ@110円	49,500

（＊）750千ドル×ＨＲ@112円〈売上時〉＝84,000〈Ｐ社に対する売上高〉
（5,250千ドル－750千ドル）×ＡＲ@110円＝495,000〈外部売上高〉
84,000＋495,000＝579,000

③ 当期（20×2年度）の株主資本等変動計算書（利益剰余金のみ）

項　　目	外貨（千ドル）	為替相場など	円貨（千円）
当期首残高	750	ＨＲ@100円〈前期末〉	75,000
剰余金の配当	△ 150	ＨＲ@105円〈支払時〉	△ 15,750
当期純利益	450	損益計算書より	49,500
当期末残高	1,050		108,750

④ 当期末（20×3年３/31）の貸借対照表

項　　目	外貨（千ドル）	為替相場など	円貨（千円）
売掛金	1,500	ＣＲ@120円〈当期末〉	180,000
貸倒引当金	△ 30	ＣＲ@120円〈当期末〉	△ 3,600
商品	225	ＣＲ@120円〈当期末〉	27,000
その他の資産	2,805	ＣＲ@120円〈当期末〉	336,600
合計	4,500		540,000
買掛金	750	ＣＲ@120円〈当期末〉	90,000
未払法人税等	180	ＣＲ@120円〈当期末〉	21,600
その他の負債	420	ＣＲ@120円〈当期末〉	50,400
資本金	1,500	ＨＲ@100円〈前期末〉	150,000
資本剰余金	600	ＨＲ@100円〈前期末〉	60,000
利益剰余金	1,050	株主資本等変動計算書より	108,750
為替換算調整勘定		**換算後の差額**	**59,250**
合計	4,500		540,000

⑤ 換算後の金額にもとづく当期（20×2年度）の株主資本等変動計算書（単位：千円）

	株主資本			その他の包括利益累計額
	資本金	資本剰余金	利益剰余金	為替換算調整勘定
当期首残高	150,000	60,000	75,000	0
剰余金の配当			△15,750	
当期純利益			49,500	
株主資本以外の項目の当期変動額（純額）				59,250
当期末残高	150,000	60,000	108,750	59,250

⑥ 換算後の金額にもとづく当期（20×2年度）の包括利益計算書（単位：千円）

当期純利益	49,500
その他の包括利益	
為替換算調整勘定	59,250
包括利益	108,750

⑵ タイム・テーブル（B社資本勘定の推移）

	20×2年 3/31（90%取得）	当期	20×3年 3/31
資本金	150,000		150,000
資本剰余金	60,000		60,000
利益剰余金	75,000	利益＋49,500 配当△15,750	108,750
為替換算調整勘定	0	換算＋59,250	59,250
	285,000		378,000

⑶ 開始仕訳（支配獲得日（20×2年3/31）の連結修正仕訳）

① 外貨による投資と資本の相殺消去

計算上、外貨による「のれん」の額を把握する必要があるため、外貨による投資と資本の相殺消去を行う。

（資本金当期首残高）	1,500千ドル	（B　社　株　式）	2,705千ドル
（資本剰余金当期首残高）	600千ドル	（非支配株主持分当期首残高）（＊2）	285千ドル
（利益剰余金当期首残高）	750千ドル		
（の　れ　ん）（＊1）	140千ドル		

（＊1）（1,500千ドル＋600千ドル＋750千ドル）×90%〈P社持分割合〉＝2,565千ドル
2,850千ドル〈20×2年3/31のB社資本〉
2,705千ドル－2,565千ドル＝140千ドル

（＊2）2,850千ドル×10%〈非支配株主持分割合〉＝285千ドル

② 円貨による投資と資本の相殺消去（実際の投資と資本の相殺消去）

すべて取得時（前期末）の為替相場の@100円で換算する。

（資本金当期首残高）	150,000	（B　社　株　式）	270,500
（資本剰余金当期首残高）	60,000	（非支配株主持分当期首残高）	28,500
（利益剰余金当期首残高）	75,000		
（の　れ　ん）	14,000		

⑷ 期中仕訳（20×2年度の連結修正仕訳）

まず、外貨による「のれん償却額」を把握し、他の費用と同様に原則として期中平均相場により換算する。次に、外貨による「のれん」の未償却残高を把握し、他の資産と同様に決算時の為替相場により換算する。なお、換算差額は「為替換算調整勘定」とする。

① のれんの償却

（のれん償却額）（＊）	770	（の　れ　ん）	770

（＊）140千ドル÷20年＝7千ドル〈外貨によるのれん償却額〉
7千ドル×AR@110円＝770〈円貨によるのれん償却額〉

② のれんの換算による為替換算調整勘定の計上

（の　れ　ん）（＊）	2,730	（為替換算調整勘定当期変動額）	2,730

（＊）140千ドル－7千ドル＝133千ドル〈外貨による未償却残高〉
133千ドル×CR@120円〈当期末〉＝15,960〈円貨による未償却残高〉
15,960－（14,000－770）＝＋2,730〈換算差額＝為替換算調整勘定（貸方）〉

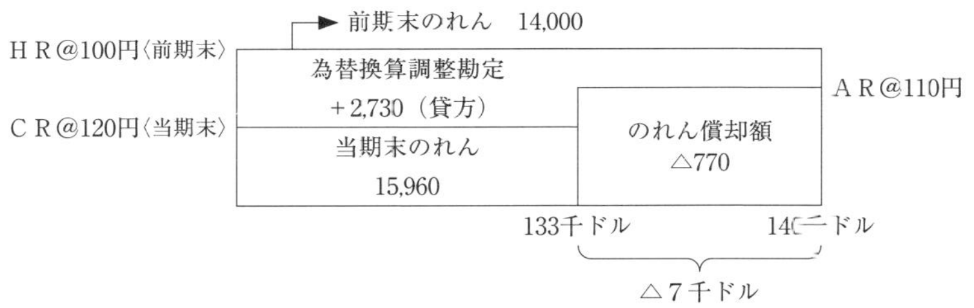

③ 当期純利益の振替え

（非支配株主に帰属する当期純利益）（＊）	4,950	（非支配株主持分当期変動額）	4,950

（＊）49,500〈当期純利益〉×10%〈非支配株主持分割合〉＝4,950

④ 配当金の修正

（受　取　配　当　金）（＊1）	14,175	（利益剰余金剰余金の配当）	15,750
（非支配株主持分当期変動額）（＊2）	1,575		

（＊1）15,750〈配当金〉×90%〈P社持分割合〉＝14,175

（＊2）15,750×10%〈非支配株主持分割合〉＝1,575

⑤ 為替換算調整勘定の振替え

在外子会社の財務諸表項目の換算により生じた為替換算調整勘定は子会社の資本とするため、当期に生じた59,250千円のうち10%分を非支配株主持分に振り替える。ただし、「のれん」の換算により生じた為替換算調整勘定は、すべて親会社の株主に帰属するため、非支配株主持分には振り替えない点に注意すること。

（為替換算調整勘定当期変動額）（＊）	5,925	（非支配株主持分当期変動額）	5,925

（＊）59,250〈B社F/S項目の換算による当期発生分〉×10%〈非支配株主持分割合〉＝5,925

⑥ 売上高と売上原価の相殺消去

（売　上　高）	84,000	（売　上　原　価）	84,000

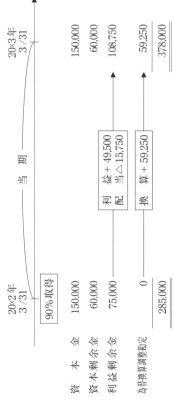

３．連結精算表

（1） 連結損益計算書

表示科目	個別損益計算書			連結修正仕訳		連結損益計算書
	P 社	A 社	B 社			
売上高	3,750,000	2,250,000	579,000	750,000 84,000		5,745,000
売上原価	△2,437,500	△1,575,000	△ 412,500	1,500	750,000 84,000	△3,592,500
貸倒引当金繰入額	△ 7,500	△ 3,750	△ 3,300		250	△ 14,300
のれん償却額	—	—	—	2,400 770		△ 3,170
受取配当金	50,000	12,500	—	30,000 14,175		18,325
為替差損	—	—	△ 1,500			△ 1,500
土地売却益	—	40,000	—	25,000		15,000
その他の収益	37,500	25,000	19,800			82,300
その他の費用	△1,037,500	△ 478,750	△ 99,000			△1,615,250
法人税等	△ 120,000	△ 88,750	△ 33,000			△ 241,750
法人税等調整額	15,000	6,250	—	75	7,500 450	29,125
当期純利益	250,000	187,500	49,500	907,920	842,200	421,280
非支配株主に帰属する当期純利益	—	—	—	37,500 35 4,950	3,500 210	△ 38,775
親会社株主に帰属する当期純利益	250,000	187,500	49,500	950,405	845,910	382,505

（2） 連結株主資本等変動計算書

表示科目	個別株主資本等変動計算書			連結修正仕訳		連結株主資本等変動計算書
	P 社	A 社	B 社			
資本金当期首残高	1,250,000	625,000	150,000	625,000 150,000		1,250,000
資本金当期末残高	1,250,000	625,000	150,000	775,000		1,250,000
資本剰余金当期首残高	625,000	250,000	60,000	250,000 60,000		625,000
資本剰余金当期末残高	625,000	250,000	60,000	310,000		625,000
利益剰余金当期首残高	672,500	276,250	75,000	145,650 3,500 300 140 75,000	1,050 490 1,000	801,700
剰余金の配当	△ 62,500	△ 37,500	△ 15,750		37,500 15,750	△ 62,500
親会社株主に帰属する当期純利益	250,000	187,500	49,500	950,405	845,910	382,505
利益剰余金当期末残高	860,000	426,250	108,750	1,174,995	901,700	1,121,705
為替換算調整勘定当期首残高	—	—	0			0
為替換算調整勘定当期変動額	—	—	59,250	5,925	2,730	56,055
為替換算調整勘定当期末残高	—	—	59,250	5,925	2,730	56,055
非支配株主持分当期首残高	—	—	—	490	233,750 140 28,500	261,900
非支配株主持分当期変動額	—	—	—	7,500 3,500 210 1,575	37,500 35 4,950 5,925	35,625
非支配株主持分当期末残高	—	—	—	13,275	310,800	297,525

(3) 連結貸借対照表

表示科目	個別貸借対照表			連結修正仕訳		連結貸借対照表
	P 社	A 社	B 社			
売掛金	625,000	375,000	180,000		62,500	1,117,500
貸倒引当金	△ 12,500	△ 7,500	△ 3,600	1,000 250		△ 22,350
商品	125,000	75,000	27,000	2,500	3,500 1,500	224,500
土地	1,125,000	—	—	25,000	25,000	1,125,000
のれん	—	—	—	45,600 14,000 2,730	2,400 770	59,160
A社株式	850,000	—	—		850,000	0
B社株式	270,500	—	—		270,500	0
繰延税金資産	45,000	25,000	—	1,050 450	375	71,125
その他の資産	347,000	1,157,500	336,600			1,841,100
合計	3,375,000	1,625,000	540,000	92,580	1,216,545	4,416,035
買掛金	375,000	175,000	90,000	62,500	2,500	580,000
未払法人税等	90,000	60,000	21,600			171,600
繰延税金負債	—	—	—	7,500 375	7,500 300 75	0
その他の負債	175,000	88,750	50,400			314,150
資本金	1,250,000	625,000	150,000	775,000		1,250,000
資本剰余金	625,000	250,000	60,000	310,000		625,000
利益剰余金	860,000	426,250	108,750	1,174,995	901,700	1,121,705
為替換算調整勘定	—	—	59,250	5,925	2,730	56,055
非支配株主持分	—	—	—	13,275	310,800	297,525
合計	3,375,000	1,625,000	540,000	2,349,570	1,225,605	4,416,035

4．包括利益の計算

包括利益は、連結損益計算書で計算した当期純利益に、その他の包括利益の内訳項目（本問では、為替換算調整勘定）を加減して求める。また、包括利益には、非支配株主に帰属する部分が含まれているため、親会社株主に係る包括利益と非支配株主に係る包括利益を付記する。

	連結包括利益計算書	包括利益の内訳	
		非支配株主持分	親会社株主持分
当期純利益	(＊1) 421,280	(＊2) 38,775	(＊3) 382,505
その他の包括利益			
為替換算調整勘定	(＊4) 61,980	(＊5) 5,925	(＊6) 56,055
包括利益	483,260	44,700	438,560

（＊1）連結損益計算書の当期純利益より

（＊2）連結損益計算書の非支配株主に帰属する当期純利益より

（＊3）連結損益計算書の親会社株主に帰属する当期純利益より

（＊4）59,250〈B社F／S項目の換算による当期発生分〉＋2,730〈のれんの換算による当期発生分〉＝61,980

（＊5）59,250×10%〈B社の非支配株主持分割合〉＝5,925

（＊6）61,980－5,925＝56,055

第8回　会計学　解説

第1問　空欄補充問題

空欄を埋めると以下のとおりである。

1．収益認識基準「収益認識に関する会計基準　57、78－3」参照

顧客との契約に重要な（**金融要素**）が含まれる場合、取引価格の算定にあたっては、約束した対価の額に含まれる（**金利相当分**）の影響を調整する。また、顧客との契約から生じる収益と（**金融要素**）の影響を損益計算書において区分して表示する。

2．財務報告の目的「討議資料　財務会計の概念フレームワーク　第２章　会計情報の質的特性２」参照

意思決定有用性は、意思決定目的に関連する情報であること（意思決定との関連性）と、一定の水準で信頼できる情報であること（**信頼性**）の２つの下位の特性により支えられている。さらに、内的整合性と比較可能性が、それら３者の階層を基礎から支えると同時に、必要条件ないし閾限界として機能する。

3．自己株式の取得、処分および消却にかかる付随費用

「自己株式及び準備金の額の減少等に関する会計基準　14」、「繰延資産の会計処理に関する当面の取扱い　3(1)」参照

自己株式の取得、処分および消却にかかる付随費用は、原則として、支払手数料などの科目をもって損益計算書の（**営業外費用**）に計上する。ただし、企業規模の拡大を伴う自己株式の処分にかかる付随費用は、株式交付費として貸借対照表の（**繰延資産**）に計上することができる。

第2問　税効果会計（以下、単位：千円）

(1)　商品評価損 ～ 将来減算一時差異

①　損金不算入（前期発生）

（繰延税金資産）（＊1）	10,800	（法人税等調整額）	10,800

（＊1）36,000×30%〈実効税率〉＝10,800

②　損金算入（当期解消）

（法人税等調整額）	10,800	（繰延税金資産）	10,800

③　損金不算入（当期発生）

（繰延税金資産）（＊2）	15,000	（法人税等調整額）	15,000

（＊2）50,000×30%〈実効税率〉＝15,000

(2)　受取配当金 ～ 益金不算入

永久差異に該当するため、税効果会計を適用しない。

(3)　貸倒引当金 ～ 将来減算一時差異

①　損金不算入（前期発生）

（繰延税金資産）（＊3）	10,800	（法人税等調整額）	10,800

（＊3）(54,000－18,000)×30%〈実効税率〉＝10,800
36,000〈超過額〉

②　損金算入（当期解消）

（法人税等調整額）	10,800	（繰延税金資産）	10,800

③　損金不算入（当期発生）

（繰延税金資産）（＊4）	12,000	（法人税等調整額）	12,000

（＊4）(60,000－20,000)×30%〈実効税率〉＝12,000
40,000〈超過額〉

(4)　寄付金 ～ 損金不算入

永久差異に該当するため、税効果会計を適用しない。

(5)　備品の減価償却費 ～ 将来減算一時差異

①　損金不算入（前々期・前期発生の２年分）

（繰延税金資産）（＊5）	45,000	（法人税等調整額）	45,000

（＊5）900,000÷４年＝225,000〈会計上の減価償却費〉
900,000÷６年＝150,000〈税務上の償却限度額〉
(225,000－150,000)×２年＝150,000
75,000〈超過額〉
150,000×30%〈実効税率〉＝45,000

②　損金不算入（当期発生）

（繰延税金資産）（＊6）	22,500	（法人税等調整額）	22,500

（＊6）(225,000－150,000)×30%〈実効税率〉＝22,500
75,000〈超過額〉

(6)　その他有価証券 ～ 評価差額金

①　時価評価（前期末）

（その他有価証券）（＊7）	3,000	（繰延税金負債）（＊8）	900
		（その他有価証券評価差額金）（＊9）	2,100

（＊7）48,000〈前期末時価〉－45,000〈取得原価〉＝3,000〈評価差益〉

（＊8）3,000×30%〈実効税率〉＝900

（＊9）貸借差額

②　振戻処理（当期首）

（繰延税金負債）	900	（その他有価証券）	3,000
（その他有価証券評価差額金）	2,100		

③　時価評価（当期末）

（その他有価証券）（＊10）	7,000	（繰延税金負債）（＊11）	2,100
		（その他有価証券評価差額金）（＊12）	4,900

（＊10）52,000〈当期末時価〉－45,000〈取得原価〉＝7,000〈評価差益〉

（＊11）7,000×30%〈実効税率〉＝2,100

（＊12）貸借差額

(7) 国債先物取引 ～ 繰延ヘッジ損益

(先物取引差金)(＊13)	9,000	(繰延税金負債)(＊14)	2,700
		(繰延ヘッジ損益)(＊15) 純資産	6,300

(＊13) $450{,}000 \times \dfrac{99円〈売建時価〉 - 97円〈当期末時価〉}{100円} = 9{,}000$〈先物利益〉

(＊14) 9,000×30％〈実効税率〉＝2,700

(＊15) 貸借差額

(8) 勘定記入

繰延税金資産

期首(＊16)	66,600	解説(1)②	10,800
		解説(3)②	10,800
解説(1)③	15,000		
解説(3)③	12,000		
解説(5)②	22,500		

（解説(1)③～(5)②の合計）94,500

繰延税金負債

解説(6)②	900	期首(＊17)	900
		解説(6)③	2,100
		解説(7)	2,700

（解説(6)③・(7)の合計）4,800

法人税等調整額

解説(1)②	10,800	解説(1)③	15,000
解説(3)②	10,800	解説(3)③	12,000
		解説(5)②	22,500

27,900

(＊16) 10,800〈解説(1)①〉＋10,800〈解説(3)①〉＋45,000〈解説(5)①〉＝66,600

(＊17) 解説(6)①

(注) 繰延税金資産・負債を相殺すると次のようになる。

繰延税金資産・負債：94,500〈資産〉－4,800〈負債〉＝89,700〈資産〉

(9) 当期純利益の計算

税引前当期純利益		1,000,000
法人税等	347,200	
法人税等調整額	△ 27,900	319,300
当期純利益		680,700

(注) 法人税等調整額は、貸方残高の場合は法人税等から減算し、借方残高の場合は法人税等に加算する。

第3問

問1 外貨換算会計 ～ 在外子会社等の財務諸表項目の換算

(1) 当期純利益

収益・費用および当期純利益は、原則として、期中平均相場により換算するか、決算時の為替相場により換算することも認められている。本問では、指示がないため、収益・費用および当期純利益は、原則である期中平均相場により換算する。

80千ドル×@116円〈期中平均〉＝**9,280千円**〈当期純利益〉

(2) 為替差損益

為替差損益は、円換算後の損益計算書の差額で計算するが、本問では、収益・費用の金額が不明のため、期中平均相場と当社からの仕入時の為替相場との差額で計算する。

① 当社からの仕入を外部からの仕入と仮定して、すべて期中平均相場で換算

仕入(＊1)	23,200千円	収益	×××
その他費用	×××		
当期純利益	9,280千円		

(＊1) 200千ドル×@116円〈期中平均〉＝23,200千円

② 当社からの仕入を仕入時の為替相場で換算

仕入(＊2)	23,400千円	収益	×××
その他費用	×××		
当期純利益	9,280千円	為替差損益(＊3)	200千円

(＊2) 200千ドル×@117円＝23,400千円

(＊3) 23,400千円－23,200千円＝**200千円**〈為替差益〉

(注) 当社からの仕入高200千ドルを仕入時の為替相場@117円により換算すると、期中平均相場@116円により換算した場合と比べて費用である仕入高が200千円増加する。しかし、当期純利益は、外貨による当期純利益80千ドルを期中平均相場@116円により換算した9,280千円のままでなければならないので、同額の為替差益200千円が計上される。

(3) 資本金

株式取得時における純資産に属する項目は、株式取得時（20×1年度期首）の為替相場で換算する。

450千ドル×@112円＝**50,400千円**〈資本金〉

(4) 利益剰余金

株式取得時における純資産に属する項目は、株式取得時（20×1年度期首）の為替相場により換算し、株式取得後に生じた純資産に属する項目（利益剰余金の増減額など）に、当該項目の発生時の為替相場（配当金の支払時、利益の計上時など）により換算する。

項目	外貨	換算相場	円貨
利益剰余金当期首残高	100千ドル	@112円〈20×1年度期首〉	11,200千円
剰余金の配当	△ 30千ドル	@118円〈配当金支払時〉	△ 3,540千円
当期純利益	＋ 80千ドル	@116円〈期中平均〉	＋ 9,280千円
利益剰余金当期末残高	150千ドル	差額	**16,940千円**

(5) 為替換算調整勘定

為替換算調整勘定は、円換算後の貸借対照表の貸借差額で計算するが、本問では、資産・負債の金額が不明のため、資産・負債の差額である純資産額（資本金と利益剰余金）を資産・負債の換算に使用する決算時（20×1年度期末）の為替相場@125円で換算した額と(3)、(4)で計算した資

本金と利益剰余金の合計額との差額で計算する。

資　　　産　　××× 資産・負債の差額 ＝純資産額 （＊4）75,000千円	負　　　債　　××× 資　本　金　50,400千円 利益剰余金　16,940千円 **為替換算調整勘定（＊5）　7,660千円**

（＊4）（450千ドル＋150千ドル）
×@125円〈20×1年度期末〉＝75,000千円

（＊5）貸借差額

問2

(1)　当期純利益：問題文の資料より

(2)　その他の包括利益

①　P社分：（5,500千円－3,000千円）－（5,000千円－3,000千円）＝500千円
（5,500千円：20×2年3月末時価、3,000千円：取得原価、5,000千円：20×1年3月末時価、3,000千円：取得原価）

②　S社分：（900千円－300千円）－（500千円－300千円）＝400千円
（900千円：20×2年3月末時価、300千円：取得原価、500千円：20×1年3月末時価、300千円：取得原価）

③　合計：500千円＋400千円＝**900千円**

(3)　親会社株主に係る包括利益

①　親会社株主に帰属する当期純利益：10,000千円－500千円＝9,500千円
（10,000千円：当期純利益、500千円：非支配株主に帰属する当期純利益）

②　親会社株主に係る包括利益：9,500千円＋500千円＋400千円×80％＝**10,320千円**
（9,500千円：親会社株主に帰属する当期純利益、500千円：その他の包括利益（P社分）、400千円×80％：その他の包括利益（S社分のうちP社帰属分））

(4)　非支配株主に係る包括利益

非支配株主に帰属する当期純利益：500千円（問題文資料より）

非支配株主に係る包括利益：500千円＋400千円×20％＝**580千円**
（500千円：非支配株主に帰属する当期純利益、400千円×20％：その他の包括利益（S社分のうち非支配株主帰属分））

第8回　工業簿記　解答

〔問1〕

仕 掛 品－第1工程　（単位：円）

借方			貸方		
月初仕掛品原価			完成品原価		
X 原料費		(2,303,420)	X 原料費	②	(12,047,420)
Y 原料費		(363,000)	Y 原料費		(1,894,200)
加工費		(2,189,640)	加工費		(15,877,400)
計		(4,856,060)	計		(29,819,020)
当月製造費用			仕損品評価額	②	(90,000)
X 原料費		(12,516,000)	月末仕掛品原価		
Y 原料費		(1,531,200)	X 原料費		(2,682,000)
加工費	②	(15,467,960)	Y 原料費		(0)
計		(29,515,160)	加工費		(1,780,200)
			計	②	(4,462,200)
		(34,371,220)			(34,371,220)

仕 掛 品－第2工程　（単位：円）

借方			貸方		
月初仕掛品原価			完成品原価		
前工程費		(6,906,480)	前工程費		(28,980,300)
Z 原料費		(0)	Z 原料費	②	(8,406,000)
加工費		(1,296,000)	加工費		(10,763,700)
計		(8,202,480)	計		(48,150,000)
当月製造費用			月末仕掛品原価		
前工程費	②	(29,819,020)	前工程費	②	(7,745,200)
Z 原料費		(8,406,000)	Z 原料費		(0)
加工費	②	(10,615,300)	加工費		(1,147,600)
計		(48,840,320)	計		(8,892,800)
		(57,042,800)			(57,042,800)

〔問2〕

仕掛品－第1工程費勘定における月初仕掛品原価	②	11,762,540 円
仕掛品－第2工程費勘定における月初仕掛品原価		1,296,000 円
最終完成品に含まれる第1工程費	③	28,817,095 円
最終完成品に含まれる第2工程費	②	19,169,700 円
仕掛品－第1工程費勘定における月末仕掛品原価	②	12,370,605 円
仕掛品－第2工程費勘定における月末仕掛品原価		1,147,600 円

○数字は採点基準　合計25点

第8回　原価計算　解答

問1

税引後加重平均資本コスト率	①　6 %

問2

	予算原案	課長の改訂案	部長の改訂案
(1) 計画販売数量			
店舗販売	100,000 個	120,000 個	② 60,000 個
ネット販売	100,000 個	120,000 個	② 150,000 個
(2) 売上高	60,000 万円	② 60,000 万円	59,250 万円
(3) 税引後営業利益	② 4,050 万円	4,830 万円	4,440 万円
(4) 投下資本利益率	6.5 %	7.8 %	② 7.2 %
(5) 損益分岐点販売数量			
店舗販売	46,000 個	② 50,000 個	28,000 個
ネット販売	46,000 個	② 50,000 個	70,000 個
(6) 安全余裕率	② 54.0 %	58.3 %	53.3 %

問3

	予算原案	課長の改訂案	部長の改訂案
目標販売数量			
店舗販売	② 95,133 個	② 102,381 個	② 54,260 個
ネット販売	② 95,133 個	② 102,381 個	② 135,650 個

問4

	予算原案	課長の改訂案	部長の改訂案
残余利益	② 330 万円	② 1,110 万円	② 729 万円

○数字は採点基準　合計25点

第８回　工業簿記　解説

〔問１〕累加法による工程別計算

１．加工費の部門別計算（階梯式配賦法・複数基準配賦法）

(1)　補助部門の順位づけ

①　補助部門間の用役提供件数

甲補助部 → 乙補助部（＝１件）

乙補助部 → 甲補助部（＝１件）

②　第１次集計費の大小

甲補助部（1,956,220円）＜ 乙補助部（3,912,400円）

したがって乙補助部が第１位、甲補助部が第２位となる。

〈参考〉補助部門相互の配賦額による順位の決定

(イ)　甲補助部から乙補助部への配賦額

変動費：1,150,800円×10％＝　115,080円

固定費：　805,420円×15％＝　120,813円

計　235,893円

(ロ)　乙補助部から甲補助部への配賦額

変動費：1,760,000円×20％＝　352,000円

固定費：2,152,400円×20％＝　430,480円

計　782,480円

(イ)＜(ロ) となるため、乙補助部が第１位、甲補助部が第２位となる。

(2)　部門費配賦表の作成

複数基準配賦法と階梯式配賦法により補助部門費を実際配賦する。なお補助部門の変動費は実際消費割合、固定費は消費能力割合にもとづき関係部門へ配賦する。

部　門　費　配　賦　表　（単位：円）

費　目	第１工程		第２工程		甲補助部		乙補助部	
	変動費	固定費	変動費	固定費	変動費	固定費	変動費	固定費
第１次集計費	5,528,880	6,757,500	3,391,260	4,537,000	1,150,800	805,420	1,760,000	2,152,400
乙補助部費	880,000	968,580	528,000	753,340	352,000	430,480	1,760,000	2,152,400
甲補助部費	751,400	581,600	751,400	654,300	1,502,800	1,235,900		
合　計	7,160,280	8,307,680	4,670,660	5,944,640				

第１工程計：15,467,960　第２工程計：10,615,300

①　乙補助部費の配賦

〈変動費〉

第１工程へ：1,760,000円×50％＝880,000円

第２工程へ：　〃　×30％＝528,000円

甲補助部へ：　〃　×20％＝352,000円

〈固定費〉

第１工程へ：2,152,400円×45％＝968,580円

第２工程へ：　〃　×35％＝753,340円

甲補助部へ：　〃　×20％＝430,480円

②　甲補助部費の配賦

〈変動費〉

第１工程へ：$1,502,800円 \times \frac{45\%}{45\%+45\%}$＝751,400円

第２工程へ：　〃　$\times \frac{45\%}{45\%+45\%}$＝751,400円

〈固定費〉

第１工程へ：$1,235,900円 \times \frac{40\%}{40\%+45\%}$＝581,600円

第２工程へ：　〃　$\times \frac{45\%}{40\%+45\%}$＝654,300円

２．生産状況の把握と正常仕損費・正常減損費の負担関係

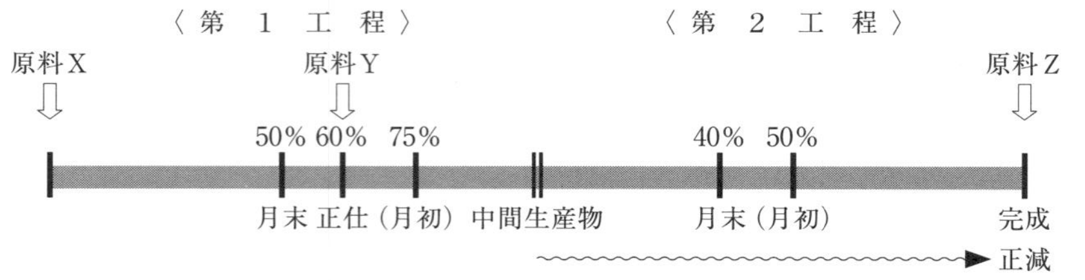

(注) 第１工程では、月末仕掛品が仕損発生点を通過していないため、正常仕損費は「完成品のみ負担」となる。一方、第２工程では正常減損は工程を通じて平均的に発生しているため、正常減損費は「完成品と月末仕掛品の両者負担」となる。なお、正常減損が工程を通じて平均的に発生している場合、減損の加工費進捗度は50％とみなして計算する。

３．累加法による工程別計算

累加法では仕掛品勘定は工程単位で設定される。すなわち『工程』という場所ごとに原価を計算し集計していくことになる。

(1)　第１工程の計算（先入先出法、度外視法・完成品のみ負担）

仕　掛　品－X原料費

月初 1,600個 2,303,420円	完成品 8,000個
当月投入 8,400個 12,516,000円	正仕　200個
	月末 1,800個 2,682,000円

完成品＋正仕：12,047,420円　正仕：評90,000円

仕　掛　品－Y原料費

月初(＊1)1,600個 363,000円	完成品 8,000個
当月投入 6,600個 1,531,200円	正仕(＊3)200個
	月末(＊2)０個 ０円

完成品＋正仕：1,894,200円

仕　掛　品－加　工　費

月初 1,200個 2,189,640円	完成品 8,000個
当月投入 7,820個 15,467,960円	正仕　120個
	月末　900個 1,780,200円

完成品＋正仕：15,877,400円

(＊1) 1,600個×100％（投入点を通過済）

(＊2) 1,800個×　0％（投入点を未通過）

(＊3) 　200個×100％（投入点を通過済）

① 仕損品評価額

450円/個×200個＝**90,000円**

② 月末仕掛品原価

X原料費：$\dfrac{12,516,000円}{(8,000個-1,600個)+200個+1,800個}\times 1,800個 =$ **2,682,000円**

Y原料費：　**0円**

加工費：$\dfrac{15,467,960円}{(8,000個-1,200個)+120個+900個}\times 900個 =$ **1,780,200円**

合計　**4,462,200円**

③ 完成品原価

X原料費：2,303,420円＋12,516,000円－2,682,000円－90,000円＝ **12,047,420円**

Y原料費：363,000円＋1,531,200円－0円　＝ **1,894,200円**

加工費：2,189,640円＋15,467,960円－1,780,200円　＝ **15,877,400円**

合計　**29,819,020円**〈第2工程へ〉

(2) 第2工程の計算（先入先出法、度外視法・両者負担）

仕掛品－前工程費

月初 1,800個 (*1)6,906,480円	完成品 7,500個 28,980,300円
当月投入 8,000個 29,819,020円	正減 300個
	月末 2,000個 7,745,200円

仕掛品－Z原料費(*2)

月初 0個 0円	完成品 7,500個 8,406,000円
当月投入 7,500個 8,406,000円	正減 0個
	月末 0個 0円

仕掛品－加工費

月初 900個 1,296,000円	完成品 7,500個 10,763,700円
当月投入 7,550個 10,615,300円	正減(*3)150個
	月末 800個 1,147,600円

(*1) 2,791,680円＋424,800円＋3,690,000円＝6,906,480円

(*2) 原料Zは工程の終点で投入するため、完成品以外には投入されない。

(*3) 300個×50%＝150個

① 月末仕掛品原価

前工程費：$\dfrac{29,819,020円}{(7,500個-1,800個)+2,000個}\times 2,000個 =$ **7,745,200円**

Z原料費：　**0円**

加工費：$\dfrac{10,615,300円}{(7,500個-900個)+800個}\times 800個 =$ **1,147,600円**

合計　**8,892,800円**

② 完成品原価

前工程費：6,906,480円＋29,819,020円－7,745,200円＝ **28,980,300円**

Z原料費：　**8,406,000円**

加工費：1,296,000円＋10,615,300円－1,147,600円＝ **10,763,700円**

合計　**48,150,000円**

〔問2〕非累加法（通常の非累加法）による工程別計算

累加法の工程別計算を先入先出法で実施すると、第2工程の月末仕掛品は前工程費（第1工程の完成品原価）から計算される。ところが前工程費には第1工程月初仕掛品原価が含まれているため、（工程をまたいで）第1工程月初仕掛品原価が第2工程月末仕掛品原価の計算に影響を及ぼしてしまうことになり、先入先出法の本来の計算趣旨（月末仕掛品は当月製造費用のみから計算される）に反する。そこで、月初仕掛品原価が一切、月末仕掛品原価の計算に影響を及ぼさないようにするのが『通常の非累加法』である。

1．仕掛品－第1工程費勘定の計算

第1工程費の計算上、第2工程の月初・月末仕掛品及び正常減損については、既に第1工程の加工は終了済みであるため、第1工程費（X原料費、Y原料費、第1工程加工費）の進捗度は100%となることに注意する。

なお、計算途中で生じた端数は、問題指示により最終の答えの段階において四捨五入する。

仕掛品－X原料費

第1月初 1,600個 2,303,420円	完成品 7,500個 11,644,345.901…円
第2月初 1,800個 2,791,680円	
当月投入 8,400個 12,516,000円	第2月末 2,000個 3,194,754.098…円
	第2正減 300個 －
	第1正仕 200個 評価額 90,000円
	第1月末 1,800個 2,682,000円

仕掛品－Y原料費

第1月初 1,600個 363,000円	完成品 7,500個 1,816,967.213…円
第2月初 1,800個 424,800円	
当月投入 6,600個 1,531,200円	第2月末 2,000個 502,032.786…円
	第2正減 300個 －
	第1正仕 200個 －
	第1月末 0個 0円

仕 掛 品－第１工程加工費

借方	貸方
第１月初　1,200個 2,189,640円	完成品 7,500個 15,355,781.538…円
第２月初　1,800個 3,690,000円	
当月投入 7,820個 15,467,960円	第２月末　2,000個 4,211,618.461…円
	第２正減　300個 －
	第１正仕　120個 －
	第１月末　900個 1,780,200円

(1)　仕掛品－第１工程費勘定における月初仕掛品原価

	X原料費	Y原料費	第１工程加工費	合　計
第１工程月初仕掛品	2,303,420円	363,000円	2,189,640円	4,856,060円
第２工程月初仕掛品	2,791,680円	424,800円	3,690,000円	6,906,480円
合　計	5,095,100円	787,800円	5,879,640円	**11,762,540円**

(2)　仕掛品－第１工程費勘定における月末仕掛品原価

①　X原料費

第１工程月末仕掛品：$\frac{12{,}516{,}000円}{(7{,}500個-1{,}600個-1{,}800個)+2{,}000個+300個+200個+1{,}800個}\times 1{,}800個=2{,}682{,}000円$

第２工程月末仕掛品：$\frac{12{,}516{,}000円-2{,}682{,}000円-90{,}000円}{(7{,}500個-1{,}600個-1{,}800個)+2{,}000個}\times 2{,}000個=3{,}194{,}754.098\cdots円$

②　Y原料費

第１工程月末仕掛品：０円

第２工程月末仕掛品：$\frac{1{,}531{,}200円}{(7{,}500個-1{,}600個-1{,}800個)+2{,}000個}\times 2{,}000個=502{,}032.786\cdots円$

③　第１工程加工費

第１工程月末仕掛品：$\frac{15{,}467{,}960円}{(7{,}500個-1{,}200個-1{,}800個)+2{,}000個+300個+120個+900個}\times 900個=1{,}780{,}200円$

第２工程月末仕掛品：$\frac{15{,}467{,}960円-1{,}780{,}200円}{(7{,}500個-1{,}200個-1{,}800個)+2{,}000個}\times 2{,}000個=4{,}211{,}618.461\cdots円$

④　まとめ

	X原料費	Y原料費	第１工程加工費	合　計
第１工程月末仕掛品	2,682,000円	0円	1,780,200円	4,462,200円
第２工程月末仕掛品	3,194,754.098…円	502,032.786…円	4,211,618.461…円	7,908,405.346…円
合　計	5,876,754.098…円	502,032.786…円	5,991,818.461…円	12,370,605.346…円

→　**12,370,605円**

（円未満四捨五入）

(3)　最終完成品に含まれる第１工程費

X　原　料　費：2,303,420円＋2,791,680円＋12,516,000円
－(2,682,000円＋90,000円＋3,194,754.098…円)　＝　11,644,345.901…円

Y　原　料　費：363,000円＋424,800円＋1,531,200円－502,032.786…円＝　1,816,967.213…円

第１工程加工費：2,189,640円＋3,690,000円＋15,467,960円
－(1,780,200円＋4,211,618.461…円)　＝　15,355,781.538…円

合　　計　　28,817,094.653…円

→　**28,817,095円**

（円未満四捨五入）

２．仕掛品－第２工程費勘定の計算

第２工程費（Z原料費、第２工程加工費）の計算は累加法における第２工程の計算と同じである。

仕 掛 品－Z原料費

借方	貸方
月初　0個 0円	完成品 7,500個 8,406,000円
当月投入 7,500個 8,406,000円	正減　0個
	月末　0個 0円

仕 掛 品－第２工程加工費

借方	貸方
月初　900個 1,296,000円	完成品 7,500個 10,763,700円
当月投入 7,550個 10,615,300円	正減　150個
	月末　800個 1,147,600円

(1)　仕掛品－第２工程費勘定における月初仕掛品原価

Z　原　料　費：　0円

第２工程加工費：　1,296,000円

合　　計　　**1,296,000円**

(2)　仕掛品－第２工程費勘定における月末仕掛品原価

Z　原　料　費：　0円

第２工程加工費：$\frac{10{,}615{,}300円}{(7{,}500個-900個)+800個}\times 800個=$　1,147,600円

合　　計　　**1,147,600円**

(3)　最終完成品に含まれる第２工程費

Z　原　料　費：　8,406,000円

第２工程加工費：1,296,000円＋10,615,300円－1,147,600円＝　10,763,700円

合　　計　　**19,169,700円**

第8回　原価計算　解説

問1　税引後加重平均資本コスト率の計算

資本源泉	構成割合		源泉別資本コスト率		税引後		
他人資本	60%	×	10%（税引前支払利子率）	×	（1－40%）	=	3.6%
自己資本	40%	×	6%			=	2.4%
							6%

問2　各代替案のCVP関係

1．「予算原案」の分析

(1)　販売ルート別の製品A単位あたり貢献利益

	店舗販売	ネット販売
売上高	3,000円	3,000円
変動費		
原料費	500円	500円
変動加工費	1,500円	1,500円
変動販売費	250円	500円
計	2,250円	2,500円
貢献利益	750円	500円

(2)　CVP関係の把握

製品は1種類のみであるが、販売ルートにより単位あたり貢献利益が異なるため、多品種製品のCVP分析の要領で解答を算出する。問題指示の「店舗販売とネット販売の販売数量は同数であり」から、セールス・ミックスを店舗販売：ネット販売＝1：1と考え、セットとしての販売数量をχ（セット）とおくと、店舗販売の販売数量をχ（個）、ネット販売の販売数量をχ（個）と置くことができる。これより、CVP関係は以下のとおりとなる（単位：円）。

	店舗販売	ネット販売	合計
売上高	$3{,}000\times\chi$	$3{,}000\times\chi$	$6{,}000\chi$
変動費	$2{,}250\times\chi$	$2{,}500\times\chi$	$4{,}750\chi$
貢献利益	$750\times\chi$	$500\times\chi$	$1{,}250\chi$
固定費			57,500,000（＊1）
営業利益			$1{,}250\chi-57{,}500{,}000$
法人税等			$500\chi-23{,}000{,}000$（＊2）
税引後営業利益			$750\chi-34{,}500{,}000$

（＊1）固定費：24,000,000円（固定加工費）＋33,500,000円（固定販売費・一般管理費）＝57,500,000円

（＊2）法人税等：$(1{,}250\chi-57{,}500{,}000$円$)\times40\%=500\chi-23{,}000{,}000$円

(3)　諸数値の計算

①　各販売ルートの計画販売数量

セールス・ミックスは店舗販売：ネット販売＝1：1であり、販売数量の総数が200,000個であることから、各販売ルートの販売数量は以下のとおりとなる。なお、セット数は100,000セット（＝100,000個÷1）となる。

店舗販売：200,000個×$\frac{1}{1+1}$＝**100,000個**　　ネット販売：200,000個×$\frac{1}{1+1}$＝**100,000個**

②　売上高

6,000円/セット×100,000セット＝**60,000万円**

③　税引後営業利益

750円/セット×100,000セット－34,500,000円＝**4,050万円**

④　投下資本利益率〈＝税引後営業利益÷投下資本総額×100〉

投下資本総額：60,000万円×20%＋50,000万円＝62,000万円

投下資本利益率：$\frac{4{,}050\text{万円}}{62{,}000\text{万円}}$×100＝6.5322…　→　**6.5%**（小数点第2位を四捨五入）

⑤　損益分岐点販売数量〈税引後営業利益＝0〉

$750\chi-34{,}500{,}000=0$　　∴　$\chi=46{,}000$（セット）

したがって、各販売ルートの損益分岐点販売数量は、店舗販売が**46,000個**（＝46,000セット×1）、ネット販売が**46,000個**（＝46,000セット×1）となる。

⑥　安全余裕率〈＝（計画売上高－損益分岐点売上高）÷計画売上高×100〉

$\frac{60{,}000\text{万円}-6{,}000\text{円/セット}\times46{,}000\text{セット}}{60{,}000\text{万円}}$×100＝**54.0%**

2．「課長の改訂案」の分析

(1)　販売ルート別の製品A単位あたり貢献利益

	店舗販売		ネット販売	
売上高		2,500円		2,500円
変動費				
原料費		500円		500円
変動加工費	1,500円×（1－0.3）＝	1,050円	1,500円×（1－0.3）＝	1,050円
変動販売費		250円		500円
計		1,800円		2,050円
貢献利益		700円		450円

(2)　ＣＶＰ関係の把握

問題指示の「店舗販売とネット販売の販売数量は予算原案と同じく同数であり」から、予算原案と同じようにセールス・ミックスを店舗販売：ネット販売＝１：１と考え、セットとしての販売数量をχ（セット）とおくと、店舗販売の販売数量をχ（個）、ネット販売の販売数量をχ（個）と置くことができる。これより、ＣＶＰ関係は以下のとおりとなる（単位：円）。

	店舗販売	ネット販売	合　計
売上高	2,500×χ	2,500×χ	5,000χ
変動費	1,800×χ	2,050×χ	3,850χ
貢献利益	700×χ	450×χ	1,150χ
固定費			57,500,000
営業利益			1,150χ－57,500,000
法人税等			460χ－23,000,000（＊）
税引後営業利益			690χ－34,500,000

（＊）法人税等：(1,150χ－57,500,000円)×40％＝460χ－23,000,000円

(3)　諸数値の計算

①　各販売ルートの計画販売数量

セールス・ミックスは店舗販売：ネット販売＝１：１であり、販売数量の総数が240,000個であることから、各販売ルートの販売数量は以下のとおりとなる。なお、セット数は120,000セット（＝120,000個÷１）となる。

店舗販売：$240{,}000個\times\frac{1}{1+1}$＝**120,000個**　　ネット販売：$240{,}000個\times\frac{1}{1+1}$＝**120,000個**

②　売上高

5,000円/セット×120,000セット＝**60,000万円**

③　税引後営業利益

690円/セット×120,000セット－34,500,000円＝**4,830万円**

④　投下資本利益率〈＝税引後営業利益÷投下資本総額×100〉

投下資本総額：60,000万円×20％＋50,000万円＝**62,000万円**

投下資本利益率：$\frac{4{,}830万円}{62{,}000万円}\times100=7.7903\cdots$　→　**7.8％**（小数点第２位を四捨五入）

⑤　損益分岐点販売数量〈税引後営業利益＝0〉

690χ－34,500,000＝0　　∴　χ＝50,000（セット）

したがって、各販売ルートの損益分岐点販売数量は、店舗販売が**50,000個**（＝50,000セット×１）、ネット販売が**50,000個**（＝50,000セット×１）となる。

⑥　安全余裕率〈＝(計画売上高－損益分岐点売上高)÷計画売上高×100〉

$\frac{60{,}000万円-5{,}000円/セット\times50{,}000セット}{60{,}000万円}\times100=58.3333\cdots$　→　**58.3％**（小数点第２位を四捨五入）

３．「部長の改訂案」の分析

(1)　販売ルート別の製品Ａ単位あたり貢献利益

	店舗販売	ネット販売	
売上高	3,000円	137,500円÷50個＝	2,750円
変動費			
原料費	500円		500円
変動加工費	1,500円		1,500円
変動販売費	250円	$500円\times\frac{1}{4}$＝	125円
計	2,250円		2,125円
貢献利益	750円		625円

(2)　ＣＶＰ関係の把握

問題指示の「ネット販売による販売数量は、店舗販売による販売数量の150％増しであり」とのことから、セールス・ミックスは店舗販売：ネット販売＝１：2.5〈←100％：(100％＋150％)〉となる。しかし、問題指示の「製品Ａ50個をパック詰めにしてまとめて販売する」とあり、ネット販売の販売数量は50個単位と固定されているため、セールス・ミックスを店舗販売：ネット販売＝20：50と考えて分析する必要がある。セットとしての販売数量をχ（セット）とおくと、店舗販売の販売数量を20χ（個）、ネット販売の販売数量を50χ（個）と置くことができる。これより、ＣＶＰ関係は以下のとおりとなる（単位：円）。

	店舗販売	ネット販売	合　計
売上高	3,000×20χ	2,750×50χ	197,500χ
変動費	2,250×20χ	2,125×50χ	151,250χ
貢献利益	750×20χ	625×50χ	46,250χ
固定費			64,750,000（＊1）
営業利益			46,250χ－64,750,000
法人税等			18,500χ－25,900,000（＊2）
税引後営業利益			27,750χ－38,850,000

（＊1）固定費：57,500,000円＋7,250,000円＝64,750,000円

（＊2）法人税等：(46,250χ－64,750,000円)×40％＝18,500χ－25,900,000円

(3)　諸数値の計算

①　各販売ルートの計画販売数量

セールス・ミックスは店舗販売：ネット販売＝20：50であり、販売数量の総数が210,000個であることから、各販売ルートの販売数量は以下のとおりとなる。なお、セット数は3,000セット（＝60,000個÷20もしくは150,000個÷50）となる。

店舗販売：$210{,}000個\times\frac{20}{20+50}$＝**60,000個**　　ネット販売：$210{,}000個\times\frac{50}{20+50}$＝**150,000個**

②　売上高

197,500円/セット×3,000セット＝**59,250万円**

③　税引後営業利益

27,750円/セット×3,000セット－38,850,000円＝**4,440万円**

④　投下資本利益率〈＝税引後営業利益÷投下資本総額×100〉

投下資本総額：59,250万円×20％＋50,000万円＝61,850万円

投下資本利益率：$\frac{4,440万円}{61,850万円} \times 100 = 7.1786\cdots$　→　**7.2%**（小数点第２位を四捨五入）

⑤　損益分岐点販売数量〈税引後営業利益＝0〉

$27,750\chi - 38,850,000 = 0$　　∴　$\chi = 1,400$（セット）

したがって、各販売ルートの損益分岐点販売数量は、店舗販売が**28,000個**（＝1,400セット×20）、ネット販売が**70,000個**（＝1,400セット×50）となる。

⑥　安全余裕率〈＝(計画売上高－損益分岐点売上高)÷計画売上高×100〉

$\frac{59,250万円 - 197,500円/セット \times 1,400セット}{59,250万円} \times 100 = 53.3333\cdots$　→　**53.3%**（小数点第２位を四捨五入）

問３　目標投下資本利益率達成販売数量の計算

１．「予算原案」の販売数量（単位：円）

$\frac{750\chi - 34,500,000}{6,000\chi \times 20\% + 500,000,000} \times 100 = 6\%$　　∴　$\chi = 95,132.7433\cdots$　→　95,133セット

（小数点第１位を切り上げ）

したがって、各販売ルートの目標投下資本利益率達成販売数量は、店舗販売が**95,133個**（＝95,133セット×１）、ネット販売が**95,133個**（＝95,133セット×１）となる。

２．「課長の改訂案」の販売数量（単位：円）

$\frac{690\chi - 34,500,000}{5,000\chi \times 20\% + 500,000,000} \times 100 = 6\%$　　∴　$\chi = 102,380.9523\cdots$　→　102,381セット

（小数点第１位を切り上げ）

したがって、各販売ルートの目標投下資本利益率達成販売数量は、店舗販売が**102,381個**（＝102,381セット×１）、ネット販売が**102,381個**（＝102,381セット×１）となる。

３．「部長の改訂案」の販売数量（単位：円）

$\frac{27,750\chi - 38,850,000}{197,500\chi \times 20\% + 500,000,000} \times 100 = 6\%$　　∴　$\chi = 2,712.7659\cdots$　→　2,713セット

（小数点第１位を切り上げ）

したがって、各販売ルートの目標投下資本利益率達成販売数量は、店舗販売が**54,260個**（＝2,713セット×20）、ネット販売が**135,650個**（＝2,713セット×50）となる。

問４　残余利益（税引後）の計算

１．「予算原案」の残余利益

4,050万円（税引後営業利益）－(60,000万円×20％＋50,000万円)×６％（資本コスト）＝**330万円**

２．「課長の改訂案」の残余利益

4,830万円－(60,000万円×20％＋50,000万円)×６％＝**1,110万円**

３．「部長の改訂案」の残余利益

4,440万円－(59,250万円×20％＋50,000万円)×６％＝**729万円**

MEMO

2024年度版《ねんどばん》
日商《にっしょう》簿記《ぼき》１級《きゅう》　網羅《もうら》型《がた》完全《かんぜん》予想《よそう》問題集《もんだいしゅう》

(2013年度版　2013年２月25日　初　版　第１刷発行)
2024年３月25日　初　版　第１刷発行

編 著 者　Ｔ Ａ Ｃ 株 式 会 社
(簿記検定講座)
発 行 者　多　田　敏　男
発 行 所　TAC株式会社　出版事業部
(TAC出版)

〒101-8383
東京都千代田区神田三崎町3-2-18
電 話 03(5276)9492(営業)
FAX 03(5276)9674
https://shuppan.tac-school.co.jp

組　版　朝日メディアインターナショナル株式会社
印　刷　今 家 印 刷 株 式 会 社
製　本　東 京 美 術 紙 工 協 業 組 合

ISBN 978-4-300-11014-0
N.D.C. 336

簿記検定講座のご案内

選べる学習メディアでご自身に合うスタイルでご受講ください!

通学講座

3級コース ／ 3・2級コース ／ 2級コース ／ 1級コース ／ 1級上級コース

教室講座　通って学ぶ

定期的な日程で通学する学習スタイル。常に講師と接することができるという教室講座の最大のメリットがありますので、疑問点はその日のうちに解決できます。また、勉強仲間との情報交換も積極的に行えるのが特徴です。

ビデオブース講座　通って学ぶ　予約制

ご自身のスケジュールに合わせて、TACのビデオブースで学習するスタイル。日程を自由に設定できるため、忙しい社会人に人気の講座です。

直前期教室出席制度
直前期以降、教室受講に振り替えることができます。

無料体験入学
ご自身の目で、耳で体験し納得してご入学いただくために、無料体験入学をご用意しました。

無料講座説明会
もっとTACのことを知りたいという方は、無料講座説明会にご参加ください。

無　料
予約不要※

※ビデオブース講座の無料体験入学は要予約。
無料講座説明会は一部校舎では要予約。

通信講座

3級コース ／ 3・2級コース ／ 2級コース ／ 1級コース ／ 1級上級コース

Web通信講座　スマホやタブレットにも対応　見て学ぶ

教室講座の生講義をブロードバンドを利用し動画で配信します。ご自身のペースに合わせて、24時間いつでも何度でも繰り返し受講することができます。また、講義動画はダウンロードして2週間視聴可能です。有効期間内は何度でもダウンロード可能です。

※Web通信講座の配信期間は、お申込コースの目標月の翌月末までです。

TAC WEB SCHOOL ホームページ
URL https://portal.tac-school.co.jp/

※お申込み前に、左記のサイトにて必ず動作環境をご確認ください。

DVD通信講座　見て学ぶ

講義を収録したデジタル映像をご自宅にお届けします。講義の臨場感をクリアな画像でご自宅にて再現することができます。

※DVD-Rメディア対応のDVDプレーヤーでのみ受講が可能です。パソコンやゲーム機での動作保証はいたしておりません。

資料通信講座（1級のみ）

テキスト・添削問題を中心として学習します。

Webでも無料配信中!　スマホ タブレット　パソコン

「TAC動画チャンネル」

● 講座説明会　※収録内容の変更のため、配信されない期間が生じる場合がございます。
● 1回目の講義（前半分）が視聴できます

詳しくは、TACホームページ「TAC動画チャンネル」をクリック!

TAC動画チャンネル　簿記　検索

コースの詳細は、簿記検定講座パンフレット・TACホームページをご覧ください。

パンフレットのご請求・お問い合わせは、TACカスタマーセンターまで

通話無料　0120-509-117《ゴウカク イイナ》

受付時間　月～金 9:30～19:00　土・日・祝 9:30～18:00
※携帯電話からもご利用になれます。

TAC簿記検定講座ホームページ
TAC 簿記　検索

会計業界の就職サポートは
安心のTAC
TACキャリアエージェントなら
BIG4・国内大手法人
就職支援実績多数!
税理士学習中の方
日商簿記学習中の方
会計士／USCPA学習中の方
会計業界で就業中の方で転職をお考えの方
会計業界でのお仕事に興味のある方
「残業なしで勉強時間を確保したい…」
「簿記３級から始められる仕事はあるの？」
といったご相談も大歓迎です！
スキマ時間に
PC・スマホ・タブレットで
WEB面談実施中!
忙しくて時間の取れない方、遠方に
お住まいの方、ぜひご利用ください。
詳細はこちら!
https://tacnavi.com/
accountant/web-mendan/
完全予約制
ご相談は無料です。会計業界を知り尽くしたプロの
コンサルタントにご相談ください。
※相談時間は原則としてお一人様60分とさせていただきます。
【相談会場】
東京オフィス 03-3518-6775
大阪オフィス 06-6371-5851
名古屋オフィス（登録会場） 0120-757-655
shoukai@
tac-school.co.jp
メールでご予約の際は、
件名に「相談希望のオフィス」
をご入力ください。
（例：相談希望 東京）
TAC
会計士・税理士専門の転職サポートサービス
キャリアエージェント

TAC出版 書籍のご案内

TAC出版では、資格の学校TAC各講座の定評ある執筆陣による資格試験の参考書をはじめ、資格取得者の開業法や仕事術、実務書、ビジネス書、一般書などを発行しています！

TAC出版の書籍

＊一部書籍は、早稲田経営出版のブランドにて刊行しております。

資格・検定試験の受験対策書籍

- 日商簿記検定
- 建設業経理士
- 全経簿記上級
- 税　理　士
- 公認会計士
- 社会保険労務士
- 中小企業診断士
- 証券アナリスト
- ファイナンシャルプランナー(FP)
- 証券外務員
- 貸金業務取扱主任者
- 不動産鑑定士
- 宅地建物取引士
- 賃貸不動産経営管理士
- マンション管理士
- 管理業務主任者
- 司法書士
- 行政書士
- 司法試験
- 弁理士
- 公務員試験(大卒程度・高卒者)
- 情報処理試験
- 介護福祉士
- ケアマネジャー
- 社会福祉士　ほか

実務書・ビジネス書

- 会計実務、税法、税務、経理
- 総務、労務、人事
- ビジネススキル、マナー、就職、自己啓発
- 資格取得者の開業法、仕事術、営業術
- 翻訳ビジネス書

一般書・エンタメ書

- ファッション
- エッセイ、レシピ
- スポーツ
- 旅行ガイド（おとな旅プレミアム/ハルカナ）
- 翻訳小説

TAC出版

(2021年7月現在)

書籍のご購入は

1 全国の書店、大学生協、ネット書店で

2 TAC各校の書籍コーナーで

資格の学校TACの校舎は全国に展開!
校舎のご確認はホームページにて

資格の学校TAC ホームページ
https://www.tac-school.co.jp

3 TAC出版書籍販売サイトで

CYBER BOOK STORE TAC出版書籍販売サイト

TAC 出版 で 検索

24時間 ご注文 受付中

https://bookstore.tac-school.co.jp/

新刊情報をいち早くチェック!

たっぷり読める立ち読み機能

学習お役立ちの特設ページも充実!

TAC出版書籍販売サイト「サイバーブックストア」では、TAC出版および早稲田経営出版から刊行されている、すべての最新書籍をお取り扱いしています。
また、無料の会員登録をしていただくことで、会員様限定キャンペーンのほか、送料無料サービス、メールマガジン配信サービス、マイページのご利用など、うれしい特典がたくさん受けられます。

サイバーブックストア会員は、特典がいっぱい!(一部抜粋)

通常、1万円(税込)未満のご注文につきましては、送料・手数料として500円(全国一律・税込)頂戴しておりますが、1冊から無料となります。

専用の「マイページ」は、「購入履歴・配送状況の確認」のほか、「ほしいものリスト」や「マイフォルダ」など、便利な機能が満載です。

メールマガジンでは、キャンペーンやおすすめ書籍、新刊情報のほか、「電子ブック版TACNEWS(ダイジェスト版)」をお届けします。

書籍の発売を、販売開始当日にメールにてお知らせします。これなら買い忘れの心配もありません。

日商簿記検定試験対策書籍のご案内

TAC出版の日商簿記検定試験対策書籍は、学習の各段階に対応していますので、あなたのステップに応じて、合格に向けてご活用ください！

3タイプのインプット教材

1

簿記を専門的な知識にしていきたい方向け

● 満点合格を目指し
次の級への土台を築く

「合格テキスト」

「合格トレーニング」

● 大判のB5判、3級～1級累計300万部超の、信頼の定番テキスト&トレーニング！TACの教室でも使用している公式テキストです。3級のみオールカラー。
● 出題論点はすべて網羅しているので、簿記をきちんと学んでいきたい方にぴったりです！

◆3級　□2級 商簿、2級 工簿　■1級 商・会 各3点、1級 工・原 各3点

2

スタンダードにメリハリつけて学びたい方向け

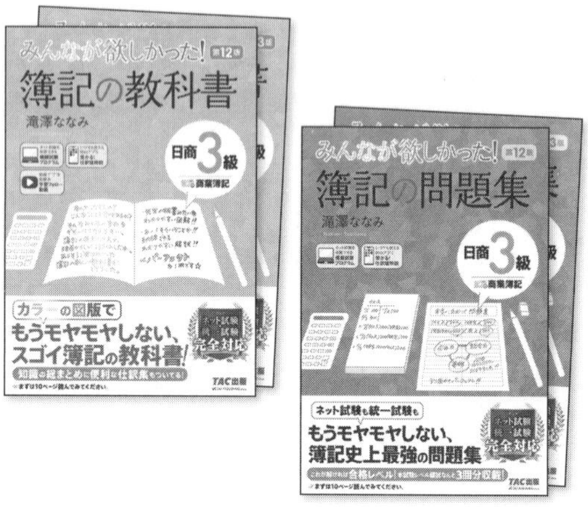

● 教室講義のような
わかりやすさでしっかり学べる

「簿記の教科書」

「簿記の問題集」

滝澤 ななみ 著

● A5判、4色オールカラーのテキスト（2級・3級のみ）＆模擬試験つき問題集！
● 豊富な図解と実例つきのわかりやすい説明で、もうモヤモヤしない!!

◆3級　□2級 商簿、2級 工簿　■1級 商・会 各3点、1級 工・原 各3点

3

気軽に始めて、早く全体像をつかみたい方向け

● 初学者でも楽しく続けられる！

「スッキリわかる」

テキスト／問題集一体型

滝澤 ななみ 著（1級は商・会のみ）

● 小型のA5判（4色オールカラー）によるテキスト／問題集一体型。これ一冊でOKの、圧倒的に人気の教材です。
● 豊富なイラストとわかりやすいレイアウト！かわいいキャラの「ゴエモン」と一緒に楽しく学べます。

◆3級　□2級 商簿、2級 工簿

■1級 商・会 4点、1級 工・原 4点

「スッキリうかる本試験予想問題集」

滝澤 ななみ 監修　TAC出版開発グループ 編著

● 本試験タイプの予想問題9回分を掲載

◆3級　□2級

TAC出版

コンセプト問題集

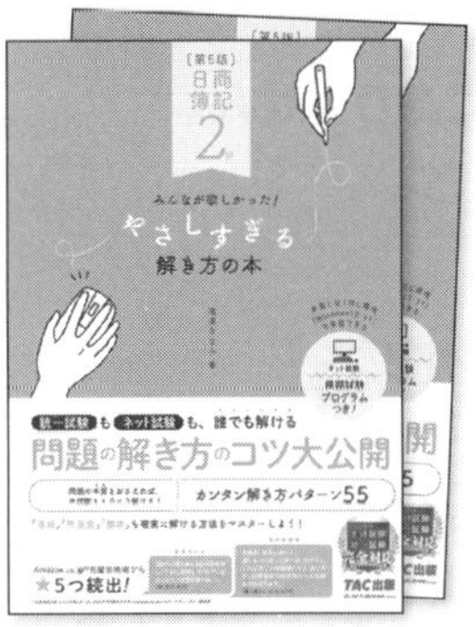

得点力をつける!

『みんなが欲しかった! やさしすぎる解き方の本』

B5判　滝澤 ななみ 著

- 授業で解き方を教わっているような新感覚問題集。再受験にも有効。

◆3級　□2級

本試験対策問題集

本試験タイプの問題集

『合格するための本試験問題集』
（1級は過去問題集）

B5判

- 12回分（1級は14回分）の問題を収載。ていねいな「解答への道」、各問対策が充実
- 年２回刊行。

◆3級　□2級　■1級

知識のヌケをなくす!

『まるっと完全予想問題集』
（1級は網羅型完全予想問題集）

A4判

- オリジナル予想問題（3級10回分、2級12回分、1級8回分）で本試験の重要出題パターンを網羅。
- 実力養成にも直前の本試験対策にも有効。

◆3級　□2級　■1級

直前予想

『○年度試験をあてる TAC予想模試 ＋解き方テキスト ○～○月試験対応』
（1級は第○回試験をあてるTAC直前予想模試）

A4判

- TAC講師陣による４回分の予想問題で最終仕上げ。
- 2級・3級は、第1部解き方テキスト編、第2部予想模試編の2部構成。
- 年3回（1級は年2回）、各試験に向けて発行します。

◆3級　□2級　■1級

あなたに合った合格メソッドをもう一冊!

仕訳 **『究極の仕訳集』**

B6変型判

- 悩む仕訳をスッキリ整理。ハンディサイズ、一問一答式で基本の仕訳を一気に覚える。

◆3級　□2級

仕訳 **『究極の計算と仕訳集』**

B6変型判　境 浩一朗 著

- 1級商会で覚えるべき計算と仕訳がすべてつまった１冊!

■1級 商・会

理論 **『究極の会計学理論集』**

B6変型判

- 会計学の理論問題を論点別に整理、手軽なサイズが便利です。

■1級 商・会、全経上級

電卓 **『カンタン電卓操作術』**

A5変型判　TAC電卓研究会 編

- 実践的な電卓の操作方法について、丁寧に説明します!

：ネット試験の演習ができる模擬試験プログラムつき（2級・3級）

：スマホで使える仕訳Webアプリつき（2級・3級）

・2024年２月現在　・刊行内容、表紙等は変更することがあります　・とくに記述がある商品以外は、TAC簿記検定講座編です

書籍の正誤に関するご確認とお問合せについて

書籍の記載内容に誤りではないかと思われる箇所がございましたら、以下の手順にてご確認とお問合せをしてくださいますよう、お願い申し上げます。
なお、正誤のお問合せ以外の**書籍内容に関する解説および受験指導などは、一切行っておりません。**
そのようなお問合せにつきましては、お答えいたしかねますので、あらかじめご了承ください。

1 「Cyber Book Store」にて正誤表を確認する

TAC出版書籍販売サイト「Cyber Book Store」の
トップページ内「正誤表」コーナーにて、正誤表をご確認ください。

CYBER BOOK STORE TAC出版書籍販売サイト

URL:https://bookstore.tac-school.co.jp/

2 1の正誤表がない、あるいは正誤表に該当箇所の記載がない ⇒ 下記①、②のどちらかの方法で文書にて問合せをする

★ご注意ください★

お電話でのお問合せは、お受けいたしません。
①、②のどちらの方法でも、お問合せの際には、「お名前」とともに、
「対象の書籍名(○級・第○回対策も含む)およびその版数(第○版・○○年度版など)」
「お問合せ該当箇所の頁数と行数」
「誤りと思われる記載」
「正しいとお考えになる記載とその根拠」
を明記してください。
なお、回答までに1週間前後を要する場合もございます。あらかじめご了承ください。

① ウェブページ「Cyber Book Store」内の「お問合せフォーム」より問合せをする

【お問合せフォームアドレス】

https://bookstore.tac-school.co.jp/inquiry/

② メールにより問合せをする

【メール宛先 TAC出版】

syuppan-h@tac-school.co.jp

※土日祝日はお問合せ対応をおこなっておりません。
※正誤のお問合せ対応は、該当書籍の改訂版刊行月末日までといたします。

乱丁・落丁による交換は、該当書籍の改訂版刊行月末日までといたします。なお、書籍の在庫状況等により、お受けできない場合もございます。
また、各種本試験の実施の延期、中止を理由とした本書の返品はお受けいたしません。返金もいたしかねますので、あらかじめご了承くださいますようお願い申し上げます。

(2022年7月現在)

別冊①

問題用紙・答案用紙

商業簿記・会計学

※使い方は中面をご覧ください。

答案用紙はダウンロードもご利用いただけます。
TAC出版書籍販売サイト・サイバーブックストアにアクセスしてください。
https://bookstore.tac-school.co.jp/

問題・答案用紙の使い方

この冊子には、問題用紙と答案用紙がとじ込まれています。下記を参考に、第１回から第８回までの問題用紙・答案用紙に分けてご利用ください。

STEP1

一番外側の色紙を残して、問題用紙・答案用紙の冊子を取り外してください。

STEP2

取り外した冊子を開いて真ん中にあるホチキスの針を、定規やホチキスの針外し（ステープルリムーバーなど）を利用して取り外してください。

ホチキスの針を引き起こして

ホチキスの針を２つとも外す

STEP3

第１回から第８回までに分ければ準備完了です。

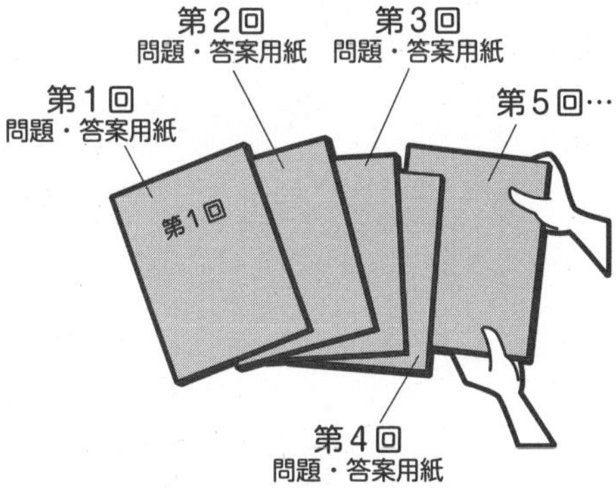

- 作業中のケガには十分お気をつけください。
- 取り外しの際の損傷についてのお取り替えはご遠慮願います。

答案用紙はダウンロードもご利用いただけます。

TAC出版書籍販売サイト、サイバーブックストアにアクセスしてください。

TAC出版　検索

1級

日商簿記検定試験対策

網羅型完全予想問題集

問 題 用 紙

商業簿記・会計学

（制限時間　1時間30分）

第１回

TAC簿記検定講座

商　業　簿　記

問題（25点）

東京商事株式会社における20×5年度（会計期間は３月31日を決算日とする１年）の以下の資料にもとづいて答案用紙の決算整理後残高試算表を完成しなさい。なお、計算上端数が生じる場合は、千円未満を四捨五入すること。

（Ⅰ）残高試算表

残　高　試　算　表

20×6年３月31日　　（単位：千円）

借方科目	金額	貸方科目	金額
現金預金	34,409	支払手形	18,430
受取手形	19,400	買掛金	47,470
売掛金	57,600	仮受金	4,680
売買目的有価証券	14,400	資産除去債務	924
繰越商品	60,000	リース債務	各自推定
仮払法人税等	32,000	退職給付引当金	33,600
仮払金	33,000	社債	58,885
建物	240,000	貸倒引当金	260
備品	102,400	建物減価償却累計額	112,000
機械装置	30,888	備品減価償却累計額	78,100
リース資産	各自推定	機械装置減価償却累計額	10,296
土地	725,000	リース資産減価償却累計額	各自推定
自己株式	33,500	資本金	590,000
繰延税金資産	15,900	資本準備金	26,800
満期保有目的債券	37,500	その他資本剰余金	13,000
仕入	747,600	利益準備金	21,050
販売費	52,080	任意積立金	7,600
一般管理費	46,800	繰越利益剰余金	120,173
支払利息	300	売上	1,139,000
社債利息	1,500	受取利息	250
	各自推定		各自推定

（Ⅱ）期末修正事項等

1．当社はＸ商品とＹ商品の仕入れと販売をすべて掛けで行っている。

⑴　Ｘ商品に関する資料

売上1,139,000千円のうちＸ商品に対する売上は840,000千円であり、期末商品帳簿棚卸高（原価）は48,600千円、実地棚卸高（原価）は48,000千円、実地棚卸高（正味売却価額）は47,500千円である。

⑵　Ｙ商品に関する資料

①　Ｙ商品は当期から販売を開始したが、販売後２か月間は売価で返品を受け付ける返品権付きの条件で販売しており、出荷時に売上を計上している。なお、将来の返品を合理的に見積もることができないため、期末時点において返品期限前の売上を取り消す処理を行う。また、当期末時点で返品期限前の売上は23,000千円（代金は未回収）であり、Ｙ商品に期末在庫はなかった。

②　Ｙ商品の販売価格は、Ｘ商品の販売価格の15％増しに設定している。なお、Ｙ商品については棚卸減耗損と商品評価損は生じていない。

2．金銭債権

⑴　売掛金のうち8,500千円（当期販売分）については、得意先Ａ社が破綻したため破産更生債権等へ振り替え、財務内容評価法により貸倒引当金を設定する。なお、Ａ社の親会社による債務保証が4,000千円ある。

⑵　上記以外の売上債権はすべて一般債権であり、貸倒実績率法（実績率２％）により貸倒引当金を設定する。なお、会計処理は差額補充法による。

3．売買目的有価証券の帳簿価額、期末に保有する株数および当期末の時価は次のとおりである。売買目的有価証券は総記法により処理している。売買目的有価証券に関連する損益（配当金、手数料を含む）は、すべて売買目的有価証券勘定に含めている。

受験番号

1級

答案用紙

日商簿記検定試験対策

網羅型完全予想問題集

商業簿記・会計学

（制限時間　1時間30分）

第１回

TAC簿記検定講座

網羅型完全予想問題集
第1回　答案用紙

1 級 ①

商業簿記

受験番号

氏　名

総合点

採点欄	
商簿	

決算整理後残高試算表
20×6年3月31日

（単位：千円）

現金預金	(　)	支払手形	(　)
受取手形	(　)	買掛金	(　)
売掛金	(　)	未払法人税等	(　)
売買目的有価証券	(　)	未払費用	(　)
繰越商品	(　)	資産除去債務	(　)
前払費用	(　)	リース債務	(　)
建物	(　)	退職給付引当金	(　)
備品	(　)	社債	(　)
機械装置	(　)	長期前受収益	(　)
リース資産	(　)	貸倒引当金	(　)
土地	(　)	建物減価償却累計額	(　)
破産更生債権等	(　)	備品減価償却累計額	(　)
自己株式	(　)	機械装置減価償却累計額	(　)
繰延税金資産	(　)	リース資産減価償却累計額	(　)
満期保有目的債券	(　)	資本金	(　)
仕入	(　)	資本準備金	(　)
棚卸減耗損	(　)	その他資本剰余金	(　)
商品評価損	(　)	利益準備金	(　)
販売費	(　)	任意積立金	(　)
一般管理費	(　)	繰越利益剰余金	(　)
貸倒引当金繰入	(　)	売上	(　)
減価償却費	(　)	受取利息	(　)
資産除去債務調整額	(　)	有価証券運用損益	(　)
退職給付費用	(　)	為替差損益	(　)
支払利息	(　)	法人税等調整額	(　)
社債利息	(　)		
法人税等	(　)		
	(　)		(　)

1級

日商簿記検定試験対策

網羅型完全予想問題集

問題用紙

商業簿記・会計学

（制限時間　1時間30分）

第２回

TAC簿記検定講座

商　業　簿　記

問題（25点）

沖縄商事株式会社における20×4年度（会計期間は３月31日を決算日とする１年）の以下の資料にもとづいて答案用紙の貸借対照表を完成しなさい。なお、指示のあるものについては、法人税等の実効税率を30％とし、税効果会計を適用する。

〔資料Ⅰ〕決算整理前残高試算表

決算整理前残高試算表
20×5年３月31日
（単位：千円）

借方科目	金額	貸方科目	金額
現金預金	5,046,000	買掛金	679,800
受取手形	2,415,000	短期借入金	150,000
売掛金	1,296,000	未払金	9,000
有価証券	131,700	仮受金	1,760,000
繰越商品	各自推定	社債	1,425,000
仮払法人税等	600,000	退職給付引当金	270,000
建物	1,680,000	繰延税金負債	360
備品	720,000	貸倒引当金	39,000
土地	5,400,000	建物減価償却累計額	840,000
長期貸付金	255,000	建物減損損失累計額	各自推定
繰延税金資産	238,500	備品減価償却累計額	315,000
仕入	各自推定	資本金	9,300,000
販売費	1,365,000	資本準備金	630,000
一般管理費	1,739,700	利益準備金	270,000
支払利息	6,600	別途積立金	240,000
社債利息	27,000	繰越利益剰余金	376,500
		その他有価証券評価差額金	840
		新株予約権	75,000
		売上	10,068,000
		受取利息配当金	78,000
		有価証券利息	24,000
	各自推定		各自推定

〔資料Ⅱ〕期末整理事項等

１．商品販売

⑴　期首商品棚卸高および当期商品仕入高に関する資料

	期首商品棚卸高		当期商品仕入高	
商品A	@16千円	15,000個	@14千円	135,000個
商品B	@13千円	18,000個	@11千円	222,000個

⑵　販売に関する資料

①　商品Aの販売単価は@28千円であり、商品Bの販売単価は@32千円である。

②　売上のうち、3,444,000千円は商品Aに対する販売額である。

⑶　期末商品に関する資料（払出単価の計算は平均原価法による）

商品A	実地棚卸高	26,100個	@14千円（正味売却価額）
商品B	実地棚卸高	31,200個	@12千円（正味売却価額）

⑷　その他

当期首において、商品C１台を1,064,000千円で仕入れるとともに、商品Cとそれに関連する保守サービスを提供する契約を乙社と締結し、代金1,760,000千円を受け取り、仮受金とした。商品Cは当期首に引き渡し、保守サービスは当期首から３年間にわたり提供する。当社は、商品Cの引渡しと保守サービスの提供を上記の契約に含まれる別個の履行義務として識別し、商品Cと保守サービスの独立販売価格は、それぞれ1,520,000千円と480,000千円であった。なお、商品Cに係る取引は上記だけであり、商品Cの期首および期末在庫はなかった。

２．現金預金

⑴　現金預金残高の内訳は次のとおりであった。

現金勘定残高（同出納帳残高）	1,440,000	千円
当座預金勘定残高（同出納帳残高）	各自推定	千円
定期預金勘定残高	各自推定	千円
計	5,046,000	千円

⑵　現金の実際有高を調べたところ次のとおりであった。

受験番号

1級

答案用紙

日商簿記検定試験対策
網羅型完全予想問題集

商業簿記・会計学

（制限時間　1時間30分）

第2回

TAC簿記検定講座

網羅型完全予想問題集
第２回　答案用紙

１　級　①

商　業　簿　記

受験番号＿＿＿＿＿＿＿＿

氏　　名＿＿＿＿＿＿＿＿

総合点	採点欄
	商簿

貸借対照表

沖縄商事株式会社　　　20×5年３月31日　　　（単位：千円）

資産の部		負債の部	
Ⅰ 流動資産		Ⅰ 流動負債	
現金預金	（　　）	買掛金	（　　）
受取手形	（　　）	契約負債	（　　）
売掛金	（　　）	短期借入金	（　　）
貸倒引当金	（△　　）	未払金	（　　）
有価証券	（　　）	未払法人税等	（　　）
商品	（　　）	Ⅱ 固定負債	
為替予約	（　　）	社債	（　　）
（　　）	（　　）	退職給付引当金	（　　）
Ⅱ 固定資産		負債合計	（　　）
1．有形固定資産		純資産の部	
建物	（　　）	Ⅰ 株主資本	
減価償却累計額	（△　　）	1．資本金	（　　）
減損損失累計額	（△　　）	2．資本剰余金	
備品	（　　）	⑴ 資本準備金	（　　）
減価償却累計額	（△　　）	3．利益剰余金	
土地	5,400,000	⑴ 利益準備金	（　　）
2．投資その他の資産		⑵ その他利益剰余金	
金利スワップ資産	（　　）	別途積立金	（　　）
投資有価証券	（　　）	繰越利益剰余金	（　　）
関係会社株式	（　　）	Ⅱ 評価・換算差額等	
（　　）	（　　）	1．その他有価証券評価差額金	（　　）
長期貸付金	255,000	2．（　　）	（　　）
貸倒引当金	（△　　）	Ⅲ（　　）	（　　）
繰延税金資産	（　　）	純資産合計	（　　）
資産合計	（　　）	負債・純資産合計	（　　）

1級

日商簿記検定試験対策
網羅型完全予想問題集
問 題 用 紙

商業簿記・会計学

（制限時間　1時間30分）

第３回

TAC簿記検定講座

商　業　簿　記

問題（25点）

マルニ商事株式会社における20×5年度（会計期間は３月31日を決算日とする１年）の以下の資料にもとづいて、(1)答案用紙の損益計算書を完成するとともに(2)答案用紙に示した貸借対照表の各科目の金額を求めなさい。なお、指示があるものについては、税効果会計（実効税率は30%）を適用する。

〔資料Ⅰ〕決算整理前残高試算表

決算整理前残高試算表

20×6年３月31日　　　　（単位：千円）

借方科目	金額	貸方科目	金額
現金預金	636,985	支払手形	75,000
受取手形	290,000	買掛金	125,300
売掛金	210,000	短期借入金	30,000
売買目的有価証券	各自推定	貸倒引当金	4,000
繰越商品	125,685	社債	各自推定
仮払法人税等	100,000	退職給付引当金	60,000
短期貸付金	100,000	建物減価償却累計額	189,000
建物	420,000	備品減価償却累計額	157,500
備品	210,000	資本金	1,000,000
土地	671,000	資本準備金	120,000
ソフトウェア	10,000	利益準備金	80,000
その他有価証券	100,000	繰越利益剰余金	199,200
繰延税金資産	27,000	新株予約権	10,000
仕入	2,205,000	売上	3,045,000
販売費	177,840	受取利息配当金	6,170
一般管理費	102,000	仕入値引	2,940
租税公課	45,000	仕入割引	1,890
支払利息	1,500	有価証券運用損益	各自推定
売上戻り	3,990		
	各自推定		各自推定

〔資料Ⅱ〕期末整理事項等

1．現金の実際有高が250千円過剰であることが発見され、そのうち販売費210千円および受取利息配当金200千円が計上もれであることが判明した。残額は原因不明である。

2．現金預金の中にはドル建ての定期預金115,000千円（1,000千ドル）が含まれている。当期末における為替相場は１ドル95円である。

3．期末商品の評価方法は売価還元法、評価基準は原価法（収益性の低下による簿価切下げの方法）による。期末商品の帳簿棚卸売価は284,340千円、実地棚卸売価は283,500千円、正味売却価額は196,350千円である。

4．売上債権（受取手形および売掛金）はすべて一般債権であり、期末残高に対して２％の貸倒引当金を補充法により設定する。また、短期貸付金100,000千円は当期に貸し付けたものであるが、相手先が会社更生法の適用を受けたため破産更生債権等に該当することになった。よって、貸倒引当金を財務内容評価法により設定する。ただし、処分見込額88,000千円の土地が担保に付されている。

5．売買目的有価証券は、前期中に１株250円で1,000千株を取得したＡ社株式であり、前期末の時価は１株230円である。当期中に１株260円で1,500千株を追加取得した後、１株280円で2,000千株を売却した。当期末の時価は１株240円である。なお、単価の計算は平均法による。

6．その他有価証券は、前期中に105,000千円で取得したＢ社株式であり、前期末の時価は100,000千円、当期末の時価は92,000千円である。部分純資産直入法で処理しているが、期首の振戻しが未処理である。また、評価差額には

受験番号

1級

答案用紙

日商簿記検定試験対策

網羅型完全予想問題集

商業簿記・会計学

(制限時間　1時間30分)

第3回

TAC簿記検定講座

網羅型完全予想問題集
第3回　答案用紙

1　級　①

商　業　簿　記

受験番号

氏　　名

総合点	採点欄	
	商簿	

(1)　損益計算書

損　益　計　算　書　　　　(単位：千円)

売上原価		売上高	(　　)
期首商品棚卸高	(　　)	受取利息配当金	(　　)
当期商品仕入高	(　　)	有価証券運用益	(　　)
期末商品棚卸高	△(　　)	(　　)	(　　)
商品評価損	(　　)	(　　)	(　　)
棚卸減耗費	(　　)	新株予約権戻入益	(　　)
小計	(　　)		
販売費	(　　)		
一般管理費	(　　)		
租税公課	(　　)		
貸倒引当金繰入（売上債権分）	(　　)		
減価償却費	(　　)		
退職給付費用	(　　)		
ソフトウェア償却	(　　)		
支払利息	(　　)		
社債利息	(　　)		
投資有価証券評価損	(　　)		
(　　)	(　　)		
貸倒引当金繰入(短期貸付金分)	(　　)		
(　　)	(　　)		
税引前当期純利益	(　　)		
	(　　)		(　　)
法人税等	(　　)	税引前当期純利益	(　　)
法人税等調整額	△(　　)		
当期純利益	(　　)		
	(　　)		(　　)

(2)　貸借対照表の各科目

建物	千円	土地	千円
備品	千円	一年以内償還社債	千円

(注) 建物、備品および土地の各勘定は、減価償却累計額および減損損失累計額を控除後の金額を記入すること。

1級

日商簿記検定試験対策
網羅型完全予想問題集
問　題　用　紙

商業簿記・会計学
（制限時間　１時間30分）

第４回

TAC簿記検定講座

商　業　簿　記

問題（25点）

東京商事株式会社の20×5年度（会計期間は３月31日を決算日とする１年）における［Ⅰ］決算整理前残高試算表および［Ⅱ］期末修正事項等にもとづいて、答案用紙の決算整理後残高試算表を完成しなさい。

［解答上の注意事項］

１　計算上端数が生じる場合は、千円未満を四捨五入すること。

２　税効果会計を適用する場合の法定実効税率は30％であるが、ことわり書きのない限り税効果会計を適用する必要はない。

３　直物為替相場は、１ドル当たり、当期首115円、当期末120円、当期の期中平均118円である。

［Ⅰ］決算整理前残高試算表

決算整理前残高試算表

20×6年３月31日　　　　（単位：千円）

借方科目	金額	貸方科目	金額
現金預金	330,359	支払手形	198,000
売掛金	420,000	買掛金	275,000
売買目的有価証券	（各自推定）	借入金	150,000
商品	234,000	リース債務	（各自推定）
仮払金	123,600	退職給付引当金	（各自推定）
仮払法人税等	240,000	貸倒引当金	19,860
建物	1,500,000	建物減価償却累計額	450,000
備品	702,000	リース資産減価償却累計額	（各自推定）
リース資産	（各自推定）	資本金	3,000,000
土地	2,500,000	資本準備金	250,000
ソフトウェア	208,000	利益準備金	100,000
繰延税金資産	42,900	任意積立金	250,000
その他有価証券	655,500	繰越利益剰余金	855,000
子会社株式	180,000	新株予約権	（各自推定）
貸付金	22,000	売上	5,120,000
売上原価	3,072,000	受取利息配当金	700
販売費	248,730	有価証券運用損益	120
一般管理費	220,440	有価証券利息	7,200
支払利息	3,000		
	（各自推定）		（各自推定）

［Ⅱ］期末修正事項等

１．商品販売

⑴　商品販売について収益の認識を前期まで出荷基準により行ってきたが、当期出荷分より検収基準により行っている。

⑵　前期出荷分および当期出荷分に関係する検収状況等は以下のとおりである。前期出荷分に対して検収基準を遡及適用するが未処理である。

①　前期末時点における状況

出荷No	検収状況	原　価	売　価	代金回収状況
No110	検収済み	241,200千円	402,000千円	未回収
No111	未検収	304,800千円	508,000千円	未回収

（注１）未出荷の期末商品棚卸高が576,000千円あり、評価損等は生じていない。

（注２）売掛金910,000千円（No110およびNo111）に対して２％の貸倒引当金を設定している。

②　当期末時点における状況（前期出荷分の一部を含む）

出荷No	検収状況	原　価	売　価	代金回収状況
No110	検収済み	241,200千円	402,000千円	回収済み
No111	検収済み	304,800千円	508,000千円	回収済み
No201	検収済み	276,000千円	460,000千円	回収済み
No202	検収済み	336,000千円	560,000千円	回収済み
No203～210	検収済み	2,208,000千円	3,680,000千円	回収済み
No211	検収済み	252,000千円	420,000千円	未回収
No212	未検収	234,000千円	390,000千円	未回収

（注）未出荷の期末商品はなく、見積販売直接経費について考慮する必要はない。

２．貸倒引当金

⑴　売掛金はすべて一般債権であり、貸倒実績率法により２％の貸倒引当金を差額補充法により設定する。

⑵　貸付金22,000千円は、前期首に利子率年４％（毎年３月末日に受取り）、貸し付けた日から３年後に一括返済の契約で貸し付けたものである。前期末に相手先より条件緩和の申し出があり、当期首以後の利払いを免除することとした。この貸付金は、貸倒懸念債権に該当し、前期末よりキャッシュ・フロー見積法により貸倒引当金を設定している。

３．有価証券

期末に保有する有価証券の内訳は次のとおりである。なお、その他有価証券の評価差額の処理は全部純資産直入法により、税効果会計を適用する。

受験番号＿＿＿＿＿＿＿＿

1級

答案用紙

日商簿記検定試験対策
網羅型完全予想問題集

商業簿記・会計学
（制限時間　1時間30分）

第 4 回

TAC簿記検定講座

網羅型完全予想問題集
第４回　答案用紙

1級 ①

商業簿記

受験番号＿＿＿＿＿＿＿＿

氏　名＿＿＿＿＿＿＿＿

総合点	採点欄
	商簿

決算整理後残高試算表

20×6年３月31日　　　　(単位：千円)

現金預金	(　　)	支払手形	(　　)
売掛金	(　　)	買掛金	(　　)
売買目的有価証券	(　　)	未払法人税等	(　　)
商品	(　　)	未払費用	(　　)
前払費用	(　　)	繰延税金負債	(　　)
建物	(　　)	借入金	(　　)
備品	(　　)	リース債務	(　　)
リース資産	(　　)	退職給付引当金	(　　)
土地	(　　)	貸倒引当金	(　　)
ソフトウェア	(　　)	建物減価償却累計額	(　　)
繰延税金資産	(　　)	備品減価償却累計額	(　　)
その他有価証券	(　　)	リース資産減価償却累計額	(　　)
子会社株式	(　　)	資本金	(　　)
貸付金	(　　)	資本準備金	(　　)
売上原価	(　　)	利益準備金	(　　)
販売費	(　　)	任意積立金	(　　)
一般管理費	(　　)	繰越利益剰余金	(　　)
貸倒引当金繰入	(　　)	その他有価証券評価差額金	(　　)
減価償却費	(　　)	新株予約権	(　　)
ソフトウェア償却	(　　)	売上	(　　)
退職給付費用	(　　)	受取利息配当金	(　　)
株式報酬費用	(　　)	有価証券運用損益	(　　)
支払利息	(　　)	有価証券利息	(　　)
子会社株式評価損	(　　)	法人税等調整額	(　　)
法人税、住民税及び事業税	(　　)		
	(　　)		(　　)

1級

日商簿記検定試験対策

網羅型完全予想問題集

問題用紙

商業簿記・会計学

（制限時間　1時間30分）

第5回

TAC簿記検定講座

商　業　簿　記

問題（25点）

T株式会社における20×6年度（会計期間は3月31日を決算日とする1年）の以下の資料にもとづいて、答案用紙の損益計算書および貸借対照表（勘定式）を完成しなさい。なお、1ドルあたりの為替相場は前期末100円、当期末105円、当期中平均102円である。また、指示があるものについては、税効果会計（実効税率は30%）を適用する。

〔資料Ⅰ〕決算整理前残高試算表

決算整理前残高試算表

20×7年3月31日　　　　（単位：千円）

借方科目	金額	貸方科目	金額
現金預金	141,238	支払手形	37,800
受取手形	80,150	買掛金	36,110
売掛金	140,000	短期借入金	21,060
売買目的有価証券	各自推定	仮受金	16,000
商品	49,600	貸倒引当金	4,080
前払費用	3,150	社債	各自推定
仮払金	107,850	退職給付引当金	29,120
建物	360,000	土地購入手形	30,150
備品	160,000	建物減価償却累計額	226,800
土地	400,000	備品減価償却累計額	125,440
建設仮勘定	216,000	資本金	375,000
ソフトウェア	13,960	資本準備金	48,000
その他有価証券	28,000	利益準備金	32,000
長期貸付金	16,000	繰越利益剰余金	38,900
繰延税金資産	20,592	新株予約権	2,400
自己株式	3,000	売上	2,007,560
売上原価	1,178,560	受取利息配当金	4,000
販売費	44,790	為替差損益	600
一般管理費	42,010		
租税公課	44,800		
支払利息	5,120		
社債利息	800		
	各自推定		各自推定

〔資料Ⅱ〕期末整理事項等

1．現金の実際有高が100千円過剰であることが発見された。原因を究明したところ、租税公課の支払い1,550千円と売掛金の入金1,750千円が未処理であることが判明した。残額は原因不明である。

2．現金預金の中には、ドル建ての定期預金15,680千円（160千ドル）が含まれている。当該ドル建ての定期預金は、20×6年7月1日に預け入れたものであり、利払日は毎年6月30日、利率年2%、満期日は20×8年6月30日である。

3．商品売買

(1) 当期中に現金100,000千円で商品を販売し、収益計上していたが、このうち20%に相当する金額は、カスタマー・ロイヤルティ・プログラムの一環として新たに付与したポイントに配分すべき金額である。当期中に付与したポイントのうち75%は、決算日時点において未使用であったため、適切な処理をおこなう。

(2) 売上高のうち10,000千円（対応する売上原価は7,000千円）は、代理人取引に該当するものであることが判明した（すべて決済は完了している）。よって、売上高と売上原価を適切に修正し、差額を受取手数料として計上する。

4．貸倒引当金

(1) 一般債権に対しては、過去3年間の貸倒実績率の単純平均値を用いて貸倒引当金を設定しているが、前期末決算において、その直前に生じた貸倒れを実績率の算定に反映させていなかったため、本来は4%で設定すべきところを、誤って3%で設定していたことが判明した。よって、過去の誤謬の訂正を行う。なお、過去の誤謬の訂正に伴う税効果会計もあわせて行うこと。また、当期中の貸倒れはなかった。

(2) 受取手形および売掛金の当期末残高は、すべて一般債権であり、その3.5%の貸倒引当金を差額補充法により

受験番号

1級

答案用紙

日 商 簿 記 検 定 試 験 対 策
網 羅 型 完 全 予 想 問 題 集

商業簿記・会計学
（制限時間　1時間30分）

第 5 回

TAC簿記検定講座

網羅型完全予想問題集
第5回　答案用紙

1　級　①

商　業　簿　記

受験番号＿＿＿＿＿＿＿＿

氏　　名＿＿＿＿＿＿＿＿

総合点	採点欄
	商簿

損　益　計　算　書

自20×6年4月1日　至20×7年3月31日　（単位：千円）

売上原価	(　　)	売上高	(　　)
販売費	(　　)	受取利息配当金	(　　)
貸倒引当金繰入(一般債権分)	(　　)	受取手数料	(　　)
一般管理費	(　　)	有価証券運用益	(　　)
租税公課	(　　)	為替差益	(　　)
減価償却費	(　　)	投資有価証券評価益	(　　)
ソフトウェア償却	(　　)	新株予約権戻入益	(　　)
退職給付費用	(　　)		
雑損失	(　　)		
支払利息	(　　)		
社債利息	(　　)		
貸倒引当金繰入(長期貸付金分)	(　　)		
社債償還損	(　　)		
法人税等	(　　)		
法人税等調整額	(　　)		
当期純利益	(　　)		
	(　　)		(　　)

貸　借　対　照　表

20×7年3月31日　（単位：千円）

現金預金	(　　)	支払手形	(　　)
受取手形	(　　)	買掛金	(　　)
売掛金	(　　)	契約負債	(　　)
貸倒引当金	(　　)	短期借入金	(　　)
有価証券	(　　)	未払法人税等	(　　)
商品	(　　)	未払費用	(　　)
前払費用	(　　)	社債	(　　)
未収収益	(　　)	退職給付引当金	(　　)
建物	(　　)	営業外支払手形	(　　)
建物減価償却累計額	(　　)	資本金	(　　)
備品	(　　)	資本準備金	(　　)
備品減価償却累計額	(　　)	その他資本剰余金	(　　)
土地	(　　)	利益準備金	(　　)
建設仮勘定	(　　)	繰越利益剰余金	(　　)
ソフトウェア	(　　)	新株予約権	(　　)
長期定期預金	(　　)	その他有価証券評価差額金	(　　)
投資有価証券	(　　)		
破産更生債権等	(　　)		
貸倒引当金	(　　)		
繰延税金資産	(　　)		
	(　　)		(　　)

(注) 金額がマイナスの場合、△を付すこと。

1級

日商簿記検定試験対策
網羅型完全予想問題集
問題用紙
商業簿記・会計学

（制限時間　1時間30分）

第6回

TAC簿記検定講座

商　業　簿　記

問題（25点）

Ｐ社およびＳ社の当期（20×5年４月１日から20×6年３月31日まで）に係る個別財務諸表は〔資料Ⅰ〕のとおりである。〔資料Ⅱ〕から〔資料Ⅳ〕にもとづいて、Ｓ社を連結子会社とした場合の答案用紙の連結貸借対照表および連結損益計算書を作成しなさい。なお、のれんは15年で発生年度の翌年度から定額法により償却する。また、連結会計上新たに生ずる一時差異については実効税率30%として税効果会計を適用し、繰延税金資産と繰延税金負債は相殺表示するものとするが、納税主体の異なるものは相殺表示しないこと。

〔資料Ⅰ〕個別財務諸表

貸借対照表

20×6年３月31日現在　（単位：千円）

資産	Ｐ社	Ｓ社	負債・純資産	Ｐ社	Ｓ社
現金預金	682,500	411,000	買掛金	420,000	248,000
売掛金	540,000	450,000	未払法人税等	60,000	17,000
貸倒引当金	△ 10,800	△ 9,000	その他の流動負債	15,000	15,000
商品	150,000	80,000	その他の固定負債	500,000	400,000
その他の流動資産	35,920	19,000	資本金	1,500,000	500,000
建物	500,000	250,000	資本剰余金	175,000	40,000
備品	40,000	20,000	利益剰余金	450,000	200,000
減価償却累計額	△ 108,000	△ 54,000			
土地	400,000	250,000			
Ｓ社株式	583,380	—			
繰延税金資産	7,000	3,000			
その他の固定資産	300,000	—			
	3,120,000	1,420,000		3,120,000	1,420,000

損益計算書

自20×5年４月１日　至20×6年３月31日　（単位：千円）

借方科目	Ｐ社	Ｓ社	貸方科目	Ｐ社	Ｓ社
売上原価	2,030,000	810,000	売上高	2,900,000	1,350,000
販売費及び一般管理費	559,700	417,925	営業外収益	122,250	40,500
貸倒引当金繰入額	8,600	5,400	特別利益	1,250	—
減価償却費	37,200	22,275	法人税等調整額	4,000	1,000
営業外費用	132,000	63,900			
法人税等	110,000	30,000			
当期純利益	150,000	42,000			
	3,027,500	1,391,500		3,027,500	1,391,500

〔資料Ⅱ〕Ｐ社資本勘定の推移

	20×3年３月末日	20×4年３月末日	20×5年３月末日	20×6年３月末日
資本金	1,500,000千円	1,500,000千円	1,500,000千円	1,500,000千円
資本剰余金	175,000千円	175,000千円	175,000千円	175,000千円
利益剰余金	240,000千円	270,000千円	330,000千円	450,000千円

〔資料Ⅲ〕Ｓ社株式の取得状況およびＳ社資本勘定と土地の時価の推移

	20×3年３月末日	20×4年３月末日	20×5年３月末日	20×6年３月末日
取得率	60% （支配獲得）	20% （追加取得）	−	−
取得原価	434,160千円	149,220千円	−	−
資本金	500,000千円	500,000千円	500,000千円	500,000千円
資本剰余金	40,000千円	40,000千円	40,000千円	40,000千円
利益剰余金	130,000千円	150,000千円	170,000千円	200,000千円
土地の時価	256,000千円	265,000千円	270,000千円	275,000千円

（注）土地の簿価は250,000千円であり、土地以外の諸資産および諸負債については簿価と時価とに相違はなかった。

受験番号

1級

答案用紙

日商簿記検定試験対策
網羅型完全予想問題集

商業簿記・会計学

（制限時間　1時間30分）

第6回

TAC簿記検定講座

網羅型完全予想問題集
第６回　答案用紙

１　級　①

商　業　簿　記

受験番号

氏　　名

総　合　点	採　点　欄
	商簿

連結貸借対照表

20×6年３月31日現在　　　　(単位：千円)

資　産　の　部		負　債　の　部	
Ⅰ 流 動 資 産		Ⅰ 流 動 負 債	
現 金 預 金	(　　　)	買 掛 金	(　　　)
売 掛 金	(　　　)	未払法人税等	(　　　)
貸 倒 引 当 金	(△　　　)	その他の流動負債	(　　　)
商 品	(　　　)	流 動 負 債 合 計	(　　　)
その他の流動資産	(　　　)	Ⅱ 固 定 負 債	
流 動 資 産 合 計	(　　　)	繰 延 税 金 負 債	(　　　)
Ⅱ 固 定 資 産		その他の固定負債	(　　　)
建 物	(　　　)	固 定 負 債 合 計	(　　　)
備 品	(　　　)	負 債 合 計	(　　　)
減価償却累計額	(△　　　)	純 資 産 の 部	
土 地	(　　　)	Ⅰ 株 主 資 本	
の れ ん	(　　　)	資 本 金	(　　　)
繰 延 税 金 資 産	(　　　)	資 本 剰 余 金	(　　　)
その他の固定資産	(　　　)	利 益 剰 余 金	(　　　)
固 定 資 産 合 計	(　　　)	株 主 資 本 合 計	(　　　)
		Ⅱ 非支配株主持分	(　　　)
		純 資 産 合 計	(　　　)
資 産 合 計	(　　　)	負債・純資産合計	(　　　)

(注) 該当する金額がない場合は空欄のままにしておくこと。

連結損益計算書

自20×5年４月１日　至20×6年３月31日　　　　(単位：千円)

Ⅰ	売 上 高		(　　　)
Ⅱ	売 上 原 価		(　　　)
	売 上 総 利 益		(　　　)
Ⅲ	販売費及び一般管理費		
	1．販売費及び一般管理費	(　　　)	
	2．貸倒引当金繰入額	(　　　)	
	3．減 価 償 却 費	(　　　)	
	4．の れ ん 償 却 額	(　　　)	(　　　)
	営 業 利 益		(　　　)
Ⅳ	営 業 外 収 益		(　　　)
Ⅴ	営 業 外 費 用		(　　　)
	経 常 利 益		(　　　)
Ⅵ	特 別 利 益		(　　　)
	税金等調整前当期純利益		(　　　)
	法 人 税 等	(　　　)	
	法 人 税 等 調 整 額	(△　　　)	(　　　)
	当 期 純 利 益		(　　　)
	非支配株主に帰属する当期純利益		(　　　)
	親会社株主に帰属する当期純利益		(　　　)

(注) 該当する金額がない場合は空欄のままにしておくこと。

1級

日商簿記検定試験対策

網羅型完全予想問題集

問　題　用　紙

商業簿記・会計学

（制限時間　1時間30分）

第7回

TAC簿記検定講座

商業簿記

問題（25点）

次の広島商事株式会社（会計期間は1年、当期は20×7年4月1日から20×8年3月31日まで）の〔資料〕にもとづいて、答案用紙の決算整理後残高試算表を完成しなさい。なお、指示があるものについては、税効果会計（法定実効税率30%）を適用する。また、計算上、端数が生じる場合には、千円未満を四捨五入すること。

〔資料Ⅰ〕前期末の貸借対照表

貸借対照表
20×7年3月31日　　　　（単位：千円）

現金預金	661,500	支払手形	342,500
受取手形	510,000	買掛金	482,000
売掛金	690,000	借入金	49,000
商品	各自推定	未払費用	1,800
前払費用	3,750	未払法人税等	127,500
貸付金	150,000	役員賞与引当金	28,500
建物	1,125,000	その他の負債	71,133
備品	450,000	貸倒引当金	41,817
その他有価証券	144,000	建物減価償却累計額	168,750
繰延税金資産	各自推定	建物減損損失累計額	各自推定
その他の資産	197,000	備品減価償却累計額	112,500
自己株式	150,000	資本金	2,062,500
		資本準備金	125,000
		利益準備金	175,000
		繰越利益剰余金	405,000
		新株予約権	7,500
	各自推定		各自推定

（注）前払費用3,750千円および未払費用のうち1,200千円は販売費及び一般管理費、未払費用のうち600千円は支払利息に対するものである。

〔資料Ⅱ〕期中取引および決算整理事項等

1．商品売買等

(1) 前期末商品の原価は222,500千円、売価は236,250千円、見積販売直接経費は25,500千円である。なお、収益性の低下による簿価切り下げ額は切放法により処理する。

(2) 手形の受け入れによる売上高は1,237,500千円、約束手形の振り出しによる仕入高は429,000千円である。

(3) 売掛金の現金預金による回収高は1,053,500千円、手形の受け入れによる回収高は271,500千円、貸倒高（前期発生分）は 750千円であり、売掛金の当期末残高は1,014,250千円である。

(4) 買掛金の現金預金による支払高は736,500千円、約束手形の振り出しによる支払高は371,250千円であり、買掛金の当期末残高は407,250千円である。

(5) 受取手形の現金預金による取立高は1,455,000千円、支払手形の現金預金による決済高は881,000千円である。

(6) 当期末商品の原価は210,000千円、売価は220,500千円、見積販売直接経費は24,000千円である。

2．金銭債権

(1) 貸付金の現金預金による貸付高は61,500千円、利息の現金預金による受取高は1,250千円である。なお、当期末における利息の未収高は615千円である。

(2) 貸付金の前期末残高は20×6年4月1日にA社に貸付けたものであり、返済期日は20×9年3月31日、利子率は年4%、利払日は毎年3月31日の条件であったが、前期の利払後にその後の利息を免除する旨の申し出を了承した。これにより貸倒懸念債権に該当すると判断され、前期末からキャッシュ・フロー見積法により貸倒引当金を設定している。なお、当期の貸倒引当金の減額分は受取利息に含めて処理する。

(3) A社以外の金銭債権期末残高はいずれも一般債権に該当するため、貸倒実績率法により2%の貸倒引当金を設定する。なお、一般債権に対する貸倒引当金の記帳方法は補充法によること。

3．有価証券

(1) その他有価証券の前期末残高は前期に150,000千円（@75千円×2,000株）で取得したB社株式である。なお、

受験番号＿＿＿＿＿＿＿＿

1級

答案用紙

日商簿記検定試験対策
網羅型完全予想問題集

商業簿記・会計学

（制限時間　1時間30分）

第７回

TAC簿記検定講座

網羅型完全予想問題集
第７回　答案用紙

受験番号

氏　名

１　級　①

商　業　簿　記

総合点

採点欄	
商簿	

決算整理後残高試算表

20×8年３月31日　　（単位：千円）

現金預金	(　)	支払手形	(　)
受取手形	(　)	買掛金	(　)
売掛金	(　)	借入金	(　)
繰越商品	(　)	未払費用	(　)
前払費用	(　)	未払法人税等	(　)
未収収益	(　)	役員賞与引当金	(　)
貸付金	(　)	リース債務	(　)
建物	1,125,000	その他の負債	71,133
備品	450,000	貸倒引当金	(　)
リース資産	(　)	建物減価償却累計額	(　)
その他有価証券	(　)	建物減損損失累計額	(　)
子会社株式	(　)	備品減価償却累計額	(　)
繰延税金資産	(　)	リース資産減価償却累計額	(　)
その他の資産	197,000	資本金	(　)
自己株式	(　)	資本準備金	(　)
仕入	(　)	その他資本剰余金	(　)
商品評価損	(　)	利益準備金	(　)
販売費及び一般管理費	(　)	繰越利益剰余金	(　)
貸倒引当金繰入	(　)	新株予約権	(　)
減価償却費	(　)	売上	(　)
役員賞与引当金繰入	(　)	受取利息配当金	(　)
支払利息	(　)	その他有価証券評価損益	(　)
その他有価証券売却損益	(　)	法人税等調整額	(　)
法人税等	(　)		
	(　)		(　)

1級

日商簿記検定試験対策
網羅型完全予想問題集
問　題　用　紙

商業簿記・会計学
(制限時間　1時間30分)

第８回

TAC簿記検定講座

商　業　簿　記

問題（25点）

以下の資料にもとづき、答案用紙に示した当期（20×2年４月１日から20×3年３月31日まで）の連結財務諸表を完成しなさい。なお、のれんは発生年度の翌年度より20年にわたり定額法で償却する。また、連結会計上、新たに生ずる一時差異については、法人税等の実効税率30％として税効果会計を適用し、繰延税金資産と繰延税金負債は同一の納税主体に係るものを相殺すること。

〔資料Ⅰ〕Ｐ社およびＡ社の当期の個別財務諸表およびその他の事項

貸　借　対　照　表　　（単位：千円）

資　　　産	Ｐ　社	Ａ　社	負債・純資産	Ｐ　社	Ａ　社
売　掛　金	625,000	375,000	買　掛　金	375,000	175,000
貸倒引当金	△　12,500	△　7,500	未払法人税等	90,000	60,000
商　　品	125,000	75,000	その他の負債	175,000	88,750
土　　地	1,125,000	―	資　本　金	1,250,000	625,000
Ａ社株式	850,000	―	資本剰余金	625,000	250,000
Ｂ社株式	270,500	―	利益剰余金	860,000	426,250
繰延税金資産	45,000	25,000			
その他の資産	347,000	1,157,500			
	3,375,000	1,625,000		3,375,000	1,625,000

損　益　計　算　書　（単位：千円）

	Ｐ　社	Ａ　社
売　上　高	3,750,000	2,250,000
売上原価	△ 2,437,500	△ 1,575,000
貸倒引当金繰入額	△　7,500	△　3,750
受取配当金	50,000	12,500
土地売却益	――	40,000
その他の収益	37,500	25,000
その他の費用	△ 1,037,500	△ 478,750
税引前当期純利益	355,000	270,000
法人税等	△ 120,000	△ 88,750
法人税等調整額	15,000	6,250
当期純利益	250,000	187,500

株主資本等変動計算書　　（単位：千円）

	株主資本					
	資　本　金		資本剰余金		利益剰余金	
	Ｐ　社	Ａ　社	Ｐ　社	Ａ　社	Ｐ　社	Ａ　社
当期首残高	1,250,000	625,000	625,000	250,000	672,500	276,250
剰余金の配当					△ 62,500	△ 37,500
当期純利益					250,000	187,500
当期末残高	1,250,000	625,000	625,000	250,000	860,000	426,250

1．Ｐ社は20×1年３月31日にＡ社の発行済株式総数の80％を850,000千円で取得し、Ａ社を連結子会社とした。なお、Ａ社の20×1年３月31日現在の資本金は625,000千円、資本剰余金は250,000千円、利益剰余金は110,000千円であり、土地の帳簿価額は750,000千円、時価は775,000千円であった。また、土地以外の資産および負債については簿価と時価の相違はなかったものとする。

2．Ａ社は20×1年３月31日以降に土地の売買を行っていなかったが、当期中に保有する土地のすべてを790,000千円で連結外部の企業に売却した。

受験番号＿＿＿＿＿＿＿＿

1級

答案用紙

日商簿記検定試験対策
網羅型完全予想問題集

商業簿記・会計学

(制限時間　1時間30分)

第8回

TAC簿記検定講座

網羅型完全予想問題集
第8回　答案用紙

1級 ①

商業簿記

受験番号

氏名

総合点	採点欄	
	商簿	

連結貸借対照表

20×3年3月31日現在　(単位：千円)

資産	金額	負債・純資産	金額
売掛金		買掛金	
貸倒引当金	△	未払法人税等	
商品		その他の負債	
土地		資本金	
のれん		資本剰余金	
繰延税金資産		利益剰余金	
その他の資産		為替換算調整勘定	
		非支配株主持分	

連結損益計算書

自20×2年4月1日　至20×3年3月31日　(単位：千円)

売上高	
売上原価	△
貸倒引当金繰入額	△
のれん償却額	△
受取配当金	
為替差損	△
土地売却益	
その他の収益	
その他の費用	△
税金等調整前当期純利益	
法人税等	△
法人税等調整額	
当期純利益	
非支配株主に帰属する当期純利益	△
親会社株主に帰属する当期純利益	

連結包括利益計算書

自20×2年4月1日　至20×3年3月31日　(単位：千円)

当期純利益	
その他の包括利益	
為替換算調整勘定	
包括利益	

(内訳)

親会社株主に係る包括利益　(　　　　)千円

非支配株主に係る包括利益　(　　　　)千円

連結株主資本等変動計算書

自20×2年4月1日　至20×3年3月31日　(単位：千円)

	株主資本			その他の包括利益累計額	非支配株主持分
	資本金	資本剰余金	利益剰余金	為替換算調整勘定	
当期首残高					
剰余金の配当			△		
親会社株主に帰属する当期純利益					
株主資本以外の項目の当期変動額(純額)					
当期末残高					

網羅型完全予想問題集
第８回　答案用紙

受験番号＿＿＿＿＿＿＿＿
氏　　名＿＿＿＿＿＿＿＿

１　級　②

会　計　学

採　点　欄	
会計	

第１問

(1)	
(2)	
(3)	
(4)	
(5)	

第２問

(1)	繰延税金資産	千円
(2)	繰延税金負債	千円
(3)	当期純利益	千円

(注) 繰延税金資産および繰延税金負債は、相殺前の金額を記入すること。
　　なお、金額が記入されない場合には、0（ゼロ）を記入すること。

第３問

問１

(1)	当期純利益	千円
(2)	為替差損益	千円
(3)	資本金	千円
(4)	利益剰余金	千円
(5)	為替換算調整勘定	千円

(注) 為替差損益および為替換算調整勘定が借方に生じた場合には、金額の前に△印を付すこと。

問２

連結包括利益計算書　（単位：千円）

当期純利益	(　　　　)
その他の包括利益	
その他有価証券評価差額金	(　　　　)
その他の包括利益合計	(　　　　)
包括利益	(　　　　)
(内訳)	
親会社株主に係る包括利益	(　　　　)
非支配株主に係る包括利益	(　　　　)

3．A社は前期より商品の一部を原価の25％増しの売価でＰ社に掛販売している。A社のＰ社に対する当期売上高は750,000千円であり、そのうち2,500千円が当期末現在Ｐ社に未達であったが、前期末には未達商品はなかった。なお、Ｐ社の期首商品棚卸高のうち17,500千円、期末商品棚卸高のうち22,500千円はA社から仕入れたものである。

4．A社の売掛金の前期末残高のうち50,000千円、当期末残高のうち62,500千円はＰ社に対するものである。なお、A社は売掛金の期末残高に対して毎期２％の貸倒引当金を設定している。

〔資料Ⅱ〕Ｂ社の前期末および当期末の個別貸借対照表、当期の個別損益計算書ならびにその他の事項

貸　借　対　照　表　　　　　　　　　　(単位：千ドル)

資　　産	前期末	当期末	負債・純資産	前期末	当期末
売　掛　金	750	1,500	買　掛　金	450	750
貸倒引当金	△　15	△　30	未払法人税等	150	180
商　　品	165	225	その他の負債	300	420
その他の資産	2,850	2,805	資　本　金	1,500	1,500
			資本剰余金	600	600
			利益剰余金	750	1,050
	3,750	4,500		3,750	4,500

損益計算書　(単位：千ドル)

売　上　高	5,250
売上原価	△3,750
貸倒引当金繰入額	△　30
その他の収益	180
その他の費用	△　900
税引前当期純利益	750
法人税等	△　300
当期純利益	450

1．Ｐ社は20×2年３月31日にＢ社の発行済株式総数の90％を2,705千ドルで取得し、Ｂ社を連結子会社とした。なお、Ｂ社の資産および負債については簿価と時価の相違はなかったものとする。

2．Ｂ社は当期中に利益剰余金を原資とする配当金を150千ドル支払っている。

3．Ｂ社のＰ社に対する当期売上高は750千ドルであり、Ｐ社は当期末までにＢ社から仕入れた商品のすべてを連結外部の企業に販売済みである。なお、Ｐ社のＢ社に対する債権債務の残高は前期末、当期末ともにゼロである。

4．1ドルあたりの為替相場は前期末100円、当期末120円、期中平均110円、配当金支払時105円、Ｐ社に対する売上時112円である。

会　計　学

問題（25点）

第1問

次の各文章について、空欄（1～5）にあてはまる適切な語句を解答欄に記入しなさい。

1．顧客との契約に重要な（　1　）が含まれる場合、取引価格の算定にあたっては、約束した対価の額に含まれる（　2　）の影響を調整する。また、顧客との契約から生じる収益と（　1　）の影響を損益計算書において区分して表示する。

2．投資家による企業成果の予測や企業価値評価のために、将来キャッシュ・フローの予測に役立つ情報を提供するには、意思決定有用性を最も重要な特性とする。また、これを支える下位の特性として意思決定との関連性と（　3　）が存在する。

3．自己株式の取得、処分および消却にかかる付随費用は、原則として、支払手数料などの科目をもって損益計算書の（　4　）に計上する。ただし、企業規模の拡大を伴う自己株式の処分にかかる付随費用は、株式交付費として貸借対照表の（　5　）に計上することができる。

第２問

次の資料にもとづいて、当期末における繰延税金資産、繰延税金負債の金額および当期における当期純利益を答えなさい。なお、当期は20×6年４月１日から20×7年３月31日までの１年であり、法人税等の実効税率は毎期30％とする。

〔資　料〕

⑴　前期末に商品評価損36,000千円を計上していたが、税務上は損金不算入であった。しかし、当期にこの商品が販売されたため、損金算入が認められた。また、当期末に商品評価損50,000千円を計上したが、税務上は損金不算入であった。

⑵　当期において受取配当金のうち、益金に算入されない金額が65,000千円あった。

⑶　前期末に売掛金1,800,000千円に対して54,000千円の貸倒引当金を繰り入れたが、税務上の繰入限度額は18,000千円であった。しかし、当期に当該売掛金が全額貸し倒れたため損金算入が認められた。また、当期末に売掛金2,000,000千円に対して60,000千円の貸倒引当金を繰り入れたが、税務上の繰入限度額は20,000千円であった。

⑷　当期において寄付金のうち、損金に算入されない金額が90,000千円あった。

⑸　取得原価900,000千円の備品（20×4年４月１日に取得）について、定額法、残存価額はゼロ、経済的耐用年数４年により減価償却を行っているが、税務上の法定耐用年数は６年である。

⑹　前期に取得したその他有価証券の取得原価は45,000千円、前期末の時価は48,000千円、当期末の時価は52,000千円であった。なお、その他有価証券の評価差額の計上は全部純資産直入法により処理している。

⑺　保有する国債（翌期中に償還予定）の価格変動による損失に備えるため、当期に国債先物450,000千円を売り建てた。国債先物の売建時の時価は100円につき99円、当期末の時価は100円につき97円であった。なお、この国債先物取引は翌期中に決済される予定であり、繰延ヘッジ会計により処理している。

⑻　当期における税引前当期純利益は1,000,000千円、法人税等の確定税額は347,200千円であった。

第３問

問１　当社は20×1年度期首に米国にあるＡ社の発行済株式総数の100％を取得し支配を獲得した。よって、次の資料にもとづいて答案用紙に示した20×1年度の円換算後のＡ社の財務諸表に記載される各金額を求めなさい。

〔資　料〕

１．20×1年度期首におけるＡ社の純資産の項目は資本金450千ドル、利益剰余金100千ドルであった。

２．20×1年度中にＡ社は当社から商品200千ドルを仕入れているが、この商品はすべて20×1年度期末までに販売されている。また、20×1年度期末において当社との債権・債務の残高はない。

３．20×1年度中にＡ社は利益剰余金の配当30千ドルを支払っている。

４．20×1年度におけるＡ社の当期純利益は80千ドルである。

５．１ドルあたりの為替相場は次のとおりである。

20×1年度の期首：112円	20×1年度の期中平均：116円
20×1年度の期末：125円	当社からの仕入時：117円
配当金支払時：118円	

問２　以下の資料にもとづき、答案用紙にある20×2年３月期決算（１年決算）における２計算書方式による連結包括利益計算書を完成させなさい。

〔資　料〕

１．Ｐ社は、国内にあるＳ社の株式の80％を保有している。

２．税効果会計は無視すること。

３．Ｐ社は、その他有価証券としてＢ社株式（取得原価3,000千円）を保有している。当該Ｂ社株式の20×1年３月末の時価は5,000千円であり、20×2年３月末の時価は5,500千円である。

４．Ｓ社は、その他有価証券としてＣ社株式（取得原価は300千円）を保有している。当該Ｃ社株式の20×1年３月末の時価は500千円である。20×2年３月末の時価は900千円である。

５．当期純利益は10,000千円であり、うち非支配株主に帰属する当期純利益は500千円である。

網羅型完全予想問題集
第７回　答案用紙

１　級　②

会　計　学

受験番号

氏　　名

採点欄	
会計	

第１問

(1)	(2)	(3)	(4)	(5)

第２問

問１

（単位：千円）

	20×2年度			20×3年度		
	X 工 事	Y 工 事	合　計	X 工 事	Y 工 事	合　計
工事収益						
工事原価						
工事損益						

（注）工事損益が損失の場合には、金額の前に△印を付すこと。

問２

（単位：千円）

	20×2年度			20×3年度		
	X 工 事	Y 工 事	合　計	X 工 事	Y 工 事	合　計
工事収益						
工事原価						
工事損益						

（注）工事損益が損失の場合には、金額の前に△印を付すこと。

第３問

貸倒引当金	千円
商品	千円
当期純損益	千円
減価償却費	千円
為替差損益	千円

（注）当期純損失および為替差損が生じた場合には、金額の前に△印を付すこと。

当期におけるB社株式の現金預金による売却高は103,500千円（@69千円×1,500株）である。また、当期末におけるB社株式の時価は@66千円であり、部分純資産直入法により処理し、税効果会計を適用する。

(2) 当期に株式交換によりC社株式の100％を取得し、交付する当社の株式はすべて自己株式（簿価120,000千円、時価126,000千円）を処分して交付した。この株式交換は当社を取得企業とする取得と判定され、増加する払込資本はすべてその他資本剰余金とする。なお、C社の適正な帳簿価額による純資産額は115,500千円である。

(3) 配当金の現金預金による受取高は750千円である。

4．有形固定資産

(1) 建物は前期末に減損損失を計上している。前期末の正味売却価額は712,500千円、使用価値は759,000千円と見積もられた。建物は定額法（減損処理後の残存耐用年数は20年、残存価額はゼロ）により減価償却する。

(2) 備品は定率法（耐用年数は８年、残存価額はゼロ、償却率は定額法償却率の200％、保証率は0.07909、改定償却率は0.334）により減価償却する。

(3) 当期首に車両（経済的耐用年数５年）のリース契約を締結した。リース料は年25,000千円（毎期３月31日に後払い）、リース期間は４年である。また、リース物件の貸手の購入価額は92,928千円であり、貸手の計算利子率は年３％であるが、借手はこれを知り得る。このリース契約は、所有権移転ファイナンス・リース取引に該当するため、売買取引に係る方法に準じた会計処理を行うとともに、定額法（残存価額ゼロ）により減価償却を行う。なお、当期のリース料は現金預金により支払った。

5．借入金の現金預金による借入高は45,000千円、利息の現金預金による支払高は2,400千円である。なお、当期末における利息の未払高は825千円である。

6．販売費及び一般管理費の現金預金による支払高は455,000千円である。なお、当期末における販売費及び一般管理費の前払高は2,250千円、未払高は1,600千円である。

7．20×7年６月25日に開催された定時株主総会の決議により、役員賞与28,500千円、利益剰余金の配当90,000千円、利益準備金の積み立て［各自計算］千円が決定した。なお、役員賞与および配当金は現金預金により支払っている。また、当期末に役員賞与引当金33,000千円を設定する。

8．20×7年12月25日に新株予約権のうち３分の１が行使された。権利行使時の現金預金による払込高は47,500千円である。交付する当社の株式は新株500株と自己株式500株（簿価20,000千円）であり、会社法の定める最低額を資本金とすることとした。

9．法人税等の現金預金による納付高は281,250千円（中間納付を含む）である。なお、当期における法人税等の確定税額は260,000千円である。

10．その他有価証券の評価差額を除く将来減算一時差異は、前期末346,500千円、当期末365,500千円であり、税効果会計を適用する。

会　計　学

問題（25点）

第１問

次の各文章について、現行のわが国の会計基準等の立場から、正しいと思うものには○印を、正しくないと思うものには×印を答案用紙に記入しなさい。ただし、すべてに○印または×印をつけた場合には得点を与えないので、注意すること。

(1) 顧客から受け取った対価の一部を顧客に返金すると見込む場合、受け取った対価の額のうち、企業が権利を得ると見込まない額について、引当金を認識する。

(2) 会計上の見積りの変更は、当該変更が変更期間のみに影響する場合には、当該変更期間に会計処理を行い、当該変更が将来の期間にも影響する場合には、将来にわたり会計処理を行う。

(3) 再調達原価とは、購買市場と売却市場とが区別される場合における購買市場の時価に、購入に付随する費用を加算したものをいう。

(4) マネジメント・アプローチに基づくセグメント情報の開示によれば、セグメントの区分方法や測定方法が特定の方法に限定されておらず、経営者の意思決定や業績評価に使用されている情報に基づいて情報開示をすることが求められている。

(5) １株当たり当期純損失の場合には、潜在株式に係る権利の行使を仮定することにより算定した額が、１株当たり当期純損失を上回る場合、希薄化効果を有するものとする。

第2問

S工業株式会社は、20×1年度にX工事（契約時の工事収益総額は2,400,000千円）とY工事（契約時の工事収益総額は1,500,000千円）を受注・着工した。その後、工事原価が高騰したため、顧客の了解を得て、20×2年度にX工事の工事収益総額を2,700,000千円に改定した。20×3年度にX工事は完成・引渡済であるが、Y工事は未完成である。

問1、問2それぞれの場合について、各工事の20×2年度および20×3年度の工事収益、工事原価、工事損益を答えなさい。

問1　当該工事は、一定の期間にわたり充足される履行義務に該当し、工事の進捗度を合理的に見積もることができるため、下記の資料により、進捗度にもとづいて原価比例法により収益を認識する。

（資　料）各年度に発生した実際工事原価および各年度末における残りの工事原価の見積額

（単位：千円）

		20×1年度	20×2年度	20×3年度
X工事	実際工事原価	576,000	1,111,500	592,500
	残りの工事原価の見積額	1,344,000	562,500	—
Y工事	実際工事原価	240,000	618,000	414,000
	残りの工事原価の見積額	960,000	702,000	318,000

問2　当該工事は、一定期間にわたり充足される履行義務に該当し、工事の進捗度を合理的に見積もることができないが発生する費用を回収することが見込まれるため、下記の資料にもとづいて原価回収基準により収益を認識する。ただし、Y工事については、20×2年度以降工事の進捗度を合理的に見積もることができるようになったため、進捗度にもとづいて原価比例法により収益を認識する。なお、残りの工事原価額が見積もれない場合は、工事損失額は不明とする。

（資　料）各年度に発生した実際工事原価および各年度末における残りの工事原価の見積額

（単位：千円）

		20×1年度	20×2年度	20×3年度
X工事	実際工事原価	576,000	1,111,500	592,500
	残りの工事原価の見積額	?	?	—
Y工事	実際工事原価	240,000	618,000	414,000
	残りの工事原価の見積額	?	702,000	318,000

第3問

以下の資料にもとづいて、答案用紙に示した在外支店の各項目の円貨額を答えなさい。

〔資料Ⅰ〕当期末における在外支店の貸借対照表および損益計算書（単位：千ドル）

貸借対照表

借方科目	金額	貸方科目	金額
現金	7,470	買掛金	1,320
売掛金	2,500	長期借入金	2,625
貸倒引当金	△ 70	本店	19,650
商品	1,290	当期純利益	1,155
短期貸付金	2,760		
備品	14,400		
減価償却累計額	△ 3,600		
	24,750		24,750

損益計算書

借方科目	金額	貸方科目	金額
売上原価	7,800	売上高	12,675
貸倒引当金繰入	50		
減価償却費	1,800		
その他の費用	1,870		
当期純利益	1,155		
	12,675		12,675

〔資料Ⅱ〕その他の事項

(1)　期首商品は1,200千ドルであり、1ドルあたり110円で換算している。また、期末商品は1,290千ドルであり、1ドルあたり106円で換算している。その他の項目の換算に必要な1ドルあたりの為替相場は次のとおりである。なお、売上、当期仕入および諸費用（ただし、減価償却費を除く）は期中平均相場により換算する。

備品購入時　115円　　期中平均相場　107円　　決　算　時　105円

(2)　本店における支店勘定の残高は2,157,090千円である。

網羅型完全予想問題集
第6回　答案用紙

受験番号

氏　　名

1　級　②

会　計　学

採　点　欄	
会計	

第1問

1	2	3	4	5

第2問

問1	前期末の退職給付債務	千円
	当期末の退職給付債務	千円
	当期の勤務費用	千円
	当期の利息費用	千円
問2	当期末の退職給付引当金	千円
	当期の退職給付費用	千円
問3	当期末の退職給付引当金	千円
	当期の退職給付費用	千円

第3問

(ア)	
(イ)	
(ウ)	
(エ)	
(オ)	
(カ)	
(キ)	

〔資料Ⅳ〕その他の事項

1．P社はS社から商品の一部を仕入れている。S社の売上高のうち750,000千円はP社に対するものであるが、そのうち2,500千円（掛売上）が決算日現在P社へ未達となっている。なお、前期末に未達商品はなかった。

2．P社の商品棚卸高に含まれるS社から仕入れた商品は次のとおりである。なお、P社に対するS社の売上総利益率は連結外部に対するものと同一であり、毎期一定である。

期首商品棚卸高　25,000千円、期末商品棚卸高　60,000千円

3．P社のS社に対する買掛金は次のとおりである。

前期末残高　100,000千円、当期末残高　247,500千円

4．S社は売掛金の期末残高に対して毎期２％の貸倒引当金を設定しており、これ以外の金銭債権については、貸倒引当金を設定していない。

5．P社は当期首にS社に対して簿価2,500千円の備品を3,750千円で売却している。なお、S社はこの備品に対して残存価額をゼロ、耐用年数を５年とする定額法により減価償却している。

6．S社が当期中に利益剰余金を原資として実施した配当の額は12,000千円である。

会　　計　　学

問題（25点）

第１問

次の文章の空欄に入る適当な語句を答案用紙の解答欄に記入しなさい。

1．顧客と約束した対価に変動対価が含まれる場合、財又はサービスの顧客への移転と交換に企業が権利を得ることとなる対価の額を最頻値法と（　1　）法のいずれかの方法によって見積もる。

2．包括利益計算書の作成において、当期純利益を構成する項目のうち当期または過去の期間にその他の包括利益に含まれていた部分については、その他の包括利益の計算区分から加減する。これをその他の包括利益から当期純利益への（　2　）という。

3．リース取引の借手側の会計処理において、ファイナンス・リース取引となる場合は、通常の（　3　）取引に係る方法に準じた会計処理を適用し、リース取引開始日に、リース資産及びリース債務を計上する。リース資産及びリース債務の計上額は、原則として、リース契約締結時に合意されたリース料総額からこれに含まれている（　4　）相当額の合理的な見積額を控除する方法により算定する。当該（　4　）相当額については、原則として、リース期間にわたり（　4　）法により配分する。なお、オペレーティング・リース取引となる場合は、通常の（　5　）取引に係る方法に準じた会計処理を適用する。

第２問

次の退職給付会計に係る資料にもとづいて、次の各問に答えなさい。なお、当期は20×5年４月１日から20×6年３月31日までの１年である。また、計算上、端数が生じた場合には千円未満四捨五入とする。

問１　期間定額基準により、従業員Aに対する前期末および当期末の退職給付債務の残高、当期の勤務費用および利息費用を求めなさい。

⑴　従業員Aは、入社から前期末までに27年間、当期末までに28年間勤務しており、入社から退職時までの期間は30年の予定である。

⑵　従業員Aの退職時における退職給付見込額は15,000千円であり、変更はなかった。

⑶　退職給付債務の算定にあたって使用する割引率は３％とする。

問２　当期末の退職給付引当金および当期の退職給付費用を求めなさい。

⑴　当期首退職給付引当金：［各自推定］千円

⑵　当期首退職給付債務：84,000千円

⑶　当期首年金資産時価：36,000千円

⑷　当期首未認識会計基準変更時差異（借方）：1,800千円（20×1年度より10年の定額法により費用処理している）

⑸　当期首未認識数理計算上の差異（借方）：960千円（20×4年度末に把握されたものであり20×4年度より定率法（償却率20%）で費用処理している）

⑹　割引率：３％

⑺ 長期期待運用収益率：２％

⑻ 当期勤務費用：3,780千円

⑼ 当期年金掛金拠出額：5,800千円

⑽ 当期退職給付支給額：9,600千円（退職一時金：6,600千円、年金基金からの支給額：3,000千円）

問３ 問２に次の資料を追加した場合の当期末の退職給付引当金および当期の退職給付費用を求めなさい。

⑴ 当期末退職給付債務：83,100千円（当期末に新たに見積った額）

⑵ 当期末年金資産時価：35,680千円

⑶ 当期に発生した数理計算上の差異は、当期から定率法（償却率20％）で費用処理する。

第３問

固定資産に係る次の各文章の（　ア　）～（　キ　）の中に入る適切な数値を答案用紙に記入しなさい。なお、いずれの会社も会計期間は１年（決算日は３月末日）である。

１．Ａ社は鉄道業を営んでいる。20×1年期首にレールを現金800,000千円で購入し、取替法による費用配分を行うこととした。後の20×9年７月４日にレールの一部が老朽化したため、一部を取り替え、代金8,500千円を現金で支払った。また、老朽化した資産は500千円で売却し、代金を現金で受け取った。この取引から発生する固定資産取替費は（　ア　）千円であり、20×9年期末におけるレールの帳簿価額は（　イ　）千円である。

２．Ｂ社は、20×1年４月１日に車両（取得原価120,000千円、前期末の減価償却累計額20,000千円、耐用年数６年、残存価額ゼロ、定額法）についてセール・アンド・リースバック取引を行った。当該リース取引は所有権移転ファイナンス・リース取引（計算利子率年2.552％）に該当した。

リース取引の内容は、売却価額125,250千円、リース期間５年、リース料年27,000千円を毎年３月末に後払い、リースバック以後の経済的耐用年数５年、残存価額ゼロ、定額法により減価償却を行う。

20×2年度期末における、リース資産減価償却費は（　ウ　）千円、リース債務は（　エ　）千円である。

なお、金銭の授受は現金で行い、計算過程で端数が生じた場合には千円未満を随時四捨五入し、リース債務の長短分類は無視すること。

３．Ｃ社は、前期末に備品（取得原価は12,000千円、前期末の減価償却累計額は5,250千円）に減損の兆候が見られたため、減損損失を計上した。この備品の前期末の正味売却価額は4,000千円、使用価値は4,500千円であった。なお、減損会計適用後の残存価額は450千円、定率法償却率は20％である。この備品の当期の減価償却費は（　オ　）千円である。

４．Ｄ社は、下記の４つの機械を１グループとして定額法により総合償却を行っている。このグループの平均耐用年数は（　カ　）年であり、20×7年度の減価償却費は（　キ　）千円である。なお、平均耐用年数の算定にあたり、１年未満の端数が生じる場合には小数点第１位を切り捨てること。

種類	取得年月日	取得原価	残存価額	個別耐用年数
Ａ機械	20×6年４月１日	3,000,000千円	ゼロ	５年
Ｂ機械	20×6年４月１日	2,250,000千円	ゼロ	10年
Ｃ機械	20×6年４月１日	1,800,000千円	ゼロ	16年
Ｄ機械	20×6年４月１日	4,800,000千円	ゼロ	20年

網羅型完全予想問題集
第５回　答案用紙

受験番号

氏　　名

１　級　②

会　　計　　学

採　点　欄
会計

第１問

(1)	(2)	(3)
(4)	(5)	

第２問

問１		百万円
問２	(ア)	百万円
	(イ)	百万円
	(ウ)	百万円
	(エ)	百万円
問３		百万円

第３問

問１	(1)	
	(2)	株
	(3)	千円
問２	(1)	千円
	(2)	千円
問３	(1)	千円
	(2)	千円
	(3)	千円

設定する。

(3) 長期貸付金16,000千円は、A社に対して当期中に貸し付けたものである。その後、A社は深刻な経営難の状態に陥り会社更生法の適用を受けたため、破産更生債権等に該当すると判断し財務内容評価法により貸倒引当金を設定する。ただし、A社から担保として処分見込額6,000千円の土地の提供を受けている。

5．売買目的有価証券は、外貨建てのB社株式であり、前期末における保有株数は160千株、時価は1株当たり3.8ドルであった。当期中に1株当たり4.2ドルで300千株を追加取得（取得時の為替相場は1ドル当たり101円）した後、1株当たり4.4ドルで350千株を売却（売却時の為替相場は1ドル当たり104円。売却代金は円貨に両替済である。）した。当期末の時価は1株当たり4.5ドルである。なお、会計処理は総記法による。

6．その他有価証券は、前期中に32,000千円で取得したC社株式であり、前期末の時価は28,000千円、当期末の時価は33,000千円である。部分純資産直入法で処理しているが、期首の振戻しが未処理である。また、評価差額には税効果会計を適用する。

7．有形固定資産

(1) 建物は定額法（耐用年数：25年、残存価額：ゼロ）により減価償却する。

(2) 備品は200％定率法（耐用年数：5年、残存価額：ゼロ、保証率：0.10800、改定償却率：0.500）により減価償却する。

(3) 20×7年2月1日に、土地27,000千円を購入し、代金は2月末日より、毎月末ごとに期限の到来する手形（券面額@5,025千円）を6枚振出し支払うことにした。この土地の購入に係る利息は、取得原価に算入せず、前払費用として区分して処理し、当期末において級数法により経過分の利息は支払利息として処理する。なお、当該手形は当期末までに2枚は支払済みであるが、支払額を仮払金で処理している。

8．自社利用目的のソフトウェアは無形固定資産に計上し、5年間にわたり、残存価額ゼロとする定額法により償却している。試算表のソフトウェアのうち12,000千円は20×6年9月1日に計上したものである。その他は20×4年3月1日に計上されたものである。

9．社債は20×4年4月1日に額面総額50,000千円、払込金額1口100円につき95円、利率年2％、利払日3月末日および9月末日、期間5年の条件で発行したものである。過年度の償却原価法（定額法）は適正に行われている。20×6年9月末日に社債のうち額面金額20,000千円を額面100円につき99円（裸相場）で買入償還したが、買入価額を仮払金として処理しているのみである。当期におけるクーポン利息の処理は適正に行われている。

10. 当期に年金掛金1,100千円と退職一時金2,150千円を支払った際に一般管理費として処理している。当期の勤務費用1,330千円、利息費用1,850千円、期待運用収益300千円を計上する。

11. 新株予約権のうち1,500千円が権利行使され、当社株式を1,000株交付し現金預金により16,000千円払い込まれたが、払込額を仮受金と処理しただけであった。交付株式は、新株が800株、残りは保有する自己株式をすべて処分した。また、新株予約権のうち750千円の行使期限が当期中に満了したが未処理である。なお、増加資本は会社法規定の最低額とする。

12. 一般管理費の前払額400千円および支払利息の未払額240千円を経過勘定として処理する。

13. 法人税等217,500千円を計上する。なお、仮払金のうち土地購入手形の決済額および社債の買入価額を除く金額は、法人税等の中間納付分である。当期末における将来減算一時差異は87,500千円であり、税効果会計を適用する。

会　計　学

問題（25点）

第1問

わが国の会計基準に従って、以下の文章の空欄（1～5）に当てはまる適当な語句を答案用紙に記入しなさい。

1．減損の兆候がある資産または資産グループについては、資産または資産グループから得られる（　1　）の総額が帳簿価額を下回る場合には、減損損失を認識する。

2．繰延税金資産については、将来の（　2　）について毎期見直しを行わなければならない。

3．各会計期間における費用計上額は、ストック・オプションの公正な評価額のうち、対象勤務期間を基礎とする方法その他の合理的な方法に基づき当期に発生したと認められる額である。ストック・オプションの公正な評価額は、（　3　）にストック・オプション数を乗じて算定する。

4．その他有価証券に属する債券については、外国通貨による時価を決算時の為替相場で換算した金額のうち、外国通貨による時価の変動に係る換算差額を評価差額とし、それ以外の換算差額については（　4　）として処理することができる。

5．回収可能価額とは、正味売却価額と（　5　）のうち、いずれか高い方の金額をいう。

第２問

次の資料にもとづいて、以下の問いに答えなさい。

〔資　料〕当期末における貸借対照表

貸　借　対　照　表　　　　　　　　(単位：百万円)

資　　　産	金　額	負債・純資産	金　額
諸　資　産	6,000	諸　負　債	4,822
		資　本　金	460
		資本準備金	30
		その他資本剰余金	70
		利益準備金	10
		任意積立金	100
		繰越利益剰余金	520
		自　己　株　式	△　30
		その他有価証券評価差額金	16
		新株予約権	2
	6,000		6,000

問１　会社法の規定にもとづいて当期末現在における剰余金の額を求めなさい。

問２　以下のそれぞれの場合の分配可能額を求めなさい。

（ア）諸資産の中に、のれんが960百万円、繰延資産が５百万円含まれている場合

（イ）諸資産の中に、のれんが1,100百万円、繰延資産が５百万円含まれている場合

（ウ）諸資産の中に、のれんが1,100百万円、繰延資産が390百万円含まれている場合

（エ）諸資産の中に、のれんが1,360百万円、繰延資産が260百万円含まれている場合

問３　問２（ア）の場合の剰余金配当の限度額を求めなさい。

第３問

次の資料にもとづいて、企業結合に関する以下の各問に答えなさい。

〔資　料〕企業結合前のＡ社およびＢ社に関する事項

	Ａ　社	Ｂ　社
適正な帳簿価額による純資産額	2,000千円	1,500千円
時価による純資産額	2,400千円	1,600千円
発行済株式総数	7,500株	6,250株
株主資本利益率	12%	10%
資本還元率	８%	８%
１株あたりの株式の市場価格	480円	300円

(注) 企業結合前にＡ社・Ｂ社間の取引および資本関係はなかった。

問１　Ａ社がＢ社を吸収合併した場合（Ａ社を取得企業とする）の⑴合併比率（Ｂ社株式１株につき交付するＡ社株式の割合）と⑵Ｂ社株主に交付するＡ社株式の数および⑶Ａ社が合併により計上する「のれん」の額を求めなさい。なお、合併比率の計算は、時価による純資産額と収益還元価値（時価による純資産額にもとづいて計算する）の平均とし、端数が生じた場合には、小数点以下第３位を四捨五入して第２位まで求めなさい。

問２　Ａ社を完全親会社、Ｂ社を完全子会社とする株式交換をした場合（Ａ社を取得企業とする）の⑴Ｂ社株式（子会社株式）の取得原価および⑵連結貸借対照表に記載される「のれん」の額を求めなさい。なお、株式交換によりＡ社がＢ社株主に交付するＡ社株式の数は、問１で算定した数と同数とする。

問３　新設したＣ社を完全親会社、Ａ社とＢ社を完全子会社とする株式移転をした場合（Ａ社を取得企業とする）の⑴Ａ社株式（子会社株式）の取得原価と⑵Ｂ社株式（子会社株式）の取得原価および⑶連結貸借対照表に記載される「のれん」の額を求めなさい。なお、株式移転によりＣ社がＡ社株主に交付するＣ社株式は、Ａ社株式１株につきＣ社株式１株とし、Ｃ社がＢ社株主に交付するＣ社株式は、問１で算定したＡ社がＢ社株主に交付するＡ社株式の数と同数とする。

網羅型完全予想問題集
第４回　答案用紙

１　級　②

会　　計　　学

受験番号

氏　　名

採　点　欄	
会計	

第１問

	Ⅰ欄	Ⅱ欄
1		
2		
3		
4		
5		

第２問

設問１

問１　　　　千円　　　**問２**　　　　千円

設問２

問１　　　　千円　　　**問２**　　　　千円

問３

連結貸借対照表

P社　　　　20×5年３月31日　　　　（単位：千円）

資　　産	金　　額	負債・純資産	金　　額
諸　資　産		諸　負　債	
甲事業資産		甲事業負債	
（　　　　）		資　本　金	
		資本剰余金	
		利益剰余金	
		（　　　　）	

第３問

問１

	商品の販売時	20×1年度末	20×2年度末	20×3年度末
売上高	円	円	円	円

問２

	20×1年４月１日	20×1年５月31日	20×1年９月30日	20×1年10月31日	20×1年11月15日
売上高	円	円	円	円	円
返品資産	円	円	円	円	円

（注）計上されない場合は０と記入すること。

銘　柄	分　　類	取得原価	当期末時価	備　考
A社株式	売買目的有価証券	720千ドル	710千ドル	（注１）
B社社債	その他有価証券	5,700千ドル	5,840千ドル	（注１）（注２）
C社株式	子 会 社 株 式	100,000千円	81,000千円	時価の回復見込なし

（注１）当期首に取得したものである。
（注２）B社社債（額面金額は6,000千ドル、償還期間は６年）の取得価額と額面金額との差額はすべて金利の調整と認められるため、償却原価法（定額法）を適用する。なお、クーポン利息の処理は適正に行われている。

４．有形固定資産
⑴ 建物は、定額法（耐用年数は40年、残存価額はゼロ）により減価償却する。
⑵ 備品は、当期首に取得したものであり、定額法により総合償却を行う。なお、平均耐用年数は要償却額合計を個別償却額合計で除して算定し、１年未満の端数が生じた場合には、切り捨てる。

	取得原価	残存価額	耐用年数
備品X	390,000千円	ゼロ	12年
備品Y	180,000千円	ゼロ	９年
備品Z	132,000千円	ゼロ	８年

⑶ リース資産は、前期首に契約したものであり、所有権移転外ファイナンス・リース取引に該当する。解約不能のリース期間は５年、リース料総額は250,000千円である。リース契約時に50,000千円を支払い、以後毎年３月末に現金による均等分割払い（先払い）であるが、当期の支払額は仮払金で処理している。借手の見積現金購入価額は238,000千円、追加借入利子率は年４％である。リース債務の算定に当たっては、年金現価係数を使用して計算すること。なお、利子率年４％のときの年金現価係数は、５年：4.4518、４年：3.6299、３年：2.7751、２年：1.8861、１年：0.9615である。また、定額法により、減価償却する。

５．ソフトウェアは、20×4年８月１日に自社利用のソフトウェア制作費を資産計上したものである。見込利用可能期間は５年である。

６．当期首の退職給付債務は480,000千円、年金資産は272,000千円、未認識数理計算上の差異54,000千円（前期における給付水準の引上げによって生じたものであり、前期から定額法により10年間で費用処理する）であった。なお、当期の勤務費用は62,000千円、利息費用は14,400千円、長期期待運用収益率は５％であった。また、当期中の企業年金に対する拠出額は52,000千円、退職一時金の支払額は21,600千円であり、仮払金で処理している。

７．新株予約権は、20×4年10月１日に従業員に対して100個のストック・オプションを付与したものであり、このうち16個が失効すると見積もっていたが、当期に20個が失効すると見積りを変更した。なお、付与日における公正な評価額は１個あたり90千円、権利確定日は20×6年９月30日、権利行使期間は20×6年10月１日から２年間、権利行使価格は１株あたり320千円であり、ストック・オプション１個につき株式１株を付与する契約となっている。

８．販売費の経過分480千円、一般管理費の未経過分390千円を経過勘定として計上する。

９．法人税、住民税及び事業税を485,000千円計上する。なお、当期首の将来減算一時差異が143,000千円、当期末の将来減算一時差異が225,000千円であった。

会　　計　　学

問題（25点）

第１問

現行のわが国における会計基準の立場からみて、以下の文章のそれぞれについて、下線部のいずれか１つの語句に誤りが存在する。誤っていると思われる語句の記号をⅠ欄に記入した上で、それに代わる正しいと思われる適当な語句をⅡ欄に記入しなさい。

1　段階取得における子会社に対する投資の金額は、連結財務諸表上、支配獲得日における時価で算定し、時価(a)評価による差額は、当期の持分法による投資損益(b)として連結損益計算書の特別損益(c)に計上する。

2　取締役の報酬等(a)として株式を無償交付する取引のうち、事後交付型による場合、企業はサービスの取得に応じて費用を計上し、対応する金額は、株式の発行等が行われるまでの間、貸借対照表の純資産の部の株主資本以外(b)の項目に株式報酬費用(c)として計上する。

3　資産グループについて減損損失を認識する場合には、帳簿価額(a)を正味売却価額(b)まで減額し、当該減少額を減損損失として当期の損失(c)とする。

4　税効果会計における将来減算一時差異とは、当該一時差異が発生(a)するときにその期の課税所得(b)を減額(c)する効果を持つものをいう。

5　同種の物品(a)が多数集まって一つの全体を構成し、老朽品の部分的取替を繰り返すことによって全体が維持されるような資産は、部分的取替に要する費用を収益的支出(b)として処理する減耗償却(c)を採用できる。

第２問

複数の事業を営むＰ社は、20×5年３月31日に甲事業を分離してＳ社に移転することとした。甲事業は甲事業資産と甲事業負債から構成される。以下の資料を参照しつつ、各問いに答えなさい。なお、事業移転以前にＰ社はＳ社の株式を保有していないものとし、税効果会計は無視すること。

［資料］ 事業移転直前の個別貸借対照表

（単位：千円）

資産	P社	S社	負債・純資産	P社	S社
諸資産	30,000	10,000	諸負債	12,000	5,500
甲事業資産	15,000	—	甲事業負債	10,000	—
			資本金	18,000	3,000
			資本剰余金	3,000	—
			利益剰余金	2,000	1,500
合計	45,000	10,000	合計	45,000	10,000

（注１）事業移転時の甲事業資産の時価は17,000千円
（注２）事業移転時のＳ社諸資産の時価は11,000千円
（注３）事業移転時の負債の時価は帳簿価額と同額である。

設問１　Ｓ社が、事業移転の対価として現金9,000千円をＰ社に対して支払った場合、以下の問１、問２について答えなさい。

問１　Ｐ社の損益計算書における移転損益の金額
問２　Ｓ社の貸借対照表におけるのれんの金額

設問２　設問１の条件は破棄する。Ｓ社が、事業移転の対価としてＳ社株式150株を新たに発行してＰ社に交付し、Ｓ社はＰ社の子会社となった。Ｓ社は増加する株主資本のうち、40％を資本金とし、残りを資本剰余金とする。
甲事業移転の直前におけるＳ社の発行済株式総数は100株で、株価は１株につき60千円である。以下の各問いについて答えなさい。

問１　Ｐ社の個別貸借対照表におけるＳ社株式の金額
問２　Ｓ社の個別貸借対照表における資本金の金額
問３　Ｐ社の事業移転直後の連結貸借対照表を作成しなさい。

第３問

問１　次の資料にもとづいて、答案用紙の各時点において計上される売上高の金額を答えなさい。

［資　料］

１．当社は、当社の商品を顧客が25円分購入するごとに6.5ポイントを顧客に付与するカスタマー・ロイヤルティ・プログラムを提供している。顧客は、ポイントを使用して、当社の商品を将来購入する際に１ポイントあたり１円の値引きを受けることができる。
２．20×1年度中に、顧客は当社の商品100,000円を現金で購入し、将来の当社の商品購入に利用できる26,000ポイントを獲得した。対価は固定であり、顧客が購入した当社の商品の独立販売価格は100,000円であった。
３．当社は商品の販売時点で、将来25,000ポイントが使用されると見込んだ。当社は、顧客により使用される可能性を考慮して、ポイントの独立販売価格を25,000円と見積った。
４．当該ポイントは、契約を締結しなければ顧客が受け取れない重要な権利を顧客に提供するものであるため、当社は顧客へのポイントの付与により履行義務が生じると結論付けた。
５．当社は、20×2年度末において使用されるポイント総数の見積りを22,500ポイントに更新した。
６．各年度に使用されたポイント、決算日までに使用されたポイント累計および使用されると見込むポイント総数は次のとおりである。

	20×1年度	20×2年度	20×3年度
各年度に使用されたポイント	5,000 P	8,500 P	9,000 P
決算日までに使用されたポイント累計	5,000 P	13,500 P	22,500 P
使用されると見込むポイント総数	25,000 P	22,500 P	22,500 P

問２　Ａ社（３月決算）は、製品Ｘと製品Ｙを取り扱っている。次の資料にもとづいて、答案用紙の各時点において計上される売上高、返品資産の金額を答えなさい。

［資料Ⅰ］製品Ｘについて

１．20×1年４月１日に、製品Ｘを１個あたり800円で販売する契約をＢ社（顧客）と締結した。この契約における対価には変動性があり、Ｂ社が20×2年３月31日までに製品Ｘを1,500個よりも多く購入する場合には、１個あたりの価格を遡及的に750円に減額すると定めている。
２．20×1年５月31日に、Ａ社は製品Ｘ100個をＢ社に掛販売した。なお、Ａ社は、20×2年３月31日までのＢ社の購入数量は1,500個を超えないであろうと判断した。
３．Ａ社は、製品ＸおよびＢ社の購入実績に関する十分な経験を有しており、変動対価の額に関する不確実性が事後的に解消される時点（購入の合計額が判明する時）まで計上された収益（１個あたり800円）の著しい減額が発生しない可能性が高いと判断した。
４．20×1年８月にＢ社が他の企業を買収し、20×1年９月30日において、Ａ社は追加的に製品Ｘ800個をＢ社に掛販売した。Ａ社は、新たな事実を考慮して、Ｂ社の購入数量は20×2年３月31日までに1,500個を超えるであろうと見積り、１個あたりの価格を750円に遡及的に減額することが必要になると判断した。
５．20×1年10月31日に、Ａ社は製品Ｘ300個をＢ社に掛販売した。

［資料Ⅱ］製品Ｙについて

１．20×1年４月１日に、製品Ｙを１個1,200円で販売する250件の契約を複数の顧客と締結した（1,200円×250個＝300,000円）。
２．20×1年11月15日に、製品Ｙに対する支配が顧客に移転し、同日に現金を受け取った。
３．Ａ社の取引慣行では、顧客が未使用の製品Ｙを引渡後30日以内に返品する場合、全額返金に応じることとしている。Ａ社の製品Ｙの原価は800円である。
４．この契約では、顧客が製品Ｙを返品することが認められているため、Ａ社が顧客から受け取る対価は変動対価である。Ａ社が権利を得ることとなる変動対価を見積るために、Ａ社は、当該対価の額をより適切に予測できる方法として期待値による方法を使用することを決定し、製品Ｙ242個が返品されないと見積った。
５．Ａ社は、返品数量に関する不確実性は短期間（30日の返品受入期間）で解消されるため、変動対価の額に関する不確実性が事後的に解消される時点までに、計上された収益の額の著しい減額が発生しない可能性が高いと判断した。
６．Ａ社は、製品Ｙの回収コストには重要性がないと見積り、返品された製品Ｙは利益が生じるように原価以上の販売価格で再販売できると予想した。

網羅型完全予想問題集
第３回　答案用紙

１　級　②

会　　計　　学

受験番号

氏　　名

採　点　欄	
会計	

第１問

①		②		③	
④		⑤			

第２問

	のれん	非支配株主持分	非支配株主との取引に係る親会社の持分変動	損益の額
問１	千円	千円	—	段階取得に係る差損益　千円
問２	千円	千円	—	段階取得に係る差損益　千円 持分法による投資損益　千円
問３	千円	千円	千円（借・貸）	—
問４	千円	千円	千円（借・貸）	—
問５	千円	千円	千円（借・貸）	—
問６	千円	千円	千円（借・貸）	—

（注）損益の項目については、損失の場合には金額の前に△を付すこと。
　　非支配株主との取引に係る親会社の持分変動については、借・貸のいずれかを丸で囲むこと。

第３問

⑴　直接法

キャッシュ・フロー計算書（単位：千円）

Ⅰ　営業活動によるキャッシュ・フロー

営業収入	（　　　）
商品の仕入支出	（　　　）
人件費支出	（　　　）
その他の営業支出	（　　　）
小計	（　　　）

⑵　間接法

キャッシュ・フロー計算書（単位：千円）

Ⅰ　営業活動によるキャッシュ・フロー

（　　　　　）	（　　　）
減価償却費	（　　　）
貸倒引当金の（　　）額	（　　　）
（　　　　　）	（　　　）
売上債権の（　　）額	（　　　）
棚卸資産の（　　）額	（　　　）
前払費用の（　　）額	（　　　）
仕入債務の（　　）額	（　　　）
未払費用の（　　）額	（　　　）
小計	（　　　）

（注）キャッシュ・フローの減少となる場合には、金額の前に△印を付すこと。

税効果会計を適用する。

7．減価償却

⑴　建物は定額法（耐用年数20年，残存価額はゼロ，償却率５％）により減価償却する。

⑵　備品は定率法（耐用年数４年，残存価額はゼロ，償却率は定額法償却率の2.0倍）により減価償却する。

8．当期末に建物と土地に減損の兆候がみられ、減損損失を認識すべきと判定された。減損会計を適用するにあたって建物と土地をグルーピングした。建物と土地をあわせた使用価値合計は748,850千円、正味売却価額合計は712,300千円である。減損損失は建物と土地の帳簿価額にもとづいて各資産に配分する。

9．ソフトウェアは20×4年４月１日に自社利用目的のソフトウェア制作費を資産計上したものである。計上時の見込有効期間は５年であり、見込有効期間の変更はなかった。

10．社債は20×4年４月１日に額面総額500,000千円の社債を額面100円につき97円で発行したものである。償還期限は５年、ただし、毎年３月末日に100,000千円ずつ額面金額で償還する。クーポン利子率は年２％、利払日は毎年３月末日である。社債には償却原価法（社債資金の利用割合に応じて償却する方法）を適用する。当期末に第２回目の償還とクーポン利息の支払い（未償還分のクーポン利息を含む）が当座預金により行われたが未処理である。なお、過年度の処理は適正に行われている。

11．当期に年金掛金2,000千円と退職一時金3,000千円を支払った際に一般管理費として処理している。当期末の年金資産は30,000千円、退職給付債務は92,000千円であり、差異等は発生していない。また、退職給付引当金の期末残高には税効果会計を適用する。

12．新株予約権のうち4,000千円の行使期限が当期中に満了したが未処理である。

13．一般管理費の前払額900千円および支払利息の未払額300千円を経過勘定として処理する。

14．法人税等240,000千円を計上する。その他有価証券の評価差額および退職給付引当金を除く将来減算一時差異の当期解消額は8,000千円、当期発生額は138,000千円であり、税効果会計を適用する。

会　計　学

問題（25点）

第１問

次の文章の空欄に適切な語句を記入しなさい。

1．事業とは、企業活動を行うために組織化され、有機的一体として機能する（　①　）をいう。

2．時価とは、公正な評価額をいう。通常、それは観察可能な（　②　）をいい、（　②　）が観察できない場合には、合理的に算定された価額をいう。

3．会社の分割にあたって、分離元企業の受け取る対価が分離先企業の（　③　）のみであり、事業分離によって分離先企業が新たに分離元企業の子会社や関連会社となる場合、分離元企業は、個別財務諸表上、分離先企業から受け取った（　③　）の取得原価を移転した事業に係る（　④　）にもとづいて算定して処理する。

4．事業分離等の会計処理において、分離元企業が現金等の財産のみを対価として受け取り、その分離先企業が子会社や関連会社に該当しない場合、分離元企業は受取対価を原則として時価で計上するとともに、移転した事業の（　④　）との差額は、原則として（　⑤　）として認識しなければならない。

第２問

以下の資料にもとづいて、次の各問いについて当期のＰ社連結財務諸表に記載されるＳ社に関係する答案用紙の数値を答えなさい。なお、Ｐ社はＳ社以外にも連結子会社があり、過年度から連結財務諸表を作成している。また、一部売却に関連する法人税等については考慮しない。

〔資料1〕S社に関する資料

	土地（簿価）	土地（時価）	資本金	利益剰余金	発行済株式総数	S社株式の時価
前期末	1,000千円	1,250千円	5,825千円	4,000千円	1,000株	@11千円
当期末	1,000千円	1,300千円	(注) 5,825千円	5,500千円	(注) 1,000株	@15千円

(注) 問5および問6については、数値を変更する。

〔資料2〕その他の事項

1．S社は当期中に配当500千円を行い、当期純利益2,000千円を計上した。

2．土地の時価評価に伴う評価差額には、法定実効税率30%で税効果会計を適用する。

3．のれんは発生年度の翌年度から10年で均等償却を行う。

4．S社株式の取得および売却は、時価をもって行われたものとする。

問1　P社は前期末にS社株式150株を取得（その他有価証券で処理）し、さらに、当期末にS社株式650株を追加取得したことによりS社株式を子会社株式とし、S社を連結子会社とした。

問2　P社は前期末にS社株式150株を取得（関連会社株式で処理）し、持分法適用関連会社とした。さらに、当期末にS社株式650株を追加取得し、S社を連結子会社とした。

問3　P社は前期末にS社株式700株を取得し、連結子会社とした。さらに、当期末にS社株式100株を追加取得した。

問4　P社は前期末にS社株式700株を取得し、連結子会社とした。さらに、当期末にS社株式100株を売却した。

問5　P社は前期末にS社株式700株を取得し、連結子会社とした。当期末にS社は500株の時価発行増資（すべて資本金とする）を行い、P社は500株すべてを取得した。なお、この時価発行増資により〔資料1〕の数値を一部変更し、当期末の発行済株式総数は1,500株、資本金は13,325千円とする。

問6　P社は前期末にS社株式700株を取得し、連結子会社とした。当期末にS社は500株の時価発行増資（すべて資本金とする）を行い、P社はそのうち200株を取得した。なお、この時価発行増資により〔資料1〕の数値を一部変更し、当期末の発行済株式総数は1,500株、資本金は13,325千円とする。

第3問

下記の当期における損益計算書、前期末および当期末の各勘定残高（一部）、その他の資料にもとづいて、キャッシュ・フロー計算書の営業活動によるキャッシュ・フロー（小計欄まで）を⑴直接法および⑵間接法のそれぞれにより完成させなさい。

〔資　料〕

損益計算書（単位：千円）

売上高		675,000
売上原価		405,000
売上総利益		270,000
減価償却費	13,500	
貸倒引当金繰入	4,500	
給料	27,000	
その他営業費	22,500	67,500
営業利益		202,500
償却債権取立益		3,000
支払利息		10,500
税引前当期純利益		195,000

(注) 償却債権取立益は売上債権に係るものである。

各勘定残高（単位：千円）

	前期末残高	当期末残高
売上債権	234,000	279,000
貸倒引当金	11,700	13,950
商品	135,000	90,000
前払営業費	3,150	4,050
仕入債務	171,000	135,000
未払給料	3,600	5,400
未払利息	1,800	1,350

(注) 商品の仕入・売上はすべて掛取引で行われている。また、貸倒引当金はすべて売上債権に対するものである。

網羅型完全予想問題集
第２回　答案用紙

受験番号

氏　　名

１　級　②

会　計　学

採　点　欄	
会計	

第１問

(1)	(2)	(3)	(4)	(5)

第２問

問１

（単位：円）

	(1)	(2)	(3)
売上高			
売上原価			
繰延リース利益繰入			
売上総利益			
受取利息			
リース債権			

（注）該当する金額がない場合には、０（ゼロ）と記入すること。

問２

（単位：円）

減価償却費	
支払利息	

第３問

問１

(1)	のれん	千円
(2)	非支配株主持分	千円
(3)	Ｓ社株式の一部売却に係る資本剰余金の変動額	千円

（注）資本剰余金の変動額がマイナスとなる場合には、金額の前に△印を付すこと。

問２

(1)	Ａ社株式	千円
(2)	Ａ社株式売却損益	千円

（注）Ａ社株式売却損益が損失となる場合には、金額の前に△印を付すこと。

① 通貨手許有高　1,417,500千円
② 得意先から売掛金の回収のために受け取った甲商店振出の20×5年５月31日付の小切手21,000千円（当該小切手は現金勘定で処理している。）
③ 配当金領収証　16,500千円（未処理）

(3) 当座預金勘定残高と銀行残高証明書残高2,583,000千円との不一致原因は次のとおりであった。
① 決算日に現金39,000千円を預け入れたが、営業時間外であったため、銀行では翌日付で入金の記帳をしていた。
② 販売費24,000千円の支払いのために振り出した小切手が未渡しであった（手許保管中）。
③ 得意先から売掛金42,000千円が当座預金に振り込まれていたが、連絡が当社に未達であった。

(4) 定期預金はすべて20×4年６月１日に預け入れたものであり、期間２年、利率年３％、利払日は毎年５月と11月の各末日である。

3．売上債権および長期貸付金の期末残高に対して貸倒実績率法により２％の貸倒引当金を設定する。

4．有価証券の内訳は次のとおりである。なお、その他有価証券の評価差額は、全部純資産直入法により処理し、税効果会計を適用する。

銘　柄	分　　類	取得原価	前期末時価	当期末時価	備　　考
A社株式	売買目的有価証券	36,000千円	39,000千円	39,600千円	(注１)
B社株式	その他有価証券	18,000千円	19,200千円	20,100千円	(注１)
C社社債	その他有価証券	28,500千円	—	28,050千円	(注２)
D社株式	子会社株式	45,000千円	—	18,300千円	(注３)

(注１) 期首の振り戻しが行われていない。
(注２) C社社債は、当期首に額面総額30,000千円の社債を28,500千円で取得したものであり、償還期日は取得日から５年後である。額面金額と取得価額との差額の性格は、金利調整差額と認められるため、償却原価法（定額法）を適用する。なお、クーポン利息の処理は適正に行われている。
(注３) 当期首に取得したものであり、時価の回復の見込みはない。

5．上記、C社社債の金利変動による価格変動リスクをヘッジする目的で、金利スワップ契約（固定支払、変動受取）を締結した。よって、繰延ヘッジ会計を適用し処理する。なお、当期末における金利スワップの時価は600千円であり、金利スワップの評価差額には税効果会計を適用する。また、金利スワップ資産は貸借対照表上、投資その他の資産に表示すること。

6．固定資産の減価償却を次の要領で行う。
(1) 建物（取得原価1,680,000千円、前期末減価償却累計額840,000千円）について前期末に帳簿価額を回収可能価額まで減額し、その減少額を減損損失として処理している。前期末における当該建物の正味売却価額は590,000千円、使用価値は600,000千円であった。当該建物の減損処理後の残存価額はゼロ、前期末からの残存耐用年数は20年であり、定額法により減価償却を行う。
(2) 備品は、定率法（償却率0.25　改定償却率0.334　保証率0.07909）により減価償却を行う。

7．短期借入金のうち18,000千円は、20×4年10月１日に外貨建てで180千ドルを銀行から借り入れたものである。20×5年３月１日、この借入金の返済のため、先物為替相場１ドルあたり98円で180千ドルの為替予約を締結した。決算日における直物為替相場は１ドルあたり106円、先物為替相場は１ドルあたり102円である。なお、会計処理の方法は独立処理によること。また、利息の処理は適正に行われている。

8．社債および新株予約権は、当期首に額面金額1,500,000千円の転換社債型新株予約権付社債（付与割合100％）を払込金額1,500,000千円（うち社債の対価1,425,000千円、新株予約権の対価75,000千円）で発行した際に計上したものであり、区分法により処理している。償還期限は５年であり、社債は償却原価法（定額法）により処理する。20×4年９月30日に額面金額300,000千円の転換社債型新株予約権付社債について転換請求があり、転換社債型新株予約権付社債と交換に新株を発行して交付したが未処理である。なお、増加する資本のうち２分の１ずつを資本金と資本準備金とする。また、クーポン利息の処理は適正に行われている。

9．当期に年金掛金9,000千円と退職一時金13,500千円を支払った際に、一般管理費として処理している。当期末の年金資産は135,000千円、退職給付債務は414,000千円であり、差異等は発生していない。なお、退職給付引当金については税効果会計を適用する。

10. 法人税等の確定税額は1,050,000千円である。上記の資料から判明するものを除く、将来減算一時差異の当期解消高180,000千円、当期発生高195,000千円であり、税効果会計を適用する。

会　　計　　学

問題（25点）

第１問

次の各文章について、正しいと思うものには○印を、正しくないと思うものには×印を解答欄に記入しなさい。

(1) ファイナンス・リース取引に係るリース資産の減価償却費は、自己所有の固定資産に適用する減価償却方法と同一の方法により算定する。

(2) 時価とは、算定日において市場参加者間で秩序ある取引が行われると想定した場合の、当該取引における資産の売却によって受け取る価格または負債の移転のために支払う価格とする。

(3)　減価償却方法を、定額法から定率法に変更した場合には、会計方針の変更に該当するため、新たな会計方針を過去の財務諸表に遡って適用していたかのように会計処理する。
(4)　ヘッジ会計は、ヘッジ対象が消滅したときに終了し、繰り延べられているヘッジ手段に係る損益又は評価差額は当期の損益として処理しなければならない。
(5)　約定日基準とは、買手は保有目的区分ごとに約定日から受渡日までは時価の変動のみを認識し、売手は売却損益のみを約定日に認識する基準である。

第2問

以下の諸条件にもとづいて、下記の問いに答えなさい。

20×1年４月１日に所有権移転ファイナンス・リース取引に該当するリース契約が締結された。なお、決算日は借手、貸手ともに毎年３月末日である。

１．リース料は毎年３月末日に年額960,000円を後払いするものとする。
２．解約不能のリース期間は６年である。
３．リース物件の経済的耐用年数は８年である。
４．貸手の購入価額は5,032,416円であり、借手の見積現金購入価額と一致する。
５．貸手の計算利子率は年４％であり、借手の追加借入利子率と一致する。なお、利子率年４％の年金現価係数は、期間６年で5.2421、期間５年で4.4518である。

問１　以下の(1)から(3)の方法によった場合における貸手側の20×1年度の財務諸表の各金額をそれぞれ答えなさい。
(1)　リース取引開始時に売上高と売上原価を計上する方法
(2)　リース料受取時に売上高と売上原価を計上する方法
(3)　売上高を計上せずに利息相当額を各期へ配分する方法

問２　借手側の20×1年度の財務諸表の各金額を答えなさい。なお、借手の減価償却費は、残存価額ゼロ、定額法による。

第3問

次に掲げるＰ社、Ｓ社およびＡ社（会計期間は１年）の〔Ⅰ〕当期末の個別貸借対照表、〔Ⅱ〕Ｓ社に関する事項および〔Ⅲ〕Ａ社に関する事項にもとづいて、下記の設問に答えなさい。

問１　当期末の連結貸借対照表に記載される(1)のれんおよび(2)非支配株主持分の金額と(3)Ｓ社株式の一部売却に係る資本剰余金の変動額を算定しなさい。

問２　当期末の連結貸借対照表に記載される(1)Ａ社株式の金額と当期の連結損益計算書に記載される(2)Ａ社株式売却損益の金額を算定しなさい。

〔Ⅰ〕当期末の個別貸借対照表

貸　借　対　照　表　　（単位：千円）

資　　産	Ｐ　社	Ｓ　社	Ａ　社	負債・純資産	Ｐ　社	Ｓ　社	Ａ　社
諸　資　産	336,250	200,000	100,000	諸　負　債	200,000	100,000	50,000
Ｓ社株式	51,000	－	－	資　本　金	120,000	60,000	30,000
Ａ社株式	12,750	－	－	利益剰余金	80,000	40,000	20,000
	400,000	200,000	100,000		400,000	200,000	100,000

〔Ⅱ〕Ｓ社に関する事項

１．Ｐ社は前期末にＳ社の発行済株式総数の80％を68,000千円で取得し、Ｓ社の支配を獲得した。
２．前期末のＳ社の財政状態は、諸資産150,000千円、諸負債75,000千円、資本金60,000千円、利益剰余金15,000千円であり、諸資産の時価は160,000千円、諸負債の時価は80,000千円であった。
３．のれんは、発生年度の翌年度から10年の均等償却を行う。
４．Ｓ社は当期中の定時株主総会において、利益剰余金の配当5,000千円および利益準備金の積立て500千円を決議した。
５．Ｓ社は当期末に当期純利益30,000千円を計上した。
６．Ｐ社は当期末に所有するＳ社株式の４分の１（20％）を22,000千円で売却した。
７．評価差額に対する税効果会計およびＳ社株式の一部売却に係る資本剰余金の変動額に関連する法人税等の計算にあたっては、法定実効税率を30％とする。

〔Ⅲ〕Ａ社に関する事項

１．Ｐ社は前期末にＡ社の発行済株式総数の40％を17,000千円で取得し、連結決算上、Ａ社を持分法適用会社とした。
２．前期末のＡ社の財政状態は、諸資産75,000千円、諸負債37,500千円、資本金30,000千円、利益剰余金7,500千円であり、諸資産の時価は80,000千円、諸負債の時価は40,000千円であった。
３．評価差額には税効果会計（法定実効税率は30％）を適用する。
４．のれんは、発生年度の翌年度から10年の均等償却を行う。
５．Ａ社は当期中の定時株主総会において、利益剰余金の配当2,500千円および利益準備金の積立て250千円を決議した。
６．Ａ社は当期末に当期純利益15,000千円を計上した。
７．Ｐ社は当期末に所有するＡ社株式の２分の１（20％）を11,000千円で売却した。

網羅型完全予想問題集
第１回　答案用紙

１　級　②

会　計　学

採　点　欄	
会計	

受験番号＿＿＿＿＿＿＿＿＿＿

氏　　名＿＿＿＿＿＿＿＿＿＿

第１問

(1)	(2)	(3)	(4)	(5)

第２問

問１	機　械　A	千円
	機　械　B	千円
	機　械　C	千円
問２	備　品　甲	千円
	備　品　乙	千円
	共用資産	千円

(注) 解答する金額がない場合には、何も記入しないこと。

第３問

	当期首残高	当期変動額	当期末残高
資本金	120,000　千円	千円	千円
資本準備金	9,000　千円	千円	千円
その他資本剰余金	3,000　千円	千円	千円
利益準備金	4,500　千円	千円	千円
別途積立金	1,500　千円	千円	千円
繰越利益剰余金	27,000　千円	千円	千円
自己株式	△ 6,000　千円	千円	千円
その他有価証券評価差額金	84　千円	千円	千円
新株予約権	21,000　千円	千円	千円

(注) 当期変動額の欄は採点の対象としないので自由に記入してよい。

銘　　柄	帳簿価額	株　　数	時　　価
B社株式	9,000千円	150株	@63千円
C社株式	5,400千円	120株	@48千円

なお、3月中にB社株式45株を2,700千円で購入し、75株を4,680千円で売却したが、売買代金をそれぞれ仮払金、仮受金で処理しているのみであり、上記の株数および帳簿価額には反映されていない。

4．満期保有目的債券37,500千円（375千ドル）は、20×5年10月1日に取得したD社社債（額面金額400千ドル、償還期間5年）であり、取得時の直物相場100円で換算している。なお、取得価額と額面金額の差額は金利調整差額と認められる。この債券の満期償還時の為替変動リスクを回避するため、取得時に先物相場102円で為替予約を付したが未処理である。この為替予約の会計処理は振当処理（外貨建ての額面金額を為替予約相場で換算し、為替予約差額は月割計算により為替差損益として配分）で行う。

5．建物の減価償却は、定額法（耐用年数30年、残存価額ゼロ）により行う。

6．備品の減価償却は、200％定率法（耐用年数8年、残存価額ゼロ、償却率0.25、保証率0.07909、改定償却率0.334）により行う。

7．機械装置の減価償却は、定額法（耐用年数6年、残存価額ゼロ）により行う。なお、機械装置は、20×3年4月1日に30,000千円で購入したものであり、取得時において除去時に支払う除去費用を1,000千円と見積もり、割引率を年2％として、資産除去債務と減価償却の計上を行ってきたが、当期末の時点で3年後の除去費用が800千円に減少することが判明した。

8．リース資産は、20×4年4月1日に期間6年で契約した所有権移転外ファイナンス・リース物件であり、毎期末に27,500千円のリース料を後払いする条件となっているが、当期の支払額を仮払金で処理しているのみである。リース資産の見積現金購入価額は170,000千円、当社の追加借入利子率は年3％であり、期間6年の年金現価係数は5.4172、現価係数は0.8375である。なお、当該リース契約にはリース期間終了時に借手がリース物件の処分価額を20,000千円まで保証する条項（残価保証）が付されているため、残価保証額をリース料総額に含めて現在価値を算定する。また、リース資産の減価償却費は、残価保証額を残存価額として定額法により行う。

9．当期首の退職給付債務は60,000千円、年金資産は26,400千円、当期勤務費用は4,300千円、年金掛金拠出額は2,800千円（仮払金で処理している）、割引率は3％、長期期待運用収益率は年5％である。なお、当期末に発生した数理計算上の差異は4,000千円（不足額）であり、当期より定額法で10年間にわたって費用処理する。

10．社債は20×4年4月1日に償還期間5年、クーポン利子率年2.5％、利払日3月末日の条件で割引発行したものであり、額面金額60,000千円と発行価額の差額については、毎期末に利息法による償却原価法（実効利子率年3％）を適用している。なお、試算表の社債利息は、当期の支払額である。

11．販売費の経過分520千円、一般管理費の未経過分820千円を経過勘定として計上する。

12．自己株式5,500千円を消却したが、未処理であった。

13．法人税、住民税及び事業税を68,000千円計上する。

14．当期末の将来減算一時差異は65,000千円であり、税効果会計を適用する。なお、実効税率は各年度を通じて30％とする。

会　　計　　学

問題（25点）

第1問

わが国の会計基準に従って、以下の文章の空欄（1～5）に当てはまる適当な語句を選択肢（ア～サ）から選び、答案用紙に記入しなさい。なお、同じ記号を複数回使用してもよい。

1．ヘッジ会計は、原則として、時価評価されているヘッジ手段に係る損益または評価差額を、ヘッジ対象に係る損益が認識されるまで（　1　）の部において繰り延べる方法による。ただし、ヘッジ対象である資産または負債に係る相場変動等を損益に反映させることにより、その損益とヘッジ手段に係る損益とを同一の会計期間に認識することもできる。

2．約束した財又はサービスに対する保証が、当該財又はサービスが合意された仕様に従っているという保証のみである場合、当該保証について（　2　）として処理する。

一方、約束した財又はサービスに対する保証又はその一部が、当該財又はサービスが合意された仕様に従っているという保証に加えて、顧客にサービスを提供する保証を含む場合には、保証サービスは履行義務であり、（　3　）を財又はサービス及び当該保証サービスに配分する。

3．利息および配当金に係るキャッシュ・フローをキャッシュ・フロー計算書に表示する場合、受取利息、受取配当金および支払利息は（　4　）の区分に記載し、支払配当金は財務活動によるキャッシュ・フローの区分に記載する方法と、受取利息および受取配当金は（　5　）の区分に記載し、支払利息および支払配当金は財務活動によるキャッシュ・フローの区分に記載する方法の２つがある。

選択肢

ア　投資その他の資産　　イ　純資産　　ウ　資産　　エ　引当金
オ　収益　　カ　費用　　キ　取引価格　　ク　繰延資産
ケ　営業活動によるキャッシュ・フロー　　コ　財務活動によるキャッシュ・フロー
サ　投資活動によるキャッシュ・フロー

第２問

次の減損会計に係る資料にもとづいて、下記の各問いに答えなさい。なお、与えられた数値のうち金額の単位は千円である。また、計算上、端数が生じた場合には千円未満四捨五入とする。

問１　減損の兆候がある機械Ａ、ＢおよびＣについて減損損失を認識するか否かを判断し、減損損失を認識する必要がある場合には、減損損失の金額を求めなさい。なお、将来キャッシュ・フローの割引率は年５％とする。

	取得原価	帳簿価額	残存耐用年数	割引前将来キャッシュ・フロー（毎年度末に発生していると仮定）				現時点における正味売却価額
				１年目	２年目	３年目	残存価額	
機械Ａ	30,000	13,800	２年	8,000	7,000	――	ゼロ	16,000
機械Ｂ	80,000	44,000	３年	11,000	11,500	12,000	ゼロ	30,500
機械Ｃ	50,000	16,250	２年	4,700	5,700	――	ゼロ	14,200

問２　減損の兆候がある備品甲、乙および共用資産について減損損失を認識するか否かを判断し、減損損失を認識する必要がある場合には、減損損失の金額を求めなさい。なお、共用資産を含めて減損損失を認識する場合には、共用資産を加えることによって算定された減損損失の増加額を共用資産に対する減損損失とする。

	備品甲	備品乙	共用資産
取得原価	120,000	60,000	300,000
減価償却累計額	54,000	32,400	202,500
割引前将来キャッシュ・フロー	58,000	35,000	――
正味売却価額	55,000	30,000	86,000
使用価値	56,000	31,000	――

（注）共用資産を含む割引前将来キャッシュ・フローの合計は183,000
　　共用資産を含む将来キャッシュ・フローの現在価値の合計は169,000

第３問

以下の資料にもとづいて、答案用紙の純資産の各項目の当期末残高を求めなさい。なお、純資産のマイナスとなる場合には、金額の前に「△」印を付すこと。

（資　料）

１．剰余金の処分
　株主総会において、その他資本剰余金から1,500千円および繰越利益剰余金から3,000千円の配当が決議された。また、この配当にともない、資本準備金150千円および利益準備金300千円を積み立てた。

２．自己株式
　当期首残高6,000千円は前期に取得した80株である。当期において１株当たり84千円で40株を追加取得し、その後１株当たり81千円で20株を処分した。なお、処分した自己株式の帳簿価額の算定は平均法による。

３．その他有価証券
　保有するその他有価証券は１銘柄（40株）であり、前期において１株当たり120千円で取得したものである。前期末時価は１株当たり123千円、当期末時価は１株当たり132千円であり、全部純資産直入法により処理し、実効税率30％により税効果会計を適用している。

４．企業外部に対して発行した新株予約権
　当期において新株予約権6,000千円の権利が行使され、払込金120,000千円を受け取り新株を発行して交付した。なお、会社法が定める最低限度額を資本金に組み入れた。

５．従業員に対して付与したストック・オプション
　当期において3,000千円のストック・オプションの行使を受け、払込金60,000千円を受け取り新株を発行して交付した。なお、会社法が定める最低限度額を資本金に組み入れた。また、ストック・オプションの当期末までの権利不行使による失効が1,500千円ある。

６．決算において当期純利益12,000千円を計上した。

別冊②

問題用紙・答案用紙

工業簿記・原価計算

※使い方は中面をご覧ください。

答案用紙はダウンロードもご利用いただけます。
TAC出版書籍販売サイト・サイバーブックストアにアクセスしてください。
https://bookstore.tac-school.co.jp/

問題・答案用紙の使い方

この冊子には、問題用紙と答案用紙がとじ込まれています。下記を参考に、第１回から第８回までの問題用紙・答案用紙に分けてご利用ください。

STEP1

一番外側の色紙を残して、問題用紙・答案用紙の冊子を取り外してください。

STEP2

取り外した冊子を開いて真ん中にあるホチキスの針を、定規やホチキスの針外し（ステープルリムーバーなど）を利用して取り外してください。

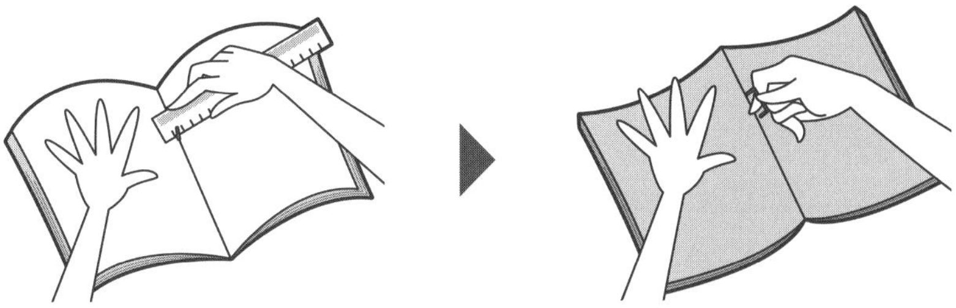
ホチキスの針を引き起こして
ホチキスの針を２つとも外す

STEP3

第１回から第８回までに分ければ準備完了です。

- 作業中のケガには十分お気をつけください。
- 取り外しの際の損傷についてのお取り替えはご遠慮願います。

答案用紙はダウンロードもご利用いただけます。

TAC出版書籍販売サイト、サイバーブックストアにアクセスしてください。

TAC出版　検索

1級

日商簿記検定試験対策
網羅型完全予想問題集
問　題　用　紙
工業簿記・原価計算

（制限時間　1時間30分）

第1回

TAC簿記検定講座

工　業　簿　記

問題（25点）

第1問

ＨＯ株式会社（以下、当社）では、製品乙を製造・販売しており、原価計算方法として累加法による全部標準工程別総合原価計算（パーシャル・プラン）を採用している。製品乙は、第１工程と第２工程の作業を経て完成する。第１工程では、工程の始点で原料Ａを、工程を通じて平均的に原料Ｂを投入して加工する。なお、第１工程完成品の20％は半製品として貯蔵され、残りの80％が第２工程に投入される。第２工程では、工程の始点で第１工程完成品を製品乙１単位につき２個投入し、それを加工して製品乙となる。そこで、以下の20×3年度の〔資料〕にもとづいて、各問いに答えなさい。

〔資　料〕

1．製品乙の年間生産・販売実績データ

	第１工程		第２工程			製品乙
当期投入量	2,250個		800単位		当期生産量	700単位
期末仕掛品	250個	（50％）	100単位	（40％）	期末在庫量	50単位
完　成　品	2,000個		700単位		当期販売量	650単位

なお、(　　) 内は加工進捗度を表す。また、期首仕掛品、期首半製品および期首製品はない。

2．当年度の原価標準データ

⑴　第１工程

原料Ａと原料Ｂのそれぞれの標準価格は、400円/kg、800円/kg、標準消費量は、５kg/個、10kg/個である。加工費の標準配賦率は ？ 円/時間、標準機械加工時間は２時間/個である。

⑵　第２工程

加工費の標準配賦率は ？ 円/時間、標準機械加工時間は４時間/単位である。

3．加工費変動予算

加工費については、公式法変動予算が設定されており、機械加工時間にもとづいて配賦計算が行われている。工程全体の年間の基準操業度は10,000機械加工時間であり、そのときの年間変動加工費予算は15,000,000円、年間固定加工費予算は6,000,000円である。なお、加工費の標準配賦率は、両工程とも同一である。

4．年間取引データ

⑴　原料に関するデータ

原料Ａの実際購入額： 5,740,000円（実際購入量14,000kg）、実際消費量：12,500kg

原料Ｂの実際購入額：19,320,000円（実際購入量24,000kg）、実際消費量：22,100kg

なお、原料は、購入時に標準価格で原料勘定に借方記入している。また、期首原料や棚卸減耗はない。

⑵　年間加工費実際発生額は15,919,680円である。

⑶　年間実際販売費および一般管理費は13,000,000円である。

⑷　製品乙１単位あたりの販売価格は62,000円である。

⑸　原価差異分析は、原料費については、原料受入価格差異と原料消費量差異に分析し、加工費については、加工費配賦差異を計算するにとどめている。

問１　上記〔資料〕にもとづいて、製品乙の原価標準を計算しなさい。

問２　上記〔資料〕にもとづいて、パーシャル・プランの標準原価計算を行い、⑴原料受入価格差異、⑵原料消費量差異、⑶加工費配賦差異を計算し、答案用紙に記入しなさい。

問３　問２の原価差異がすべて正常かつ少額であったものとして、当年度の実際営業利益を計算しなさい。

問４　上記のすべての原価差異は異常な状態で発生したものではなく、予定が不適当であったために多額に発生してしまったものである。そこで、外部報告目的のために標準原価差異の会計処理を行って、その結果を答案用紙の仕掛品勘定、製品勘定および売上原価勘定へ記入しなさい。

標準原価差異を追加配賦するさいには、追加配賦して得られた各関係勘定の期末残高が可能な限り実際原価に一致するように追加配賦すること。追加配賦計算上端数が生じたときは、１円未満を四捨五入し、配賦すべき総額と配賦された個々の金額の合計額が、四捨五入のため一致しないときは、売上原価で調整し総額と一致させること。ただし、標準機械加工時間に対する実際機械加工時間の割合は、第１工程・第２工程ともに同程度であった。なお、

受験番号

1級

答案用紙

日商簿記検定試験対策
網羅型完全予想問題集

工業簿記・原価計算
（制限時間　1時間30分）

第１回

TAC簿記検定講座

網羅型完全予想問題集
第１回　答案用紙

１　級　③

工　業　簿　記

受験番号

氏　　名

総合点	採点欄	
	工簿	

第１問

問１

製品乙の原価標準	円

問２

(1)	原料受入価格差異	円	(　　)
(2)	原料消費量差異	円	(　　)
(3)	加工費配賦差異	円	(　　)

(　　)内に借方、または貸方を記入すること。

問３

実際営業利益	円

問４（単位：円）

仕　掛　品

原料	(　　)	製品	(　　)
追加配賦		半製品	(　　)
原料受入価格差異	(　　)	次期繰越	(　　)
原料消費量差異	(　　)	原料消費量差異	(　　)
加工費	(　　)	加工費配賦差異	(　　)
追加配賦			
加工費配賦差異	(　　)		
	(　　)		(　　)

製　　品

仕掛品	(　　)	売上原価	(　　)
追加配賦		次期繰越	(　　)
原料受入価格差異	(　　)		
原料消費量差異	(　　)		
加工費配賦差異	(　　)		
	(　　)		(　　)

売　上　原　価

製品	(　　)	損益	(　　)
追加配賦			
原料受入価格差異	(　　)		
原料消費量差異	(　　)		
加工費配賦差異	(　　)		
	(　　)		(　　)

第２問

①　　②　　③

④　　⑤

1級

日 商 簿 記 検 定 試 験 対 策

網 羅 型 完 全 予 想 問 題 集

問　題　用　紙

工業簿記・原価計算

(制限時間　1時間30分)

第 2 回

TAC簿記検定講座

工　業　簿　記

問題（25点）

第１問

製品Ｐを生産・販売するＨＳＣ製作所は、直接標準原価計算を採用している。当社は生産能力に遊休があり、５月からその遊休生産能力を利用して新たに製品Ｑを導入し、両製品の組別生産を予定している。下記の資料にもとづき、当社20×5年の５月および６月の予算編成を行い、直接原価計算ベースの予定損益計算書と予定貸借対照表を作成しなさい。なお、直前の４月の活動はすべて予算（計画）通りに行われた。

〔資料〕

１．製品原価標準

	製品Ｐ		製品Ｑ	
原料費	?　円/kg × 5 kg/個 =	?　円/個	?　円/kg × 5 kg/個 =	?　円/個
変動加工費	1,500 円/時 × 3時/個 =	4,500 円/個	1,500 円/時 × 2時/個 =	3,000 円/個
変動製造原価合計		?　円/個		?　円/個

（注）製品Ｐは原料Ｐを、製品Ｑは原料Ｑを使用して生産される。

２．貸借対照表（20×5年４月30日）（単位：万円）

流動資産		流動負債	
現　　金	5,000	買　掛　金	7,675
売　掛　金	37,500	借　入　金	2,000
製　　品	6,600	計	9,675
原　　料	3,638	固定負債	0
計	52,738	純資産	
固定資産		資　本　金	50,000
土　　地	11,502	資本剰余金	15,000
建物・設備	16,000	利益剰余金	5,565
計	27,502	計	70,565
資産合計	80,240	負債・純資産合計	80,240

（注）製品は標準変動製造原価で計上されている。また、建物・設備は減価償却累計額控除後の金額である。

３．20×5年度予算データ

(1) 予算販売単価……製品Ｐ、製品Ｑともに15,000円

(2) 月別予算総販売数量および各製品のセールス・ミックス

		4月（実績）	5月	6月	7月	8月
総販売数量		50,000個	55,000個	60,000個	65,000個	60,000個
セールス・ミックス	製品Ｐ	100%	80%	70%	60%	50%
	製品Ｑ	0%	20%	30%	40%	50%

(3) 月間売上高の50%は月末に現金で回収し、残りの50%は売掛金として翌月末に現金で回収する。貸倒れはない。

(4) 各月末の製品所要在庫量は、両製品とも翌月製品計画販売量の20%である。ただし、４月末現在、製品Ｑの在庫は保有していない。また、仕掛品の月末在庫はない。

(5) 各月末の原料所要在庫量は、両原料とも翌月原料計画消費量の20%である。４月末現在、原料Ｑも所要在庫量を保有している。

(6) 月間原料購入額の50%は当月末に現金で支払い、残りの50%は買掛金とし翌月末に現金で支払う。

(7) 固定加工費の月次予算は27,450万円である。このうち3,355万円は減価償却費であり、その他の固定加工費および変動加工費はすべて現金支出費用である。変動販売費の予算は両製品とも１個あたり500円であって、固定販売費・一般管理費の月次予算は11,560万円である。このうち1,354万円は減価償却費であり、残りはすべて現金支出費用である。

(8) 各月末の現金所要残高は5,000万円である。

(9) 各月の営業活動および投資活動による収支の結果、月末に保有すべき金額に現金が不足する月においては、月末に10万円の倍数額で最低必要額を銀行より借り入れる。現金が超過する月においては、月末に10万円の倍数額でその超過額を借入金の返済にあてる。各月の支払利息は、計算を簡略にするため本問の解答にあたっては、その月の月初借入残高に月利１%を乗じて計算し、その金額を月末に現金で支払う。

受験番号

1級

答案用紙

日商簿記検定試験対策
網羅型完全予想問題集

工業簿記・原価計算
（制限時間　1時間30分）

第２回

TAC簿記検定講座

網羅型完全予想問題集
第2回　答案用紙

1　級　③

工　業　簿　記

受験番号＿＿＿＿＿＿＿＿＿＿

氏　　名＿＿＿＿＿＿＿＿＿＿

総　合　点

採　点　欄	
工簿	

第1問

1．20×5年　予定損益計算書（単位：万円）

	5月	6月
売上高	(　　)	(　　)
変動売上原価	(　　)	(　　)
変動製造マージン	(　　)	(　　)
変動販売費	(　　)	(　　)
貢献利益	(　　)	(　　)
固定費		
製造費	(　　)	(　　)
販売費・一般管理費	(　　)	(　　)
固定費計	(　　)	(　　)
営業利益	(　　)	(　　)
支払利息	(　　)	(　　)
経常利益	(　　)	(　　)

2．20×5年　予定貸借対照表（単位：万円）

	5月	6月
流動資産		
現金	(　　)	(　　)
売掛金	(　　)	(　　)
製品	(　　)	(　　)
原料	(　　)	(　　)
計	(　　)	(　　)
固定資産		
土地	(　　)	(　　)
建物・設備	(　　)	(　　)
計	(　　)	(　　)
資産合計	(　　)	(　　)
流動負債		
買掛金	(　　)	(　　)
借入金	(　　)	(　　)
計	(　　)	(　　)
固定負債	(　　)	(　　)
純資産		
資本金	(　　)	(　　)
資本剰余金	(　　)	(　　)
利益剰余金	(　　)	(　　)
計	(　　)	(　　)
負債・純資産合計	(　　)	(　　)

第2問

①		②		③	
④		⑤		⑥	
⑦		⑧		⑨	

1級

日商簿記検定試験対策
網羅型完全予想問題集
問題用紙
工業簿記・原価計算

（制限時間　1時間30分）

第３回

TAC簿記検定講座

工　業　簿　記

問題（25点）

第1問

当社は、製品Xを製造販売している。製品Xは、第1工程を終了後、いったん外注加工に送り、戻ってきた仕掛品を第2工程にて仕上げを行い、完成品としている。同じ製品でも、仕様が異なるため、ロットごとにわけて製造している。各ロットの状況は資料1に示されている。

直接材料費の計算は予定価格を用いる。なお、材料予定価格は前月から変更がない。また、製品1個につき1個の材料が使用される。材料は第1工程の始点で投入され、それ以降の材料投入はない。

各工程における直接作業時間は、資料1に示すとおりである。直接労務費の計算は、工程別予定賃率に直接作業時間を乗じて計算する。予定賃率は第1工程が1時間あたり600円、第2工程は1時間あたり800円である。製造間接費は直接作業時間を配賦基準として工程別に予定配賦しており、予定配賦率は、第1工程が1時間あたり1,700円、第2工程が1時間あたり2,300円である。材料は外注先に無償で支給される。外注加工賃は1個あたり1,000円であり、加工品が外注先から戻ってきたときに、直接経費として処理する。9月に外注先から戻ってきたロットには、資料1の「外注加工」の欄に○を付している。

問1　ロット別個別原価計算を前提として、答案用紙の①～④の数値を答えなさい。なお、ロットごとの月初仕掛品の原価は資料2のとおりである。

問2　単一工程の単純総合原価計算を前提とした場合の完成品原価を答えなさい。2工程あるが、工程別には集計せず、一つの工程とみなして単純総合原価計算を行うこと。資料1からは、ロットごとの月初・月末仕掛品の位置がわかるが、問2では月初・月末仕掛品の位置を把握していないと仮定し、すべての月初・月末仕掛品は、加工進捗度50％であり、仕損は完成時に発生したと仮定して計算すること。月初仕掛品の原価は、資料3に示すとおりとする。なお、完成品と月末仕掛品への原価の配分は、平均法によることとし、仕損費は完成品にのみ負担させる。計算上端数が出る場合は、計算途中では四捨五入せず、月末仕掛品原価を計算するさいに、円未満を四捨五入したのちに、完成品原価を計算すること。また、加工費は、まとめて計算すること。

〔資料1〕9月の各ロットの生産データ

ロット番号	数量(個)	直接作業時間（時間）		外注加工	備考
		第1工程	第2工程		
#401	310	−	43		8/24着手、9/1完成
#402	150	−	57	○	8/28着手、9/5完成
#403	260	212	80	○	9/2着手、9/8完成
#404	210	190	75	○	9/6着手、9/12完成
#405	350	278	106	○	9/8着手、9/14完成
#405-1	50	50	17		(注)
#406	120	96	34	○	9/14着手、9/19完成
#407	90	72	37	○	9/16着手、9/20完成
#408	270	231	84	○	9/17着手、9/22完成
#409	210	166	70	○	9/19着手、9/23完成
#410	180	144	62	○	9/21着手、9/24完成
#411	160	129	58	○	9/22着手、9/26完成
#412	220	183	60	○	9/23着手、9/27完成
#413	230	179	67	○	9/26着手、9/30仕掛
#414	190	120	−		9/28着手、9/30外注先
#415	200	70	−		9/29着手、9/30仕掛

(注) ロット番号#405について第2工程で仕損が発生し、これを補修するために補修指図書#405-1を発行した。なお、当該仕損は社内において補修可能なものであった。また、生産データ#405-1の数量は、補修に要した材料の個数である。

〔資料2〕月初仕掛品原価（問1に使用）

ロット番号	直接材料費	直接労務費	直接経費	製造間接費
#401	465,000円	660,000円	310,000円	1,853,000円
#402	225,000円	440,000円	−	1,226,000円

受験番号

1級

答案用紙

日商簿記検定試験対策
網羅型完全予想問題集

工業簿記・原価計算

（制限時間　１時間30分）

第３回

TAC簿記検定講座

網羅型完全予想問題集
第3回　答案用紙

1　級　③

工　業　簿　記

受験番号＿＿＿＿＿＿＿＿＿＿

氏　　名＿＿＿＿＿＿＿＿＿＿

総　合　点

採　点　欄	
工簿	

第1問

問1

①　当月製造費用の直接材料費　［　　　　　　］円

②　ロット番号#405-1の仕損費　［　　　　　　］円

③　月末仕掛品原価　［　　　　　　］円

④　完成品原価　［　　　　　　］円

問2

［　　　　　　］円

第2問

問1

仕　　掛　　品　　（単位：円）

材　料　費	(　　　　　)	完成品総合原価	(　　　　　)
加　工　費	(　　　　　)	月末仕掛品原価	(　　　　　)
		原　価　差　異	(　　　　　)
	(　　　　　)		(　　　　　)

問2

価　格　差　異	円（　　）	数　量　差　異	円（　　）

（注）（　　）内に借方、または貸方を記入すること。以下同様。

問3

	材　料　A	材　料　B
配　合　差　異	円（　　）	円（　　）
歩　留　差　異	円（　　）	21,000 円（借方）

問4

予　算　差　異	円（　　）	能　率　差　異	円（　　）
操　業　度　差　異	円（　　）		

問5

（純粋な）能率差異	円（　　）	歩　留　差　異	円（　　）

1 級

日 商 簿 記 検 定 試 験 対 策
網 羅 型 完 全 予 想 問 題 集
問　題　用　紙
工業簿記・原価計算

（制限時間　1時間30分）

第 4 回

TAC簿記検定講座

工　業　簿　記

問題（25点）

H工場では甲原料から製品Aを製造している。甲原料は工程始点で投入され、これをシニア工とジュニア工が加工して製品Aを完成させている。当月の生産実績は次のとおりであった。

①	製品A完成品数量	1,000単位
②	製品A月初仕掛品数量	0単位
③	製品A月末仕掛品数量	250単位（加工費進捗度40％）
④	甲原料消費量	16,000kg
⑤	直接作業時間	
	シニア工	2,110時間
	ジュニア工	1,550時間
⑥	製造費用発生額	
	甲原料費	5,568,000円
	直接労務費	
	シニア工	4,042,760円
	ジュニア工	2,393,200円
	製造間接費	8,764,000円
	合　計	20,767,960円

上記の条件を前提にしたうえで、次の問1から問4に答えなさい。なお、答案用紙の（　）内には有利差異であれば「F」、不利差異であれば「U」と記入すること。差異の金額を「0」と解答した場合は、（　）内は「－」と記入すること。

問1　当工場の当月の生産実績に対してパーシャル・プランの標準原価計算を行って、答案用紙の表を完成しなさい。ただし、製品Aの原価標準は次のとおりであって、仕損は想定どおりに発生しているものとする。製造間接費差異については変動予算を用いた差異分析を行い、能率差異は標準配賦率を用いて計算すること。固定製造間接費予算は月額5,625,000円、基準操業度は月間3,750時間である。

（製品Aの原価標準）

甲原料費	標準単価　340円/kg×標準消費量 10kg/単位	＝	3,400円/単位
直接労務費			
シニア工	標準賃率　2,000円/時間×標準直接作業時間 1.8時間/単位	＝	3,600円
ジュニア工	標準賃率　1,500円/時間×標準直接作業時間 1.2時間/単位	＝	1,800円
製造間接費	標準配賦率 2,400円/時間×標準直接作業時間 3.0時間/単位	＝	7,200円
正味標準製造原価			16,000円/単位
正常仕損費(注)	正味標準製造原価 16,000円×正常仕損率５％	＝	800円
総標準製造原価			16,800円/単位

（注）当工場では、正常な状態で作業が行われる場合、工程終点の検査点において良品の５％の仕損品が出ると想定されている。なお、仕損品に処分価値はない。

問2　問１で計算した直接労務費時間差異をさらに労働ミックス差異と労働能率差異とに分析しなさい。なお、労働ミックス差異とは、実際総直接作業時間に職位別標準構成割合を乗じて計算した直接作業時間と実際直接作業時間の差を標準賃率で評価した金額をいう。

問3　問１では仕損の発生は想定どおりとしているが、実際の仕損発生量は60単位であった。したがって、正常仕損と想定した以上に仕損（すなわち異常仕損）が発生しているが、当該仕損費（異常仕損費）相当額は総差異に含まれたままになっている。

そこで、原料消費量差異、労働能率差異、製造間接費能率差異を、「異常仕損関連の差異」と「仕損無関連の差異」に分解しなさい。なお、異常仕損には正常仕損費を負担させないものとする。

受験番号

1級

答案用紙

日商簿記検定試験対策
網羅型完全予想問題集

工業簿記・原価計算

（制限時間　1時間30分）

第４回

TAC簿記検定講座

網羅型完全予想問題集
第4回　答案用紙
1　級　③
工　業　簿　記

受験番号＿＿＿＿＿＿＿＿＿＿

氏　　名＿＿＿＿＿＿＿＿＿＿

総　合　点

採　点　欄	
工簿	

問1　　(単位：円)

完成品原価	月末仕掛品原価	総　　差　　異
		(　　)

差異分析表　　(単位：円)

甲原料費総差異 =　　(　　)	価格差異 =　　(　　)	消費量差異 =　　(　　)
直接労務費（シニア工）総差異 =　　(　　)	賃率差異 =　　(　　)	時間差異 =　　(　　)
直接労務費（ジュニア工）総差異 =　　(　　)	賃率差異 =　　(　　)	時間差異 =　　(　　)
製造間接費総差異 =　　(　　)	予算差異 =　　(　　)	能率差異 =　　(　　)
	操業度差異 =　　(　　)	

問2　　(単位：円)

直接労務費（シニア工）時間差異 =　　(　　)	労働ミックス差異 =　　(　　)	労働能率差異 =　　(　　)
直接労務費（ジュニア工）時間差異 =　　(　　)	労働ミックス差異 =　　(　　)	労働能率差異 =　　(　　)

問3　　(単位：円)

	異常仕損関連の差異	仕損無関連の差異
原料消費量差異	(　　)	(　　)
労働能率差異（シニア工）	(　　)	(　　)
労働能率差異（ジュニア工）	(　　)	(　　)
製造間接費能率差異	(　　)	(　　)
合　　　計	(　　)	(　　)

問4　　(単位：円)

完成品原価	月末仕掛品原価

(単位：円)

	異常仕損関連の差異	仕損･減損無関連の差異	その他減損費
原料消費量差異	(　　)	(　　)	(　　)

１級

日商簿記検定試験対策

網羅型完全予想問題集

問　題　用　紙

工業簿記・原価計算

（制限時間　１時間30分）

第５回

TAC簿記検定講座

工　業　簿　記

問題（25点）

当社では、製品Qを製造・販売しており、全部標準原価計算を採用している。現在、第２四半期（７月から９月まで）の月次予算を編成中である。そこで、全部原価計算と直接原価計算のそれぞれで月次の予想損益計算書を作成する場合に、下記の問に答えなさい。

【資料】

1．製品Qの計画生産・販売量

	7月	8月
月初製品在庫量	200個	400個
生　　産　　量	1,000個	1,050個
販　　売　　量	800個	1,200個
月末製品在庫量	400個	250個

（注）月初・月末に仕掛品はない。

2．当社における製品Qの最大生産能力は月間で1,250個である。また、製品在庫は最大600個まで可能である。

3．当社では、製品Qを毎月最低800個は生産することにしている。また、月末製品在庫は150個以上を保有することにしている。

4．製品Qに関するその他のデータは次のとおりである。

① 販売単価　6,300円

② 製品単位あたり標準製造原価　3,850円（うち固定費は2,275円）

③ 製品単位あたり変動販売費　210円

④ 固定販売費および一般管理費（月間）　224,000円

⑤ 予算操業度（月間）　1,000個

⑥ 予想操業度差異は、全額を月次売上原価に賦課する。

問１　７月の予算について、全部原価計算の営業利益と直接原価計算の営業利益をそれぞれ計算しなさい。

問２　８月の予算について、全部原価計算の営業利益と直接原価計算の営業利益をそれぞれ計算しなさい。

問３　全部原価計算においては、販売量が増減しなくても、生産量を増減させることで営業利益を増減させることができる。そこで、７月の販売量を前提として、生産量を10個増加させると、営業利益はいくら増加あるいは減少するか。

問４　全部原価計算において、７月の販売量は計画どおりであるとして、当社の７月の営業利益が最大となる生産量を求め、直接原価計算の営業利益との差額を計算しなさい。

問５　全部原価計算において、８月の販売量は計画どおりであるとして、当社の８月の営業利益が最大となる生産量とそのときの営業利益を求めなさい。また、逆に８月の営業利益が最小となる生産量とそのときの営業利益を求めなさい。ただし、７月は計画どおりの生産・販売量であるとする。

問６　９月の予想販売量が900個であるとして、全部原価計算の営業利益が最大となるように生産したとき、直接原価計算の営業利益に比べていくら大きくなるかを計算しなさい。また、全部原価計算の営業利益が最小となるように生産したとき、直接原価計算の営業利益に比べていくら小さくなるかを計算しなさい。ただし、７月および８月は計画どおりの生産・販売量であるとする。

問７　仮に、９月に発生する予想操業度差異につき、その全額を月次売上原価に賦課するのではなく、月次売上原価（当月完成分）と月末製品とに追加配賦するものとし、問６の９月の予想販売量が900個であり、全部原価計算の営業利益が最大となるように生産したときを前提に、全部原価計算の営業利益は、直接原価計算の営業利益に比べて、いくら大きいか、あるいは小さいかを計算しなさい。なお、８月の予想操業度差異はその全額を月次売上原価に賦課しているものとする。

受験番号

1級

答案用紙

日商簿記検定試験対策

網羅型完全予想問題集

工業簿記・原価計算

（制限時間　1時間30分）

第5回

TAC簿記検定講座

網羅型完全予想問題集
第５回　答案用紙

１　級　③

工　業　簿　記

受験番号＿＿＿＿＿＿＿＿

氏　　名＿＿＿＿＿＿＿＿

総　合　点

採　点　欄	
工簿	

問１

全部原価計算の営業利益 ＿＿＿＿ 円

直接原価計算の営業利益 ＿＿＿＿ 円

問２

全部原価計算の営業利益 ＿＿＿＿ 円

直接原価計算の営業利益 ＿＿＿＿ 円

問３

全部原価計算の営業利益は、＿＿＿＿ 円　（　増　加　・　減　少　）する。

（注）（　　）の中は適切な方を◯で囲みなさい。

問４

７月の営業利益が最大となる生産量 ＿＿＿＿ 個

直接原価計算の営業利益との差額 ＿＿＿＿ 円

問５

８月の営業利益が最大となる生産量 ＿＿＿＿ 個

そのときの営業利益 ＿＿＿＿ 円

８月の営業利益が最小となる生産量 ＿＿＿＿ 個

そのときの営業利益 ＿＿＿＿ 円

問６

営業利益が最大となるように生産したとき ＿＿＿＿ 円　大きい。

営業利益が最小となるように生産したとき ＿＿＿＿ 円　小さい。

問７

直接原価計算の営業利益に比べて ＿＿＿＿ 円　（　大きい　・　小さい　）。

（注）（　　）の中は適切な方を◯で囲みなさい。

1級

日商簿記検定試験対策
網羅型完全予想問題集
問　題　用　紙
工業簿記・原価計算

（制限時間　1時間30分）

第６回

TAC簿記検定講座

工　業　簿　記

問題（25点）

第1問

カート工業㈱の千葉工場では全部実際原価計算を採用し、補助部門費の配賦に必要なデータは、下記のとおりである。

1．月次予算データ

提供部門＼提供先	合　計	製造部門 機械部	製造部門 組立部	補助部門 動力部	補助部門 保全部	補助部門 事務部
事　務　部						
従業員数（人）	405	100	180	?	40	5
保　全　部						
保全時間（時間）	?	100	?	10	−	−
動　力　部						
動力消費能力（kW-h）	5,000	?	?	−	1,000	−

2．6月実績データ（従業員数に変化はない。）

提供部門＼提供先	合　計	製造部門 機械部	製造部門 組立部	補助部門 動力部	補助部門 保全部	補助部門 事務部
保　全　部						
保全時間（時間）	160	88	64	8	−	−
動　力　部						
動力実際消費量（kW-h）	4,000	1,600	1,600	−	800	−
実際部門費一次集計費						
変　動　費（万円）	?	4,900	6,400	?	?	−
固　定　費（万円）	?	5,800	6,000	2,400	570	?
合　　計（万円）	28,930	10,700	12,400	?	?	?

3．直接配賦法と複数基準配賦法による実際部門費配賦表（単位：万円）

費　目	合計	製造部門 機械部 V	機械部 F	機械部 合計	組立部 V	組立部 F	組立部 合計	補助部門 動力部 V	動力部 F	動力部 合計	保全部 V	保全部 F	保全部 合計	事務部 F	事務部 合計
部門費合計	28,930	4,900	5,800	10,700	6,400	6,000	12,400	?	2,400	?	?	570	?	?	?
事務部費		−	150	150	−	?	?								
保全部費		220	300	520	?	?	?								
動力部費		1,030	1,050	2,080	?	?	?								
製造部門費	28,930	6,150	7,300	13,450	?	?	?								

（注）Ｖは変動費を、Ｆは固定費を意味する。

〔問1〕上記6月のデータに基づき、直接配賦法と複数基準配賦法により補助部門費の配賦を行って、答案用紙の実際部門費配賦表の各金額（変動費と固定費の合計額）を計算しなさい。なお、？の部分は各自推定すること。ただし、この工場では、実際変動費は経済的資源の実際消費量の比率で、実際固定費は予算の計画比率で配賦している。

〔問2〕同じデータに基づき、連立方程式の相互配賦法と複数基準配賦法により補助部門費の配賦を行って、⑴相互に配賦し終えた最終の補助部門費を計算したうえで、⑵実際部門費配賦表を完成しなさい。

受験番号

１級

答案用紙

日商簿記検定試験対策
網羅型完全予想問題集

工業簿記・原価計算
（制限時間　１時間30分）

第６回

TAC簿記検定講座

網羅型完全予想問題集
第６回　答案用紙

１　級　③

工　業　簿　記

受験番号＿＿＿＿＿＿＿＿＿＿

氏　　名＿＿＿＿＿＿＿＿＿＿

総　合　点

採　点　欄	
工簿	

第１問

〔問１〕　直接配賦法と複数基準配賦法による実際部門費配賦表の各金額（変動費と固定費の合計額）

補助部門費配賦後の実際組立部費合計	実際動力部費	実際保全部費	実際事務部費
万円	万円	万円	万円

〔問２〕　連立方程式の相互配賦法と複数基準配賦法による補助部門費の配賦結果（変動費と固定費の合計額）

⑴　相互に配賦し終えた最終の補助部門費

保全部費 ＝ ＿＿＿＿ 万円

動力部費 ＝ ＿＿＿＿ 万円

⑵　実際部門費配賦表（単位：万円）

費　目	合 計	製造部門						補助部門							
		機械部			組立部			動力部			保全部			事務部	
		V	F	合 計	V	F	合 計	V	F	合 計	V	F	合 計	F	合 計
部門費合計	28,930	4,900	5,800	10,700	6,400	6,000	12,400								
事務部費															
保全部費															
動力部費															
製造部門費	28,930														

（注１）Ｖは変動費を、Ｆは固定費を意味する。

（注２）金額がマイナスの場合は、カッコ書きすること。

第２問

①		②	
③		④	
⑤		⑥	
⑦			

1級

日商簿記検定試験対策
網羅型完全予想問題集
問　題　用　紙

工業簿記・原価計算
（制限時間　1時間30分）

第７回

TAC簿記検定講座

工　業　簿　記

問題（25点）

ＸＹＺ工業は、工場を独立の会計単位として処理しており、本社・工場ともに、月次で営業利益を測定している。また、本社では全社的な営業利益も月次で測定している。なお、工場では、原価計算の方法として標準原価計算を採用しており、製造間接費に関しては直接作業時間を配賦基準とする変動予算を用いて標準を設定している。工場で生じた原価差異は月次決算において、工場側の当月の売上原価に賦課する処理を採用している。**［資料］**にもとづいて下記の問１から問４に答えなさい。

問１　答案用紙に示されている製品甲の標準原価カードを完成しなさい。

問２　**［資料］**３．の残高試算表の①～⑧にあてはまる金額を答えなさい。なお、製造間接費能率差異は変動費と固定費の両方からなる。

問３　答案用紙に示されている工場の月次損益勘定を完成しなさい。

問４　⑴本社のみで測定した当月の営業利益および⑵全社的な当月の営業利益を答えなさい。

［資　料］

１．工場の製品の製造・販売状況

工場では、外部から掛けで仕入れた材料を加工して製品甲を製造・販売している。製品甲は、先月までは、すべて外部の得意先へ販売していたが、当月から本社にも一部販売することになった。なお、工場における製品甲の売価は以下のとおりである。

製品甲の本社への売価：28,800円/個

製品甲の外部の得意先への売価：32,400円/個

２．本社の製品の製造・販売状況

本社では、外部の仕入先から掛けで仕入れた商品乙を外部の得意先に販売している。また、本社では、当月から工場で製造した製品甲を、工場が以前より販売している得意先とは異なる得意先に販売している。なお、商品乙の仕入価額と外部への売価および製品甲の外部への売価は以下のとおりである。

商品乙の外部からの仕入価額：54,000円/個

商品乙の外部への売価：72,000円/個

製品甲の外部の得意先への売価：36,000円/個

３．月次決算整理前の残高試算表（単位：円）

借　　方	本　社	工　場	貸　　方	本　社	工　場
現金預金	108,486,000	5,562,000	買掛金	16,200,000	42,531,210
売掛金	75,600,000	43,200,000	未払金		4,320,000
材料		6,504,300	貸倒引当金	432,000	324,000
仕掛品		（　①　）	減価償却累計額	162,000,000	97,200,000
製品		14,040,000	借入金	648,000,000	
繰越商品	64,800,000		その他の負債	45,144,000	35,100,000
固定資産	688,500,000	432,000,000	売上	302,400,000	189,000,000
その他の資産	891,000,000	27,000,000	受取利息	7,290,000	
仕入	205,200,000		資本金	648,000,000	
売上原価		140,400,000	その他の純資産	594,000,000	
販売費	32,724,000	5,670,000	本社元帳		329,616,000
一般管理費	24,300,000	4,050,000	直接作業時間差異		（　⑥　）
支払利息	3,240,000		製造間接費予算差異		（　⑦　）
工場元帳	329,616,000		製造間接費能率差異		（　⑧　）
材料消費価格差異		（　②　）			
材料消費量差異		（　③　）			
賃率差異		（　④　）			
操業度差異		（　⑤　）			
	2,423,466,000	698,955,210		2,423,466,000	698,955,210

受験番号＿＿＿＿＿＿＿＿

1級

答案用紙

日商簿記検定試験対策
網羅型完全予想問題集

工業簿記・原価計算
（制限時間　１時間30分）

第７回

TAC簿記検定講座

網羅型完全予想問題集
第7回　答案用紙
1　級　③
工　業　簿　記

受験番号＿＿＿＿＿＿＿＿

氏　　名＿＿＿＿＿＿＿＿

総　合　点

採　点　欄	
工簿	

問1

標準原価カード（製品甲1個あたり）

Ⅰ　直接材料費：	円/kg 標準価格	×	kg 標準消費量	＝	円/個
Ⅱ　直接労務費：	円/時間 標準賃率	×	時間 標準直接作業時間	＝	円/個
Ⅲ　製造間接費：	円/時間 標準配賦率	×	時間 標準直接作業時間	＝	円/個
			製品甲1個あたりの標準原価（原価標準）：		円/個

問2

①	
②	
③	
④	
⑤	
⑥	
⑦	
⑧	

問3

月　次　損　益

売　上　原　価	(　　　　　　)	売　　上　　高	189,000,000
営　　業　　費	(　　　　　　)		
営　業　利　益	(　　　　　　)		
	189,000,000		189,000,000

問4

(1)	本社のみで測定した当月の営業利益	円
(2)	全社的な当月の営業利益	円

1級

日商簿記検定試験対策
網羅型完全予想問題集
問題用紙
工業簿記・原価計算

（制限時間　1時間30分）

第８回

TAC簿記検定講座

工　業　簿　記

問題（25点）

W工業㈱の船橋工場では標準製品αを連続生産し、実際工程別総合原価計算を採用している。同工場の当月の資料は次のとおりである。なお、？の部分は各自で計算すること。

（資　料）

① 第１工程では、工程の始点において原料Xを、さらに加工費進捗度60％の段階で原料Yを投入して中間生産物を製造している。当月の実績データは次のとおりである。

第１工程	X原料費	Y原料費	加工費	合　計
月初仕掛品	2,303,420円	363,000円	2,189,640円	4,856,060円
当月投入	12,516,000円	1,531,200円	？　円	？　円
合　計	14,819,420円	1,894,200円	？　円	？　円

（注）月初仕掛品（1,600個）の加工費進捗度は75％である。

第１工程	産出量	備　考
完成品	8,000個	完成品はすべて第２工程へ投入されている。
月末仕掛品	1,800個	加工費進捗度は50％
正常仕損	200個	加工費進捗度60％で原料Yを投入した直後に発生

（注）正常仕損品の処分価格は１個当たり450円であり、X原料費から控除している。

② 第２工程では中間生産物を加工して最終製品を生産する。その際、工程の終点で原料Zを投入する。当月の実績データは次のとおりである。

第２工程	X原料費	Y原料費	Z原料費	第１工程加工費	第２工程加工費	合　計
月初仕掛品	2,791,680円	424,800円	0円	3,690,000円	1,296,000円	8,202,480円
当月投入	？　円	？　円	8,406,000円	？　円	？　円	？　円
合　計	？　円	？　円	8,406,000円	？　円	？　円	？　円

（注）月初仕掛品（1,800個）の加工費進捗度は50％である。

第２工程	産出量	備　考
完成品	7,500個	
月末仕掛品	2,000個	加工費進捗度は40％
正常減損	300個	工程を通じて平均的に発生

③ 当工場の加工費は、補助部門費を複数基準配賦法と階梯式配賦法を用いて各工程に実際配賦している。各部門加工費の当月実績データは次のとおりである。

	第１工程	第２工程	甲補助部	乙補助部
変動費	5,528,880円	3,391,260円	1,150,800円	1,760,000円
固定費	6,757,500円	4,537,000円	805,420円	2,152,400円
合　計	12,286,380円	7,928,260円	1,956,220円	3,912,400円

④ 各補助部門サービスの実際消費割合は、次のとおりである。

	第１工程	第２工程	甲補助部	乙補助部
甲補助部門サービス	45％	45％	－	10％
乙補助部門サービス	50％	30％	20％	－

受験番号

1級

答案用紙

日商簿記検定試験対策
網羅型完全予想問題集

工業簿記・原価計算
（制限時間　1時間30分）

第 8 回

TAC簿記検定講座

網羅型完全予想問題集
第8回　答案用紙

1　級　③

受験番号＿＿＿＿＿＿＿＿

氏　　名＿＿＿＿＿＿＿＿

工　業　簿　記

総合点	採点欄
	工簿

〔問1〕

仕掛品－第1工程　(単位：円)

月初仕掛品原価		完成品原価	
X原料費	(　　　)	X原料費	(　　　)
Y原料費	(　　　)	Y原料費	(　　　)
加工費	(　　　)	加工費	(　　　)
計	(　　　)	計	(　　　)
当月製造費用		仕損品評価額	(　　　)
X原料費	(　　　)	月末仕掛品原価	
Y原料費	(　　　)	X原料費	(　　　)
加工費	(　　　)	Y原料費	(　　　)
計	(　　　)	加工費	(　　　)
		計	(　　　)
	(　　　)		(　　　)

仕掛品－第2工程　(単位：円)

月初仕掛品原価		完成品原価	
前工程費	(　　　)	前工程費	(　　　)
Z原料費	(　　　)	Z原料費	(　　　)
加工費	(　　　)	加工費	(　　　)
計	(　　　)	計	(　　　)
当月製造費用		月末仕掛品原価	
前工程費	(　　　)	前工程費	(　　　)
Z原料費	(　　　)	Z原料費	(　　　)
加工費	(　　　)	加工費	(　　　)
計	(　　　)	計	(　　　)
	(　　　)		(　　　)

〔問2〕

仕掛品－第1工程費勘定における月初仕掛品原価	円
仕掛品－第2工程費勘定における月初仕掛品原価	円
最終完成品に含まれる第1工程費	円
最終完成品に含まれる第2工程費	円
仕掛品－第1工程費勘定における月末仕掛品原価	円
仕掛品－第2工程費勘定における月末仕掛品原価	円

網羅型完全予想問題集
第8回　答案用紙

受験番号
氏　　名

1　級　④

原　価　計　算

採　点　欄	
原計	

問1

税引後加重平均資本コスト率	%

問2

	予　算　原　案	課長の改訂案	部長の改訂案
⑴ 計画販売数量			
店　舗　販　売	個	個	個
ネ　ッ　ト　販　売	個	個	個
⑵ 売　　上　　高	万円	万円	万円
⑶ 税引後営業利益	万円	万円	万円
⑷ 投下資本利益率	%	%	%
⑸ 損益分岐点販売数量			
店　舗　販　売	個	個	個
ネ　ッ　ト　販　売	個	個	個
⑹ 安　全　余　裕　率	%	%	%

問3

	予　算　原　案	課長の改訂案	部長の改訂案
目　標　販　売　数　量			
店　舗　販　売	個	個	個
ネ　ッ　ト　販　売	個	個	個

問4

	予　算　原　案	課長の改訂案	部長の改訂案
残　　余　　利　　益	万円	万円	万円

⑤　各補助部門サービスの消費能力割合は、次のとおりである。

	第１工程	第２工程	甲補助部	乙補助部
甲補助部門サービス	40%	45%	－	15%
乙補助部門サービス	45%	35%	20%	－

以上の資料にもとづき、下記の各問に答えなさい。ただし、両工程とも完成品と月末仕掛品への原価配分は先入先出法によること。また正常仕損費、正常減損費の負担関係は発生点の進捗度にもとづいて判断し、度外視法により処理すること。なお正常仕損および正常減損はすべて当月投入分から生じたものとする。計算において円未満の端数が生じた場合は、計算途中では四捨五入せず、最終の答えの段階で円未満を四捨五入すること。

〔問１〕累加法による全部実際工程別総合原価計算を実施し、答案用紙の仕掛品勘定を完成させなさい。

〔問２〕非累加法による全部実際工程別総合原価計算を実施し、答案用紙に示された金額を計算しなさい。

なお、通常の非累加法（非累加本来の方法）によること。

原　価　計　算

問題（25点）

当社は、製品Ａを製造・販売しており、次年度の予算編成を策定中である。当社の販売ルートには、店舗販売とネット販売（通信販売）の２つがある。現時点で予算原案を作成しているものの、原価計算課長と原価計算部長から、その予算原案を改訂した代替案も提示されている。以下に示す資料（１～５）にもとづき、各問いに答えなさい。なお、本問を通じて、各案ごとの店舗販売とネット販売のセールス・ミックスは一定であるものとし、また、期首・期末の仕掛品、製品はないものとする。

１．予算原案

前年実績どおりの製造・販売を行う計画である。製品Ａを現行価格3,000円/個で販売する。製造に伴う変動製造原価は2,000円/個であり、内訳は原料費が500円/個、変動加工費が1,500円/個である。販売ルートごとに変動販売費が異なり、店舗販売では250円/個であるが、ネット販売だと500円/個かかる。一方、固定費には固定加工費と固定販売費・一般管理費があり、販売ルートごとに個別に発生する固定費はなく、そのすべてが共通固定費である。内訳は、固定加工費が2,400万円/年であり、固定販売費・一般管理費が3,350万円/年である。店舗販売とネット販売の販売数量は同数であり、合計で200,000個と予想される。

２．課長の改訂案

製造コストを削減し、それに伴い価格引下げを行ったうえで製造・販売を行う計画である。製品Ａの販売価格を2,500円に値下げする。原料費は変更しないが、変動加工費を30％削減させる。店舗販売とネット販売の販売数量は予算原案と同じく同数であり、合計で240,000個と予想される。なお、これら以外の項目は予算原案と同じである。

３．部長の改訂案

従来よりもオンライン事業に力を入れ、ネット販売を主要な販売ルートとし、かつ製品Ａ50個をパック詰めにしてまとめて販売することにより新規の販路を確保する計画である。店舗販売による販売価格は予算原案と同じであるが、ネット販売による販売価格は１パックあたり137,500円とする。製造原価は変更しないが、ネット販売における変動販売費を４分の１に縮小し、固定販売費・一般管理費を725万円だけ増大させる。ネット販売による販売数量は、店舗販売による販売数量の150％増しであり、合計で210,000個と予想される。ただし、ネット販売はパック売りのみとし、これら以外の項目は予算原案と同じである。

4．資本の調達源泉別の資本コスト率

資本源泉	構成割合	源泉別資本コスト率
他人資本	60%	10%（税引前支払利子率）
自己資本	40%	6％

5．投下資本総額は「売上高の20％＋50,000万円」であり、法人税率は40％である。

問1　当社の税引後加重平均資本コスト率を求めなさい。

問2　上記の各案につき、⑴各販売ルートの計画販売数量、⑵売上高、⑶税引後営業利益、⑷投下資本利益率、⑸損益分岐点販売数量および⑹安全余裕率を求めなさい。

法人税額は営業利益に法人税率を掛けて計算すること。計算過程で端数が生じる場合、売上高と税引後営業利益は万円未満を、投下資本利益率と安全余裕率（いずれも％表示）は小数点第2位を四捨五入しなさい。販売数量に端数が生じる場合には、セールス・ミックスを保持したうえで小数点第1位を切り上げなさい。なお、損益分岐点販売数量は税引後営業利益がゼロとなる販売数量とし、投下資本利益率の計算には、税引後営業利益を用いること。

問3　問1で計算した資本コスト率を目標投下資本利益率として、その投下資本利益率（税引後）を達成するために必要な各案の販売ルートごとの販売数量（目標販売数量）を計算しなさい。なお、販売数量に端数が生じる場合には、セールス・ミックスを保持したうえで小数点第1位を切り上げること。

問4　問1で計算した資本コスト率を用いて、各案の残余利益（税引後）を計算しなさい。なお、資本コスト額は投下資本総額にもとづいて計算すること。また、残余利益がマイナスの場合は、金額の前に△を付すこと。

網羅型完全予想問題集
第７回　答案用紙

１　級　④

原　価　計　算

採　点　欄	
原計	

受験番号＿＿＿＿＿＿＿＿＿＿

氏　　名＿＿＿＿＿＿＿＿＿＿

問題１

問１

採　用　前 [　　　　　　] 円/個　　採　用　後 [　　　　　　] 円/個

問２

予防原価 [　　　　　　] 千円　　評価原価 [　　　　　　] 千円

問３

内部失敗原価 [　　　　　　] 千円　　外部失敗原価 [　　　　　　] 千円

問題２

問１

甲車：(　　　　　　　)回　　乙車：(　　　　　　　)回　　丙車：(　　　　　　　)回

問２

甲車：(　　　　　　　)万円　　乙車：(　　　　　　　)万円　　丙車：(　　　　　　　)万円

したがって、ライフサイクル・コストが最も低い{甲車、乙車、丙車}を購入すべきである。

（注）不要な文字を二重線で消去すること。

問３

甲車：(　　　　　　　)万円　　乙車：(　　　　　　　)万円　　丙車：(　　　　　　　)万円

したがって、ライフサイクル・コストが最も低い{甲車、乙車、丙車}を購入すべきである。

（注）不要な文字を二重線で消去すること。

4．製品甲１個当たりの標準製造直接費

直接材料費：消費価格12,000円/kg　　　消費量0.6kg

直接労務費：消費賃率 6,000円/時間　　　直接作業時間0.9時間

5．製品甲製造のための月間製造間接費予算

66,960,000円（うち、固定費40,176,000円）

なお、基準操業度（正常直接作業時間）は5,580時間である。

6．工場の生産・販売データ

月初仕掛品	600 個	（50％）	月初製品	900 個
当月着手	6,300		完成品	5,700
合計	6,900 個		合計	6,600 個
月末仕掛品	1,200	（50％）	月末製品	600
完成品	5,700 個		販売品	6,000 個

材料はすべて工程の始点で投入している。なお、（　）内は加工進捗度を示す。

また、工場における実際消費のデータは次のとおりである。

実際直接材料費：45,746,910円（実際消費量3,798kg）

実際直接労務費：32,292,000円（実際直接作業時間5,355時間）

製造間接費実際発生額：65,826,000円

7．本社の販売データ

	製品甲	商品乙
月初棚卸数量	0 個	1,200 個
当月仕入数量	1,500	3,000
合計	1,500 個	4,200 個
月末帳簿棚卸数量	300	600
当月販売数量	1,200 個	3,600 個

8．棚卸減耗費

月末実地棚卸数量　　工場倉庫：製品甲594個

本社倉庫：製品甲300個、商品乙591個

なお、当月に発生した棚卸減耗費は販売費に含めること。

9．貸倒引当金

本社・工場とも売掛金の月末残高に対して１％の貸倒引当金を差額補充法により設定する。

10．減価償却費

工場負担分の当月減価償却費：10,800,000円（機械装置などの固定資産に関するものである）

本社負担分の当月減価償却費：5,400,000円（本社建物などの固定資産に関するものである）

なお、工場負担分については、期中に製造原価として適切に処理している。

11．費用の前払いと未払い

工場前払販売費： 810,000円

工場未払一般管理費：1,350,000円

本社未払販売費：1,962,900円

原　価　計　算

問題（25点）

問題１

当社では、製品Ｈを生産販売している。製品Ｈはその性質上、仕損が発生しやすく、翌期においても多額の失敗原価の発生が予想されている。そこで品質管理を徹底すべく改善案が提案された。以下の資料にもとづき各問に答えなさい。

〈翌期の予算データ〉

1．予定生産販売量は25,000個であり、正常仕損率は良品に対して20％（工程の終点で発生）であることが見込まれた。

2．直接材料費は72,000千円、加工費は120,000千円と見積られている。なお、仕損品の評価額は500円/個とし、材料価値に依存するものとする。また、材料は工程の始点ですべて投入される。

3．販売後のクレームや保証修理に対応するためのコストが18,000千円と見積られている。

〈改善案〉

製造工程を調査した結果、上記仕損量の60％は加工進捗度0.4の地点で発生することが判明した。そこで加工進捗度0.4の地点に新たに仕損検査点を設けることによって、当該仕損品については検査点以降の加工作業が不要となり、完成品換算量に比例して加工費が削減可能であることがわかった。さらに工程改善費をかけるとともに、工員の教育訓練を徹底することによって、工程終点での仕損発生量を500個減らすことを見込んでいる（予定生産販売量に変更はない）。この改善案を採用することにより、検査費が3,200千円、工程改善費が2,560千円、工員訓練費が2,550千円追加的に発生し、販売後のクレームや保証修理に対応するためのコストは10,000千円になると試算された。

問１　改善案採用前と採用後の完成品単位原価を求めなさい。

問２　改善案採用前に比べて改善案採用後は予防原価および評価原価がいくら増減すると見込まれるか求めなさい。なお、増加の場合は＋、減少の場合は△を金額の前に付すこと（問３についても同様とする）。

問３　改善案採用前に比べて改善案採用後は内部失敗原価および外部失敗原価がいくら増減すると見込まれるか求めなさい。

問題２

当社は、営業用車両として甲車、乙車、丙車のいずれを購入しようか検討している。ライフサイクル・コストを考慮したとき、いずれの車両を購入するのが望ましいか。以下の資料にもとづいて各問に答えなさい。

	甲　車	乙　車	丙　車
取得原価	450万円	500万円	600万円
残存価額	45万円	50万円	60万円
燃費	10km/リットル	16km/リットル	20km/リットル
整備を要する走行距離	18,000km	20,000km	25,000km
耐用年数	4年	4年	4年
保険料	12万円/年	10万円/年	8万円/年
走行距離	25,000km/年	25,000km/年	25,000km/年
ガソリン価格	120円/リットル	120円/リットル	120円/リットル
整備費用	10万円/回	10万円/回	10万円/回

問１　各車両について耐用期間の整備回数を求めなさい。

問２　貨幣の時間価値を考慮しない場合の各車両のライフサイクル・コストを求め、いずれの車両を購入するのが望ましいかを答案用紙に従って答えなさい。

なお、法人税の影響は考慮する必要はなく、計算上生ずる端数については解答する段階で万円未満を四捨五入しなさい（問３についても同様とする）。

問３　貨幣の時間価値を考慮した場合の各車両のライフサイクル・コストを求め、いずれの車両を購入するのが望ましいかを答案用紙に従って答えなさい。なお、割引率は10％とし、そのときの現価係数は下記のとおりである。また、計算上、毎年かかる費用は年度末に一括して現金支出するものとする。

割引率10％のときの現価係数

1年：0.9091　　2年：0.8264　　3年：0.7513　　4年：0.6830

網羅型完全予想問題集
第６回　答案用紙

１　級　④

原　価　計　算

受験番号

氏　　名

採　点　欄	
原計	

〔問１〕税引後加重平均資本コスト率　　　　％

〔問２〕期待販売量

第１年度	第２年度	第３年度	第４年度	第５年度
51,000　個	個	個	個	個

〔問３〕第２年度における増分キャッシュ・フロー　　　　万円

〔問４〕第５年度の増分キャッシュ・フローに伴う現在価値　　　　万円

〔問５〕正味現在価値　　　　万円

〔問６〕累積的現在価値による回収期間　　　　年

〔問７〕内部投資利益率　　　　％

〔問８〕最も妥当と思われる結論

第2問

次の文章はわが国の『原価計算基準』からの抜粋である。(　　) 内に適切な用語を入れなさい。

(　①　) 原価計算において、仕損が発生する場合には、原則として次の手続により仕損費を計算する。

(1) 仕損が (　②　) によって回復でき、(　②　) のために (　②　) 指図書を発行する場合には、(　②　) 指図書に集計された製造原価を仕損費とする。

(2) 仕損が (　②　) によって回復できず、代品を製作するために新たに製造指図書を発行する場合において

1　旧製造指図書の全部が仕損となったときは、(　③　) に集計された製造原価を仕損費とする。

2　旧製造指図書の一部が仕損となったときは、(　④　) に集計された製造原価を仕損費とする。

(　⑤　) な仕損については、仕損費を計上しないで、単に仕損品の見積売却価額又は見積利用価額を、当該製造指図書に集計された製造原価から控除するにとどめることができる。

仕損費の処理は、次の方法のいずれかによる。

(1) 仕損費の実際発生額又は見積額を、当該指図書に (　⑥　) する。

(2) 仕損費を (　⑦　) とし、これを仕損の発生部門に (　⑥　) する。この場合、(　⑦　) の予定配賦率の計算において、当該製造部門の予定 (　⑦　) 額中に、仕損費の予定額を算入する。

原　価　計　算

問題 (25点)

AK製作所では、新製品Ⅰの製造・販売プロジェクトを検討中である。そこで、下記のデータおよび付属資料を考慮して各問に答えなさい。なお、キャッシュ・フローの計算上端数が生じたときは四捨五入せず、正味現在価値は1万円未満を、内部投資利益率および回収期間は小数点以下第三位を、解答する段階で四捨五入しなさい。

1．新設備に関するデータ

(1) 取得原価 …………………………………………… 8,400万円

(2) 残存価額 ………………………………………………… ゼロ

(3) 法定耐用年数 ………………………………………………… 6年

(4) 経済的耐用年数 ………………………………………………… 5年

(5) 経済的耐用年数到来時における予想売却価額 …… 帳簿価額の30%

(6) 減価償却方法 ……………………………………………… 定額法

2．新製品Ⅰに関するデータ

(1) 今後数年間は経済状態が不安定な状態にあると予測されるため、それを考慮に入れた期待販売量にもとづいて各年度の売上高を予想している。そこで、今後5年間の各経済状態における予測販売量とその発生確率は次のとおりと見込まれる。

	発生確率	第1年度	第2年度	第3年度	第4年度	第5年度
好　況	30%	85,000個	100,000個	95,000個	80,000個	70,000個
正　常	40%	51,000個	60,000個	57,000個	48,000個	42,000個
不　況	30%	17,000個	20,000個	19,000個	16,000個	14,000個

(2) 予定販売価額 ……………………………… 1個当たり2,000円

(3) 現金支出変動費 …………………… 各年度の予想売上高の60%

(4) 現金支出固定費 ………………………………… 毎年1,000万円

3．資金に関するデータ

当社の財務方針による資金源泉とその構成割合、資本コスト率

資金源泉	構成割合	資本コスト率
社　　債	30%	5％（税引前）
普通株	40%	10.25%
留保利益	30%	10%

4．その他のデータ

⑴　各年度の正味運転資本は毎年、次年度の予想売上高を基準に、その12%を売掛金、6％を棚卸資産、8％を買掛金相当分として各年度のキャッシュ・フローに計上する。また、正味運転資本は、その累積投資額を投資の最終年度末に回収するものとする。なお、現在時点の投資額の中に、正味運転資本の投資額を計上する。

⑵　法人税率は40%である。

〔問1〕税引後加重平均資本コスト率を求めなさい。

〔問2〕各年度の期待販売量（各経済状態の発生確率とその時の予測販売量の積を合計したものであり、例えば第1年度についての期待販売量は51,000個となる）を求めなさい。

〔問3〕第2年度における増分キャッシュ・フロー（第2年度におけるキャッシュ・インフローから キャッシュ・アウトフローを差し引いた純差額）を求めなさい。

〔問4〕第5年度の増分キャッシュ・フローに伴う現在価値を求めなさい。

〔問5〕この投資プロジェクトの正味現在価値を求めなさい。

〔問6〕この投資プロジェクトの累積的現在価値による回収期間を求めなさい。

〔問7〕この投資プロジェクトの内部投資利益率を求めなさい。

〔問8〕以上の計算結果を踏まえた上で最も妥当と思われる結論を下記の中から選択しなさい。

a．この投資プロジェクトは資本コスト率に比べて内部投資利益率が大きく、また正味現在価値の金額から判断しても収益性の点では有利な投資プロジェクトと言えるが、回収期間が長く、安全性の点で問題があると思われる。

b．この投資プロジェクトは内部投資利益率が資本コスト率を下回っており、また回収期間が長いため収益性の点でも安全性の点でも問題があると思われる。

c．この投資プロジェクトは資本コスト率に比べて内部投資利益率が大きく、また正味現在価値の金額から判断しても収益性の良い投資プロジェクトといえ、また回収期間がきわめて短いので安全性の点でも非常に有利な投資案であるといえる。

［付属資料］現価係数表

	7％	8％	9％	10%	11%	12%	13%	14%	15%	16%	17%
1年	0.9346	0.9259	0.9174	0.9091	0.9009	0.8929	0.8850	0.8772	0.8696	0.8621	0.8547
2年	0.8734	0.8573	0.8417	0.8264	0.8116	0.7972	0.7831	0.7695	0.7561	0.7432	0.7305
3年	0.8163	0.7938	0.7722	0.7513	0.7312	0.7118	0.6931	0.6750	0.6575	0.6407	0.6244
4年	0.7629	0.7350	0.7084	0.6830	0.6587	0.6355	0.6133	0.5921	0.5718	0.5523	0.5337
5年	0.7130	0.6806	0.6499	0.6209	0.5935	0.5674	0.5428	0.5194	0.4972	0.4761	0.4561

網羅型完全予想問題集
第５回　答案用紙

１　級　④

原　価　計　算

受験番号＿＿＿＿＿＿＿＿

氏　　名＿＿＿＿＿＿＿＿

採　点　欄	
原 計	

〔問１〕20×7年度と比較して20×8年度の営業利益は［　　　　］万円減少した。

〔問２〕20×7年度と比較して20×8年度の貢献利益は［　　　　］万円減少した。

〔問３〕単価差異［　　］万円　　数量差異［　　］万円

〔問４〕下記の（　　）内には計算した金額を、［　　］内には20×7年度営業利益に加算する場合は＋の記号を、控除する場合は－の記号を記入しなさい。

営業利益差異分析表　（単位：万円）

1．20×7年度営業利益				（　　　）
2．製品販売価格差異	［　］	（　　　）		
3．市場総需要量差異	［＋］	（43,200）		
4．市場占拠率差異	［　］	（　　　）		
5．製品販売数量差異	［　］	（　　　）		
6．売上高差異			［　］	（　　　）
7．変動売上原価価格差異	［　］	（　　　）		
8．変動売上原価数量差異	［　］	（　　　）		
9．変動売上原価差異			［　］	（　　　）
10．変動販売費価格差異	［　］	（　　　）		
11．変動販売費数量差異	［　］	（　　　）		
12．変動販売費差異			［　］	（　　　）
13．貢献利益差異			［　］	（　　　）
14．製造固定費差異	［　］	（　　　）		
15．販売・一般管理固定費差異	［　］	（　　　）		
16．固定費差異			［　］	（　　　）
17．差異合計			［　］	（　　　）
18．20×8年度営業利益				（　　　）

〔問５〕20×7年度と比較して20×8年度の経営資本営業利益率は［　　　　］％減少した。

〔問６〕下記の（　　）内には計算した数値を、［　　］内には20×7年度経営資本営業利益率に加算する場合は＋の記号を、控除する場合は－の記号を記入しなさい。

経営資本営業利益率差異分析表　（単位：％）

1．20×7年度経営資本営業利益率				（　　　）
2．売上高営業利益率差異	［　］	（　　　）		
3．経営資本回転率差異	［　］	（　　　）		
4．差異合計			［　］	（　　　）
5．20×8年度経営資本営業利益率				（　　　）

原　価　計　算

問題（25点）

製品Ｚを製造する当社の最近２年間の財務資料は、次のとおりである。なお、当社は直接実際原価計算制度を採用している。

	20×7年度	20×8年度
平均販売単価	7,200円	7,000円
年間販売量	?	384,000個
期首仕掛品原価（変動費）	15,760万円	?
期首製品原価（変動費）	19,200万円	?
期末仕掛品原価（変動費）	13,000万円	15,520万円
期末製品原価（変動費）	18,000万円	16,864万円
市場占拠率	12.5%	12%
当期製造費用（変動費）	155,160万円	194,920万円
変動販売費	12,240万円	13,056万円
製造固定費	16,524万円	16,208万円
販売・一般管理固定費	17,748万円	17,776万円
経営資本	384,000万円	400,000万円

〔問１〕20×7年度と比較して20×8年度の営業利益はいくら減少したか答えなさい。

〔問２〕20×7年度と比較して20×8年度の貢献利益はいくら減少したか答えなさい。

〔問３〕〔問２〕で求めた貢献利益差異を単価差異と数量差異の２つに分けたときのそれぞれの金額を答えなさい。
なお、［　　］には有利差異のときは有利、不利差異のときは不利と記入しなさい。

〔問４〕答案用紙の営業利益差異分析表を完成しなさい。この分析表は、20×7年度の営業利益に各種差異をプラス、マイナスして20×8年度の営業利益を算出した表である。なお、〔問３〕で求めた単価差異を製品販売価格差異、変動売上原価価格差異及び変動販売費価格差異に、同じく数量差異を製品販売数量差異、変動売上原価数量差異及び変動販売費数量差異に分析したうえで記入すること。また、製品販売数量差異についてはさらに市場総需要量差異と市場占拠率差異に分析すること。

〔問５〕20×7年度と比較して20×8年度の経営資本営業利益率は何％減少したか答えなさい。

〔問６〕答案用紙の経営資本営業利益率差異分析表を完成しなさい。

網羅型完全予想問題集
第４回　答案用紙

１　級　④

原　価　計　算

受験番号＿＿＿＿＿＿＿＿

氏　　名＿＿＿＿＿＿＿＿

採　点　欄	
原計	

〔設問１〕

〔問１〕部品Ｘの総需要量が［　　　　］個を超えるならば、{ 内　製 / 購　入 / 内製、購入どちらでもよい。} が有利である。

（注）該当する文字を○で囲み、不要の文字を二重線で消しなさい。

〔問２〕部品Ｘの総需要量が13,500個～14,500個の範囲にある限り、{ 内　製 / 購　入 / 内製、購入どちらでもよい。} が有利である。

（注）該当する文字を○で囲み、不要の文字を二重線で消しなさい。

〔問３〕部品Ｘの総需要量が15,000個以上であって、
内製のコストと購入のコストが等しくなる総需要量　＝［　　　　］個

〔設問２〕

［　　］には内製または購入の文字を、（　　）には適当な数字を記入しなさい。

〔問１〕

⑴　部品Ｙについて［　　　　］案の方が［　　　　］案より原価が（　　　　　）円だけ低く有利である。

⑵　部品Ｙの年間必要量が（　　　　　）個以上であれば、［　　　　］案の方が有利である。

〔問２〕

⑴　部品Ｚについて［　　　　］案の方が［　　　　］案より原価が（　　　　　）円だけ低く有利である。

⑵　部品Ｚについて［　　　　］案の方が［　　　　］案より原価が（　　　　　）円だけ低く有利である。

問４　原料消費量差異が想定以上に多額であるとの指摘が本社管理部からあり、調査を行ったところ原料投入直後において減損が発生していることが判明した。当該減損の経常的な発生率は工程始点通過量に対して20％と見積もられたが、問１の原価標準にはこの事項が考慮されていない。

そこで、「正常減損費を含めた原価標準」によって改めて当月の標準原価計算を行い、問１で計算した原料消費量差異を「異常仕損関連の差異」、「仕損・減損無関連の差異」および良品の原価に算入される「その他減損費」に分解して、答案用紙の表を完成しなさい。なお、減損は上記以外の進捗度では発生せず、減損費は発生点を通過したすべての加工品に適切に負担させるものとする。

原　価　計　算

問題（25点）

ＫＮＧ工業では製品Ｒを製造している。製品Ｒには部品Ｘが必要であり、部品Ｘは東京工場の第２製造部において組み立てられている。

１．部品Ｘの単位製造原価データ

甲直接材料費	2,000円/kg	×	2 kg/個	＝	4,000円/個
直接労務費	3,000円/時	×	１時間/個	＝	3,000
変動製造間接費	1,200円/時	×	１時間/個	＝	1,200
固定製造間接費	1,500円/時	×	１時間/個	＝	1,500
合　　計					9,700円/個

２．部品Ｘの購入案

ＫＮＧ工業では次期の予算を策定中であるが、かねてより取引関係のあるＨ製作所から、部品Ｘを＠１万円で売りたいという申入れがあった。

３．原価計算担当者の調査

⑴　部品Ｘの需要は13,500個から14,500個の間にあり、14,000個の可能性が大である。

⑵　部品Ｘの製造は臨時工を雇って行ってきたため、もしこの部品を購入に切り替えれば、臨時工は雇わないことになる。

⑶　第２製造部で発生する固定製造間接費発生総額3,000万円の内訳は次のとおりである。

ア	共通管理費等配賦額	916万円
イ	機械の減価償却費、固定資産税、保険料等	300万円
ウ	部品Ｘ専用製造機械減価償却費（注１）	200万円
エ	部品Ｘに直接関連する支援活動費（部品Ｘ設計変更費）	275万円
オ	部品Ｘバッチ関連活動費 （専用製造機械段取費、専用検査機械賃借料など）（注２）	759万円
カ	第２製造部長給料（注３）	550万円

（注１）購入案を採用する場合、Ｘ専用製造機械は売却せず、遊休機械として保持する。

（注２）購入案を採用する場合、Ｘ専用検査機械は不要となるため賃借しない。

（注３）購入案を採用する場合、第２製造部長は子会社に出向となる。

〔設問１〕 以上の条件にもとづき、原価が安ければ購入に切り替えるものとして、次の問いに答えなさい。

〔問１〕 今後１年間における部品Ｘの総需要量が何個を超えるならば、この部品を内製する方が有利か、あるいは購入する方が有利かを判断しなさい。

〔問２〕 Ｈ製作所では部品の売込みにあたり、新たに次のような条件を提示した。

総購入量	売　価
1個～12,000個	１万円
12,001個～13,000個	0.8万円
13,001個～14,000個	0.7万円
14,001個～15,000個	0.6万円
15,001個以上	0.5万円

たとえば総購入量が14,000個であれば、最初の12,000個は@１万円、次の1,000個は@0.8万円、最後の1,000個は@0.7万円を支払うことになる。この部品Ｘの総需要量が13,500個～14,500個の範囲にある限り、内製する方が有利か、あるいは購入する方が有利かを判断しなさい。

〔問３〕問２の条件の下、総需要量が15,000個以上であって、内製のコストと購入のコストが等しくなる総需要量を計算しなさい。

〔設問２〕さらに次のとおり条件を変更し、追加する。

４．製造間接費については公式法変動予算により、次のように設定されている。基準操業度は実際的生産能力である。また、年間固定製造間接費はすべて回避不能原価である。

$$\text{変動費率 1,200円/時} + \frac{\text{年間固定製造間接費予算 30,000,000円}}{\text{年間機械作業時間 20,000時間}} = \text{2,700円/時}$$

次期においては、部品Ｘを12,000個製造する予定である。したがって、年間8,000時間の遊休生産能力が発生することが見込まれる。そこで、この遊休生産能力を利用して、今まで外部から購入してきた製品Ｒ用の部品ＹおよびＺの内製を検討することにした。

５．部品Ｙ関連データ

(1)　部品Ｙの年間必要量は2,500個であり、部品Ｙ１個を生産するには部品Ｘと同じ甲材料を３kg必要とする。

(2)　部品Ｙ１個を生産するには2.5機械作業時間を必要とする（機械作業時間と直接作業時間は等しい）。現在の直接工には余裕がないため、部品Ｙの内製のために新たに直接工を雇い入れる必要があり、部品Ｘの臨時工の80％の賃率で雇うことができる。

(3)　部品Ｙを外部から購入する場合、１個あたり16,000円で購入できる。

６．部品Ｚ関連データ

(1)　部品Ｚの年間必要量は3,000個であり、部品Ｚ１個を生産するには部品Ｘと同じ甲材料を５kg必要とする。

(2)　部品Ｚ１個を生産するには４機械作業時間を必要とする（機械作業時間と直接作業時間は等しい）。また、新たな直接工の雇入れに関する条件は部品Ｙと同様である。

(3)　部品Ｚを外部から購入する場合、１個あたり25,000円で購入できる。

７．各種部品の生産に共通に使用される甲材料は、現在その入手が困難になりつつあり、年間32,000kgまでしか調達できないことが判明している。したがって、部品Ｘの製造により消費される部分を除いた残りを、部品ＹとＺの製造のために使うことになる。そのため、部品Ｚを内製する場合には年間必要量のすべてを製造することができないため、不足分については従来どおり外部から購入するものとする。

〔問１〕部品Ｚは従来どおりすべて購入するものとして（部品Ｚに関する内製案の資料は無視して）、(1)部品Ｙを購入する案と内製する案のいずれが有利であるか答えなさい。また、(2)仮に部品Ｙを内製するためには新たに特殊機械が必要であり、その年間リース料が220万円であったものとする。この場合、部品Ｙの年間必要量が何個以上ならば、購入または内製する案のいずれが有利であるか答えなさい。

〔問２〕部品Ｙは従来どおりすべて購入するものとして（部品Ｙに関する内製案の資料は無視して）、(1)部品Ｚを購入する案と内製する案のいずれが有利であるか答えなさい。また、(2)部品Ｚの年間購入量が1,500個を超える場合、購入量のうち1,500個までは１個あたり25,000円で購入できるが、1,500個を超える部分については６％引きで購入できるものとする。この案（新たな購入案）と(1)における部品Ｚの内製案のいずれが有利であるか答えなさい。

網羅型完全予想問題集
第３回　答案用紙

１　級　④

原　価　計　算

採　点　欄	
原計	

受験番号 ________________

氏　　名 ________________

〔問１〕

伝統的全部原価計算による製品単位あたり総原価

A＝ [　　　　　　] 円

B＝ [　　　　　　] 円

C＝ [　　　　　　] 円

〔問２〕

目標販売単価

A＝ [　　　　　　] 円

B＝ [　　　　　　] 円

C＝ [　　　　　　] 円

〔問３〕

活動基準原価計算による製品単位あたり総原価

A＝ [　　　　　　] 円

B＝ [　　　　　　] 円

C＝ [　　　　　　] 円

〔問４〕

①＝（　　　　　　　　　）円

②＝ [　　　　　　]

③＝（　　　　　　　　　）円

④＝（　　　　　　　　　）円

⑤＝ [　　　　　　]

⑥＝（　　　　　　　　　）円

〔資料３〕月初仕掛品原価（問２に使用）

直接材料費	加工費
690,000円	4,489,000円

第2問

ＫＫ製作所（以下、当社という）は、製品甲を製造・販売しており、原価計算方法として全部標準総合原価計算を採用し、パーシャル・プランにより勘定記入を行っている。

製品甲の製造方法としては、工程の始点で標準単価675円の材料Ａと標準単価2,100円の材料Ｂを配合し、これを加工して製品甲を完成させている。材料Ａと材料Ｂの標準配合割合については、材料Ａ８kgの投入に対して材料Ｂ２kgの投入である。ただし、工程の終点で１kgの減損が標準的に発生する。

そこで、次の〔資料〕にもとづいて、下記の問に答えなさい。

〔資　料〕

１．年間加工費予算

基準操業度	加工費予算額
6,240時間	18,720,000円

加工費については、公式法変動予算が設定されており、機械加工時間を基準に予定配賦している。なお、上記加工費のうち、固定費予算額は8,736,000円であり、月次予算は年間予算の12分の１である。

２．標準機械加工時間

材料Ａと材料Ｂを配合投入し、製品甲を９kg完成させるために要する標準機械加工時間は１時間である。

３．当月の製品甲生産データ

完成品量は3,600kgで、月末仕掛品量は900kgである。

なお、当月の月初仕掛品は存在せず、月末仕掛品は加工進捗度40％地点に存在している。

４．当月実際発生額に関するデータ

⑴　材　料

種　類	実際購入単価	実際消費量
材料Ａ	690円	3,940kg
材料Ｂ	2,120円	1,010kg

⑵　加工費

実際発生額	実際機械加工時間
1,513,600円	500時間

５．原価標準の設定

当社では、正常減損費を含まない正味標準製造原価に正常減損費を特別費として加算する方法により原価標準を設定し、異常仕損費を原価要素ごとの仕損差異として把握する方法を採用している。

問１　答案用紙に示した仕掛品勘定への記入を行いなさい。

問２　材料費差異を材料価格差異と材料数量差異に分析しなさい。

問３　問２で求めた材料数量差異を配合差異と歩留差異に分析しなさい。

問４　加工費配賦差異を予算差異、能率差異、操業度差異に分析しなさい。なお、能率差異は変動費および固定費からなる予定配賦率を用いて計算すること。

問５　問４で求めた能率差異を（純粋な）能率差異と歩留差異に分析しなさい。

原　価　計　算

問題（25点）

Beo工業では、主力製品Ａ、Ｂおよび特殊受注製品Ｃを生産・販売している。以下の問いに答えなさい。

〔問１〕下記の条件にもとづき、伝統的全部原価計算によりＡ、Ｂ、Ｃの製品単位あたり総原価を計算しなさい。

⑴　製品単位あたり製造直接費に関する当期予算資料

製品品種	A	B	C
直接材料費	840円	1,400円	720円
直接作業時間	0.8時間	1.0時間	0.4時間

直接工の賃率は2,000円/時間である。なお段取作業時間は、上記直接作業時間には含まれていない。

⑵　当期計画生産・販売量　A…2,000個、B…4,000個、C…1,000個

⑶　製造間接費、販売費および一般管理費の当期予算総額…12,000,000円、これらの原価は、各製品品種別直接作業時間を基準にして予定配賦している。

〔問２〕Beo工業では、〔問１〕で求めた製品単位あたり総原価を基準にして、製品別の売上高営業利益率が20%になるように各製品の目標販売単価を設定している。各製品の目標販売単価を計算しなさい。

〔問３〕Beo工業では、〔問２〕で求めた目標販売単価で営業活動を行ったところ、製品Aはほぼ目標販売単価で実際に売れたが、製品Bは大幅な値下げをしなければ売ることができなかった。他方、製品Cには注文が殺到し、販売単価を倍に値上げしても注文がくるという奇妙な状態に陥った。そこで経理部長は製品単位原価の正確性に疑問をもち、最近の講習会で聞いた活動基準原価計算を導入する許可を社長から得て、プロジェクトチームを編成し、業務活動を分析した結果、製造間接費、販売費および一般管理費は次の費目と活動別資源消費量からなることがわかった。

製造間接費、販売費および一般管理費		活動別資源消費量						
費目	金額	割当基準	機械作業	段取	生産技術	材料倉庫	品質保証	合計
水道光熱費	2,400,000円	燃料消費量(キロリットル)	2,500	800	100	200	400	4,000
工場消耗品費	2,400,000円	工場消耗品消費量(単位)	5,500	2,000	1,100	750	650	10,000
C専用検査機械減価償却費	700,000円							
間接工賃金	4,000,000円	間接作業時間（時間）	4,500	500	−	−	−	5,000
販売費および一般管理費	2,500,000円	配賦比率（%）	30.0	20.0	20.0	15.0	15.0	100.0
合計	12,000,000円							

次に、これらのコストをA、B、Cに賦課するには、直接に製品品種に跡づけられるコストは直課し、その他のコストは、下記のコスト・ドライバーの中から適切なものを選んで配賦することとした。なおこれらコスト・ドライバーのデータで、製品単位あたりのデータ以外は、すべて当期の合計データである。

なお、？の部分は各自計算しなさい。

活動ドライバー	A	B	C
段取時間（＝段取回数×1回あたり段取時間）	20時間	40時間	90時間
製品仕様書作成時間	40時間	60時間	100時間
機械運転時間	1.5時間/個	1.2時間/個	2.2時間/個
直接材料出庫金額	？	？	？
抜取検査回数	20回	50回	30回

上記の資料および〔問１〕で示された直接材料費、直接労務費の関係資料を使用して、活動基準原価計算を行い、A、B、Cの製品単位あたり総原価を計算しなさい。

〔問４〕下記の文章において、（　　）の中には計算した金額を、□の中には適切な一語を記入しなさい。

「伝統的全部原価計算によって製品品種別に計算した単位原価から、活動基準原価計算によって計算した製品品種別の単位原価をそれぞれ差し引くと、製品品種別に原価の歪《ゆが》みが判明する。この単位あたりの原価の歪みに販売量をそれぞれかけると、製品間で原価の内部補助がどれほど行われていたかが明らかになる。

すなわち製品Cは、総額で（　①　）円も原価が過［　②　］に負担させられているのに対し、製品Aは（　③　）円、製品Bは（　④　）円も原価が過［　⑤　］に負担させられている。そのことは、これらの原価の歪みを合計すれば、その合計額は（　⑥　）円となることから明らかである。」

網羅型完全予想問題集
第２回　答案用紙

１　級　④

原　価　計　算

採　点　欄	
原計	

受験番号

氏　　名

第１問

問１　製品α　　個　　製品β　　個

月間営業利益　　円

問２　製品αの１個あたりの販売価格が　　円以下になれば、最適セールス・ミックスが変化する。

問３　組立部の生産能力の拡大投資に際して　　円までなら支払ってもよい。

第２問

問１　製品Ｘ　　個　　製品Ｙ　　個　　製品Ｚ　　個

月間営業利益　　円

問２

(1)　臨時の注文2,300個を引き受けたほうが、引き受けない場合に比べて、　　円だけ

{ 有利である。
　不利である。

(2)　臨時の注文3,300個を引き受けたほうが、引き受けない場合に比べて、　　円だけ

{ 有利である。
　不利である。

第３問

月間固定費　　円　　変動費率　　円/時間

⑽ 予想現金収支表（借入れにともなう収支は除く）（単位：万円）

	5月	6月
収入		
製品現金売上	?	?
売掛金回収	?	?
支出		
原料現金仕入	9,204	?
買掛金支払	?	?
加工費支払	48,095	?
販売費・一般管理費支払	12,956	?
営業用設備購入	0	6,000

（注1）営業用設備6,000万円を6月1日に取得する予定であり、代金は6月末に支払われる。減価償却は、耐用年数10年、残存価額はゼロ、定額法により行う。当該設備の減価償却費は、上記の資料⑺には含まれていない。

（注2）給与計算期間と原価計算期間は一致している。

（注3）各月とも月初、月末に未払、前払はない。

第2問

下記の文章は「原価計算基準」からの抜粋である。次の語群の中から（　　）内に入る適切な用語を選択し、答案用紙に記入しなさい。なお、同じ番号には同じ用語が入る。

（語群）

予算、実績、原価標準、原価の標準、実際原価、製品原価、真実の原価、販売費および一般管理費、現状、売上原価、原価管理、利益管理、簡略化、明確化、じん速化、目標、見積財務諸表

1．（　①　）を効果的にするための（　②　）として標準原価を設定する。これは標準原価を設定する最も重要な目的である。

2．標準原価は、（　③　）として仕掛品、製品等のたな卸資産価額および（　④　）の算定の基礎となる。

3．標準原価は、（　⑤　）とくに（　⑥　）の作成に、信頼しうる基礎を提供する。

4．標準原価は、これを勘定組織の中に組み入れることによって、記帳を（　⑦　）し、（　⑧　）する。

5．標準原価は、（　①　）のためにも、（　⑤　）編成のためにも、また、たな卸資産価額および（　④　）算定のためにも、（　⑨　）に即した標準でなければならないから、常にその適否を吟味し、機械設備、生産方式等生産の基本条件ならびに材料価格、賃率等に重大な変化が生じた場合には、（　⑨　）に即するようにこれを改訂する。

原　価　計　算

問題（25点）

第1問

製品αおよび製品βを量産しているクラブ製作所では、直接標準原価計算を採用している。

⑴ 両製品とも、機械加工部で加工し、次いで組立部で組み立てて完成する。これらの製造部門における各製品1個あたりの標準作業時間と月間生産能力は、次のとおりである。

	機械加工部	組立部
製品α1個あたりの標準作業時間	3時間	1時間
製品β1個あたりの標準作業時間	2時間	3時間
月間生産能力	1,920時間	1,060時間

⑵ 当社の市場占拠率の関係から、製品αに対する需要限度は600個、製品βに対する需要限度は300個であり、それを超えて生産・販売することはできない。

⑶ 各製品の1個あたりの販売価格と変動費（製造原価、販売費・一般管理費中の変動費）は次のとおりである。

	製品α	製品β
1個あたりの販売価格	6,000円	7,500円
1個あたりの変動費	4,400円	5,200円

また、固定費については、個別固定費はなく、月間の共通固定費は710,000円である。

問1　上記の条件にもとづき、製品αおよび製品βを月間何個ずつ生産・販売すれば最大の営業利益を得られるか、すなわち月間の最適セールス・ミックスを求めなさい。また、そのときの月間営業利益を求めなさい。

問２　市場における製品αの販売競争が激化し、製品αの販売価格を引き下げる可能性が予想される。そこで、他の条件に変化はないものとすると、製品αの１個あたりの販売価格がいくら以下になれば、問１で求めた最適セールス・ミックスが変化するかを求めなさい。なお、値下げは100円単位で行うものとする。

問３　（問２の条件を除外する。）問１で求めた月間最大営業利益を失うことなく組立部の月間生産能力を140時間増強して1,200時間にしたいと考えたとき、この生産能力の拡大投資に際していくらまでなら支払ってもよいかを求めなさい。

第２問

クローバー工業では、自製部品Ｐ、ＱおよびＲを使って、製品Ｘ、ＹおよびＺの３種類の製品を生産・販売している。まず原料をそれぞれの生産設備で加工し各部品を１個完成させる。その後、各部品を共通設備での作業を経由することで各製品を１個完成させる。具体的な製造工程は以下のようになっている。そこで下記の条件にもとづき各問に答えなさい。

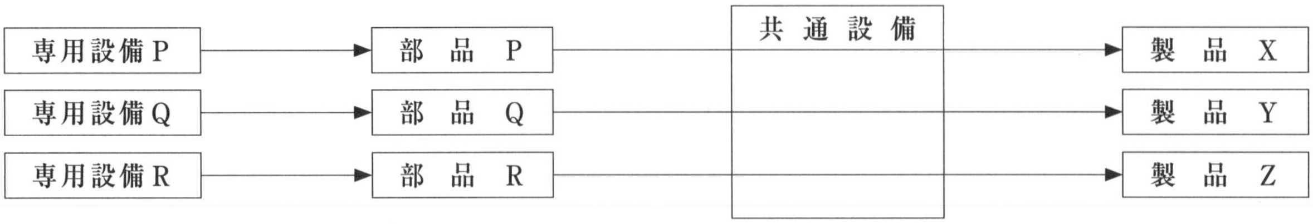

〔条　件〕

１．月間の契約最低販売量と予想最大販売量

製品品種	製品Ｘ	製品Ｙ	製品Ｚ
契約最低販売量	2,000個	2,000個	3,000個
予想最大販売量	7,500個	7,000個	6,000個

２．設備ごとの各部品および各製品の１個あたり標準機械作業時間

	専用設備Ｐ	専用設備Ｑ	専用設備Ｒ
部　品	1.5時間（部品Ｐ）	1.0時間（部品Ｑ）	0.8時間（部品Ｒ）

	製品Ｘ	製品Ｙ	製品Ｚ
共通設備	1.0時間	0.8時間	1.2時間

３．各設備の機械作業時間あたりの変動加工費率は、専用設備Ｐが1,800円/時間、専用設備ＱおよびＲが2,000円/時間、共通設備が1,600円/時間である。また、各設備の月間固定加工費は、すべての専用設備がそれぞれ900,000円であり、共通設備は1,500,000円である。なお、月間販売費・一般管理費は、すべて固定費で1,800,000円である。

４．各設備の月間生産能力（機械作業時間）は、専用設備Ｐが12,000時間、専用設備Ｑが7,000時間、専用設備Ｒが5,000時間、共通設備が14,000時間である。

５．各製品の販売価格は、製品Ｘが7,400円/個で、製品Ｙおよび製品Ｚが6,000円/個である。また、各部品の製造に必要な原料費は、部品Ｐが2,600円/個、部品Ｑが2,300円/個、部品Ｒが2,000円/個である。

問１　上記の条件のもとで、最大の営業利益が得られる最適セールス・ミックスを求め、月間営業利益を計算しなさい。

問２　問１で求めた最適セールス・ミックスにて販売しようとしていた矢先に、新規の顧客から部品Ｐに類似ではあるがより汎用性のある部品ＰＰを１個あたり5,300円で納品してもらえないかという引き合いがあった。部品ＰＰは、１個あたりの原料費が1,500円、専用設備Ｐの機械作業時間は2.0時間/個であるほかは、部品Ｐとまったく同じ条件で生産できるものとする。このとき、⑴部品ＰＰの納品すべき数量が2,300個であった場合と⑵部品ＰＰの納品すべき数量が3,300個であった場合の、この特別注文を引き受けるべきかどうかを判定しなさい。答案用紙には適切な金額を記入し、「有利である。」と「不利である。」のいずれか適切なほうを丸で囲み、不要の文字を二重線で消しなさい。

第３問

ヨツバ㈱北海道支部における製造間接費と直接作業時間（配賦基準）の過去12か月分のデータは以下のとおりであったとする。このデータから高低点法により原価分解を行い、月間固定費と変動費率を求めなさい。なお、すべて正常値である。

月	直接作業時間	製造間接費	月	直接作業時間	製造間接費
１月	1,760時間	4,864,000円	７月	1,760時間	4,904,000円
２月	1,940時間	5,196,000円	８月	1,880時間	5,012,000円
３月	1,820時間	4,948,000円	９月	1,920時間	5,068,000円
４月	1,640時間	4,716,000円	10月	1,700時間	4,740,000円
５月	2,000時間	5,140,000円	11月	1,600時間	4,660,000円
６月	1,680時間	4,672,000円	12月	1,800時間	4,980,000円

網羅型完全予想問題集
第１回　答案用紙

１　級　④

原　価　計　算

受験番号

氏　　名

採　点　欄
原　計

第１問

問１

A事業部		円	B事業部		円

問２

①		円
②		円
③		円
④	市価差引　変動製造原価　単純市価　品質原価	

問３

	円/個

第２問

問１

①	
②	
③	

問２

④	
⑤	
⑥	
⑦	

問３

⑧	
⑨	

当社は半製品勘定を設定している。

第２問

下記の文章は『原価計算基準』からの抜粋である。次の語群の中から（　　　）内に入る適切な用語を選択し、答案用紙に記入しなさい。なお、（　※　）については各自推定すること。

（語群）

異常仕損費、標準価格、操業度差異、予定価格、科目、材料受入価格差異、特別損失、原価要素、非原価項目、能率差異、製品、材料消費価格差異、異常なもの

（一）実際原価計算制度における原価差異の処理は、次の方法による。

1　原価差異は、（　①　）を除き、原則として当年度の（　※　）に賦課する。

2　（　①　）は、当年度の材料の払出高と期末在高に配賦する。この場合、材料の期末在高については、材料の適当な種類群別に配賦する。

3　（　②　）等が不適当なため、比較的多額の原価差異が生ずる場合、直接材料費、直接労務費、直接経費および製造間接費に関する原価差異の処理は、次の方法による。

(1)　個別原価計算の場合

次の方法のいずれかによる。

イ　当年度の（　※　）と期末におけるたな卸資産に指図書別に配賦する。

ロ　当年度の（　※　）と期末におけるたな卸資産に（　③　）別に配賦する。

(2)　総合原価計算の場合

当年度の（　※　）と期末におけるたな卸資産に（　③　）別に配賦する。

（二）標準原価計算制度における原価差異の処理は、次の方法による。

1　数量差異、作業時間差異、（　④　）等であって異常な状態に基づくと認められるものは、これを（　⑤　）として処理する。

2　前記１の場合を除き、原価差異はすべて実際原価計算制度における処理の方法に準じて処理する。

原　価　計　算

問題（25点）

第１問

当社には、製品Ｘを製造・販売しているＡ事業部と製品Ｙを製造・販売しているＢ事業部がある。両製品とも市場は飽和状態であり、これ以上は販売の増加が望めない。そこで、Ｂ事業部では、余剰生産能力を用いて製品ＸをＡ事業部から購入し加工処理を施すことで新たな製品Ｚを7,000円/個の販売価格で150個の製造・販売を検討している。以下の［資料］にもとづいて、下記の問に答えなさい。

［資料］

１．販売価格と原価標準（製品１個あたりの原価標準）

	製品Ｘ	製品Ｙ
販売価格	6,000円/個	8,000円/個
直接材料費	1,900円/個	2,200円/個
変動加工費	1,100円/個	1,400円/個
固定加工費	1,800円/個	2,000円/個

（注）加工費については生産量に基づいて製品に配賦している。
基準操業度（実際的生産能力）は製品Ｘが1,000個、製品Ｙが600個である。
直接材料費は、変動費である。

２．販売数量：製品Ｘ　850個　製品Ｙ　450個

３．販売費及び一般管理費

	製品Ｘ	製品Ｙ
変動販売費	400円/個	200円/個
固定販売費及び一般管理費	185,000円	305,000円

4．製品Ｚを製造・販売することによりＢ事業部で追加的に発生すると見積もられた費用

	製品Ｚ
直接材料費（製品Ｘ）	（各自計算）
変動加工費	1,540円/個
変動販売費	700円/個

(注) 製品Ｚを１個生産するために製品Ｘは１個必要である。

5．その他の条件

(1) 各事業部の損益計算書は直接原価計算によって作成している。

(2) 内部販売する際には、供給事業部では販売費及び一般管理費は発生しない。

(3) 生産量と販売量は一致しており、月初仕掛品と月末仕掛品はないこととする。

問１　Ａ事業部及びＢ事業部の現状における営業利益を計算しなさい。

問２　次の文章の①～③にあてはまる数値を記入しなさい。④については答案用紙の選択肢のいずれかの内、最も適切なものを○で囲みなさい。

遊休生産能力の存在する当社としては、製品Ｚの販売を行った場合、全社的な利益が（　①　）円だけ増加すると予想できるので、製品Ｘを加工して製品Ｚとして販売すべきである。

仮に、製品Ｘの内部振替価格を全部製造原価加算基準（マークアップ率５％）でもって設定すると、Ａ事業部の営業利益は（　②　）円だけ増加すると予想される。一方で、Ｂ事業部の製品Ｚの販売を含めた営業利益は（　③　）円になり、営業利益の減少が予想されるため、製品Ｚの製造・販売を拒否する可能性がある。

そこで（　④　）基準でもって内部振替価格を設定すると、Ｂ事業部としては、利益が（　①　）円だけ増加すると予測されるため、全社的な利益との整合性を保った意思決定をＢ事業部ができるようになる。しかし、供給事業部であるＡ事業部にとっては、（　④　）基準では、利益が生じないため、業績測定の観点からは望ましくない。

問３　製品Ｘの内部振替により増加する営業利益を折半できる内部振替価格を計算しなさい。

第２問

次の文章の①～⑨が正しければ○、誤っていれば正しい語句を答案用紙に記入しなさい。

問１　工場における部門は、製造部門と補助部門とに分類される。(①工場管理部門）とは動力部、修繕部、運搬部などのように、(②自己の部門）の製品又は用役を製造部門に提供する補助部門である。(①工場管理部門）が相当な規模となった場合には、これを（③独立の経営単位）とし、計算上製造部門として取り扱う。

問２　部門に集計する原価要素の範囲は、原価計算の目的などによって異なる。個別原価計算において、製造間接費のほかに、(④直接材料費）をも集計することがあるが、これは（⑤原価管理）目的によるものである。また、総合原価計算を行っている場合には、すべての製造費用を部門別に計算するが、原料は最初の工程の（⑥終点）ですべて投入する場合には、加工費のみを部門別に計算することができる。この計算方法を（⑦加工費法）という。

問３　伝統的な製造間接費の配賦によった場合、大量生産の製品が少量生産の生産コストを肩代わりする原価の（⑧内部相互補助）が行われるといった特徴がある。対して、ABCの特徴は、製造支援活動のコストを、製造活動量に関連づけるのではなく、適切な（⑨コスト・プール）にもとづいて製品に配賦する点である。(⑨コスト・プール）とは、原価の発生額を変化させる要因を示す尺度である。